国文教育经典

字与词

上册

蒋伯潜 蒋祖怡 著

首都经济贸易大学出版社

·北京·

图书在版编目（CIP）数据

字与词 / 蒋伯潜，蒋祖怡著 . -- 北京：首都经济贸易大学出版社，2018.7

（国文教育经典）

ISBN 978-7-5638-2782-4

Ⅰ.①字… Ⅱ.①蒋…②蒋… Ⅲ.①汉字－初中－教学参考资料②汉语－词汇－初中－教学参考资料 Ⅳ.①G634.303

中国版本图书馆CIP数据核字(2018)第060041号

字与词

蒋伯潜　蒋祖怡　著

Zi Yu Ci

责任编辑	兰士斌	
书籍设计	张弥迪	
出版发行	首都经济贸易大学出版社	
地　　址	北京市朝阳区红庙（邮编100026）	
电　　话	（010）65976483　65065761　65071505（传真）	
网　　址	http://www.sjmcb.com	
E-mail	publish@cueb.edu.cn	
经　　销	全国新华书店	
印　　刷	北京玺诚印务有限公司	
开　　本	787毫米×1092毫米　1/32	
字　　数	490千字	
印　　张	19.125	
版　　次	2018年7月第1版　2018年7月第1次印刷	
书　　号	ISBN 978-7-5638-2782-4/G·411	
定　　价	69.00元（上下册）	

重版前言

　　《字与词》《章与句》《体裁与风格》是蒋伯潜、蒋祖怡撰写的三部著作。蒋氏父子编过一套"国文自学辅导丛书"，共十二册，1940年由世界书局出版（1947年再版）。这十二册书分别是：

　　《字与词（上）》，《字与词（下）》，《章与句（上）》，《章与句（下）》，《体裁与风格（上）》，《体裁与风格（下）》，《经与经学》，《诸子与理学》，《骈文与散文》，《小说与戏曲》，《诗》，《词曲》。

　　其中：后六册在1977年由上海书店出版社编为"古典文史基本知识丛书"出版；前六册由首都经济贸易大学出版社在2015年合成"蒋氏中学基础国文三种"三册出版，现在又还原为六册，收入"国文教育经典"再版。

蒋伯潜在1940年为这套丛书写的"自序"中说，中学生国文程度低落的主要原因是："只重在教师的教，而不重在学生的学；只重在课内的受教，而不重在课外的自学！"所以决心要编一套适於中学生自学的有系统的课外读物。《字与词》《章与句》《体裁与风格》是基础的语文知识。《字与词》讲了字的读音，反切，错别字，六书，复词（复音词），词类等；《章与句》讲了句的构成，几种常见的修辞格，文章的结构，开端和结尾，记述和描写，思想与想象等；《体裁与风格》讲了古文的分类和诗、词、曲、小说、戏剧等文体，以及繁缛、简约，婉曲、直截，阳刚、阴柔等多种风格。书中在讲述这些基本知识的时候，也常常有一些作者独到的见解。这对提高学生的语文水平是有帮助的。在书中，这些语文知识的讲授对象是初中学生；照现在学生的程度，大约是高中学生阅读比较合适。

这三部书都是用小说的体裁写的。《字与词》是写国文教师周伯臧和他的家庭和学生们，时间背景为1937年"七七"事变前；《章与句》是写国文教师李亦平和他的学生章明、陈祖平等，时间背景为1940年前；《体裁与风格》是写寓居山村的国文教师尹莘耜和他补习班的一些学生，时间背景为1940年法国投降前。书中对教师与学生之间融洽的关系有很好的描写，对书中人物的家庭生活和社交活动以及他们对社会、时局的议论也写得很真切。在周伯臧和尹莘耜的身上，可以看到作者蒋伯潜的影子。这些都是研究民国时期教育史的有价值的历史资料。

先祖父蒋伯潜和先父蒋祖怡的小传和照片是我提供的，读者和研究者可以参看。

在这三部著作第二版付梓之际，我要再次感谢首都经济贸易大学出版社和兰士斌、彭芳、彭伽佳等诸位编辑，他们经过精心的筹划和辛勤的编校，使得这三部近八十年前出版的著作重新和读者见面。这为民国教育史翻开了几乎被遗忘的一页。

2018年3月於北京大学

蒋伯潜(1892—1956)

蒋伯潜

蒋伯潜（1892—1956），名起龙，字伯潜，以字行。出生於富阳新关村。光绪三十三年（1907年）毕业於杭州府中学堂，先后在阆苑小学、美新小学任教。民国四年（1915年）夏考入北京高等师范国文系，受马叙伦、钱玄同、鲁迅诸名师熏陶，在《新青年》《东方杂志》等刊物发表文章。1919年毕业，经系主任陈宝泉和时任浙江大学校长的蒋梦麟介绍，至浙江嘉兴省立第二中学任教。以后，先后在浙江省杭州第一中学、第一师范、女子中学、杭州师范、台州省六中等校任教，与夏丏尊、叶圣陶、郁达夫、朱自清等过从甚密。

在此期间，曾为世界书局编撰初高中国文课本12册，世界书局总编辑署曰"蒋氏国文"，出版后颇受教育界欢迎；又为开明书店编选并注释《开明活页文选》，注释精详。

1926 年，国民军由广东出师北伐，马叙伦策动浙江省省长夏超起义以响应国民军，蒋伯潜曾参与其事。1927 年，北伐军底定浙江后，马叙伦任民政厅长；蒋伯潜任《三五日报》主编，"四一二"事变后辞职。

1938 年春，蒋伯潜应老友蔡丏因、董任坚、周予同之邀，赴上海大夏大学和迁沪的无锡国专等校任中文系教授，并兼任世界书局特约馆外编审。在此期间，根据其多年从事中学国文教学的经验，编撰《中学国文教学法》（上海中华书局 1941 年出版）；又与其子蒋祖怡合编"国文自学辅导丛书"12 册（世界书局 1940 年初版，1947 年再版），其中《字与词（上下）》《体裁与风格（上下）》《经与经学》《诸子与理学》为蒋伯潜编撰。蒋伯潜根据上海任教时的讲稿写成的《十三经概论》（世界书局 1944 年出版）是一部重要的学术著作，20 世纪 50 年代后在台湾省多次印刷，1983 年、1986 年、2010 年又几度由上海古籍出版社重印。

1941 年，日军侵占上海，蒋伯潜应老友朱自清之邀离沪，准备去昆明西南联大任教；因为西南道阻，回故乡富阳新关村居住，在县立富阳中学等校任教，并和族弟蒋廷龙等一起创办了富阳简易师范。蒋伯潜、蒋祖怡父子二人合撰的"国学汇纂丛书"10种（正中书局1942—1946年出版）大部分在此期间完成，其中《文体论纂要》《文字学纂要》《校雠目录学纂要》《小说学纂要》《诸子学纂要》《理学纂要》《经学纂要》为蒋伯潜编撰。

1945年抗战胜利，蒋伯潜应邀到上海市立师范专科学校任中文系主任兼教授，任教期间撰写了学术专著《诸子通考》（正中书局1948年出版）。1947年应邀任杭州师范学校校长。1949年任浙江图书馆研究部主任，被选为杭州市和浙江省人民代表。1955年任浙江文史馆研究员，1956年1月逝世。

妻夏喜云（1893—1982），富阳里山人。

子蒋祖怡，另有小传。

蒋祖怡(1913—1992)

蒋祖怡

蒋祖怡（1913—1992），出生於富阳新关村。蒋伯潜之子。自幼受到父亲及其友人郁达夫、朱自清、叶圣陶、周予同等的教育和熏陶，中学期间就写小说发表在刊物上。1937年毕业於无锡国学专修学校。次年到上海任世界书局编辑。在此期间，与其父蒋伯潜合作编撰"国文自学辅导丛书"12册（世界书局1940年初版，1947年再版），其中《章与句（上下）》《骈文与散文》《小说与戏曲》《诗》《词曲》为蒋祖怡撰写。

1941年上海沦陷后，回新关村居住，并在浙西昌化第三临时中学、富阳简易师范任教。在此期间完成了父子合作编撰的"国学汇纂丛书"10种（正中书局1942—1946年出版），其中《文章学纂要》《诗歌文学纂要》《史学纂要》为蒋祖怡撰写。上述这两套丛书后来大多在台湾和大陆多次重印。

　　1945年抗战胜利后，蒋祖怡到上海任正中书局编审，兼任上海市立师范专科学校中文系副教授。1948年受聘於浙江大学文学院。1952年院系调整，浙江大学文理各系组成浙江师范学院。1958年，浙江师范学院并入新建的杭州大学。蒋祖怡长期担任浙江师范学院与杭州大学的中文系副系主任，为浙江师范学院和杭州大学中文系的建设付出不少心血。"文革"以后，他以病残之躯坚持教学，为杭州大学中文系培养了好几届研究生。同时，他又长期担任浙江省人民代表，作家协会浙江分会副主席，中国民主同盟浙江省委副主委。

　　蒋祖怡长期从事文艺理论和中国文学批评史的研究，著述甚富。在1949年以后出版的著作主要有：《中国人民文学史》（北新书局1950年出版），《论衡选注》（上海中华书局1960年出版），《王充的文学理论》（上海中华书局1962年出版），《王充卷》（中州书画社1983年出版），《文心雕龙论丛》（上海古籍出版社1985年出版），《钟嵘诗品笺证》（中州古籍出版社1995年出版），《全辽诗话》（与张涤云合著，岳麓书社 1992 年出版），《郁达夫旧体组诗笺注》（与蒋祖勋合著，浙江文艺出版社 1993 年出版），《中国古代诗话词典》（主编，北京出版社 1995 年出版），《中国古代文论的双璧——〈文心雕龙〉〈诗品〉论文集》（山东教育出版社 1995 年出版）。

妻沈月秋（1914—1996），富阳人。

子女五人：蒋绍惠（女），蒋绍愚，蒋绍忝（女），蒋绍忠，蒋绍心。

目　录

自序

我在浙江省各中等学校——旧制四年的中学、五年的师范,新制前三年后三年的初高级中学——教授国文,已二十多年了。这二十多年来,一般中学生国文程度的低落,几已成为无可讳言的事实。四五年前,我曾为浙江省教育厅典试中学毕业会考的国文四次,觉得中学毕业生的国文试卷,大有一届不如一届之势。论者往往归咎于学制的改革,把四年初小、三年高小的期限缩短了一年。其实,小学缩短了一年,中学已延长了二年;虽然大学的三年预科被废除了,但这于中学毕业生的程度是没有影响的。或谓从前的中学生大都是家塾出来的,现在的中学生完全是小学毕业的;家塾可以说是专读国文的,而且由教师个别教授;小学的学科较繁,花样较多,学生已不能专攻国文，而且用的是班级教学，这便是中学生国文程度低落的原因。这·说，颇有相当的理由，可是我们平心静气地想想：家塾里读死书的教学方法——只重背诵不重讲解——比现代小学里的教学法，优劣如何？家塾里采用的教本——自《千字文》《百家姓》以至"四书""五经"——比现代的小学国语教科书，哪一类适合於儿童的学习？即此二端，已足抵消上面所述的那种原因了！

我以为中学生国文程度低落的主要原因，还在於中学本身六年内的国文教学只重在教师的教，而不重在学生的学；只重在课内的受教，而不重在课外的自学！中等学校的国文授课时间，每周至多不过六七小时，去了二小时作文，只有四五小时了。讲授选文，如果贪多求速，每周也可以讲授三四篇。但这样草率了事，囫囵吞枣，学生能完全了解吗？能完全记诵吗？不但食而不化，难期应用，怕咽都来不及咽下去哩！如果预习、试讲、范讲、复讲、内容和形式的深究，以及默读、朗读、背诵、默写，要样样都做到，一周四五小时，怕只能选授一两篇文章。一学年不过四十多周，六年工夫只读了二百五十篇到五百篇文章，国文当然不会有长足的进步了。何况大部分学生在教室里听讲，和坐茶店听说书一般，有兴趣时，眉飞色舞，没兴趣时，便昏昏入睡；下了课，把讲义一丢，等到考试时再来临渴掘井呢！——所以我认为要提高中学生的国文程度，非提倡他们自学不可！非辅导他们自学不可！非养成他们课外阅读的能力、兴趣和习惯不可！

可是适宜於中学生课外阅读的读物，实在难找。他们得不到适当的读物，而自由阅读的兴趣又非常强烈，於是大多数学生尽量地阅读他们自认为有兴趣的小说，无论是武侠、神怪、恋爱、侦探等等，无所不阅，结果是无往不迷，虽然看小说於国文也不无小补，但终是所得不偿所失。学校当局，或听其自然，或竭力禁止。禁止固然无效，听其自然也不是办法。现在各初中差不多以《文心》《爱的教育》《文章讲话》《文章作法》《词和句》等为学生的课外读物，可是这一册、那一册，各自独立，并不是按照中学生程度，由浅入深，整套编成的；就各书的形式和内容看，也分不出它们的深浅。

所以甲校定《文心》为一年级的读物，乙校定《文心》为二年级的读物，丙校又定《文心》为三年级的读物，把它看成万应灵膏，什么人什么病都可贴的了。至於高中，尤其没有办法；许多教师只得将《孟子》《史记》《战国策》《通鉴纪事本末》提起笔来，随便替学生开一张书单了。

"我们得替中学程度的青年编一套适於自学的有系统的课外读物！"这是近十年来我和朋友们常说的话。浙江省中等教育研究会也曾发此弘愿，可是除出了一册《民族文选》之外，没听说编成什么书。我虽有此计划，因为靠教书过活，工作实在太忙了，时间精力都无暇及此。二十七年春，富阳沦陷，避地来沪；斗室虿处，忽忽两年。每和海上故人、浙东旧友偶然谈及，都说我左足既废，杜门避难，大可趁此闲暇了彼宿愿。去年为脑病所苦，濒危者屡，不能执笔。今岁任教大夏大学，乃於课暇奋力工作。至於材料之搜集，意匠之经营，文字之推敲，则儿子祖怡臂助尤力。陆先生高谊适主世界书局，许为印行，期以年半，完成全书。不但可以了我十年来的心愿，可以借此砚田笔耕，易米以度难民生活，也可以在我避难上海的一段生活史上，留一个纪念。至於疏漏纰缪之处，还望中等教育界同人不吝指正！

蒋伯潜序於沪西寓庐

中华民国二十九年三月

第一章　如此家庭

西湖位於浙江省会杭州市之西，是我国东南的名胜。沿湖一带，本来有清波、涌金、钱塘三座城门。民国初年，已将这一带的城墙拆去，改筑了一条马路。湖滨有公园、运动场和别墅、商店等，气象焕然一新。那三座城门已都无遗迹可寻，只有涌金门直街旧时在城外的一段，还让那铺着石板的街道直伸到西湖边去。这段街道的西端，紧靠着西湖边，有一所住宅，外面绕以粗石砌成的短短的围墙，墙上满挂着薜萝。墙外有一方小小的池塘，池中盛开着荷花，红的花，绿的叶，绚烂得很。墙内一株杨柳，披着丝丝的垂条，探出墙来，斜俯在湖上，倒影水中[①]，随着微风吹皱的湖水荡漾。一丛猗猗的绿竹，

---

① 　"倒影水中"，原文如此。——编者注。

也从墙内露出它们的头来。短墙上有一扇小小的黑板门，门上钉着一块蓝底白字的搪瓷门牌，写着"涌金门直街一号"，旁边贴着"周寓"的红纸条儿。

七月①底边，虽然已是秋初，天气还是很热，何况是下午两点多钟，秋阳正晒的时候呢。这时，有两辆人力车——前面的坐着一个中年人，又加上一只箱子；后面的坐着一个十四五岁的孩子，又加上一个铺盖，一只网篮——拉到那黑板门前停下。两个车夫喘着气，拿披着的蓝布背心揩脸上的汗。那个中年人先走下车来。车夫把铺盖、网篮搬下了，那孩子也下了车。中年人走到板门前，去按门上的电铃，孩子呆呆地站在后面，车夫们把破凉帽当作扇子拼命地扇，嘴里还嚷着："热啊！热啊！"

"呀"的一声，黑板门开了，里面走出一个十三四岁的姑娘来。"啊！姑夫和表哥来了！今天轮船到得早呀！"她说着，回头向里面就跑，高声叫道："爸爸，妈妈，快出来，姑夫和表哥来了呢！"那中年人也来不

---

①　从后文看，这里的"七月"是指阴历。——编者注。

及向她招呼，指挥着车夫，掮了网篮、铺盖，提了箱子，带领着孩子走进门去，又随手把门掩上。

这围墙里，一所双开间的楼房之前，是一片浅草茸茸的空地，中间有一条嵌着细圆石子、两旁种着书带草、上面搭着紫藤架子的路。阳光从紫藤叶儿的浓荫中筛下来，斑斑点点地晒在石子路上。西面那竹丛中，除了那株杨柳之外，还有一低低的水泥砌成的花坛。靠湖也有一扇小门。他们四个人从秋阳之下走进这院子来，顿时感到清凉。

这时候，周伯臧夫妇早含笑走下阶来招待。伯臧笑道：“仲良，我料你们父子今天一定会来，却不料到得这般早啊！”车夫们把行李送到客堂里放下。仲良把车钱打发了，除下草帽，脱了身上的白纺绸大衫，又叫孩子也脱去了白色的制服。佣妇已送上两盆脸水来道：“康先生，康少爷，洗洗脸吧。”康仲良父子俩洗完了脸，伯臧就邀他们到东边的一间书室里去。

书室的前面是一排玻璃窗，都敞开着，里面却有碧绿的纱窗。靠窗摆着面对面的两只写字台，两张藤椅子。西面靠客堂的墙壁，摆着一排玻璃书橱；东面有两个窗子，玻璃窗都开着，也有纱窗的。靠窗各摆着两张小写字台，两张椅子，旁边各有一个紫竹书架，一个有书，一个是空着的。墙上挂着几张地图和历史的图表。北面挂着几条山水画的立轴，一副篆书对子，一张双人沙发。西北角站着一个衣架。中央摆一张小圆桌、六张椅子。东北角有一扇门，通到后间去。伯臧和仲良就在写字台旁的藤椅上坐下，喝茶谈天。伯臧的夫人原是康仲良的堂房姊姊，仲良又是伯臧的妹夫，所以两家异常地亲密。这时候，她早拉着仲良的儿子宗诚，坐在那双人沙发上，絮絮地问长问短了。

过了一忽儿，佣妇张妈送进茶来。出去不久，又送进一大盆炒面来。伯臧夫妇、仲良父子便围坐在小圆桌旁吃面。仲良道："慧儿呢？"佣妇道："小姐在后面向她嫂嫂缠着，要赶快去接锡官、蕙官回来哩！"仲良道："啊！他们小学里已经开学了！"康氏道："你去叫她先来吃面，现在三点钟都没有到，吃了面去，还是很早哩！"张妈去不多时，慧珍来了，刚坐下来，便道："我还不饿，这面怪油的，怎么吃得下去？——妈妈，等忽儿我和诚表哥一道儿去接侄儿、侄女，好吗？"仲良道："慧儿，你且等一等，明天是星期日，诚儿今天就要到杭州中学去缴费注册。我和你们俩同去，顺便到附属小学里去接他们吧！"伯臧道："诚儿、慧儿的入学手续，昨天已由小儿完全办妥了。后天就可送他们入学，你们今天不必去了。杭州中学的初中部是男女同班的，诚儿和慧儿有伴，这里和校里又很近，不如让他们通学①吧，舍弟叔文在小学部教书，也住在我这里，晚上可以指导他们自修。所以我不等你们来，已擅自做主，替诚儿缴了通学生的费用了。"仲良道："诚儿住在府上，有人指导自修，自是好事，可是又要劳舅嫂照顾了。"慧珍插嘴道："表哥，妈妈早预备好了，你和四叔叔住在后面的客房里。"说时，拉着宗诚的手，道："我和你去看看吧。"

宗诚跟着慧珍进去看时，只见那客房里朝东朝北铺着两张床。西北角上又有一扇门，通到客堂后间去。东面有个窗子，靠窗也有一张写字台，一张藤椅，椅子后面有一个书架。慧珍道："这是四叔叔的书位子。"

---

① "通学"，指每日到学校上学，但不寄宿。今用"走读"。——编者注。

靠北有二张椅子，一只茶几，一个衣架。两张床上的帐、毯、枕、席，都已铺设好了。带来的网篮、铺盖和箱子也在那里。慧珍道："妈妈说，你们的铺盖原可以不必带来。姑夫回去，只好仍旧请他带了回去。"看了一遍，领着宗诚走出来，指着东边靠北的一张小写字台道："这是给你留着的书位子。爸爸说，明天休息一天，从后天起，便要叫我们开始工作呢！"宗诚坐下去，抽开抽屉看时，字典、《辞源》、笔、墨、砚、水盂、墨水、钢笔、铅笔、讲义夹等，满满的一抽屉。因问道："这些东西是谁的呢？"慧珍道："这是哥哥替你预备的。以后你要什么，只要对我或哥哥说好了。"宗诚笑道："你们真想得周到，我该怎样地谢你们呢？"

慧珍忽然回头一看道："姑夫、爸爸、妈妈到哪里去了？"这时，客堂里的挂钟敲了一下。慧珍又道："三点半了，我要去接侄儿他们了。表哥，你愿意和我同去吗？路是很近的，就在杭州中学的南首，南城脚下。"宗诚道："啊！我们来的时候，车子走过的。我很愿意和你同去，可是得和爸爸说一声呀！"慧珍道："他们总在家里，不会出去的，我去找他们吧。"宗诚道："我也去。表嫂怎么不出来？我也得去看看她。"他们表兄妹俩就出了书房，走到客堂后面的一间去，只见慧珍的嫂嫂孙月仙女士正抱着她的小儿子愚官在喂代乳粉。慧珍道："嫂嫂，妈妈呢？"月仙道："他们三个人到楼上去了。"慧珍对宗诚道："我们也到楼上去吧。"

慧珍正要和宗诚上楼，忽然锡官和蕙官背了书包，从外面跑了进来嚷道："妈妈，表叔来了没有？"慧珍忙道："这不是诚表叔吗？你们两胆子也太大了，我迟来了一步，你们就自己回来了！"锡官道："姑姑，你猜猜，我们是和谁同来的？"月仙道："且解下了书包再说。我猜是四叔公也回来了，是不是？"锡官笑道："一猜就猜着了。今天星期六，三点钟就放学了。"慧珍道："那么，四叔叔呢？"蕙官指着门口道："站着的不是四叔公吗？"原来叔文到自己房里去脱了制服，已走进来，一声不响地站在门口。宗诚一见，立刻走过去，叫了声"四舅舅"。愚官看见叔文，便伸手要抱。月仙道："四叔公刚回家，大热的天气，怎么便要他抱？"愚官"哇"的一声哭了起来，要挣下地去。慧珍忙过来抱道："乖乖，不要闹，姑姑来抱你吧。"这时，叔文也走了进来，立刻把愚官接了过去。愚官亲亲热热地叫了声"四叔公"，於是大家坐了下来。

叔文问宗诚："是谁陪你来的？到了多少时候了？"慧珍抢着代答道："四叔叔，姑夫自己同表哥来的，现在和爸爸妈妈到楼上去了。今天轮船到得很早，两点多他们就到了。——哥哥为什么还不来呢？"刚说完这句话，忽听得门上的电铃响，她三脚两步地赶了出去，宗诚也跟着跑了出去。不多时，宗贻提了一个皮书包，后面跟着宗诚、慧珍，笑着走了进来。慧珍笑道："这正是提起曹操，曹操就到。"宗贻放下书包，除下帽子，脱下长衫，慧珍便接了，拿到书室里去。锡官、蕙官便过去告诉他们爸爸说："姑丈也来了，他和祖父、祖母都在楼上。我们比你回来得早，还没有见过他呢。"——原来这后间隔的和前面的客堂一般大，虽然铺着一部楼梯，还很宽敞。北面是左右两个窗，中间一扇门。后面也有一个水泥天井，天井的北面是一间厨房，一间下房，一间浴室。后间里，除了一口长方的双叠的菜橱——上面是纱门，下面是木门——之外，还有一张长的三抽屉桌，一张四仙桌，两张椅子，五六张骨牌凳儿。他们大小七个人就在这后间里谈着笑着。

楼梯上有了脚步声。只听得仲良说："三十块钱一月？不贵，不贵。前面的洋台，西面的窗子，已可把西湖全景一览无余了。东面还有那条走路，客堂和后间便不至走破①。前面又有这么大的一片空地。这地点更是清幽极了。"伯臧道："我便是贪它这闹中取静，又有些空地，花木水竹，又紧靠着西湖，可以说是个城市山林。"他们三个人在楼上闲谈、眺望了许多时，才下楼来。后间坐着的叔文、宗贻、月仙、慧珍、宗诚一齐立起。仲良忙和叔文、宗贻两人招呼，并且说："你们坐吧！一家人何必拘这礼数呢？"康氏从叔文手里接了愚官，伯臧、叔文、宗贻陪了仲良又到书室里去。

伯臧等围着那小圆桌坐下，慧珍端着一盘瓜子、一盘花生米，张妈端着四碗茶，送了进来。宗贻立起来，从写字台上取过香烟、洋火，依次递给仲良、伯臧各一支，自己也取了一支，燃着火，吸了起来。叔文是不吸

---

① "洋台"，今用"阳台"；"走路""走破"，原文如此。——编者注。

烟的。仲良吸了一口烟，说道："叔文弟，你们小学里已经上课了？忙吧？"叔文道："不忙，这星期上的是临时课，下星期才正式上课哩！倒是宗贻在图书馆主编《文渊学报》，暑假只有短短的二十天，才辛苦呢！"宗贻笑道："做惯了，也没有什么。下星期杭州中学上课了，我在初中三年级兼一班国文，那时才觉得忙哩！"仲良又道："伯臧兄，你竟打算享老太爷的清福，不做什么事了吗？"宗贻道："爸爸在杭州中学的师范部里教十小时课，还得替上海几个书局写稿子。我劝他少任点事，他总不服老；其实他哪里有清福可享？"

伯臧笑道："论年纪，五十光景的人，怎么算老？论家庭经济，我也还得帮贻儿些忙啊！慧珍要入初中，锡、蕙二孙又都在小学肄业，愚官也已三岁了，贻儿将来的负担正重呢！"仲良又问叔文道："你的孩子宗基，我记得也可以入中学了，在哪一校读书？"叔文道："他在梅东高桥的职业中学读书，今年春季就考进去了。那里离得太远，所以仍旧叫他住读。今天不来，明天一定会到的。"仲良道："你何妨把他转入杭中的初中部，改为通学呢？"叔文道："我的意思，要叫他读职业学校，五年后即可就业；如其入普通中学，初中高中便需六年，还要读大学，我哪里负担得了？况且我们三哥的儿子宗武也在那里肄业，他已有了伴侣，星期日，他们俩常到这儿来，绝不至感到寂寞的。"

过了一忽儿，仲良又道："小儿住在这里，不敢烦伯臧兄亲自教诲，只得托叔文弟和宗贻费心指教他了。他的程度很差，尤其是国文。你们教导他，要严紧些。小孩子第一不能让他们贪懒、贪玩，我以为！"伯臧叹了口气道："现在一般中学生的国文程度，真是愈趋愈下了。靠了课内五六小时一周的国文课，要把他们的程度提高来，实在是难於登天！"宗贻道："一周五六小时，讲得仔细些，也只能教授一二篇选文，即使学生真能用功，完全了解，完全读熟，也是所得有限，何况大多数学生在教室里听讲，都是一心以为有鸿鹄将至似的，不肯全副精神贯注。下了课，什么预习、复习等等，又不能按部就班地去做呢。我以为，要国文有长足的进步，还要注重课外的阅读才行！"

叔文道："你的话，是不错的。不过适当的课外读物也很难找。宗基他们学校里，指定《爱的教育》为课外必读书。我看，这本书，除了於学习叙事文稍有裨益之外，内容并没有说到国文上，倒不如《文心》好些。"宗贻道："是的，初中学生爱看小说故事的居多，《爱的教育》《文心》都用故事体裁写成，颇适合於初中学生的兴趣。《文心》能用故事体、小说体来灌输关於国文的常识，指导他们怎样去学习，就国文科说，自然比《爱的教育》好得多。可惜这样的读物也不多见，而且只有那么一本，不能由浅入深地按着各年级的程度去引导他们。现在甲校一年级看这本书，乙校二年级也看这本书，丙校三年级也还看这本书，似乎是一张万应灵膏了！"大家听了，不禁都笑起来。

闲谈中时光过得最快，他们四个人又都是健谈的，不知不觉已到了六点半钟。慧珍和宗诚嘻嘻哈哈地跳了进来。慧珍手中拿着一根钓竿，宗诚捧着一只面盆，水中漾着两条七八寸长的活鱼。锡官、蕙官也跟着笑了进来。蕙官伸着两只水淋淋的小手，叫了声"爸爸"，扑到宗贻的膝上来。锡官的一只脚已浸湿了。

宗贻喝道："顽皮的孩子！我的裤子都被你弄湿了，还不叫妈妈揩去？锡官，你踏到湖里去了吗？快去换鞋袜！”伯臧道：“慧珍，又是你想出来的玩意，不安分的孩子！锡官、蕙官掉下湖里去，谁负责呢？”仲良道：“宗诚，你怎么刚到就不安分？我已经托过四舅舅了。再顽皮，叫四舅舅打你！”

慧珍把钓竿挂在书橱旁，宗诚把面盆放在写字台上，都噘起了嘴不讲话。锡官拖着一只湿脚出了书室，往后面去，找妈妈换鞋袜。蕙官却掏出手帕，揩燥了小手，嘻着小嘴向宗贻道：“姑姑说，我们去钓两条活鱼，夜饭时好请表叔。我们并没有出大门，是开了院子里靠湖的门，在那里的石埠上钓的。哥哥见姑姑和表叔各钓起了一条鱼，抢着拿钓竿去钓，不小心，一脚踏在水里了。我没有钓鱼呀！——祖父前天不也在那里钓过的，没有钓着鱼吗？祖父你老人家的本领还不及姑姑和表叔呢。”说得伯臧他们都笑起来。

宗贻道：“小孩子，不许多嘴！”叔文道：“鱼既钓起了，便吃了它吧！——我来烧一碗醋熘鱼。小孩子的人情，得领受他们的。”说着，立起来，捧着脸盆里的鱼，径到厨房去了。

伯臧叫慧珍、宗诚在沙发上坐下，正色道：“你们表兄妹俩从下周起便是中学生了。此后要用功些，才能跟得上。就如国文，教师选的文章要预习，要做笔记，要熟读；课外读物，要阅读，要做读书札记，尤其是各种工具书，要能自己运用。我已经替你们各备了一本《中学生字汇》，一部《辞源》，每篇文章的生字、复词、人名、地名等，统要先查出来，记在笔记簿上。上课时，再注意教师的讲解、同学们的讨论，方能了解全篇文章的内容和结构。每个字的字形、字音、字义及其用法，都要注意。你们在小学里读的，是特地为你们编的教科书，中学里却是选的古人或今人做的现成文章；小学里读的，完全是语体文，中学里都要参以文言文了：单这两点，中学的国文已和小学里的大不相同。若再贪玩贪懒，不肯努力，便要感受到困难了！"

慧珍道："爸爸，我的《小字典》是用四角号码检字法的；这本《字汇》和《辞源》，我已经翻开来看过，和《小字典》不同，怎么查得来呢？"宗贻道："是的，这两部书都用旧式的部首编的，检字法和那《小字典》不同。明天，我来教你们吧！"

张妈在门口叫道："好吃夜饭哉，大家请出来。"

一行人都从书室里走出客堂来，只见桌子上已经摆好了碗筷和六七样菜，中央一盆是叔文亲手做的醋熘鱼。伯臧、仲良、叔文、宗贻、宗诚、慧珍和康氏、月仙，满满地坐了一桌。旁边一张小桌子，给锡官、蕙官坐的；愚官也和哥哥、姊姊们同吃，坐在一张小椅子上，由张妈喂他。他们都是不喝酒的，一忽儿便都吃完了饭，洗脸漱口毕，移了几张椅子凳子，到院中草地上去乘凉。张妈把茶和香烟送了出来，自去吃饭收拾。

这一天，是阳历八月廿五，阴历七月十六，月儿已渐渐地升了起来，一面大镜似的。慧珍领着愚官，和宗诚、锡官、蕙官在草地上游玩。伯臧夫妇、宗贻夫妇和仲良、叔文坐在月光下闲话家常。月光洒满了院中的草地，凉风徐徐吹来，远远地从湖上游舫中传来一阵悠扬的笛声、歌声。锡官、蕙官跟着慧珍唱起歌来；愚官也张着两只小手，东跳西跳；宗诚老弯着腰哈哈大笑。张妈收拾完了，也出来蹲在台阶上，手里挥着一把大芭蕉扇，嘴里"咿咿唔唔"地唱她的山歌。他们一家人都沉浸在清凉的月光下的快乐氛围里了。

　　"哗喇"①一声，一只白猫从紫藤架上蹿了下来。愚官奔向月仙身边，"哇"地一声哭了出来。锡官也忙着向宗贻处跑。慧珍忙搂住了蕙官，叫她不要慌。宗诚立着只是发呆。伯臧他们的谈话也被打断了。康氏站起来道："时候已经不早了，大家就寝去吧！"仲良父子和叔文睡在书室后的客房里。慧珍、锡官、蕙官向仲良道了晚安，便大家上楼去睡了。

---

① 今用"哗啦"。——编者注。

第二章　怎样检查《辞源》

今天是星期日。周家向来起得早的，尤其是热天，所以七点钟便吃过了早餐。伯臧的异母弟仲珊在嘉兴中学教书，家眷也住在杭州。他和他的妻舅漆之瑜同住在陆官巷。仲珊已於前天到嘉兴去了。仲良要去探望他们，伯臧、叔文陪了同去。他们三个人匆匆地走了。愚官还没起来，月仙在客堂后间指导锡官兄妹温课。宗诚、慧珍在书室里，要求宗贻教他们检查《辞源》的法儿。

宗贻在东首的位子上坐下，叫宗诚、慧珍各人把《辞源》取过来，又叫他们掇过两张椅子来，并排地向南坐了。他先叫他们翻开目录来，从子集的"一"部到亥集的"龠"部看了一遍，说道："这许多部是依着部首的字的笔画多少排列的。每部之内的字也是依着笔画多少排的。查的时候，先把要查的字，除去了所属之部的那个部首，再数它的笔画，然后向那一部里检标明几画的那几页，便找得着了。例如慧珍的'慧'字，是属'心'部的，除了下面的'心'字，还有十一画。我们把卯集'心'部翻出来，在十一画的字里找，便可找到它了。又如宗诚的'诚'字，是属'言'部的，除了在旁的'言'字，还有七画①，我们可以在酉集'言'部七画的字里找到它。你们试把这两个字找一找吧！"他们俩依着他的法儿一找，果然不久就找到了。

宗贻道："还有'珍'字和'宗'字呢？再找找看。"宗诚翻了不久，便在"宀"部的五画里找到了"宗"字。慧珍翻了许久，找不出"珍"字来，急得面孔绯红，额上的汗也急出来了，说："我把'人'部、'入'部、'彡'部都找遍了，找它不着。我要找'王'部，却又找不出这'王'部来。哥哥，怎么《辞源》上会没有'珍'字的？"宗贻道："王部是没有的。凡是'左'旁从'王'的字本来都是从'玉'字的。篆体字'王''玉'二字都是

---

① 原文如此，当时通行的字（词）典确实将此字归入七画，今归入六画。——编者注。

三横一直，所以楷书把'玉'字旁的字都写成'王'了。例如'珍''珠''珊''瑚''玻''璃''玳''瑁'等字，都是和'玉'一类的东西，都是写成'王'旁的。你在午集'玉'部里去找，便找到了。"慧珍果然在"玉"部五画里把"珍"字找到了，不禁叫起来道："咦！你原来躲在这里！"

宗诚接着问道："'王'部既是没有的，那么要查'王'字，应当找哪一部呢？找'一'部吗？'丶'部吗？'二'部吗？"宗贻答道："你们翻翻看，'玉'部开头，'玉'字之后，不就是'王'字吗？"慧珍随手一翻，果然找到了'王'字，问道："'王'字并不指玉讲，为什么也在'玉'部里？而且它比'玉'字少一点，为什么排在'玉'字之后呢？"宗贻道："每部第一个字，就是这一部的部首，'玉'字是部首，所以排在前面。至於'王'字编入'玉'部，本是不合理的。用部首编成的字典，这样不合理的事正多着哩！例如篆文从'火'的字，楷书往往把下面的'火'字写成四点，像'热''熟''熬''煎'等字；因为四点原是'火'字，所以都属'火'部。至於'無〔无〕''燕''烏

〔乌〕'﹑'焉'等字，它们下面的四点本不是'火'字变成的，却也归入'火'部，不是不合理得很吗？"

宗诚道："'乌'字倒不如编入'鳥'部妥当。"慧珍道："'乌'字如编入'鸟'部，查时要减去'鳥〔鸟〕'字的笔画，不成了负一笔吗？"宗诚道："'王'字编入'玉'部，不也比'玉'字少一点吗？这可以援'玉'部的例把'乌'字排在部首'鸟'字之后。"宗贻道："宗诚的主张是有相当的理由的。"

慧珍道："'火'部里的字编得不合理的很多，'然而'的'然'怎么也属於'火'部？"宗贻道："这倒是合理的。'然'字从'犬'﹑从'肉'﹑从'火'，本来是用烧狗肉这件事来代表燃烧的意思。《孟子》上有一句'若火之始然'，仍是用它燃烧的本义的。后来'然'字当作转折的连词和副词的语尾用了，於是又造了一个'燃'字，在左旁又放了一把火，烧得更厉害了。"

慧珍道："怎么叫作本义呢？"宗贻道："一个字原来的意义叫作'本义'。就它的本义引申出来的，叫作'引申义'。借作另外一个意义用的，叫作'假借义'。例如'令'字，它的本义是号令。引申开来，如县令之'令'，便指这一县发号令的长官；能发号令的人必是才德好的，所以'令'字又有好的意思，如'令德''令闻'之类；对别人应当客气，所以称别人的家属有'令尊''令堂''令兄''令郎'等称呼：这些都是引申义。连词、助词、介词、叹词等从前叫作'虚字'的，都只借用这字的声音，都可以说是假借义。'然而'两字，都只是借用它们的声音，和它们的本义无关的。"

宗诚道："那么'而'字的本义是什么呢？"宗贻道："'而'字照篆文写起来，本来是一个象形字，它的本义是胡须，所以古代字书《说文》上说：'而，颊毛也。'又有一部古书，叫作《周礼》。《周礼》中有后来补进去的一篇《考工记》，里面有一句道：'作其鳞之而。'之，就是与。这句是说雕一条龙，做成它的鳞与须。这'而'字还是用的本义。假借义用惯了，一般人便不知道它的本义了。'然而'两字，你们也是常用的，如都依着它们的本义讲，'然而'不是烧胡须了吗？"说得慧珍和宗诚都笑了起来。

他们三人正在谈笑，忽然书室门口进来一个客人，中等的身材，穿着一身白制服，一双白帆布鞋，瘦瘦的脸儿架着一副白玳瑁阔边眼镜，留着矮矮的平顶发，手上拿着一顶草帽，笑容可掬地道："宗贻，尊大人在家吗？"宗贻抬头一看，原来是杭州中学的校长彭旭初，连忙站起来招呼道："彭老伯，请进来坐吧。家父陪了舍戚到陆官巷去了。"一面叫慧珍表兄妹二人把《辞源》收拾过去。旭初踱了进来，就在东首的位置上坐下，随手把草帽搁在写字台上。宗贻递了一支烟，划了一支火柴给他点着了，自己也吸着了一支烟，对面坐下了。

　　慧珍、宗诚过去向旭初并肩鞠躬。旭初欠身回礼，因问道："令妹我是认识的，这一位是谁呢？"宗贻道："他是我的表弟康宗诚，今年暑假和舍妹考入杭中的初中一年级。昨天刚从富阳来的。家父就是陪姑夫康仲良——康宗诚的父亲，出去了。"这时张妈已端进两碗茶来。旭初又道："他们回不回来吃中饭的呢？"宗贻道："他们是到陆官巷二叔家去的。家祖母也住在那边，大概是在那里吃中饭了。老伯有什么事尽管见示，由侄儿转达好了。"旭初道："本校定明天开学，适值孔子圣诞，放假一天。我想，明天上午八时，始业式和孔子圣诞的纪念仪式合并在校里大成殿举行。届时拟请伯臧兄演讲，所以亲自来向他接洽，他既不在家，就请你转达吧！"宗贻道："家父回舍，即当遵命转达。"

旭初道："这次入学考试，令妹的成绩考得很好。今天是星期日，明天又是放假的，她却还这般用功，真是个好孩子。可是你怎么在讲《辞源》给他们听呢？"宗贻道："现在小学里用的字典，都是什么四角号码检字法、一笔检字法或点线面检字法的。用旧式的部首编成的字典辞书，他们从来不曾用过。可是入了中学，要他们预习，要他们在课外自动地阅读，《辞源》这类的书常常要用到。所以先把部首检字的方法教给他们。"

旭初道："对於国文，我本来是个外行，不过我觉得，要学生国文好，单靠每周几小时的课内讲授，一定是不够的，必须课内与课外并重，学校与家庭双方都能加以督促指导，养成他们课外自动阅书的能力、兴趣和习惯，国文方有长足的进步。古人说读书有心到、口到、眼到的'三到'，胡适之又加了一个'手到'。手到的功夫确是要紧的。手到的初步，便要教他们查字典辞书。可是现在的初中教师对於检查字典辞书的方法，往往认为卑不足道，不肯切切实实地教导，学生字典辞书都不会查，怎么能养成他们自动阅读课外读物的能力和习惯呢？即使学生有一点儿阅读的兴趣，遇到几次困难，也就扫地无余了！宗贻，你看我的意思对不对？"宗贻道："老伯的高见很对。可是每一班里的学生很多，检查字典辞书的方法，又非个别指导不可。天分笨些的，还得一而再、再而三地教导他。教师们有诲人不倦的精神的，实在不可多得，谁肯做这种麻烦的事呢？老实说，现在办学的教书的人们，真正为学生打算的，也不多啊！"

旭初道："杭中今年新招三班一年级生。我想，每班教他们组织一个读书会，由学生收集一笔钱，买些课外共同阅读的书籍。这样，每个学生可以出少数的钱，阅读许多有益的书，家长的负担不是可以减轻些吗？今天偶然看到你在这儿教令妹等查《辞源》，我又想到，在每班的读书会里，由学校购置书籍的款项中拨出一部分钱，替他们各备几种工具书，以便查阅。初中学生，字典总得自备一部，如《辞源》《人名大辞典》《地名大辞典》等，自己备的想是极少的，不妨由校中替他们置备。不过检查的方法却得请各教师先教会他们。由我和各教师说，似乎易有命令式的嫌疑。开学后第一次国文学科会议，请你提出这个建议，好不好？"宗贻道："这办法很好，开会时自当遵命提议。杭中同事都很热心，这提议必能一致通过的。"旭初站起来道："明天开学，校里忙得很，我要去了。明天请伯臧兄演讲，务必请他答应。拜托，拜托！"说完话，拿起草帽戴在头上，转身就走。宗贻一直送出大门，方才回来。

原来伯臧和旭初是北京高等师范的先后同学，两个人交情很好，所以宗贻叫旭初作老伯。伯臧已是四十九岁了，旭初却只有四十岁。伯臧是个稳健而温和的人，旭初却是个性急的、精明苛细的人。旭初是个有血性的汉子，对於校务非常热心，可是和同事一言不合，便要发脾气，拍桌子大骂。学生对他，更是怕得不敢去接近。只有伯臧，是他所敬佩的，却异常优礼。他和同事意见冲突时，常由伯臧调停排解；学生逢到这位彭校长大发脾气时，也往往请伯臧来替他们解围。所以伯臧在杭中颇得全校师生的信仰[①]。旭初因明天要叫伯臧演

① 这里的"信仰"是"信服敬慕"之义。后同。——编者注。

讲，亲自前来接洽，便是这个缘故。

宗贻送了旭初回来，只见宗诚和慧珍在低低地谈话，笑问道："你们在谈论些什么？"宗诚道："这是我们的校长吗？脸儿青青的，可怕得很！"慧珍道："他见了我们爸爸，有说有笑的，常常谈到深夜才肯去。你说他可怕，我倒觉得他很可亲近哩！"宗贻道："是的，他就是杭中的彭校长。宗诚表弟觉得他可怕；他的严肃得丝毫不能通融的办法，不但学生怕他，教师们也多怕他。妹妹觉得他很可亲近。他的赤诚热心，以肝胆待朋友，确令人觉得他的可以亲近。可是你们将来入学以后，应当由怕他的心理生出敬心来，由觉得他可以亲近的心理生出亲爱的心来，才是学生对於师长应有的态度啊！"

这时，康氏走了进来，问道："彭先生走了吗？吃午饭的时候到了，为什么不留他吃了饭去？"宗贻道："明天要开学，他忙得很；爸爸又不在家，即使留他，他也不肯在这里吃午饭的。"康氏道："姑夫他们三个人想在二叔家吃午饭了。现在已经十二点了，我们去吃午饭吧！"宗贻、慧珍、宗诚三人跟康氏出来，到客堂里，午饭已经摆好。绍愚①正在地上行走，看见宗贻，叫一声"爸爸"，便张手要抱。宗贻就把他抱起，坐一张椅子上，喂他吃饭。

中饭吃完了，大家闲坐在客堂里。一点多钟的时候，天气非常闷热，黑云密布，大有雨意。康氏道："宗武、宗基今天总得到了，怕上岸时要淋雨哩！"慧珍自告奋勇，要去江干接他们。宗贻笑道："傻孩子，你去接，难道天就不下大雨了吗？不过多一只落汤鸡而已！"月仙、宗诚笑了一阵。蕙官道："妈妈，叫姑姑不要去吧！你看，电光一闪一闪的，怕要打响雷呢！"锡官笑道："祖母，有棉花吗？"康氏道："你要棉花做什么？"锡官道："妹妹怕打雷，我要用棉花替她塞住耳朵！"蕙官在宗贻身边扭着道："爸爸，哥哥取笑我，你得打他！"

他们正说笑得起劲，忽然一阵大风，几乎把院中的紫藤架吹倒；接着一道电光直射进屋里来；接着一个霹雳，震得玻璃窗都隆隆地发抖。愚官把头钻在他妈妈的

---

① 原文如此，应指愚官。——编者注。

怀里，吓得不敢作声。蕙官连忙爬到宗贻的身上去。锡官也忙躲在他祖母的身边，康氏忙搂着他，心肝宝贝地乱叫。"豁喇喇"的一声，大雨来了。宗诚道："怕是冰雹呢！"慧珍忙叫张妈到各房间去关窗，自己赶快把客堂的门关上了。从玻璃窗中望出去，只见雨脚如绳，倾盆不绝；雨中似烟似雾，连对面院子里的竹、柳、花坛、石墙都看不清了。院子里顿时水满，好似西湖里的水泛滥了进来。

这一阵大雨，约下了半个钟头光景，骤然雨住云消。一轮红日仍高高地悬在天空，天气却清凉了许多。竹、柳、紫藤的叶儿，恰似洗了一次浴，青翠欲滴，格外绿得可爱。他们把窗和门都打开了，大家站在阶沿上，遥望南山一带雨后的景致。中间那条石子路已渐渐地燥了，两旁的草地里却还是非常湿。他们家里养着的两只鸭，却张翅昂头，"ㄍㄚㄍㄚ"[①]地叫着，似乎在自鸣得意。还有一只母鸡，站在花坛的边儿上，用嘴理自己淋得湿透了的羽毛。宗诚指着那只鸡，对慧珍笑

① 此为当时通行的注音符号（详见下册 33~42 页），即"嘎嘎"声。——编者注。

道："慧妹妹，你看，那里是一只落汤鸡呢！"慧珍涨红了脸，赶过来要抓宗诚。宗诚连忙躲到康氏背后去，涎着脸向慧珍央求道："好妹妹，饶了我吧！"康氏喝道："你们这两个顽皮的孩子，几乎把我都绊倒了！"

　　大家正笑得合不拢嘴的时候，忽然来了一阵门铃声，张妈忙出去开门看时，原来宗基和宗武到了。车夫送进行李来，拿了车钱走了。他们俩的衣服并没有一些湿。宗贻问道："你们没淋着雨吗？"宗基愕然道："这里下过大雨吗？怪道地上这样的湿。江干并没有下雨哩。过了鼓楼，才看见马路旁有些湿啊！"康氏道："这就叫作秋雨隔田塍，从阴历五月里分龙之后，下雨的龙经天上的神道划分了区域以后，便常有这种现象了。"慧珍道："妈妈老是这般迷信！"月仙叫张妈去叫两碗面来。宗武道："大嫂，不必去叫了，我们在轮船上遇见外太婆家的王大表伯，已经请我们吃过蛋炒饭了。"康氏道："既如此，张妈且去舀两盆脸水，泡两碗茶来。"他们俩洗完了脸，便坐下来谈话。宗基道："爸爸出去了吗？什么时候回来？我们今天还要进校去哩！"宗贻道："今天是星期日，明天又是孔子圣诞，放假，明天再进校，也还不迟。四叔和爸爸陪了姑夫到二叔家去了。他们还是上午去的，想来不久就回来的。"

外面的门铃又响了，慧珍跳起来道："爸爸他们回来了，我去开门。"不多时，她和伯臧、仲良、叔文三人一同进来。叔文见了宗基、宗武，问道："你们刚到吗？没有遇着雨吗？"宗基、宗武齐声回道："是的。"叔文道："明天是孔子圣诞的例假，你们今天在此地住一夜，明天再进校去吧！校里的费用，我已替你们缴齐了。"过了一忽儿，又道："今年慧珍妹、宗诚表弟都已考入杭中，你们比他们早半年，应得格外用功，不要被他们赶过去。"这时候，伯臧、仲良、宗贻已到书室中去了，叔文说完了话，也踱了进去。

伯臧他们四人在闲谈，宗贻把彭校长的话转达了伯臧。仲良道："这位彭校长，上半年我在这里同吃过一顿饭。他自己说常发胃病，我看他的病却在肝脏。大凡性情急、气量不宏大的人，最易犯肝气病。他的病该是养重於医；这样繁剧的职务，於他的病体是不相宜的。"伯臧叹口气道："我何尝不这样劝他？可是他家无恒产，一贫如洗，怎可一日无事？他的性既急，心又细，动辄发肝火，肝胃病自然不得好了！像他这样做校长，实在太忠于职务，不忠于自身了！"宗贻道："彭先生任事的负责，真是难得的。可是杭州中学自他接办以来，已有三年，他那番惨淡经营的苦心，除了新造的校舍可表现他的成绩以外，却不见得十分出色，这又是什么缘故呢？"伯臧道："旭初的短处就在好使气任性，所以他认为好的同事，大多是迎合他的。他想出来的主意，虽明知不合，也没有人敢说半个'不'字。当他的面，大家装出一种热心起劲的样子来；他生了病，或有他事不能到校时，便大家偷懒了。这么大的学校，靠校长一个人怎能办得好呢？其实，我们中国全国的政治也犯这种毛病。"叔文道："大哥批评得真不错。小学部的同事何尝不是如此的呢？"

他们四个人在这里闲谈，慧珍、宗诚却和宗基、宗武挤在一张小写字台旁，把上午新学会的《辞源》的检查法讲给他们听，而且叫他们查自己的名字。

长长的初秋的白昼，这样地消磨过去了。慧珍他们商量着要组织一个读书会。他们主张把在清波中学肄业的、仲珊的儿子宗常，漆之瑜的儿子志华，也邀来参加。会址就在这里，推举慧珍做总干事，而且主张请叔文和宗贻做顾问。他们四人约定，晚饭以后先把简章拟好，请叔文修改。青年人做事，只要对于这件事有了浓厚的兴趣，便都想赶快地把它做成功，所以晚饭之后，他们脸也不及洗，口也不及漱，又聚在书室里拟他们读书会的简章了。

晚上九点钟了，伯臧依了慧珍的主意叫宗基、宗武到楼上去睡；宗诚也得了仲良的许可，上楼和他两位表哥同睡。伯臧父子还和叔文陪着仲良在书室中谈话，康氏就带着全家先上楼去了。宗基、宗武是常来的，宗诚却还是第一次上楼。走上楼梯，慧珍领了他们由扶梯间西南角的房门走进前间客堂的楼上，说道："这是哥哥嫂嫂的卧室。"宗诚看时，东北角朝南一张大铁床，床前一个五斗橱，一张椅子，一口衣橱，两叠箱子，一只梳妆台，沿着东面的墙壁一直摆到窗前。靠窗一只写字台，有一张旋动的椅子。东南角有一扇门，通到洋台上去。西面有一个大窗子。靠窗是两张沙发夹着一张茶几。由窗子里望出去，全湖在目：黑沉沉的远山，一星星的灯火，一叶叶稀疏的游艇。这时，月儿早已升上来，水面反映出鱼鳞似的闪光。远山的头上也蒙着白茫茫的月光，反显得月光不曾照到的地方愈加黑暗了。愚官已睡着在月仙怀里。月仙刚把愚官放在床上，要招呼他们坐坐，慧珍已领他们到洋台上去了。

他们在洋台上望了一望，又转进东面书室的楼上去。康氏正指挥张妈在把装好的糕饼果子拿四盘到楼下去。锡官兄妹也拿着盘子，算帮他们祖母的忙。慧珍道："这是爸爸妈妈的卧室。西北角朝南的那张大床是爸爸和锡官睡的；东南角朝西的那张床，是妈妈和蕙官睡的。今天晚上，妈妈叫我和蕙官睡在她的床上，妈妈睡到爸爸那里去，把后间我的床腾出来给你们睡。"原来这房里，朝南的床前是一张有抽屉的小方桌，两张椅子，一口五斗橱，一只梳妆台；前面摆着一张马鞍桌，一张藤靠椅，两三张方凳。朝西的那张床的横头有一个朝东的窗，靠窗摆着一张四仙桌，几张方凳子。东南角有门通到洋台上去，东北角有门通到后间去。

他们穿进后间，见东北两面都有一个窗，朝北的窗下有一张小写字台，前面和两旁各有一张椅子，床是朝北铺的，床前有一张茶几。东北角摆着一口小小的衣橱，西北角有一扇门，通到扶梯间去。宗诚道："这里是表妹的卧室了。我们今晚就睡在这里吗？"慧珍道："是的。你们三个人一床，嫌热吧？"宗诚道："三个人一床，这才叫作亲热哩！"慧珍让他们三人在小写字台旁坐下，自己去前间掇了一张方凳儿来，坐在旁边，张妈拿过一壶茶、四只茶杯来。锡官、蕙官各端了两盘糕果来。康氏也走过来，就坐在床上，谈了一忽儿，说道："快十点了，你们明天还要到校里去，早些睡吧！"说罢，就和慧珍携了锡官兄妹回自己房里去。伯臧父子也上楼来了。

不到半个钟头，前面两间里的人们已睡得静悄悄了。月光从东窗射进来，电灯虽然关上，斗室里还同白天一样。他们三个人初时睡不着，还在床上唧唧地商量读书会简章。不久，已大致就绪，也都呼呼入睡了。

第三章　组织读书会

　　杭州中学是浙江省一个规模最大的省立中学。师范部和初中部在涌金门和清波门之间,小学部也在近旁,这是杭中的本校。第一分校在学院前, 是杭中高中普通科、工科、商科, 专收男生；第二分校在西大街, 是杭中高中普通科、蚕丝科, 专收女生。本校的校舍是就旧杭州府学的遗址新建的, 只有大成殿、明伦堂还保存着；大成殿的两庑早已完全坍去, 现在却把两庑、大成殿外的露台, 一直到鸣锡门外, 改建成一所宏大的大礼堂。明伦堂以西, 全是新建的校舍, 大门开在西面, 对着西湖。中间是两座二层楼的教室, 一座是初中部的, 一座是师范部的。这两座教室之间, 是一座三层楼的房子, 楼下是办公室、图书室, 二楼是教员的住室, 三楼是职员的住室。教室之北, 是女生宿舍；之南, 是男生宿舍。还有膳厅、厨房、运动场、操场、健身房之类，设备是很周到的。音乐和手工的教室却远在崇圣祠那边。崇圣祠、文昌阁前的桂苑，他们叫作桂花衖，直通到农场去。学生也相当的发达[①]。师范部共九班，男女分班，男三女六；初中部九班，却是男女合班的。第一分校尚有高中普通科六班、工科三班、商科三班，第二分校尚有高中普通科六班、蚕丝科三班。一共有三十九班。校长之下，设男女二分校主任。教职员共有一百二十多人。彭旭初请周伯臧讲演的始业式和孔子圣诞纪念式，就是在本校的大礼堂举行的。

八时到了，大礼堂里坐满了师范部和初中部的学生，男生在左，女生在右；初中生在前，师范生在后。康宗诚和周慧珍恰好分坐在第一排的左右两端。礼堂上虽然坐满了人，却肃静得很。彭校长和本校的教职员鱼贯入场，分坐在两旁。一位穿白制服、脸儿胖胖的文牍文先生，站在演讲台的右角上，提起了嗓子赞礼。全体起立，彭校长步上演讲台，领导全体师生向国党旗及孙

---

① 　原文如此。指该校学校兴盛、生源兴旺。——编者注。

总理遗像行了礼，读了遗嘱，唱了党歌。这时，演台后面的屏门一齐开了，彭校长又领导着行谒圣礼，向大成殿放孔子牌位的暖阁三鞠躬。然后全体坐下。彭校长报告，今天是始业式和孔子圣诞纪念式合并举行，又把上学期教务、训育、事务三项成绩及本学期校务进行的计划，撮要报告；然后说到今天特地请本校国文教师周伯臧先生讲演。说罢，便向台下坐着的周伯臧招呼，邀请上台讲演，自己却退到主席的座位上坐了。

这时，全体师生的目光一齐集中在周伯臧的身上。他，矮矮的个儿，黑黑的脸儿，身上穿了一件旧的鱼白色的纺绸长衫，头上留着平顶，脸上架着一副黑边眼镜，嘴上留着短短的一字胡子，脚上穿着一双布底的鞋子，在鼓掌声中从容不迫地走上台去，微笑着向台下点头招呼，就站在台上，开始讲演。伯臧的口才原是好的，这次讲演虽然没有什么准备，却也滔滔不绝地讲了一个钟头，满座为之动容。演讲台上，坐着一男一女两个师范部三年级的学生，在记录他的演讲辞，低着头，只是写。讲演完了，伯臧仍在鼓掌声中缓步下台。这仪式也就完了。彭校长引导全体师生，鱼贯地出了礼堂，然后分散。

宗诚跟着慧珍回到家里，原来叔文和宗基、宗武早已到职业中学去了回来，宗常、志华也在那里了。他们六个孩子，便聚在书室里讨论组织读书会的事。他们推举宗基把读书会的简章写下来，要请叔文替他们修改。那时，叔文正在客堂后间，和仲良看锡官兄妹下军棋。慧珍跑去，硬把他拖了来。叔文走进书室，他们便七嘴八舌地把这件事告诉了他，而且一定要请他做个顾问，立刻替他们修改简章。叔文道："你们的简章呢？拿来我看吧！"慧珍把写好的一份简章递给叔文。叔文取来看时，只见第一行写着"我们的读书会的简章"，笑道"这标题便可省好几个字"，就提起笔来，把它改成"读书会简章"五字。他略略看了一遍，便替他们一条条地或删或增，都修改好了，叫宗常道："你的小楷好些，把它誊清了吧！"宗常接了，便到慧珍的书位上，向慧珍讨了笔墨纸砚，誊写了一份。

简章誊好了，叔文和大家正在围着看时，伯臧和宗贻回来了，仲良也从里面走了出来。宗贻问道："你们一窝蜂地围着四叔，在做什么呢？天气这般热，却大家挤在一起！"仲良也笑道："叔文弟在小学里和小孩子还缠得不够吗？"伯臧也笑道："这才叫作活猴王啊！你看，宗诚竟爬到四舅舅的背上去了！"叔文推开了挤着的孩子们，笑着站了起来道："他们要组织读书会，简章我已替他们改好了，正在把所以增删修改的道理讲给他们听哩！"宗贻笑道："老叔真有爸爸刚才说的孔子诲人不倦的精神了！"叔文把誊清的简章递给伯臧道："大哥，你也给他们看看，还有要修改的地方没有？"伯臧接了过来，铺在写字台上，仲良、宗贻也走拢看时，见上面写道：

读书会简章

一、本会以互相切磋，养成自由阅读之能力、兴趣、习惯为宗旨。

二、本会书籍、杂志，除由会中购定，或会员家长酌量购赠之外，会员须各出所有，交互借阅。

三、本会书籍、杂志，由会员轮流阅读——阅读期间，书籍每册以一月为限，杂志每册以一星期为限；必要时得延长之。

四、本会每月开常会一次，於每月之最后一星期日举行；会员须各提出阅书笔记及口头报告，由各会员研讨批评。开会时由各会员轮流主席。

五、本会设干事一人，掌理本会款项收支及杂务；文书一人，掌理本会文牍及开会时之记录；由会员互选，任期半年，连举得连任。

六、本会设顾问二人，选定读物，指导阅读，辅助会务之进行；由会员议决后延聘之。

七、本会书目，每半年须查编一次。

八、本会会员，每人应於入会时缴纳基金一元，每月缴纳经常费一角。

九、本会暂以涌金门直街一号周宅为会址。

十、本简章如有未尽处，得於常会时提议修正之。

大家看完了，伯臧道：“大体已很不错，不过我的意思，这读书会应得有个名字方好。”慧珍抢着道：“如何？我也说要取个名字才好吧？”宗诚道：“就叫作‘涌金读书会’吧！”仲良道：“这个名字太拘泥於会址，含义也嫌太狭，不好。"宗基道："那么，不如叫作'杭州'。"叔文道："这又嫌太泛了。"宗常道："我们这会，是中表姊弟组织成的，不如叫作'棣华'吧！"宗贻道："到底是你大些，有些想头。"慧珍道："爸爸，怎么叫作棣华呢？"宗贻道："古书中有一部《诗经》，《诗经》里有一首诗，第一句是'棠棣之华'，棠棣是一种植物，华同花。这首诗是讲兄弟的。"慧珍道："这是好极了！切贴得很，又不是杜撰的。"大家同声赞成，於是就决定用"棣华"二字。叔文道："那么前面再加一条吧！"就提起笔来写道："一、本会定名曰'棣华读书会'。"又把原有十条的数字改过，一共有十一条简章。叔文道："简章拟好了，你们下午开个成立大会吧！"

十二点钟到了，大家到客堂里去吃中饭。今天人特别多，方桌上加了一个圆桌面；锡官兄妹三个由张妈管着在后间吃。这里大大小小、男男女女，团团地坐了十一个人。八大盆家常小菜，一大碗汤，虽非盛馔，倒也可口。一家人也没有什么客套，不消半个钟头，便都吃完了。

　　张妈收拾完了，端上茶来。叔文叫把茶送到书室里去，指挥这批孩子把乒乓台子搭起来，布置了一个会场。月仙也兴致很好，叫张妈去买些水果、糖果，装了四盆，摆在台子上。慧珍准备了记录的纸笔，六个孩子在两边坐下。叔文拉了宗贻同坐在上面，叔文道："你们应当先推定一位临时主席，一位临时书记。"他们就推宗常做主席，宗基做书记。宗常移坐到下面主席的位子上去，又叫志华和宗基把席位互换。一切安排就绪，宗常就宣布开会，叫大家肃立，他朗朗地宣读了总理遗嘱，然后叫大家就座，指定慧珍报告发起的经过。

　　慧珍站起来，掠了掠鬓发，说道："今天是我们这小小的'棣华读书会'诞生的日子，恰好遇到孔子的诞辰。这虽是偶然的事，却是值得引为荣幸的。我们又得到四叔和哥哥来做我们的顾问，指导我们。本会的前途一定是很有希望的。"她说到这里，略顿一顿，把眼光向叔文和宗贻扫射了一下，又接着道："我们深知道，我们的学识幼稚得很，可是我们的求知欲却很强旺。我们要满足我们的求知欲，要疗治我们知识上的饥渴，非得找精神上的适当丰富的食粮不可；仅仅课内教师讲授的一些是不够满足我们的，所以我们非从课外的阅读努力不可。但是一个人胡乱地去阅读，不但如暗中摸索，事倍功半，而且很有虎头蛇尾、半途而废、一暴十寒的危险。为了要互相规勉，互相切磋，继续不断、循序渐进地去读书，去求知识，所以要组织这个小小的读书会。"说到这里，又略略停顿了一下：

"这个会，可以说是我和宗诚表哥发起的。首先赞成的，是宗基、宗武两位哥哥。现在宗常哥哥和志华表弟也都踊跃地加入了。我们又得了爸爸和姑夫的鼓励，四叔和哥哥的指导，所以从发起到成立，只费了两天最短的时间。我们的校长，彭旭初老伯也曾说过，要国文好，必须课内课外双方并进，学校家庭双方督导，方能有效。校内的正课，我们所得到的益处，是和别的同学一样的。现在我们有了这校外课外的读书会的组织；我们家庭方面，又有鼓励我们、指导我们的许多家长；我们的环境不是远胜于其他的同学吗？我们千万不要辜负了这特殊优良的环境，快快共同努力吧！今天本会成立，适值孔子诞辰。今天早上，爸爸在杭中讲演，说孔子有学不厌教不倦的精神。我敬祝本会的会员们，从今天起，以学不厌的精神来读书；我们的许多家长，我们的顾问，四叔和哥哥，都以教不倦的精神恒久地予我们以鼓励和指导！——完了。"她说完了话，从容就座，合座都鼓起掌来。这时，伯臧和仲良站在书室门口，康氏和月仙站在客堂后间门口，也都称赞她口齿伶俐，说话也有条不紊。仲良拍着伯臧的肩道："伯臧兄，我倒没有知道，令嫒竟是个演说家呢！我们诚儿哪里及得她！"伯臧道："现在的小孩子们都有这一套本领的，你不要小觑了诚儿！"

他们接下去，先把简章逐条通过，接着就推举干事，慧珍得票最多，当选；文书，却是宗常当选。宗常又提议请叔文、宗贻二人做顾问，全体赞成，通过。又用抽签法排定了月会轮流做主席的次序。这才宣告散会。

散了会，慧珍就执行干事的职务，向会员收基金和第一月的经常费。一忽儿就收齐了，叔文又教她立簿登记。歇了一歇，慧珍和宗常拿着一张纸，竟向各家长募起捐来。第一个找到仲良，仲良道："我捐两元。"於是伯臧、康氏接着也各捐两元，月仙捐了一元。宗贻道："我捐赠开明书局出版的《中学生杂志》一年。"

叔文道："我捐《文心》《词和句》《文章作法》《爱的教育》《续爱的教育》各一册。"慧珍细细一算，除书籍、杂志外，共收得十三元六角。月仙到楼上把自己的一只小书箱腾出叫张妈拿下楼来，说是送给他们藏书的。他们大喜。

会场还没有收拾，他们还乱哄哄地东一堆人、西一堆人在谈论着，慧珍、宗常正缠着宗贻、叔文，要他们同去买书。彭旭初忽然从外面走了进来，面上露出一种诧异的脸色，问道："你们在开什么会呢？"宗贻、叔文笑道："这些孩子们刚在组织读书会哩！"说着，把旭初让到书室里去。伯臧、仲良也迎了出来。旭初和仲良握手道："康先生，好久不见了！我吃你的丸药以后，胃病好了许多。近几天又有些不舒服了。今天正好请教，再吃些什么药。"仲良道："药物只能治一时之病，彭先生的身体还得节劳调摄才好。"伯臧道："旭初，你那事必躬亲的办法总得改良些才行。校长也是独当一面之局，诚然是个繁剧的职务；但求用人得当，自己只须总揽大纲，便可指挥若定。你那样干法，怕你的身体吃不消呢！"旭初坐下来叹口气道："老哥金玉之言，我何尝不信任，不感激；无如杭中的事，竟非件件躬亲不可！这劳什子的校长，我实在不愿再做了！暑假前，我不是竭力辞过职的吗？厅里总不让我辞。我也只有鞠躬尽瘁而已！"伯臧、仲良听了，都替他暗暗叹息。

旭初又问到孩子们组织读书会的情形。叔文一一告诉了他。旭初道："这批孩子们生在这样良好的家庭里，正是幸福！他们有这样好学的志愿，是值得奖励的。"说着，在怀中皮夹里取出一张五元的钞票来道："我也捐赠五元。"宗贻道："怎么好收老伯的捐款？"伯臧道："旭初和我本是弟兄一样，叫他们过来道谢，竟老实地领受了吧！"宗贻叫六个孩子一同进来，向彭先生道谢。旭初却一个个地问了姓名、年岁和肄业的学校，并且勉励了几句。

他们退了出去，伯臧问道："旭初，你的长女菱仙，今年不也进初中了吗？她和慧儿本是附小同班毕业的。请她也加入这个读书会，好吗？"旭初道："那是好极了，她听到这消息，一定很高兴的。好在我的寓所在东海里，离这里很近。请宗贻、叔文先容，准许她入会吧！"宗贻把慧珍叫来，和她说了，慧珍出去向大家征求同意，全体表示欢迎。於是这棣华读书会的会员又多了一个彭菱仙。旭初向他们要那份简章看了道："我带回校去，替你们油印一二十份吧！"说罢，把简章藏在袋里，却又从袋里摸出一叠纸来，递给伯臧道："这是你早上讲演的记录，由男生沈眉士、女生陈慧君记录的，他们已誊清了，请你再略加修正，我想在校刊上发表。"

伯臧道："这实在不值得发表的；你既主张发表，让我好好地修改一下，后天缴卷，可以吗？"旭初道："当然可以；我知道你的脾气，决不会误期的。"说罢站起来道："我去叫菱仙来和他们这班小朋友见见吧！过了今天，要下星期日才有见面的机会了。"伯臧笑道："你总是这般性急的。也罢，我叫张妈去请她来，不必你做爸爸的劳驾了！好在此地她也是常来的，和内人、小媳也都熟识。"宗贻就进去打发张妈去东海里接彭小姐，说彭校长也在这里等她。旭初便坐下来，顺便请仲良诊脉。仲良诊了脉，看了舌苔，又细问了近来的病情，便替旭初开了一张方子，并且说道："肝胃病总是养重於医。第一，动不得肝火；第二，饮食要留心；第三，要少劳动，尤其是精神劳动。"

不久，张妈领了彭菱仙进来。仲良看时，是一个十三四岁的女孩子，白衫、黑裙、黑袜、布鞋，和慧珍同样的打扮，脸庞圆圆的、红红的，眉宇间却显出一种英挺的气概，和慧珍温文秀丽的相儿又是不同。旭初叫她向仲良、伯臧、叔文、宗贻一一地见了礼。这时，慧珍首先跑了进来，拉着菱仙的手，叫了声姊姊。宗常他们却远远地站在客堂里，集中了视线，注视着她。

菱仙这时还有些莫名其妙，暗想道："这五个男孩子我都不认得的，为什么这样注视我？爸爸叫我到这里来，是为了什么呢？"她正在怀疑，慧珍把她拉着道："菱姊，我详细地告诉你吧！"便一五一十地把组织读书会的情形都告诉了她。最后，问她道："彭老伯的意思，叫你也加入我们这个会，你愿意吗？"菱仙听到这里，不禁笑将起来道："这是好极了！"慧珍於是拉了她的手，同到客堂里，给她一一介绍。康氏和月仙也都出来和菱仙招呼，谈话。这时锡官、蕙官早已下完了军旗，在吃他们开会时剩下的糖果，见了菱仙，便赶过来，一个人牵住了她一只手道："菱姑姑，你上星期就答应和我们去逛西湖了，究竟什么时候去呢？"愚官也伸着小手，扑向她身上道："姑姑，我也要去的！"

伯臧他们四人送旭初出来。旭初向康氏、月仙招呼了一下，道："我先走了。你们且在这里等一等，我到了校里，叫照相馆里来替你们拍一张照吧！"孩子们听了，更是高兴。旭初去了不久，果然留芳照相馆派人带了照相机来替他们拍照。他们就在院子里七个人并排站好，请叔文、宗贻两位顾问也加入，照了一张相。照好了相，伯臧叫宗贻付钱。照相的人道："彭校长已吩咐过了，照相的钱统由他付；并且说过，一共要印七张。"说毕，带了照相机走了。

这时候已是下午五点钟了。宗基、宗武、宗常、志华都先后走了。菱仙也起身告辞，却被慧珍一把拖住。康氏也道："他们已玩了一整天了，你们家里离此很近，吃了夜饭，叫张妈送你去吧！"慧珍道："她又不是小孩子，怎么要叫张妈送？吃过夜饭，我陪你去好了。"菱仙觉得难於推却，也就答应。吃过了晚饭，又乘了一会儿凉，到八点多才起身告辞，也不要慧珍陪送，独自踏着马路上的月光回去。

第四章　破音字举例

　　杭州市各中等学校都遵部章于八月二十五日开学。二十六日是星期日，二十七日是孔子诞辰，放假，所以二十八日才正式上课。这一天，上午八时以前，宗贻要到杭中去上了课再到图书馆去，慧珍、宗诚跟了他同去；锡官兄妹也各背了书包，跟叔文到杭中小学部去了。仲良因为明天就要回去，所以要到陆官巷去一趟，顺便到大街上去买些东西，八点钟也出门去了。伯臧独自一人在书室里，订正昨天的演讲稿；到了十一点钟，也到师范部上课去了。仲良是在陆官巷吃中饭的。宗贻因省立图书馆远在求是路，照例是不回来吃中饭的。伯臧叫校役回来说，彭校长请客，邀他作陪，中饭也不回来吃。叔文、宗诚、慧珍和锡官兄妹回家吃了中饭，又匆匆地到校去了。所以这一天，涌金门直街的周宅里，竟是非常冷静。

下午五点光景，他们都先后回来了，只有伯臧、仲良还没有回来。宗贻问慧珍道："你们今天第一天上课，有什么新奇的感触呢？国文，选授的是哪一篇？先生讲的，都能懂吗？"慧珍道："国文发了一篇朱自清作的《背影》，是铅印的，却没有标点符号，也不分段。先生说，要我们自己标点分段的。另外又发一份《标点符号使用法》，叫我们先去细看一遍。明天，我们这班没有国文课；后天，先讲《标点符号使用法》；大后天，方讲这篇《背影》呢。今天课内，先生先教我们查各种工具书的法儿。我们幸而先把《辞源》的检字法学会了，所以先后叫我们查'浙江省立杭州中学'八个字，我和诚表哥查得最快。"宗诚道："我遇见了一个小学里同班毕业的老同学，孔乐三。入学试验，他考了个第一。孔乐三苦得很！他六十多岁的爸爸是前清的老贡生，不料於八月十五日病死了。他们家里本是很穷，他爸爸又死了，几乎弄得不能入学哩！他在小学里，本叫作孔友贤。到毕业的时候，他爸爸定要他改名乐三。今天我遇见他，才知道他就是老同学孔友贤哩！"

慧珍道："你提起孔乐三，我却想起了我们班里的一件新闻。哥哥，真巧得很，我们同班的同学却有三个异姓同名的；一个是孔乐三，还有一个孟乐三，一个颜乐山哩！今天上班点名，其余的先生都把颜乐山的乐字读作'效'，孔乐三、孟乐三的'乐'字都读作'落'；教国文的王先生却把孔乐三的'乐'字也读作'效'，孟乐三的'乐'字仍读作'落'。我听了，觉得很奇怪。因为是第一天上课，先生和同学都是陌生的，不好意思便问。哥哥，这究竟是怎么一回事呢？"

叔文道："中国字的读音真麻烦，音乐的'乐'字读作'药'，快乐的'乐'字读作'落'，当作喜欢爱好讲的'乐'字却读如'效'。同一个字，有三种不同的读法。"宗贻道："音乐的'乐'，现在也有人把它读作'落'的，这是读错了，大家都晓得的。至于这字又可读如'效'，晓得的人便少了。就这三个名字来说，却还容易分辨。《论语》这部古书，慧珍和宗诚总看见过了吧？它里面记有孔子的话道：'知者乐水，仁者乐山；知者动，仁者静；知者乐，仁者寿。'知，同智。智者性动，水是流动的，故爱好水；

仁者性静，山是静止的，故爱好山。孔子最得意的学生叫作颜回。孔子尝称颜回'其心三月不违仁'，也见於《论语》。颜回是个仁者，是个乐山的人。他姓颜，所以名字叫作乐山。这个名字是从《论语》上取来的，所以这'乐'字当从《论语》读如'效'，如用注音字母注音，当作'ㄧㄠ'①。还有一部古书，叫作《孟子》，你们也晓得这书名的。这书里记有孟子的话道：'君子有三乐，而王天下不与存焉。父母俱存，兄弟无故，一乐也；仰不愧於天，俯不怍於人，二乐也；得天下英才而教育之，三乐也。'孟子认为这三件事比王天下还要快乐。你们那位同学姓孟，他的名字便从这段《孟子》上取的。所以这个'乐'字是快乐的'乐'，当读作'落'。"

慧珍笑道："经哥哥一讲，这两个同学的名字我们从此不会叫错了。还有那个孔乐三，他的名字怕也从《孟子》里取的，为什么王先生却把'乐'字也读如'效'呢？"宗诚道："怕是他读错了吧？"叔文道："不见

---

① 此为当时通行的注音符号，用今汉语拼音表示，即"yao"音。关于注音符号及用法，详见下册第33~42页。——编者注。

得！你们的王先生是王剑英吧？他是大哥从前的学生，写得一手好字，大哥很得意他的。他绝不会读错的！"

　　刚说到这里，伯臧从外面回来了。慧珍道："哥哥，你快讲给我们听吧！"宗贻道："孔乐三的名字也是从《论语》里取来的。《论语》里还有一节孔子的话道：'益者三乐，损者三乐。乐节礼乐，乐道人之善，乐多贤友，益矣。乐骄乐，乐佚游，乐宴乐，损矣。'他姓孔，还有一个名字叫友贤，所以我猜他的名字是取义於'乐多贤友'的第三种有益的'乐'。所以也当读如'效'。王先生并没有读错。其余的先生不是专习国文的，所以一时疏忽，以为也是取的《孟子》里'君子有三乐'的意思，把这乐字也读作'落'了。"叔文道："如何？我知道王剑英先生绝不会读错的。这节《论语》里用了十一个'乐'字，三种读法却都完全了。'礼乐'的'乐'，读作'药'；'骄乐''宴乐'的'乐'，都读作'落'；其余的八个'乐'字，都读如'效'了。——我的记性真坏，怎会想不起这节《论语》来呢？"

　　伯臧道："你们在讲什么呀？"叔文大略地告诉了

一番。伯臧道："关于'乐'字的读音，从前也有个笑话的。"慧珍道："爸爸，快讲给我们听吧！"伯臧道："《东周列国志》这部小说，宗诚也看过的吧？战国时，燕国有一个乐毅，晓得吧？"慧珍、宗诚齐声答道："晓得的。姓乐的'乐'字和音乐的'乐'字一样，读作'药'的。"伯臧道："不错。前清末年，那时还是科举时代。读书的人去应考的叫作童生。童生经过一次县考，一次府考，一次道考，考及格了，叫作秀才。举行县考的时候，照例要由县长亲自点名的。那时的县长，叫作知县。知县，有的是由考试出身的；有的是用钱去买来做的，叫作'捐班'。"慧珍道："怎么官可以买的？"

　　伯臧道："这是专制时代的怪现象呀！捐官这件事是公开的。你们想：用钱捐官做的，一定是有钱的财主，或者把做官当作生意的人了。这种人怎么会有相当的学问呢？当时有一个知县，是捐班出身的。逢到县考，他也得亲自坐堂点名。点到了一个童生，姓名是'乐乐乐'三字。他叫了声'药药药'，没人答应；又叫了声'落落落'，也没有人答应。旁边站着他的文牍先生，那时是叫文案师爷的，毕竟比他多识几个字，忙附着他的耳道：'"乐"字也可读如"效"的。'他听了，忙又大声叫道'效效效'，仍是没人答应。他只得跳过了这个古怪的姓名另点下面的。名都点完了，只见一个童生踱过来打了一个躬，说道：'公祖为什么不点学生的名？'他道：'我把名都点过了，你叫什么名字呀？'那童生道：'学生姓乐（音"药"），名乐乐（音"效乐"）。'说时，还伸手去指名册上的姓名。那知县很怪他姓了这古怪的姓，还要取这古怪的名字。这事传扬开去，大家都说他是个一字不识的知县哩！"慧珍笑道："叫我点名，逢到这个童生，也只有他的姓不会读错吧？"

宗诚道："我们经大表哥仔细地讲过了，又听了大舅舅这个笑话，这'乐'字的三种读音是很明白了，而且再也不会忘记。别的同学们怕还辨不清，记不住，得想法在'乐'字上加什么记号才行哩！"伯臧道："从前的确有一种加记号的法儿。例如音乐的'乐'字，音'药'，入声，是'乐'字的本音，不加记号；快乐的'乐'字，音'落'，也是入声，音却变过了，在

'乐'字的右下角加一圈；乐水乐山的'乐'字，读如'效'，变作去声了，在'乐'字的右上角加一圈。又如'长'字，作长短的'长'解，是平声，是'长'字的本音，不加记号；作长幼的'长'解，却变作上声了，在'长'字的左上角加一圈。又如'夫'字，作丈夫、车夫、夫人、夫子的'夫'字是平声，是'夫'字的本音，不加圈记；文言文中用于句首表示提引推论，或用於句末表示商度惊叹，都读作'扶'，声音也变了，但仍是平声，在'夫'字的左下角加一圈。这法儿叫作'圈读'，便是用记号来表示音的变化了。"宗诚、慧珍都用指头在桌子上画，默记这圈读四声的法儿。慧珍忽然道："我们在小学里学过的注音符号也以四角加点的法儿分别四声，不是从这圈读法脱胎的吗？"宗贻笑道："正是，正是，妹妹能这样推想开去，可以说是闻一知二了。"

宗诚问道："音乐的'乐'和快乐的'乐'同是入声，夫子的'夫'和读作'扶'的'夫'同是平声，为什么前二者不加圈，后二者加圈呢？"伯臧道："音乐的'乐'，夫子的'夫'，读的是这两个字的本音；快乐的'乐'，读作扶字的'夫'，读的是这两个字的变音。以注音字母来说，乐字读作'药'，是'丨'母；读作'落'，是'ㄌ'母；虽同是入声，却有分别。夫子的夫，是'ㄈ'母；读作'扶'，是'万'母；前者叫作'清音'，后者叫作'浊音'，和英文的 f 与 v 一样，虽同是平声，也有分别。这些和本音不同的变音，从前叫作'破音'；读这些字的变音，叫作'读破'。从前的读书人对於这事是非常注意的。那面第一个书橱里有一部木版的'四书'，还是我小时候读过的，里面凡是读破音的字，都有朱笔的小圈儿。你们将来空的时候，可以随便翻翻，也可以增长些见识。可是这部书经过先君——慧珍，就是你的祖父——圈点、批注，手泽犹存，当好好地保管，千万别弄破了它！"刚说到这里，仲良恰从外面坐了人力车回来，买了许多东西，叫宗诚同去收拾了。伯臧、叔文也踱了出去。

慧珍又继续向宗贻问道："我记得去年冬天，哥哥，你曾教我一首小诗，是唐朝的白居易作的，末了两句是'晚来天欲雪，能饮一杯无？'句末用个'无'字，这和'夫'字用在句末读作'扶'的是否相同？"宗贻道：

"这两个字虽然同用在句末，声音相同，却有区别。'无'字用於句末表示'疑问'，等於语体文中的'么〔麼〕'或'吗'；'夫'字用於句末，表示'商度'或'惊叹'，等於语体文中的'罢'或'吧'。例如欧阳修有一首词里有一句'爱道画眉深浅入时无'，这'无'字也作'么'或'吗'用的。我们常见到的'悲夫''有是夫'之类，便等於'吧'字了。"

慧珍又问道："那么为什么文言文用'夫'，语体文用'吧'；文言文用'无'，语体文用'吗'呢？"宗贻道："这是古代的声音和现代不同的缘故。'夫'和'无'属於'万'母，'吧'属於'ㄅ'母，'么'属於'ㄇ'母，你辨得清楚吗？"慧珍道："辨得明白的。照注音字母说，都是'唇音'，对吗？"宗贻道："唇音分几种？它们的分别又在哪里呢？"慧珍道："唇音有'轻唇''重唇'两种：轻唇音是上齿下唇相合发音的，重唇音是上下两唇相合发音的。"宗贻道："小孩子初学讲话，先会叫爸爸妈妈，'爸''妈'二音属於'ㄅ''ㄇ'二母，都是重唇音。由此可知小孩子的发音，最早的是重唇音。外国的

小孩子叫父母也是'Papa''Mama'，到后来才能说
'Father''Mother'，由重唇音转到轻唇音，和中国
的由'爸爸''妈妈'转成'父''母'一样。人类由
太古初民时代逐渐进化到现代，正和小孩子渐渐大起来
一样，也是先有重唇音，后有轻唇音的。清朝有一个学
者，叫作钱大昕，他有一篇《古无轻唇音说》。在他所
著的《十驾养斋新录》里，举出许多证据来证明古代没
有轻唇音，凡是轻唇音的字都读成重唇音。所以'夫'
字古音与'吧'同，'无'字古音原与'麼'同。但后
来有了轻唇音，'夫'和'无'都读作'扶'了；而口
语里却还说'吧'和'麼'，於是新造这从口巴声的
'吧'字，借用这么麼小丑的'麼'字了。——和尚
念经，你总听到过的。我们继祖母不也常念佛吗？他
们常念'南无佛，南无阿弥陀佛'，'无'字还念作
'麼'，正是它的古音呢！"慧珍道："懂了，完全懂
了！原来和尚和佛婆倒还喜欢读古音哩！"

　　伯臧刚进来拿香烟，听他们兄妹在讲什么今音古
音，便插嘴道："宗贻，你不要陈义过高了，小孩子是
不能领受的！"又道："和尚和念佛的老太婆并不知道

'南无'是古音。因为佛经大都是唐朝以前译的，'南无'二字是那时的译音。他们只是师徒口耳相传，这样读法而已。从前私塾里的小孩子都读的古书，'四书'更是人人必读的。'四书'是四种书合成一部的，第一种是《大学》。《大学》里引《诗经》道：'於戏，前王不忘。'这'於戏'二字读作'呜呼'。有一天，私塾里的小学生正在'呜呼，呜呼'地读这节《大学》。有一个和尚，是他们先生的老朋友，跑来看他，笑问道：'明明是"於戏"，为什么定要"呜呼"？'那先生道：'那么你们又为什么要念"南无"呢？'那和尚笑答道：'正因为先生"呜呼"了，所以要和尚来念"南无"了！'一个人死了，俗话叫作'呜呼哀哉'，这和尚的话是双关的！"慧珍听了，竟大声地笑了起来。外面康氏叫道："好吃夜饭了，不出来陪客人，却父子三人躲在书室里讲笑话呢！"他们三人连忙出去，仲良、叔文、康氏、月仙、宗诚都已就座，只等他们来举箸了。

夜饭后，仍在院子里乘凉。宗诚问慧珍道："妹妹，你一个人听了许多笑话，得讲给我听听。"慧珍就把傍晚所听到的对宗诚重述了一遍。说到"呜呼""南无"的故事，连康氏、月仙都觉得好笑。

叔文买了一支笛，慧珍新学会了洞箫，他们俩便合奏了一曲。慧珍把洞箫递给月仙，定要她吹。月仙道："我吹得不好，姑夫在这里，怪难为情的。"仲良道："一家人怕什么呢？"宗诚也央求道："大表嫂，就吹一曲吧！"月仙道："那么，要慧妹妹伴着唱的，我们来奏《阳关三叠》好吗？"叔文道："好！"於是悠悠扬扬地箫笛合奏起来，慧珍也低低地唱道："渭城的朝雨，浥呀浥轻尘；客舍里，青青的柳色新。我这里，劝君更尽一杯酒，须知道，西出阳关无故人。"三个人吹唱得很是合拍。宗贻拿着一把折扇在腿上轻轻地击节；锡官、蕙官、愚官三个孩子也跳来跳去，应声而舞。一曲既终，月光如水；孩子们的影儿在地下铺着的紫藤花影上穿来闪去，兀自不休。伯臧笑道："这真是'百兽率舞'了！"他们唱奏完了，大家要求康氏独奏洞箫。康氏拗不过，喝了一口茶，先吹一个过门，然后吹了一曲《平沙落雁》。大家听出神了，竟是静得连呼吸都似屏住了气似的。康氏吹完了，站起来道："时候怕不早了，明天姑夫要趁早班轮船的^①，不如早些安置吧！"
於是各自归寝。

　　客堂里的挂钟刚打了十下。

---

① 趁：乘坐，搭乘。今用"乘"。——编者注。

第五章　由反切谈到声韵学的常识

今天，周伯臧一家起得特别早，六点钟便吃完了早饭，因为康仲良要趁七点钟的早班轮船回去。仲良拿出三十块钱交给康氏道："这是给诚儿零用的，请大嫂代为保存。慢慢地支给他。"又拿二十块钱交给宗贻道："这是还你的，你给诚儿缴了学杂、书籍、制服等费一共是二十元。"康氏母子各收下了。他又对宗诚道："你住在大母舅家，我非常放心，又有四舅舅、大表哥指导你的功课，真是再好没有了。可是你得自己努力，自暴自弃的人，即使有人指教，也不能得到好的效果的。慧妹妹比你小一岁，却比你肯用心哩！饮食冷热，虽有舅母表嫂照顾，也得自己留心。我去了，要到十月里来杭扫墓时再来看你了。信要常常写寄，虽然是家信，也得好好地写。——唉！要吩咐你的话，万语千言也说不尽的！"宗诚见父亲要回去了，倒有些儿黯然，眼眶儿湿湿地，连忙扭过头去。伯臧道："仲良，诚儿在此，有我们这许多人照顾教导，你尽管放心！"他们送仲良出了大门，上车而去，也就各人做各人的事去了。

一天匆匆地过去，到了晚饭之后，伯臧道："宗诚、慧珍，从今天起，晚上应有两小时的自习。平时不用功，把功课积压下来，等到要考了才去温习，这就叫作'临渴掘井'，一定是来不及的。即算临时强记，勉强及格，考过之后便完全忘记了。而且很容易把脑子弄坏，岂不是非徒无益，而又害之吗？"慧珍和宗诚近几天快活惯了，还想在晚上乘风凉，听故事，吹笛唱歌，经伯臧这么一提，也觉得功课要紧，不能再贪玩，吃了晚饭，便跟伯臧、叔文、宗贻到书室里去了。这里，康氏抱了愚官，逗着他玩；月仙便在客堂里指导锡官兄妹温课。一家人静悄悄地，又和昨夜的光景不同。

第二天，上午十一时，杭中本校，初中秋季始业一年级甲组的教室里，静悄悄地坐满了学生。上课钟"当当"地打过了，教国文的王剑英先生穿了一件白纺绸长衫，拿着粉笔和一卷印刷品，踱进教室来。他只有三十多岁年纪，却留着一嘴短短的胡子，西式的头发，白白的脸儿，态度非常潇洒。他刚点完了名，孟乐三忽站了起来。王先生道："你有什么话，尽管说吧！"孟乐三道："先生，我的名字和孔乐三完全相同，和颜乐山却有一字不同。为什么颜乐山的'乐'反而和孔乐三的'乐'字读音相同，我的名字却又不同呢？"王先生笑道："你们三个人，同在一组，确是非常凑巧的事！同学们，有人知道这三个名字的来历的吗？"慧珍和宗诚见没有人回答，心里痒痒的，想站起来回答，又似乎很难为情，两双小眼睛只是你望着我，我望着你。

王先生见没人回答，就叫孔乐三道："你说说看！"孔乐三道："我的名字，据家叔祖说，是从《论语》里取来的，'乐'当读如'效'。"王先生又叫孟乐三、颜乐山说自己名字的来历，都回说不晓得。这时候，宗诚再忍不住，举起右手道："先生，我晓得。"王先生道："你说吧！"宗诚站起来道："孟乐三的名字是从《孟子》里'君子有三乐'这一节取的，颜乐山的名字是从《论语》里'知者乐水，仁者乐山'这一节取的。"王先生道："你小小的年纪，倒读过'四书'吗？"宗诚道："我是前天听大表哥说的。"王先生查了查座位的号次，道："你叫康宗诚啊！你的表哥是谁呀？"宗诚道："我的大表哥叫周宗贻。"王先生道："啊！原来如此。那么，康宗诚，你把这几节《论语》《孟子》写在黑板上给同学看吧。"宗诚走到黑板前，把《论语》'知者乐水，仁者乐山'二句及《孟子》'君子有三乐'一节写在黑板上。王先生道："还有和孔乐三的名字有关系的一节《论语》呢？"宗诚站在黑板前，红着脸用手搔着头皮，写不出来，没奈何，只得对王先生道："我记不起了！"慧珍见他发窘，嗤地一笑。宗诚道："先生，表妹在笑我，她一定还记得，叫她写吧！"说完话，径自跑到慧珍的座前，涎着脸道："好妹妹，帮帮我的忙！"同学们见了，不禁哄堂大笑。慧珍的小脸儿顿时泛上一阵红潮，低着头不去理他。

王先生道："康宗诚，你且坐下，我来写给你们看。"就提起粉笔把"益者三乐"那几句《论语》也写在黑板上，把这两条《论语》、一条《孟子》都详细地解释了一遍。又说："快乐之'乐'，可以说音'落'；乐水乐山之'乐'，却不能说音'效'。因为

'效'字照杭州音读，和乐山之'乐'相同；若照国音读，则是'ㄒㄧㄠ'，与乐字之音'ㄧㄠ'者不同①。孔乐三，你把书架上的《辞源》查一查吧！"

孔乐三站起来查出"乐"字来，原来音的是'义效切'，不觉诧异起来，问道："先生，义效切不当读作'鸟'吗？"王先生道："你是哪里人？"孔乐三道："富阳。"王先生道："你读'义'为'广ㄧ'，是富阳的方音；国音和杭州音，'义'字便读作'ㄧ'了。'义'读作'ㄧ'，和'效'字的音连起来，读得很快，使它们切合成一个音，便成乐山乐水的'乐'，这叫作'切音'，也叫作'反切'。取同音或音近之字，云'读与某同''读若某''音某'，便叫作'直音'。古代只有直音的法儿，到了东汉末孙炎作《尔雅音义》方有反切之法，当初叫作'反语'，东晋及北朝则改言'切'。有的人说唐朝人讳言'反'，方改云'切'；有的人疑'反'和'切'是不同的，皆误。反、切都以二音切成一音，上一字和所切之音的发音

---

① 这两处注音符号的注音分别为今汉语拼音之"xiao""yao"音。——编者注。

相同，下一字和所切之音的收音相同。如'德翁切'
便成'东'，'德'和'东'的发音，如以注音字母
说，都是属於'ㄉ'母的，都是舌尖抵上腭戞击①而发
的音；'翁'和'东'的收音，如以注音字母说，都属
於'ㄥ'母的，都是收音於鼻的。凡是发音相同的，在
注音字母必同属一'声母'，叫作'双声'；凡收音相
同的，在注音字母必同属一'韵母'，叫作'叠韵'。
所以反切用的二字，上一字必和所切之字之音为双声，
下一字必和所切之字之音为叠韵。"孔乐三站起来道：
"原来反切和注音字母的以声母韵母拼合注音是一样
的道理。我们的英文教师袁先生现在正教我们拼音，
说二十六字母中，a，e，i，o，u五个是母音，叫作
Vowels；其余如b，c，d等是子音，叫Consonants。一
个子音加上一个母音，拼起来读便成一音，如b，a是
ba；d，e是de。现在老师说的反切，上一字和所切之
音为双声的，不就是英文的Consonant吗？下一字和所
切之音为叠韵的，不就是Vowel吗？"王先生道："你

①　"戞"，旧有"击"之义。——编者注。

说得不错。英文的 Consonant 就是注音字母的声母，英文的 Vowel 就是注音字母的韵母。反切的上一字用的与所切之字同属一声母的字，下一字用的与所切之字同属一韵母之字。"

颜乐山道："先生，我们在小学里用惯了以注音字母注的字典，骤然看见了《辞源》一类用'什么切'注音的书，觉得很诧异。现在经您一讲，原来是一样的道理。不过有些字的音，查得了反切，仍旧读不出来，怎么是好？"王先生道："这其中还有许多道理。例如'东'字，音'德翁切'，读得出它的音吗？"顿时教室里起了一阵"德翁——东"的声音，大家齐声道："读得出的。"王先生又道："那么，当公切呢？"大家又"当公——当公"地读了一阵，说："读不出，读不出！"王先生笑道："当公切仍是东呀！凡是切音，上面那一个字是只取它的声——发音——所以最好是用声音极短促的，下面那一个字是只取它的韵——收音——所以最好是用完全是韵而不带唇舌齿诸声的字。现在用的这'当'字是平声，声音很长，而且有收鼻音的；'公'字又带有软腭声，所以虽连读得很快，仍是读不出所切的音来了。”

他回过身去，在黑板上写了“当”“公”二字，在“当”字旁注上“ㄉㄤ”二字母，在“公”字旁注上“ㄍㄥ”二字母，问道：“你们能读吗？”大家齐声读了一遍。又道：“把‘当’字的韵母去了，只剩个‘ㄉ’，把‘公’字的声母去了，只剩个‘ㄥ’，‘ㄉㄥ’拼起来是什么音呢？”大家齐声道：“‘ㄉㄥ’——拼起来是‘东’字的音。”王先生道：“你们遇到这一类的反切，只须用这法儿，先辨明合成这上下二字的声母和韵母，上一字只取其声，下一字只取其韵，切合起来，便可得这两字所切之音了。”

孔乐三道：“老师，这样说来，反切的方法不还是用注音字母注音好得多吗？”王先生道：“是的。我不是说过的吗？我国古代只有直音的法儿，到了东汉末才有反切。反切比直音已是进步了。那时，佛教已渐渐从西域传入中国。后来佛经的翻译事业愈趋发达，学习印度梵文的人也多起来了。於是唐代僧徒摹仿梵书，取中国字三十六个来代表唇、齿、舌、喉诸音，也叫作‘字母’，用来整理中国的反切，於是反切的声韵之学渐成条贯系统，这又是一个进步。到了宋代，又有'等呼'的研究，又是一个进步。直到现代，采取中国笔画最简单的字制成注音字母，用以拼注字音，以代反切，又是一个进步。——这真是古人所说的'譬如积薪后来居上'了！"

周慧珍站起来道："先生，什么叫作'等呼'呢？"王先生道："等呼的研究，起於宋朝，盛於清朝。他们把各种字音分作四等，第一等是'开口洪音'，也叫作'开口呼'；第二等是'开口细音'，也叫作'齐齿呼'；第三等是'合口洪音'，也叫作'合口呼'；第四等是'合口细音'，也叫作'撮口呼'。例如，'安''焉''宛''渊'四字，'干''坚''官''捐'四字，读的时候，口部的形状便各有四种的不同。说得更显明些，注音字母的'ㄚ'，读字不要开口呼它吗？这就是'开口呼'。读'ㄧ'时，便要把舌叶后部抬起，使音从上下齿间流出，这是'齐齿呼'。读'ㄨ'时，便要合口而呼，使音充满於口腔之中，所以叫作'合口呼'。读'ㄩ'时，便要撮着唇扁着嘴读，这就是'撮口呼'。——开口、齐齿、合口、撮口，叫作'四等呼'。注音字母里的三个介音——丨、ㄨ、ㄩ——就是用来分别等呼的。"

康宗诚道："先生，那么四等呼和'四声'是不同的了？"王先生道："这是绝对不同的。什么是四声？同学中有谁知道？"孔乐三立起来答道："是平上去入吗？"王先生又问道："是的。这四声是怎样分辨的？"孔乐三站着道："我也不很清楚。从前家叔祖曾教过我四句口诀，但我至今仍分不清四声。"王先生道："你且把这四句口诀写在黑板上吧！"孔乐三走过去，用粉笔写道：

平声平道莫低昂，

上声高呼猛力强，

去声分明哀远道，

入声短促急收藏。

写毕，仍退回坐下。王先生道："这四句是从前人分别四声的口诀。但从这四句口诀里去辨四声，仍是不得要领。其实，四声只是字音长短的关系。用音乐来做譬喻，平声四拍，上声便是三拍，去声便是二拍，入声只是一拍。例如'东、董、冻、笃'四字，便可代表平上去入四声。从前的口诀实不免於从'平上去入'四字望文生训。不知'平'字就是个平声字，'上'字就是个上声字，'去'字就是个去声字，'入'字就是个入声字，不过随意取这四字来代表这四种长短不同的声音而已。四声之分起於齐、梁。那时梁武帝问周颙道：'何谓四声？'周颙答道：'天子圣哲。'因为'天'字是平声，'子'字是上声，'圣'字是去声，'哲'字是入声，所以用这四字。以此类推，我们说'王道正直'也可以，说'东董冻笃'也可以，说'松宋送索'也可以的。"

王先生这时取出表来一看，道："今天我本来打算和你们讨论标点符号的，不料谈话岔到反切、等呼和四声上去，费了四十分钟，你们懂得这一些已足够了，若要做深入的研究，那是声韵学的专门学问了。——我今且问你们，那一份《标点符号使用法》已经看过了没有？那一篇《背影》已经标点过了没有？"孟乐三突然站起来道："老师，那篇《背影》为什么不加标点符号呢？"王先生笑道："我因为要你们预习，深恐你们随随便便地看一遍，不肯用心，所以特地不把标点符号印上，要你们自己去加。我们看惯了加好标点符号的文章，好似吃惯了乳，连咀嚼的本能都退化了。偶然遇见没有标点符号的书，便句子都读不断，人名、书名都分辨不出了。断句不是容易的事！我且讲个笑话给你们听听。"说到这里，他把黑板揩干净，写了一段《大学》：

知止而后有定定而后能静静而后能安安而后能虑虑而后能得

又接着讲道："这是古书《大学》里的一段。从前有一家塾，请了一个先生来教书。有一个学生正读这部书。一天，先生要教那学生读这一段了。古书上是没有圈点的。先生提起朱笔来点这段书，把它读作'知止而后有，定定而后能，静静而后能，安安而后能，虑虑而后能'，觉得多了一个'得'字，想来想去，没有办法，便把那末了的'得'字挖了下来，贴在座位旁边的壁上。那学生放学回去，他的父亲发觉了先生点错了句子，而且挖破了书，勃然大怒，第二天便把这位先生覆绝了。"学生们听了，都觉得好笑。

　　"书，仍旧要读；先生，还得另外去请一位。"王先生继续说那故事。"不多日，新请的先生来了，仍叫那学生去读《大学》，因为那本《大学》已被挖破，另外换了一本新的。自然咯，仍从这一段读下去。那位新来的先生照例用朱笔断句。他又有一种读法，把这一段读作'知止而后有定定，而后能静静，而后能安安，而后能虑虑，而后能得……'。他点到这里，觉得末一句少一个'得'字，弄得扒耳抓腮，无法可想。他咳了几声，俯下身去在座位旁吐痰，抬起头来，恰巧前塾师挖下来贴在壁上的那个'得'字被他看见了，不禁大叫道：'好，你原来躲在这里！我找得你正苦啊！'"说到这里，全体学生竟忘其所以地哄堂大笑起来。在这阵笑声中，下课钟早又"当当"地响了。王先生拿起了粉笔匣儿、点名簿和那一卷印刷品，匆匆地走出教室，学生们都带着笑容随在他后面鱼贯而出。

　　集队的号声在吹了，住校的学生们纷纷到大操场上去排队，赴膳厅午餐；不附午膳的通学生纷纷离校回家。慧珍和彭菱仙从女生自习室里手携手地走出校门，在门口遇到了宗诚，三个孩子笑着，谈着，跳着，同路向北走去。到了东海里口，菱仙独自进去了。他们两个人向西转了个弯，走入涌金门直街。慧珍一面按门铃，一面道："诚哥哥，你自己忘记了那几句《论语》，为什么扳出我来？下次再是这样，我是不答应的。"宗诚道："王先生写的、讲的，难道你不会写、不会讲？大表哥不是说过，在教室里，有什么问题，得把自己所知道的、所想到的、所怀疑的，尽量地发表出来吗？我佩服你，所以推荐你，这是我的一番好意，你不谢谢我，反说下次不许如此，真是岂有此理！"

他们俩刚在争论，张妈已开出门来。慧珍伸手要去搔宗诚的胁下，呵他的痒。宗诚见门已开，一直往里面逃去。康氏恰从客堂后面出来，宗诚逃得快了，正撞在康氏的怀里，几乎把她撞倒。慧珍也已追到客堂里。康氏见他们一逃一追，大声喝道："顽皮的孩子！干什么？把自己的年纪都忘了吗？这成什么样子！"两个孩子方红着脸，喘着气，在客堂里坐下吃饭。伯臧也从书室里踱了出来，同吃午饭。桌上有一碗火腿蒸笋干。伯臧吃了一筷，对康氏道："两样都是道地的名产，毕竟味儿不同。"康氏道："这火腿是金华火腿，是彭校长前天送来的；这笋干是天目山出产的，是今天上午王剑英先生送来的。王先生正教着你们一班呢，你们上过他的课没有？"宗诚联想到王先生讲的笑话，不禁嗤地一笑，把含在嘴里的饭都喷了出来。伯臧忙问有什么好笑，宗诚更是笑得弯了腰，答不出话。慧珍把上国文课的情形讲给他们听，他们也都笑了。吃完了午饭，洗过了脸，他们俩仍旧到校里上课去了。

第六章　别字（一）

　　这一天是个阴雨天，灰白色的云布满了天空，虽然是正午的时候，却不见一线日光。慧珍和宗诚表兄妹俩从杭中回家去吃午饭。凉凉的风，吹着慧珍披在耳际的鬓发；淅淅的雨，洒在他们俩的衣襟上。他们俩是合张着一把伞的。前几天午饭时惹人厌的扑面的灰尘和热气，都被风儿刮去了，雨点洗去了。

　　"诚表哥，王先生讲这篇《背影》，真讲得好极了。我听得出了神，仿佛我自己就变了朱自清，王先生变了朱自清的爸爸，教室变了车站。王先生在黑板上写字的时候，我仿佛望见了文中所描绘的背影。怪不得孔乐三要感动得吊[1]下泪来。诚表哥，我记得你曾说起

――――――――――――
[1]　原文如此。今用"掉"。——编者注。

过，他的爸爸不是新近去世了吗？唉！他真是一个可怜的孩子！"慧珍絮絮地说。宗诚道："孔乐三吗？他毕竟有些儿傻气。我们小学里的同学都叫他书呆子的。听讲会听得哭起来的，你说他可怜，我却觉得他可笑哩！"慧珍道："你我的家境和他不同，所以听了王先生的讲，还不觉得什么。他的家境，不但不如你我，连朱自清那篇文章里所描绘、所留恋的背影，也望不见了。你还要笑他傻，太没有同情心了！"宗诚笑道："慧妹妹，你究竟是女孩子，心肠这样柔软。你看，天不是也在替他下泪了吗？"说罢，哈哈大笑起来。

谈着笑着已到了家，吃了午饭，康氏拿出一封信来，递给宗诚道："这是你的家信。"宗诚接了一看，不像他爸爸的笔迹，有些疑惑起来。拆开一看，里面写着道：

诚儿：

你爸爸到家已是两天了，昨天早想写信给你，可是他病倒了，不能起来写信。大前天，他从杭州回来，船到埠时，还没有正午。那时，忽然下了一阵大雨，把他全身都淋湿了，虽然从船埠到我们店里没半里路。下午，天晴了，他从镇上回来，穿着淋湿的小衫裤，步行到家，倒被太阳晒干了。前天早晨，就有些头痛发热。因为这次送你入学带去的一百块钱，是向人家暂时拨借来的，所以这天上午把余下的十五元和店里拿来的八十五元凑足了一百，亲自去还。他们好意留他吃午饭，哪知他吃了些油腻的小菜，昨天早晨热度更高了。他自己开了个药方，吃了一剂药，方觉得好些。深恐你惦记着，所以由我写这信给你。爸爸的病是不妨事的，你放心吧！

诚儿，你须知道，爸爸这几天的病，完全是为送你到杭州入学而起的。你应当记住，记住爸爸为你费的心，费的力，记住我们俩对你很深切远大的期望！在母舅家，在学校，要好好地用功！你住在母舅家，我们是很放心的。不过我总时时牵挂着你。爸爸虽没说什么，我知道他的心里也很记念你，因为昨天他热度很高，梦中呓语，还叫着"诚儿诚儿"哩！你得立刻——不，在课毕时，写一封回信来！舅父、舅母、表哥、表嫂、表妹都替我问好。

母字

宗诚看完了，把这信递给康氏，没精打采地站在门口，抬头看着天，似乎在数那一丝丝的雨点。慧珍偷偷地上前去看时，只见他眼角挂着两颗泪珠，便道："硬心肠的男子汉，怎么也对着老天在下同情之泪呢？"宗诚知道她用刚才自己说过的话来挖苦他，忙用手绢拭去了泪痕道："谁在下泪？慧妹妹，妈妈来信说爸爸回家时雨淋日晒，一到家就病倒了呢！"慧珍这才知道他下泪的缘故，连忙道歉。康氏、伯臧和月仙也说了许多安慰他的话。宗诚道："今天下午还要作文呢，我们快些去吧。"说完，便和慧珍各张着伞去了。

他们一进杭中的大门，觉得全校静悄悄的，毫没有一点儿人声。慧珍道："怕已上课了，我们到教室去吧！"他们俩推开教室的门，走了进去，王先生已点完了名，在黑板上写作文题了。他们连忙把伞放在门角里，等王先生写完了题目，回过身来时，双双鞠了一躬。王先生在点名册上改正了，叫他们就座。

王先生出了两个题目，一个是"写给□□的一封信"，一个是"我的家"。他拂了拂衣袖上的粉屑儿，对学生道："你们这班一共有五十个同学。我想，家住本市的，怕不过十分之一，大多数是从别地方来的。本校开学已有一周，你们离家也已一周了。白天，忙着上课，忙着种种的课外活动；晚上，忙着自习；休息的时间，也有许多同学做伴：决不会寂寞，也不至於想念你们的家。可是在就寝后，起身前，醒在床上的时候，总免不得想起你们的家、你们的爸爸妈妈，以及你们刚毕业离别的母校的老师和同学。他们也正同样地在惦记你们，盼望你们有一封信去，报告你们的近况和本校的情形啊！你们自己想想，也得赶快写一封信去给他们吧！所以我今天出这个题目。"说时用手指着第一个题目："这封信，或者写给爸爸或者写给妈妈，或者写给你家里其他的人，或者写给母校里你最敬佩的老师，最亲爱的同学，这是各人不同的，所以题目里空出两格，由各人自己去填。"他略顿了顿，又说："家住在本市，又在本市的小学毕业的同学，想没有写这封信的需要。可是我和你们见面还不到一星期，你们家庭的情形如何，我完全不知道。我很希望你们能详尽地告诉我，所以又出了第二个题目——'我的家'。这两个题目的材料都是现成有的，绝不会写不出文章来。你们好好地各自去做吧！两个题目，只要各人拣一个做，不必全做的。——字，要写得端正清楚，别字尤其要留心！"王先生说完了话，便踱下讲台巡视了一周，在讲台上的藤椅上坐下了。

宗诚想，王先生似乎知道我接到了家信，特地为我出这题目的，就做了一篇"写给妈妈的一封回信"。慧珍却选定了第二个题目，写了一篇"我的家"。整个教室非常的静，同学们有的昂着头在想，有的低着头在写。偶然有几个同学因写不出字，去向王先生请教。一小时过去了，王先生听到下课的钟响，站起来道："你们不要着急，还有一小时呢！我去休息一忽儿再来。"说罢，径自去了。少数的同学免不了谈几句话，大多数还在低着头写。

第二小时又上课了，王先生又回到教室里来了。大约又过了半小时，已有同学在缴卷了。陆续地缴卷，陆续地退出教室。宗诚已把自己写的那封信誊清了，抬头一看，教室里已只剩了六七个人。慧珍不知在什么时候已缴了卷，先回去了。孔乐三却还在写，而且一面写，一面还在哭哩！王先生站在孔乐三的座位旁，手里拿着几张抄好的文章在细看，看完了连连地叹气。第二时的下课钟又打过了。王先生对孔乐三道："今天是星期六，三点以后没有课了，你慢慢地抄吧！"宗诚缴了卷，默然地退出教室。天，仍在下着细雨；他张着伞，一个人走回家里。

他见过了舅母、表嫂，回到书室里，取出信纸、信封，就把那封信又写了一遍，封好了，贴了邮票，出去投入邮筒。这时候才见慧珍回来，原来她顺路和彭菱仙到东海里她家里去坐了一忽儿才回来的。不久，伯臧、宗贻、叔文和锡官兄妹先后回来了，家里又热闹起来。吃了夜饭，慧珍见宗诚闷闷不乐，要他下军棋，锡官替他们做公证人。下了二盘军棋，谈了一会天，因为天凉，八点多就睡了。

昨天晚上，宗诚心里挂念着爸爸的病，直到敲过了十二点才睡。星期日一醒转来，已是红日满东窗了。书室里似乎有客在谈话，侧耳细听，一个似乎是王先生，还有一个却有些像孔乐三的声音。他急忙起来，穿着好了，从后面那扇门走到客堂后间去。张妈忙舀过脸水和漱口水来。他盥洗完了，康氏从厨房里端出一碗自己烧的筒儿面来，并且问道："诚儿，昨晚睡得好吗？没有什么不舒服吧？我们早已吃过早饭了，你好好地吃这碗面吧！"宗诚道："好的。——现在几点钟了？什么客人在书室里？表嫂们哪里去了？"康氏道："现在已九点多了。我来看过你，你还在打鼾呢。今天星期日，多睡些时候是不妨的。客人是教你们国文的王先生，他是你大母舅的学生呀！今天他又带了一个姓孔的学生来，说是和你本来认识的。宗贻、月仙带着三个孩子到小米巷骆家去了。骆家是月仙的姑夫家。慧珍也在书室里陪客人哩！"

　　宗诚吃完了面，揩了手脸，径到书室里来，只见王先生正和伯臧、叔文谈话，孔乐三和慧珍都坐在旁边。他向王先生行了个礼，和孔乐三招呼了，也坐在一旁。伯臧道："据王先生说，这位孔君的国文极好，我想，他可以做你们的先生哩！"孔乐三站起来道："太老师太言重了！我和康宗诚是小学里同班的同学，周小姐更是家学渊源了，这话怎么当得起呢？承我们老师的情，特地带我来拜见太先生，以后得常常来请益，和他们两位观摩切磋，就是万幸了！"说完了话，方坐下去。

王先生道："孔乐三不必过谦。昨天你做的那篇《我的家》，就是在初中三年级里，也要算难得的佳作了。慧珍那篇《我的家》，也做得很不错。不过慧珍的家是一个美满快乐的家庭，乐三的家却是个贫寒孤苦的家庭。描写快乐的文章，虽然做得活泼可爱，到底不如描写孤苦的文章容易使人感动。这是题材不同的缘故。下次作文，我希望你能与孔乐三并驱争先。康宗诚的那篇《写给妈妈的一封回信》，也是一篇至性流露的文章，不过国文程度比他们差得远了，尤其别字之多，几乎触目皆是。凡是字形相像的字，你便写了别字，甚至於把母亲的母也写成了'毋'字，未免太粗心了！下次应特别注意！"宗诚口里答应，脸孔早已羞得通红。

谈了一会，王先生和孔乐三起身告辞。伯臧送到客堂门口，王先生苦苦推辞，不让他送出去。伯臧只得叫叔文和宗诚、慧珍送到大门外。王先生师生去远了，叔文忽指着旁边一家的墙上笑道："又是一只母狗！"慧珍、宗诚看时，白墙上只有四个字："毋许招贴。"慧珍噗嗤地笑了一声。宗诚却还摸不着头脑，关了门回进去时，问叔文道："四舅舅，母狗在哪里？"慧珍笑道："四叔说的是那墙上写的四个字，把'毋许招贴'的'毋'字写成了'母'字。"宗诚道："那么，怎么说是母狗呢？"说时，已走进书室。慧珍道："这是爸爸讲过的一个笑话。——有一个私塾先生，生平专读别字。他死去后，魂灵往见阎王。阎王恨他误人子弟，罚他下世去做狗。他道：'大王，即使要罚我做狗，请罚我投生做一只母狗吧！'阎王觉得诧异，问道：'做母狗有什么好处？'他道：'《礼记》上有两句话："临财母狗得，临难母狗免。"做母狗可以发财，又可以免难，所以我做狗，情愿做母狗。'原来他仍把'毋'字错认作'母'字，把'苟'字错认作'狗'字了！"宗诚听了，哈哈大笑，忽然又想到自己也曾把'母'字写作'毋'字，立刻涨红了脸，一声不响地坐了下来。

伯臧正在写信，也没有去理会他们。叔文坐下正色道："笑话且不要提它。王先生既说诚儿的别字多，尤其是字形相像的别字，你得随时随地加以注意！中国字，开头相像的太多了。例如'今'与'令'，'白'与'自'，'日'与'曰'，'大'与'丈'，'干'与'于'与'千'，你们用熟了，是一望而知的，可是门铃的'铃'是从'令'字的，若写成从'今'的'钤'字，便是钤印的'钤'了。漂泊的'泊'是从'白'字的，若写成从'自'的'洎'字，便读作'暨'，作'及'字或'肉汁'用了。汨罗江的'汨'，音蜜，是从'日'的；汩乱的'汩'，音骨，是从'曰'字的。从'木''丈'声的'杖'，是常用的，若把'丈'字写作'大'字，便成'杕'字，应当读作'第'，是木之特生者了。竹竿的'竿'，从竹干声，若把下面的'干'字写成'于'字，那便成了'滥竽充数'的'竽'，是一种乐器了，若把'竽'字的竹头写成草头，又成为芋芳的'芋'了，若把'芋'字下面的'于'写成'千'字，又成为'春草芊芊'的'芊'字了。又如折断的'折'，拆开的'拆'，分析的'析'，击柝敲梆的'柝'，近喜的'䜣'，告诉的'诉'，都是字形相像，容易写错认错的。它们的形虽相像，音和义却相差很远呢！极平常的'本'字，你们总相信不会写别字吧？但一般人都把它写成'夲'。其实这从'大'从'十'的'夲'字，音滔，意义是进取，与根本、书本的'本'字绝对不同。"慧珍道："是的，这'本'字，我也常写作'夲'字的。还有'段'字和'叚'字，也很相像。从'段'的'缎''煅'诸字，声音都和'段'相近；从'叚'的'假''暇''瑕''霞'诸字，声音都和'叚'相近。'易'字和'昜'字，也很相像。凡是'锡''踢''剔'等字，声音和'易'相近的，都从'易'；凡是'陽〔阳〕''楊〔杨〕''揚〔扬〕''腸〔肠〕''湯〔汤〕'等字，声音和'昜'相近的，都从'昜'。哥哥说，大凡这一类字形相像的字，只要把它们的声音读得准，便不至於辨不清了。"

　　叔文道："我们所谈到的，有许多是形声字。它们所从的声、写法虽是相像，音则不同，所以把音读准了，便可以不至於弄错。但也有它们所从的声完全一样，而表形义的一部分微有不同的，便不可以一概而论了。例如政治的'治'和冶铁的'冶'，招待的'待'和陪侍的'侍'，靠恃的'恃'和把持的'持'，竹笋〔笋〕的'筍'和荀子的'荀'，竹管、管理的'管'和草菅人命的'菅'，枯槁的'槁'和草稿的'稿'，推敲的'推'和铁椎的'椎'，晴雨的'晴'和眼睛的'睛'，那又非从意义上去辨别不可了。"

宗诚道："经四舅舅的一番指点，此后我当对於形状相像的这些字特别留心，否则怕将来成一个白字先生哩！"伯臧这时已写好了信，插嘴道："诚儿，你说'白字'，那真成了'白字先生'了。应当用这个字的，却写了另一个字，那叫作'别字'，不叫作'白字'。'别字'这个名称最早见於《后汉书》的《儒林传》。'别'和'白'，声母相同，为一音之转，所以俗称'别字'为'白字'。至如'步'字，有些人把它下面写作'少'字；'盗〔盗〕'字，有些人把它上面写作'次'字①。这些是笔画写错的字，并不是另外写了一个字，所以严格地说，是'错字'，不是'别字'。"慧珍道："这更容易弄错了！"伯臧道："你们只要知道了这个字造字的意思，便不至於再写错了。例如'步'字，上面是个'止'字，下面是个反写的

---

① "盗"字的繁体字为"盜"，故此处说"盗"为错字。——编者注。

'止'字。'止'字本来是脚趾的意思，步行时两只脚一前一后，不是右脚的大拇脚趾在左，左脚的大拇脚趾反而在右吗？用一正一反的两个'止'字合起来表示一步一步地走，不是很对吗？若在下面加了一点，那只脚不是多了一个骈拇枝趾了吗？"宗诚和慧珍仔细一想，果然不错。宗诚笑道："我的右手本有个枝指，不料常把它加在脚上呢！"伯臧继续说道："'次'字和'涎'字同。'皿'是器物的意思。见他人之器物而垂涎，便有偷盗之心了。古代'盗贼'二字的本义，恰和现在的用法相反。见他人之器物而垂涎，想去偷来，叫作'盗'。'贝'指钱财实货而言，'戎'是兵戎。拿了兵器，用武力去抢他人的财货的，叫作'贼'。现在却反过来用了。"慧珍道："羡〔羡〕慕的'羡'，四叔说，下面也不当写作'次'①，是否和'盗'字相同？"伯臧道："正是。这字上面从'羊'。古人以羊肉为上品，所以'美'字、'鲜'字也都从'羊'。见了美味的羊肉而垂涎，便可表示羡慕的心理了。"

---

①　"羡"字的繁体字为"羡"，故此处说"羡"为错字。——编者注。

宗诚又问道："我曾见过有些人把'秋'字写作'秌'，把'词'字写作'譻'。把'棋'字写作'棊'。两体拼成一个字的，可以随意搬动的吗？"伯臧道："这倒不一定，不可搬动的字，若把它搬动了，便另成一字了。例如怡悦的'怡'，若把'心'旁移到下面，便成了怠惰的'怠'。栗子的'栗'，若把木旁移到左旁，便成了栖息的'栖'。这类字很多，如哀悲的'悲'和愤悱的'悱'，宣召的'召'和叨扰的'叨'，忠孝的'忠'和怔忡的'忡'，俗话痴呆的'呆'和杏花的'杏'，愧怍的'怍'和怎么的'怎'，售卖的'售'和唯唯连声的'唯'，真是举不胜举。严格地说，这些都是字形的各部完全相同而位置略异的别字。"

谈到这里，已是十二点钟，宗贻夫妇和三个小孩也回来了，於是大家同去吃午饭。午饭后，宗基也来了。叔文带着宗诚、宗基、慧珍三人，到大街上去，替他们的棣华读书会买书、定杂志①、刻印子，并且买了些信

---

① 今用"订杂志"。——编者注。

笺、信封、簿子，四点多钟才回家。恰好彭校长把那天照的照相送了六张来，简章也油印了二十份，同时着校役送来。他们忙着发简章，写信通知各会员，把所有书籍编了号数，盖上读书会的印子，放在月仙送他们的书箱里，宗基借了一本《文心》去了。夜饭后，宗诚和慧珍兀自各捧着一本书，看到就寝。

第七章　别字（二）

今天杭州中学初中秋一甲组将上国文课时，教室里的空气非常紧张，每个同学的脸上都表现出期待的神情来，因为昨天上课时，王先生曾说过，上周的作文，今天在上课时分发。慧珍含笑地坐着，眼睛只向虚掩着的教室门瞧；宗诚的脸上红一阵白一阵的，似乎很不安的样子：他们俩正是合着"一则以喜，一则以惧"的两句古话。孔乐三却很安静地、自然地坐着，没有笑容，也没有局促的样子。上课钟"当当"地响了，宗诚一忽儿注视着教室的门，一忽儿又低下了头，似乎在盼望着王先生的到来，却又怕王先生即刻到来。

王先生终於来了。他没有带书，也没有带着作文簿，他的态度仍是那么的潇洒，那么的安详。他上了讲台，点了点头，照旧点名。点完了名，开口道："上周的作文已经批改好了，以孔乐三做的《我的家》为第一。他的国文程度超出初中一年级的水平线以上。其余诸同学的作文，都难免有文法上的错误，内容上的缺点。我对於批改作文的主张，是批得多，改得少——批得多，才可以把作文里的优点和缺点尽量地指示出来；改得少，才可以保存诸位自己的本来面目。——批语之中，是指示缺点的多，指示优点的少，而且指示缺点，必说明它的所以然。改的时候也注意於多删字，少加字。每篇之后，不一定都有总批。有总批的，必是那篇文章的形式或内容，就全篇大体上看，有可批评或补充的。发给你们之后，要各自仔细地看，还要彼此交换了看，而且要把它保存起来，以便将来自己比较前后的进步或退步。从前我在中学一年级肄业时，周伯臧先生，就是周慧珍的爸爸，教我们的国文。他老先生的批改真是好极了，仔细极了。他给我批改的作文，到现在还保存着哩！有时拿来看看，见到自己十多岁时的文章的幼稚，觉得可笑；见到他老先生批改的一丝不苟，又觉得可感啊！"同学们都静悄悄地听他的话，有的却在怀疑："作文既已批改了，为什么不带来分给我们？"

王先生又继续说道："我现在要提出一件大多数同学作文中共同的缺点，希望你们注意。这缺点是什么呢？就是写'别字'。你们作文里所写的别字，我已在作文簿上分别指示，而且用簿子替你们个别登记起来了。能注意的，一次改正了，下次便不致再写这个别字。如其同一别字一误再误，甚至於写三次四次，这个人的不肯用心已是证实了了，我将加以惩罚，决不宽恕！"说到这句话，他的语调、脸色顿时严肃起来。

停了一停，他向怀中取出一张纸，拿着粉笔，向学生道："我且举几个例给你们看看。"就罢，回转身去在黑板上写道：

别字	正字	说明
毋亲	母亲	"毋"是禁止之词。
喝荼	喝茶	"荼"音涂，苦菜；茶字从"木"。
迁徒	迁徙	"徒"是徒弟、徒步之"徒"；"徙"，迁移也。
操埸	操场	"埸"音"亦"，是疆界的意思；"埸〔场〕"从"昜"。
網篮	纲篮	"網〔纲〕"是纲领，"網〔网〕"是罗网。
辛运	幸运	"辛"是辛苦，"幸"是幸运、幸福。

流汗	流汗	"汗〔污〕"浊从"于"，出"汗"从"干"。
攻讦	攻讦	"计"是计划，"讦"是攻讦。
和喈	和谐	"喈喈"，鸟鸣声；"谐"是诙谐、和谐。
辨法	办法	"辨"是分辨，"办〔办〕"是办理。
（以上是字形相似的别字）		
极力	竭力	"极"是极端；"竭"，尽也。
卖书	买书	"卖"是卖出去，"买"是买进来。
怎样	这样	"怎样"是如何，"这样"是如此。
干快	赶快	干事、能干用"干"，赶路、赶紧用"赶"。
教悔	教诲	"悔"是懊悔，"诲"是教诲。
赚船	趁船	赚钱用"赚"，趁船用"趁"。
不了	不料	"不了"是不可收拾，"不料"是料想不到。
量米	糧米	"量"是用升斗量，"糧〔粮〕"指粮食。
（以上是字音相近的别字）		
篮布	蓝布	"篮"是菜篮、篮球之"篮"，"蓝"是颜色。
西冷	西泠	"冷"是寒冷，西泠之"泠"从水。
耒往	来往	"耒"是农具，来往当作"来"。
壁玉	璧玉	"壁"是板壁、墙壁，"璧"是圆的玉。
主意	注意	"主意"是名词，"注意"是动词。
（以上是形音都近似的别字）		

　　他写完了，又逐一讲给他们听，还举出他们作文里的例句来；讲完了，又道："你们作文里别字不止这几个，我不过举几个例而已。"这时，一小时快完了，一个校役捧进一大叠作文簿来，放在王先生面前的讲台桌上。学生们的目光立刻被吸引到那一大堆的作文簿上去了。王先生笑道："果然不出我所料！假使我把作文簿先带进教室来，你们听我的讲，便不能集中注意力了！"学生们才懂得王先生不把作文先分给他们的用意。

　　退课钟又在"当当"地响了，王先生道："孔乐三这篇作文，应当传观。——你们的级长举出来了没有？""举出了，是孔乐三！"全体学生齐声地回答。王先生道："孔乐三，你把作文簿按叠着的次序唱名分发，我是照这次作文的名次先后叠着的。大家依次来接，不许抢先！"说完了话，径自去了。孔乐三就跨上讲台，按名点发，秩序倒是很好。发还了，各人把自己的作文簿看完了，又去向已熟识的同学借看。孔乐三这本作文大家传看，直到晚上自修完了，方才送还。从此，孔乐三不但得了他同班同学的敬佩，别班的同学也都另眼相看。尤其是女同学们，常拉着他们班里的女生，问哪一个是孔乐三。有的还说："这样寿头寿脑的一个人，国文会特别好，真看他不出！"

下午课毕了，慧珍和宗诚回到家里。伯臧见慧珍似乎特别高兴，常是那么笑嘻嘻的，问道："慧儿，你有什么事，这般得意？"宗诚答道："上周的作文发出来了，慧妹妹得了个第四名哩！"慧珍道："爸爸，你不要信他的话，作文簿是孔乐三分发的，他把先后的名次弄乱了。"伯臧问宗诚道："那么，你的呢？"宗诚红着脸道："大约是在二十名外了。"伯臧道："都拿来我看！"慧珍、宗诚各把作文簿送了过来。伯臧翻开看时，见是墨笔改，朱笔批的；眉批很多，差不多改动一处，便有一个眉批。问道："其他同学的作文也批得这样多吗？"慧珍道："是的。这次作文，孔乐三第一。他那篇文章已写了十五六张，后面王先生加的总批又占了三张纸；一本作文簿，仅这一次，已用了半本了。"伯臧道："剑英如此批改，真负责，真热心。可是他是个弱不胜衣的人，这样用心，怕太吃力了！——你们运气好，遇到这样好的国文教师！若还不知自爱，怎么对得起他呢？"慧珍道："他还把我们的别字举出许多

例来写在黑板上，讲了一小时呢！我都抄在笔记簿上
了。"说时，又拿出簿子来给他爸爸看。

伯臧道："你们最好每人特备一本簿子，每次作文
簿发出来以后，把同学的作文簿，肯借的，都借来一查，
把所有的别字，依着王先生所举的例，分类抄集起来。
我想，可以分作三类抄：一类是形近易误的字，一类是
音近易误的字，一类是义近易误的字。王先生所举形音
都近似的，可以随便归入第一类或第二类。"宗诚道："前
几天，四舅舅也曾讲了许多字形相像的字给我们听，可
不可以抄在簿子上呢？"伯臧道："当然可以。你们此
后当随时随地留意，无论是听到的、看到的，都把它们
记录下来。"宗诚道："我看见大表哥有一本《字辨》，
也是纂辑这些容易写错的字的，我去向他借来抄一本，
不是省事得多了？"伯臧道："要你们亲手收集，亲手
摘录，有不很明白的，还得亲手去查字典，下过这一番
功夫，方能明白、熟练，方可免除再写别字。如果只要
看《字辨》，化几角钱去买一本，不更现成吗？——好
孩子，凑现成就是懒惰，是要不得的！"

慧珍是个性急的孩子，早已找了一本簿子，伏着案

在抄录了。宗诚被伯臧说了一番，见慧珍已在动手，也去抄录了。他们俩直抄到吃夜饭的时候，方才休息。

吃夜饭的时候，叔文问道："你们在写什么，这般起劲？"慧珍把已往的事复述了一遍，又道："我们所抄录的，第一类，形近易误的字最多，差不多占了十之七八；第二类，音近易误的字，便不多了；第三类，义近易误的字，竟一个也想不出来。"叔文道："音近易误的字怕不少吧！如'常'是平常、时常的意思，'尝'是尝试或曾经的意思；'习惯'是惯常了成为自然的意思，'籍贯'是指人们故乡的邑里；'曾'是曾经的意思，'存'是存在的意思；'仍旧'是依然如故的意思，'成就'是成功的意思；'因'是原因，'应'是应该；'固然'是本来如此，'果然'是果真如此；'谓'是说，'为'是是，'是谓'就是'这叫作……'，'是为'就是'这是……'；'静'是寂静，是没有声音，没有动作，'净'是干净，是没有龌龊；'免'是免除，'勉'是勉强、勉励；'真'是真假的'真'，'正'是恰当其时、恰如其分的意思，所以'这花开得真好'和'这花开得正好'是不同的；

'却'字有'但'字的意思，'恰'字是刚巧的意思，所以'别人都走了，他却来了'和'别人都来了，他恰走了'是不同的。"叔文一口气说了许多，慧珍和宗诚听得出神，连饭都忘记吃了。康氏笑道："傻孩子，为什么饭都不吃？"这一句，把叔文的话也打断了。

天气又热起来了。夜饭后，伯臧夫妇，宗贻夫妇，叔文，锡官兄妹，都坐在院子里纳凉。慧珍和宗诚却在书室里忙着抄录叔文刚才说的这些字。康氏怕他们太热、太辛苦了，叫锡官去叫他们出来坐坐。刚坐了一忽儿，慧珍见叔文和宗贻在谈另一件事，便向伯臧道："爸爸，你说有一类义近易误的字，我们一个也找不到哩！"伯臧道："这一类字，一般人并不叫它们作别字，所以王先生没有举例，你们一时也想不起来。别字者，本当用此字，而误用类似的别一字也。所以误用别一字者，无非因为它和此字类似，辨得不清楚而已。一个字有三个要件，一是字形，一是字音，一是字义。字形或字音相类似的字容易误用，误用了都叫作'别字'，那么字义相类似的字不更容易误用吗？误用了，不也是用了别字吗？所以我说也可归入别字，另立一类。"慧珍听了，似乎有些领会，因道："爸爸，你给我们举几个实例吧！"

伯臧道："好！我就举几个例吧！"他又吸了一口烟，喝了一口茶，慢慢地道：'饮'字和'食'字的分别，你们总懂得的吧！"宗诚道："吃酒、吃茶、吃汤用'饮'字，吃饭、吃肉、吃糕用'食'字。吃液体的东西叫作'饮'，吃固体的东西叫作'食'。大母舅，对不对？"伯臧道："那么，吃气体呢？"宗诚一时答不上来。伯臧道："我们说话时，无论是什么，都叫作'吃'，例如吃饭、吃茶、吃烟。其实，茶、酒之类，应当说'喝'；烟是气体，应当说'吸'。'饮''食''喝''吸''吃'意义不是相像的吗？如其我们说：'客来了，请他喝烟、吸茶、食酒、饮饭'，不是都用了别字了？"慧珍、宗诚一想，果然不错。伯臧又道："又如我们说：我们到湖滨去，远'闻'嘈杂的人声，仔细一'听'，原来许多人在喝彩；走到公共运动场上去一'看'，'见'有一大堆人围着，在'看'赛球。——这句话里，'闻'和'听'，'看'和'见'，不是各有不同的用法吗？它们的字义虽然也很近似，但不能随便乱用啊！以此类推，如'观'和'视'，虽然可以同解作'看'，但是'旁观''参观'之类，决不能用'视'；'注视''侧目而视'之类，也决不能用'观'。因为'观'字只是浏览大概，'视'则比较仔细。比如'闻'是声音偶然接於吾耳，在无意中听到，'听'是有意地侧耳去听；'见'是物象偶然接於吾目，在无意中见到，'看'是有意地注目而视；都有程度上的差别。'走'字和'跑'字，'躺'字和'睡'字，也是如此。'走'是安步而行，'跑'则两足飞快；'躺'是卧倒，'睡'则不但躺下，而且睡着了。"

这时候，湖上吹过一阵风来，觉得非常凉爽。伯臧又道："热天遇到这一阵风，便觉得凉快。我们只能说它'凉'。若在冷天，一阵风来，我们便要叫'冷'了。'凉'和'冷'也是意义相近，而程度不同。'温'字、'暖'字、'热'字，也是如此。"伯臧这样地就近取譬，慧珍和宗诚都听得很有趣味。

伯臧道："还有些字，它们的意义就建筑在这不同的程度上的，它们所表示的意义，各有其限度，过了或不及这限度，好的便变作坏的了。如'节俭'是好的；

太节俭了，便成'吝啬'；太不节俭，又成'奢侈'了。'精明'是好的；太精明了，便成'苛刻'；太不精明，又成'颟顸'了。'活泼'是好的；太活泼了，便成'轻佻'；太不活泼，又成'迟钝'了。'直率'是好的；太直率，便成'卤莽'；太不直率，又成'阴沉'了。——你们做文章时，决不至把"吝啬"当"节俭"用，"苛刻"当"精明"用，"轻佻"作"活泼"用，"卤莽"作"直率"用的，所以不必把它们抄录在簿子里。不过你们做人，往往会犯了吝啬、苛刻、轻佻、卤莽之病，而犹自认为节俭、精明、活泼、直率的，却非仔细加以辨别不可！尤其是慧儿，听人家赞你活泼，便一点拘束也没有了。这么大的女孩子，还是那样动手动脚，这成什么样子！"

慧珍万想不到他爸爸发出这一番议论来，讲别字，竟讲到自己的举动行为上来，料想是前几天把宗诚追进客堂去，无意中被他见到了，今天便借题发挥，给她一个教训。向宗诚看了一眼，见他还笑嘻嘻的，和没事的人儿一般。回想到那天追宗诚几乎把母亲撞倒的情形，自己也觉得太顽皮了，不禁又羞又悔，突地站起来正色道："爸爸教训我的意思，我都懂了！"说这句话时，几乎要哭出来。伯臧忙转口道："好孩子，你既然懂得我的意思，下次自己检点吧！"

康氏正和锡、蕙、愚三个孙儿逗着玩，没有听到伯臧说的话；忽然见慧珍站起来，似乎是认罪的样子，说话时似乎有些颤抖，并且带些哽咽之声，不知道为了什么事，忙问道："干什么？好好地在讲字的，又发起肝火来了？——他们还都是小孩子，不要逼得太紧了，教他们受什么委屈吧！"伯臧笑道："只有你是疼女儿的！我怎么会叫她受委屈呢？"慧珍忙道："妈妈，不要多心！爸爸在这儿好好地教训我，我并没有受什么委屈哪！"叔文和宗贻的谈话也被他们打断了。叔文笑道："大嫂放心，大哥对於慧珍，比对宗贻还疼爱哩！"说得大家都笑了起来。

慧珍道："我还要把爸爸说的几个义近易误的字去抄录下来呢！"说罢，先回进书室去了。他们又坐了一会，便都收拾去就寝了。伯臧还亲自到书室里来，叫慧珍跟他上楼去。

慧珍从受了这次教训以后，便时刻自加检点，不像从前那么贪玩、贪吵，憨态可掬了。她年龄虽还只有十三岁，却已训练成一个秀慧、端丽、活泼、庄重的少女。同学们只觉得她的举动、态度有些儿和从前两样，教师们却都说她有了突然的进步。彭校长还常常以慧珍为例，去鼓励他的女儿菱仙哩！

第八章　西湖泛月

　　九月二十二日，星期六，恰好是废历的中秋节。康氏於午饭时就亲自烧了四碗素菜，亲自送到陆官巷去，给伯臧的继母崔老太吃。这位崔老太是吃长素的。夜饭时，周家因为是过节，也添了几样小菜。张妈是乡下带出来的，周家又保存着许多乡下淳朴的习惯，所以这一餐夜饭，除了一家大小男女之外，替张妈也备了个座儿，和主人们一同吃喝。夜饭吃完了，康氏叫张妈搬了张小桌子放在院子里，摆上月饼和几色水果，点起香，供奉月神。她自己磕过头，还叫慧珍、宗诚和锡官兄妹来拜。慧珍因是母亲的命令，将就着拜了。锡官等三个小孩子拜了又拜，觉得很感兴趣。宗诚却硬不肯拜，康氏也只得罢了。张妈收拾完了，也过来磕头，嘴里还喃喃地祷告呢！

他们一家人在院子里散坐着谈笑，叔文和宗贻做字谜给他们猜。叔文道："一划、一直、一划、一直、一划、一直，一直、一划、一直、一划、一直、一划，是什么字？"宗诚"王"字、"书"字地乱猜一阵。慧珍却尽管用右手食指在左手的手掌上划，突然道："猜着了！是个'亚'①字！"宗贻道："猜得好！我也做一个给你们猜猜。'左看三十一，右看一十三，左右一气看，三百二十三。'是什么字？"月仙笑道："这是个老字谜呀！"宗贻忙道："你不要说出来！让妹妹和诚表弟猜。"他们表兄妹俩猜来猜去，只是猜不着。月仙忍不住了道："是'非'字。"

这时忽然听得"嘭嘭"的打门声音。宗诚高声道："谁呀？门上不是有电铃吗？"张妈跑到前门，向信筒的缝里一张，道："没有人。"这时又听得"嘭嘭"的声音。宗诚道："不要是个鬼啊？"慧珍道："好个不迷信的青年！不信神，倒信鬼哩！"宗贻道："不要瞎说，是有人打那边沿湖的小门哩！"这时，果然听得有

---

① "亚"字的繁体字为"亞"，故此处谜底为"亚"字。——编者注。

人叫："周先生！老周先生！周伯臧先生！"是女子的声音，而且是好几个人的声音。叔文跑过去把门一开，原来是杭中师范部的几个女学生划了船绕到这边来了。

她们的船停在石埠旁，第一个跳上来的叫作林鸰。她是师范部三年级乙组中最年轻、最活泼的一个，白白的圆圆的脸儿上，架着一副博士式的黑玳瑁边的近视眼镜，老是嘻着嘴笑，一跳上岸便往院子里跑。后面又陆续地起来了四个女生：身材高而胖的，眼睛细细的，是罗西泠；身材矮小的，戴着近视眼镜，左眼下有一抹蓝痣的，是华问陶；脸儿圆而红得像个苹果，嘴又特别小的，是苏岑；黑而又瘦，留着童化的头发的，是夏志和。叔文都认得的，因为她们已在小学部参观了好多次了。她们都到了院子里，向大家招呼。林鸰向康氏道："师母，我们是特地来请周老师同去逛湖的，还有慧珍世妹，也请同去。"伯臧道："你们吃了夜饭又出校来，训育处答应你们请假吗？"苏岑道："因为初中部的王剑英先生、师范部的王陶斋先生各带了许多男同学出去步月了，还有童子军教练王先生也带了一批童子军出去，说是'月下行军'，所以训育处的袁先生便大开方便之门，特许同学们出去赏月，但须有先生带着同去，於十一时以前回校。这真是'王恩大赦'呀！住在校里的教师都被同学们邀去了，我们只得来邀周老师了。老师如不肯去，我们便也去不成了。只得请你老人家答应，'周济''周济'！"伯臧道："既如此，我便和你们同去。慧珍，你也同去吧！天怕要转冷，加些衣裳去。"

慧珍巴不得这一声，飞快地跑进去拿衣服了。叔文道："你们只有五个人吗？那里被墙挡住了月光，黑得很，看不清楚，似乎还有一个人坐在船里。"林鸰道："没有人了，那是一只笼子。"伯臧道："笼子？我不信！放着一只笼子干什么？"林鸰道："不过是装样子的耳！因为老师是最喜欢笼子的。"伯臧道："这是什么话？调皮的孩子！"苏岑道："什么话她也不听得，老师下船后自然会知道的。"华问陶、夏志和都抿着嘴笑，罗西泠更笑得弯了腰。慧珍已替伯臧拿了一件马褂，自己拿了一块围巾、一件毛线外衣来。康氏叫张妈送了两盒月饼到船上去。她们拉了慧珍，簇拥着伯臧去了。张妈关了门进来，他们一家仍在院子里赏月猜谜。

　　林鸽坐在船头上扳桨，苏岑坐在对面，西泠、问陶叫慧珍坐在她们中间。那地方果然很暗，伯臧踏上船去，夏志和也跟了上去，在西泠他们对面的藤椅上坐下来，方才看清楚，原来陈慧君留在船上，没有上岸去。伯臧坐在慧君和志和中间，想到刚才林鸽和苏岑讲的话，忍不住笑了起来。原来陈慧君是伯臧很得意的一个女生，不但国文好，肯用功，而且性情也非常娴静，态度也非常庄重，可惜耳朵是重听的，所以她们叫她"聋子"，说"装样子的耳"。

　　这时月光已铺遍了湖面，天上有一轮光明灿烂的月，水里也有一个团团的月影。一叶瓜皮艇儿荡了开去，划出了黑暗的角里。桨打下去，把湖水的镜面划破了，随着桨，漾动了一闪一闪的波纹，荡开去，荡开去。一波未平，又是那么一桨，一桨一桨地把镜面打得粉碎，把波心的月影也打得粉碎。慧珍把那两盒月饼打开来，却是小小的肉月饼，每匣有十六个。伯臧招呼她们吃月饼，慧君却没有听到。大家都在吃了。前面林鸽和苏岑那里也递了十个过去。慧君还是抬着头，向月痴望。苏岑拿一个月饼塞到她嘴边去，却吓了她一怔。苏岑道："诗婆呀！这叫作'举头望明月，低头吃月饼'呀！"船中的人都大笑起来。林鸰道："我们今天可以说是'载得一船明月泛西湖'了。"伯臧道："这句话却大有诗意。"苏岑道："我们今夜也可以算人才毕集了！慧君、问陶、西泠，三个诗婆，周老师一个诗翁，志和是一个画家，这才是'诗中有画，画中有诗'哩！"林鸰道："你这'画'字，怕用了别字吧？你是个幽默大家，善於说话的。那'画'字当改作谈话的'话'吧？"西泠道："苏岑专好挖苦别人，遇到了鸰，也被人挖苦了！"

伯臧道："别尽管说笑，我倒要问问：阳历元旦转瞬就到，我们校里就要开展览会。你们在课外自由制作的国文成绩，到底打算做些什么东西？"林鸰道："她们几个人都有诗词集的。老师，叫她们拿出来陈列吧！"问陶道："老师不要信她胡说，诗也不会作，词也不会填，谁有集子呢？"林鸰道："你们和曾淑君她们不是组织了一个诗社吗？你们不是有一册《柳浪集》吗？别人可瞒，如何周老师也可瞒得的？"志和、苏岑齐道："我们是不在内的。老师，问陶是社长，西泠和慧君都是社员。"伯臧道："能集社研究诗词，自是好事。我想你们的《柳浪集》，先拿给我看看，挑好的抄起来，也未尝不可陈列的。"西泠道："老师肯替我们改，我们过日就呈给您看，可不可以陈列，那时再酌定吧！林鸰倒有一件很好的成绩，不过还没有做完成而已。"

伯臧忙问是什么。林鸰道："我想制一张《中国文学变迁表》，从《诗经》时代一直到现代，可是制不制得成，还是一个问题。到底是慧君用功，她已经制成好几张大幅的图表了。"伯臧问慧君道："是些什么表呢？"慧君忸怩着答道："是《十三经表》《周秦诸子九流十家表》《古书分类沿革表》《孔子周游图》《女词人易安居士飘流踪迹图》这几种。稿子已大致就绪，正想先请老师鉴定哩！"伯臧点了点头，林鸰又道："志和画了十二幅西湖山水画，每幅上面都有关於古迹的记载，问陶和西泠都有题咏，不过还有五幅没有题全。可是教图画的姬先生要算图画成绩，教史地的李先生要算地理成绩，我们要算它国文成绩。"伯臧道："是中国画吗？"志和道："是的，我画的水墨山水。"伯臧道："校里的图画，只有西洋画、水彩画，没有教过中国的水墨画，而且并非画的西湖地图，又各有诗词的题咏，算国文成绩也未尝不可。且待布置时再说，看哪间陈列室需要这东西。苏岑呢？你有什么成绩品？"苏岑道："我约了十个同学在编《国音新诗韵》，还没有编成。"慧珍道："王先生也在叫我们预备呢！"

船已荡到湖心了。三潭印月那边，箫鼓连天，游舫如鲫。伯臧道："好一个清凉世界，被这班俗人闹得一团烟火气了！我们还是荡开些吧！"月儿已躲进云堆去了。他们的船向北荡去，择一个比较幽静的所在，停了桨，让它泛在水面上。林鸰取出口琴，悠扬地奏了起来。原来苏岑带着一支笛，志和带着一只月琴，问陶、西泠带着两支洞箫，这时一齐取出来合奏。她们要慧珍唱歌。慧珍等她们的一曲《梅花三弄》奏完了，借一支洞箫吹了新学会的一曲《平沙落雁》。伯臧以一老人夹在女孩子队里，倒也悠然自得。只有慧君把左手浸在湖里，低着头，默不作声。苏岑道："你又发孤僻的老脾气了。在作诗呢？还是在想家呢？"伸手把她头颈上捏了一把。慧君道："各人有各人的心事，我哪有你那么快活？"

　　林鸽道："我太没有心事，你却心事太多了！什么心事？是不是说不出的呢？"慧君道："我有什么说不出的心事？不过我一说出来，未免使你们扫兴，周老师怕尤其难过！"伯臧笑道："女孩子家的心事与我老头儿何干？可是你这么说，我倒也要你说出来了。"慧君道："本校的成绩展览会，我能不能躬与其盛还是一个问题。家父在湖北民政厅里任事，家母想带了我们到湖北去；我要求一个人留在杭州，她又不答应。双十节后怕就要和大家分别了！和爸爸一样的老师，和姊妹一样的同学，叫我如何舍得啊？将来你们都快乐地团聚在这里，我却孤零零地远在武昌，只有这月儿是远隔千里的我们的视线的交点了！"大家听了这突如其来的别离消息，都觉得有些黯然。林鸽道："伯母一定要你去，你偏不去。寒假里你可以住到我家里去的。如其你不愿意，周老师家里也可以住的。"伯臧笑道："鸽，你又说孩子话了。慧君要和我们远别了，自然有些离情别绪。但是在她爸爸妈妈身边，自然又比一个人留在杭州好了。"林鸽道："怕不见得吧！……"她正要说下去，慧君回头向她看了一眼，却低下了头，扑簌簌地掉下两颗泪珠儿来。林鹆叹了一口气，便停住不说了。伯臧觉得她的家庭里或者有些难於向人言的隐痛，也不便再说下去了。

全船静默了，装满了别意。这时，全湖也都黑暗了，罩满了雨意。呼呼的风把坦平似镜的湖面掀起了汹汹的波浪，船也颠簸起来。四面一看，游艇已散了十之八九。她们的船已不及回到涌金门来，只得划到湖心亭附近去暂时躲一躲。一阵风过去，骤雨跟着来了。西湖里的划子，上面只有一张布篷，张起了，仍是滴下水来。他们幸而各带一条大围巾，拿来遮在头上。林鹆胆小起来，坐到对面来和苏岑拥作一堆。问陶、西泠把慧珍拥在中间。伯臧秃着头，水直往头颈里淋。慧君、志和便把两块围巾叠着张开了，盖在并坐的三人头上。伯臧想和志和掉一个位置，船夫大叫"动不得，动不得"，只得挤在中间。慧君、志和都紧靠着伯臧，船一仄，慧君竟不由自主地倒在伯臧怀里了。这时候，船里是漆黑的。伯臧觉得手上还有一滴一滴的水淋着，可又不是凉的，知道慧君还在下泪。留神细听，还听得到她哽哽咽咽的抽噎声哩！

　　幸而不久雨就住了，云幕也开了个天窗，团的明月依然露出圆圆的脸儿来向她们微笑。苏岑道："黑暗过去，重见光明，别伤心，会有团圆在后头啊！"伯臧道："时候不早了，回去吧！"船家索性把布篷收了，打起桨来，飞也似的向涌金门而去。不久，又到了周宅的西面，遥见楼上已开着电灯，知道他家人已上楼了。慧珍道："旁门没有电铃，还是在大门前上岸吧！"船夫就把船停在他家前门的湖边。她们因为船里已湿，不愿意再坐了，也在这里登岸。慧珍先上岸，拉了慧君一把，觉得她的手是冰冷的。西泠付了船钱，她们作别回校去了。慧珍按门铃，叔文跑出来开门，问道："淋了雨吗？太不凑巧了！"三个人走进去，关好了门。伯臧父女别了叔文径上楼去。康氏待他们换了湿衣，泡上两碗生姜砂糖汤来。伯臧叹道："她们受了冷，淋了雨，这时候已快十一点，回到校里去，怕连开水也没得吃了！"慧珍道："陈慧君怕要生病哩！她的两只手冷得死人似的。"伯臧道："你何不早说？叫她来喝一碗姜汤也是好的，就让她宿在这里也没有什么啊！"

　　第二天早晨，周家只有张妈刚起来，林鸼突然一个人跑来找伯臧。张妈见是常来的林小姐，就领她上楼到伯臧卧室里来。伯臧已靠在床上喝茶吸烟。见林鸼进来，忙问道："什么事，这样着急？"林鸼道："老师，不好了！慧君在吐血哩！怎么办呢？"伯臧急忙起来道："我和你去看看她吧！"匆匆地穿好了，同下楼来，胡乱地洗了个脸，便和林鸼径到杭中女生寝室来。

　　第二号女生寝室门口站满了人，看见伯臧来了，忙让开一条路。伯臧进去看时，只见志和、西泠、问陶、苏岑等都在那里发愁，靠门的一张铺上，慧君仰卧在那里，头上按着一块湿的毛巾，脸色黄得和蜡一样，两眼非常红肿。床前摆着一个白搪瓷的痰盂，口上还有许多血和痰的丝儿挂着。他俯下身子去，低声问道："慧儿，觉得怎样了？"——他着了急，把慧君叫作"慧儿"。——慧君睁开眼向伯臧望了望，又无力地闭上了，却挤出两点泪来。伯臧坐在她床沿上，拉住了手，按她的脉，觉得细如游丝。安慰她道："不要怕，不要哭，病是不妨事的！"又问林鸼道："有没有告诉你们的导师钱女士呢？"林鸼道："我先去告诉她，再赶到老师家来的。"

又问西泠道："妈妈来过了没有？"西泠道："来过了。她打电话去找校医，据说校医昨天到远方出诊去了，还没回来，她这时还正在梳妆哩！"伯臧道："校医既不在，我去请一个医生来吧！"说罢，径自去了。

早餐的号声在吹了，她们都要去吃早饭了。林鹄不放心，一个人留在寝室里陪她。过了一忽儿，伯臧和训育主任袁先生陪了一位穿西装的、头发秃顶的医生来，一个校役提着一只大皮包跟了进来。那医生站在床前，先端详了一会，然后叫林鹄把慧君的衣服解开，在皮包里取出听筒听了一听，又对着表诊了诊脉，道："伯臧兄，我看得打一针。"说罢，又在皮包里取出针和药水来替她打了一针。又取出一包药粉来，林鹄忙把热水壶里的开水倒了一杯道："周老师，请你扶她一扶。"药粉吞下了，医生叫把被折起来，把上身靠起，不要睡得太平了。

这医生是段家桥塊葛岭医院的院长郁乐天，和伯臧是二十多年的老友。郁医生和袁先生及伯臧商量，要把慧君带到他医院去。这时候，彭校长也到了，大家一商量，决计让她去住院。郁医生就托袁先生去打了一个电话，叫医院里开了一部救护汽车来。彭校长下命令，叫借童子军的篷布救护担架，把慧君抬上救护车，由伯臧、林鹄送了她去。

葛岭医院是郁乐天独资经营的，租的张公祠的房子。里面有一个堆着假山、植着花木的院子，那边有五间头等病房。郁乐天把慧君安顿在一间病房里，自有女护士照料她。郁乐天道："伯臧兄，你们没吃过稀饭吧？陈女士打过一针，再经过半小时，就有转机了。你们且同我到舍间去吃过稀饭再来看她，好不好？"伯臧道："好的！我已经饿得慌了。林鹄，你也同过去吃了稀饭再来。"林鹄本来要先走的，因为想看看慧君打针后的转机如何，也就答允了，跟着伯臧到医院间壁的郁宅来。

他们师生俩吃了稀饭，坐了一忽儿，仍和郁乐天到病房里来。据看护报告，慧君已好了许多，吃了一碗牛乳，睡着了。伯臧道："我们已吃饱了，索性等她醒了再回去，乐天兄，你请便吧！"乐天看看表，已有八点多钟，便自去料理门诊了。那女看护道："你们在这里，不要惊动她，我去去就来。"伯臧看慧君时，睡得正熟，想吸香烟，便踅到门外去，掇一张凳儿在门外坐了。林�站在门槛上，伯臧低声问道："鸽，你知道她家庭的情形吗？"林鸽道："略知一二。她初生时，带着一身胎里疮，她妈妈就想不要她了。她是叔母乳养大的。从此她妈妈就不爱她了。近来她耳朵聋了，她妈妈更嫌她呆了。暑假时，不许她继续求学，母女二人大闹意见。后来是她母舅送来入学的。"伯臧道："啊！"

他们俩又谈了些时，忽然慧君醒了，咳嗽了几声。伯臧、林鸽连忙跑到床前去，只见她的脸色已红润转来，道："老师和鸽还在这里吗？我累了你们了！"伯臧道："你的病已有良好的转机了。郁先生和我交情很好，你尽管安心住在这里。我和鸽可以常常来看你。大约十天半月工夫就可以全愈①出院了。你要什么东西，尽管托郁先生打电话给我。"慧君道："老师，鸽妹，你们放心去吧！我自己觉得比初入院时好得多了。"女看护来了，把了把脉，量了量体温，道："陈小姐确已好得多了。"伯臧和林鸽便别了慧君，走出葛岭医院，雇了两部人力车，各自回去了。

---

① "全愈"同今"痊愈"，谓病除。——编者注。

第九章　我们应有学不厌的精神

　　杭中的学生自治会，因校舍分为三部，组织和他校不同。最高的权力机关是全校学生代表大会，由各部各组的代表组织之。每组代表二人，每学期开学后和散学前，各开会一次。代表大会闭会时，由常务委员会代行其职权。常务委员九人，由代表大会选举。但规定男子高中部、女子高中部、师范部、初中部，每部至少得有代表一人当选，至多不得超过三人。常务委员会的下面，每部各有它的执行委员会，而且各有各的组织和办法，颇含有一点儿联邦制的意味。只有一个校刊编辑委员会，却由各部的执行委员会各选出编辑二人，和教职员会选出的同数的编辑共同合作。这个师生合组的校刊编辑委员会照例须於每学年开学后一月方能组成，所以每学年第一次校刊，往往是由校长室代编的。

　　杭中的校刊叫作《杭育》，每年出十期，暑假里是停刊的。本学期的校刊编辑委员会刚於这星期组织完成。选举的结果，周伯臧连任总编辑。孔乐三，以一年级的新生，却充任了初中部的一位编辑。学校里，无论什么职务，总是高年级担任的居多，孔乐三的当选校刊编辑，在杭中初中部的确是破天荒。孔乐三本人原没有什么，秋一甲组的全体同学却引为本组莫大的光荣。所以当本学期校刊编辑委员会的名单宣布出来的时候，他们竟高兴得了不得。这是青年的群众常有的心理呀。

　　第一期《杭育》出版了，慧珍和宗诚各分得了一份。回家时，笑呀跳呀地直冲进书室去。"杭育！杭育！《杭育》来了！"他们这般地欢呼着。书室里静悄悄的，伯臧一个人躺在藤靠椅上看书。宗诚跑近去道："大母舅，《杭育》来了。"伯臧笑着，拿手上的书给他看道："这不是《杭育》吗？写字台上还有送给宗贻的一份哩。午后，你们出去不久就送到了。"慧珍道："想不到还是家里先送到！"伯臧道："你们且坐下，细细地去看吧！"

　　慧珍和宗诚坐定了，翻开一看，第一篇是《孔子圣诞演讲词》，下面注的两行小字是"周伯臧先生讲，沈眉士、陈慧君记"。慧珍道："爸爸，第一篇就是你的演说稿哪！"后面有教务处的《上学期各部各组学业成绩统计比较表》，训育处的《上学期各部各组操行成绩统计表》，体育处的《上学期各部各组体育成绩统计表》，校医室的《上学期各部学生健康疾病调查统计表》，会计室的《上学年本校经费决算表》《本学年经费预算表》，学生自治会的《上学期各项竞赛报告》，师范部的《开设民众夜校报告书》，以及本学期的教职员名单，本学期各种委员会名单，学生自治会各种委员会名单，等等，内容异常丰富。"文艺的园地"一栏又有许多诗文作品，王剑英先生有十首《满江红》的词，末了还有一篇孔乐三的《我的家》。词，他们当然还看不懂，可是看到了"王剑英"三字，真所谓开卷逢故人，使他们非常高兴。尤其是那篇《我的家》，竟使他们手不释卷地又看了一遍。

伯臧道："原来孔乐三不但是我们的同乡，还是我的世侄呢！"慧珍诧异起来道："爸爸怎么知道！"伯臧道："他这篇《我的家》上不是说得很清楚吗？他的祖父叫作孔聃，字永年，是前清的贡生，四十多岁就死了。他父亲叫作孔令之，是个庶出的遗腹子，出生时就是个孤儿。五岁时，嫡母又去世了。他那时贫寒孤苦，随着母亲，为人佣工，辗转流徙，居无定所。直至孔令之二十多岁，结了婚，方定居於临安的南乡。他父亲孔令之，只生了他一个人，一家四口，幸而人少，得赖他的父亲做造纸工人度日。他自己，十岁时还是个拾荒的孩子。幸而十一岁时，他的叔祖康年遇见了他，把他带回富阳，送进春江小学去。今年暑假，他刚在小学毕业，他祖母又病故了。唉！这孩子真是可怜！那位孔永年先生是前清末年我们富阳全县闻名的名教师。我十三岁到十五岁时曾在他那里受业三年。他待我真和自己的子侄一般。近十年来，我常常打听那位老师的家庭近况，竟是音信杳然。却不料他的孙子已进初中了。"

慧珍对宗诚笑道："诚表哥，你不是说他的父亲是个老贡生，毕业时还叫他改名字吗？你不是说他的父亲开学前刚去世吗？原来你说的老贡生是他的祖父，叫他改名字的老先生大约是他的叔祖，暑假里死的却是他的祖母。你的消息是从哪里得来的？这样靠不住！"宗诚道："上半年，他的叔祖曾到小学里来过一次，我们也没有问清楚，以为是他的爸爸。至於暑假中他家死了人，是他自己告诉我的，还说有六十多岁了。所以我联想起来，以为是他的爸爸。"伯臧道："诚儿真糊涂！他告诉你的时候，没说死的是祖母吗？"宗诚道："他告诉我的，说是什么'比'，我以为是他爸爸的名字。"伯臧道："他说'先祖妣'吧？"宗诚道："我已记不清了，似乎是这样说的。"伯臧道："父死称'先考'，母死称'先妣'；祖父死称'先祖考'，祖母死称'先祖妣'。孔乐三也只比你大了三岁，一切都懂得，你却还如此孩子气！我看他这篇《我的家》，虽然经王先生改过，比你们做的文章，真有天渊之别呢！"

他们在家里看《杭育》，谈孔乐三的家世。哪知孔乐三在校里也得到了一份《杭育》，一个人在大成殿东、桂苑之北的文昌阁下，坐在阶石上细细地看。他先把全部大略地看了一遍，然后细看后面王剑英的十首《满江红》。他觉得这十首词，每首里句子的长短虽不同，但这句长，那句短，却是十首同一腔调。每一首的中间都断一断。他虽没有懂得什么叫作"词"，但总觉得和他读过的五七言绝、五七言律、五七言古等等的旧体诗不同。他试读读看，颇觉得声调铿锵，但终不能完全懂得它们的意思。有些字，他还不认得哩！他自言自语道："王先生那么赏识我，将来总要请求他，把作词的法儿传授给我。"他于是又翻过来去看那篇《孔子诞辰演讲》，看了许多时候，也有许多地方不能完全明了。他懒洋洋地立起身来，自恨学力太差了，怎么连一篇语体文也看不懂！

　　他叹了一口气，向桂苑南面的农场走去。这时候，同学们都在运动场上玩，砰砰的足球声、拍掌声、呼笑声，一阵阵地传进这寂静的农场上来。他找到了他们一组指定的场畦，见新播下的种子已有些儿苗秧钻出土来。他拿起了一把喷壶，盛了水，向场畦上洒去，自言自语道："我也似这刚出土的苗秧，全靠有人来灌溉的呀！"他正一个人沉浸在深深的感慨里，忽然肩上有人拍了他一下道："孔乐三，你怎么一个人来到这里？"他随口答道："那么，你为什么也到这里来呢？"说完了话，回头一看，原来是王先生，他红了脸，垂着双手，赶快鞠躬道："老师，我不知道是你老人家，刚才太放肆了。"

王先生道："你手里拿着一卷什么呢？同学们都在玩，你怎么一个人在这里？"孔乐三道："这是一本《杭育》。老师，我的国文程度太差了，非但你老人家的十首词看不懂，周先生那一篇演讲，也只是一知半解而已。"王先生道："你刚进初中，词当然还不能懂。就是周先生的那篇演讲，你也只能懂得它的大意。这篇文章是镕经铸史写成的，非读书多的人不能完全领会。我且问你，他那篇文章的大意是怎样的？"

孔乐三道："他说，孔子的政治理想虽好，但因没有得到政权，无从实现，所以在我国古代政治史上，并没有占什么重要地位。孔子是述而不作的，六经只是就原有的官书厘定删改，是'述'不是'作'。《论语》是他门弟子的弟子记载的。《孝经》开头就说'仲尼居，曾子侍'，也不是他自己的著作。所以开私人著作的风气的是老子，不是孔子。孔子之所以值得我们永久崇拜纪念，价值完全在於教育。一，私人聚徒讲学之风，开於孔子。他又抱着'有教无类'的宗旨，所以他的三千弟子中，贫、富、贵、贱、智、愚、贤、不肖都有。我国古代学术在於王官，教育私於贵族。从孔子开私人讲学之风以后，教育方普及於平民。二，孔子的教法很有许多合於现代教育理论的。如注重自动，加以启发——他自己曾说：'不愤不启，不悱不发，举一隅不以三隅反则不复也。'如注重个性，因材施教——《论语》一书中，记弟子问仁、问孝，孔子的答话各自不同。更显著的，如子路问'闻斯行诸'，孔子答他'有父兄在'，意思是当先去请示；冉求问'闻斯行诸'，孔子却又叫他'闻斯行之'，为的是'由也兼人，故退之；求也退，故进之'。如注重德性，以人格感化——孔子的伟大的人格、精纯的品性，能使弟子们心悦诚服，潜移默化，而且不重在文字、语言、知识方面的教学，而以言行、德性为他教育的中心，他之所以能成为'大师'者在此。这些都是现代有名的教育学者所唱导①的。三、孔子的教学精神，尤其值得我们敬佩。他的精神就是'学不厌，教不倦'。他年十五就有志於学；他老了，还想假年学《易》，读《易》至於韦编三绝。这还不足以表示

---

① "唱导"同今"倡导"，谓带头提倡。——编者注。

他发愤忘食，乐以忘忧，不知老之将至的好学精神吗？他的循循善诱使人欲罢不能，难道不是以他教不倦的精神去感化他的学生，使他们也学不厌吗？我们研究一种学问，入门之后，研究愈深，兴趣愈浓，所以由学而时习之乐生出学不厌的精神来，还有人做得到。那种'人不知而不愠'，遇见钝根人仍能循循地去启发诱导，却是言之易而行之难的。我们崇拜孔子，纪念孔子，也当具有他那样学不厌教不倦的精神，尤其是我们师范部的同学。"他滔滔不绝地说了许多时候，王先生笑道："周生先演讲的大意，你都已懂得了！你怎么还说只能一知半解呢？"孔乐三道："他那篇文章里，还有什么'大同''小康''三世''古文''今文'等等，我看了竟是莫名其妙哩！"王先生道："这些术语，你们年纪轻的人，书看得少，自然不容易懂。将来国文进步了，常识丰富了，自然会懂的。"

停了停，王先生又道："周先生这篇文章里，还提到他的一位老师孔先生，似乎很受过一番知遇之恩的。你和他同乡，又姓孔，或者他老人家和你们孔家的上代有什么关系啊！"孔乐三道："不晓得。"他们俩一壁谈，一壁走，已走过了明伦堂前，也就分手了。

这天晚上，孔乐三正在自习室里埋头演算，忽然自习室门口走进一个校役来，高声叫道："孔乐三，王剑英先生叫你，立刻就去！"孔乐三听说王先生叫，不敢怠慢，站起来就走。跟着那校役，一径到教职员住室王先生的房间里来。王先生笑着抬了抬身子，指着写字台旁的一张凳子道："乐三，你且坐下！——果然不出我所料，刚才周老先生来了一张条儿，说看到《杭育》上你那篇《我的家》，方晓得你的祖父就是孔永年先生，他童年时的老师。近十年来，他曾四处托人打听，找寻你的爸爸，竟是打听不出来。他三年前，还曾去替你的祖父扫墓哩！他知道你是永年先生的孙子，非常高兴，写这条子来通知我，叫我好好地照顾你，教导你。他还带了五块钱来，叫我转交给你零用，说用完了，可以再向他去拿。星期日，还叫我带你去见他哩！他说你是一个可造之才，得好好地用功，不要埋没了永年老先生的读书种子！"

乐三接了那五块钱，竟感动得流下泪来，好久答不出话，过了一会道："王老师请你转达，谢谢他。这五

块钱，已够我这学期的零用了！校里的费用，家叔祖替
我张罗的。我来校的时候，爸爸又把家里所有的两块钱
都给了我。除了买些手巾、面盆、牙刷、牙粉、洋皂、
邮片之外，还有一块钱多着哩！"王先生道："周老先
生决不要你谢的！你能好好用功，就可以安慰他老人家
的心了。星期日上午九点，你再到这里来，我带你去见
他。"孔乐三答应了个"是"字，便告辞走了。

　　孔乐三回到自习室去，依然在演算学，他的心却老
是静不下来。他想，师生间的感应真强得很。据周老先
生说，先祖父教学生是有"教不倦"的精神的，先祖父
能"教不倦"，所以能使他"学不厌"了。据王先生和
师范部三年级的同学说，周老先生是有"教不倦"的精
神的，所以他能有王先生那么"学不厌"的学生。王先
生对于我们，不也是有"教不倦"的精神吗？我们幸而
遇到王先生这样的良师，我们也得具有"学不厌"的精
神。——是的，我们应有"学不厌"的精神！他想到这
里，觉得精神陡地兴奋起来，专心致志于演算，一口
气把四则应用问题都算完，所有以前觉得不能解决的难
题，都迎刃而解了。

　　他算完了四则应用问题，抬起头来一看，自修室里竟已阒无一人，原来就寝钟已打过了，同学们都已到楼上寝室里去了。他赶快收拾了，也跑进寝室去，被刚铺好，已是熄灯，他草草就寝，翻来覆去，只是睡不着。过了许多时候，刚有些朦朦胧胧，突然听得有人叫道："孔乐三，你真太贪睡了！王先生在楼下等你，同去看周伯臧先生呢！"他睁开眼一看，早已是日高三丈了，急忙爬了起来。幸而没有脱制服，匆匆地走下楼去。果然王先生站着等他，一面和几个同学在闲谈。他忘了洗脸，忘了早餐，就跟了王先生向涌金门直街周宅走去。走到门口，门是开着的。他随着王先生走进了那间书室里，已有一个老头儿和周伯臧先生在谈话。周先生向那个老人介绍道："这位是我的学生王剑英，就是你的令孙的老师。"那老人要站起来招呼，王先生却过去把他扶住了，不叫他站起来，而且连说："不敢当，不敢当！"那老人招手叫孔乐三走过去，拉住了他的左手，又把右手摸他的头发，那双枯涩的老眼里竟迸出两颗泪珠儿来。孔乐三的心里非常疑惑：这位老人家不知是我们哪一位同学的祖父，为什么对我的神情如此异常？我应当怎样称呼他呢？他正在迟疑，那个老人忽然拉住他的两手道："友贤，你怎么不认得我呢？"孔乐三纳闷得很，忍不住问道："你这位老人家究竟是谁？怎么知道我的小名呢？"那老人道："友贤，你这孩子，连自己的祖父都不认得吗？"说完这句话，把他一推，站起身来就走。乐三回头一看，哪里是周宅的书室，原来他独自一个站在海边的沙滩上，前面是白茫茫的一片汪洋大水，不禁吓了一大跳。想回头跑，后面也是大海，海中间有一条独木桥通到彼岸。那边站着周伯臧、王剑英二人。禁不住大叫道："周太先生，王老师，快救救我呀！"一面叫，一面跨上这独木桥，一步步地挨过去。正走到一半，忽然"砰"的一声，这木桥断了，掉下万顷波涛里去。他一声大叫，觉得遍身水淋淋地；沉，沉，一直沉入海底，不能动弹。

　　"当——当当——当——"，一连响了十多下。他睁眼一瞧，却依旧睡在床上，天已亮了，正在打起身钟。一场惊梦，一身冷汗，把穿着睡的汗衫和短裤都湿透了。他叹了口气，一翻身坐了起来，想道："原来是醒有所思，睡有所梦！"拿起枕头一看，王先生昨晚转交给他的一张五元钞票依旧压在那里。时候不早了，趿着鞋子走下床来。拖出床下的竹箱开了，把那张钞票放进去。随手取出一条白布短裤，一件白布衬衫来换。那件衬衫已是破了，他妈妈替他补上了一块。他不禁联想起孟郊的《游子吟》来，低声吟道："慈母手中线，游子身上衣。临行密密缝，意恐迟迟归。谁云寸草心，报得三春晖！"他的心，又飞到他妈妈怀里去了！

第十章 所谓"六书"

孔乐三盼望得长久的星期日终於到了。早饭后，他换了一套洗干净的黄制服，把皮鞋也擦干净了。好容易挨到八点半，一个人到王先生的房间里来。恰好王先生要叫校役去找他，见他来了，非常高兴，立刻戴上一顶软边的草帽，道："我们就去吧！"他们师生俩出了杭中，向涌金门直街走去。王先生穿一件湖色的大绸夹衫，在前面走着；乐三跟在后面，见他的背影，飘飘然异常潇洒。走到周宅门口，只见门儿开着，康宗诚和周慧珍已站在门外的湖边等候了。他们遥遥地望见了，就高声叫："王老师。"宗诚迎上来，拉住了乐三的手。他们四人一同进来，慧珍回身去拴上了门。宗贻和叔文站在客堂外的台阶上招呼，把他们让进书室里，伯臧笑容满面地站了起来。大家招呼了，一同坐下。

伯臧道："乐三，前几天，我见了《杭育》里你那篇《我的家》，才知道你是先师永年先生的孙子。永年先生一生坎坷，有你这样一个孙子，总算有了读书种子了！"回头对剑英道："说起永年先生，我童年时的情形又历历如在目前。剑英，我不但没有和你谈起过，就是叔文、宗贻也不曾晓得。永年先生对於我的一生，真有极大的关系。我十三岁时，我们堂房的伯父忍庐先生，是前清的举人，为了他的儿子伯巽，特地延聘永年先生来教书。我们和忍伯家是同住一所房子的，先严和永年先生考取秀才时又是同榜的，所以那天忍伯家备筵请先生，就邀先严作陪。酒过三巡，忍伯叫伯巽出去拜见老师。我和伯巽正同在大厅的屏门后张望。伯巽出去拜了老师，先严也叫我出去拜见世伯。永年先生见了我们两个孩子，非常高兴，叫我们也坐上筵席去。他喝了许多酒，有些儿微醺了，要出几个课叫我们试对对看。他出了个'三史'，我随口对了个'五经'，又对了个'四书'。伯巽毕竟比我小一岁，一时对不上来。我和他并肩坐在下面的，便用手指在他的腿上画了两个字。他得了我的暗示，脱口而出道：'我对"六书"。'忍伯笑道：

'你听哥对"四书"，就对"六书"，"六书"并不是六部书，如何可对"三史"？不行，不行！'我替他辩护道：'这叫作"借对"呀！'永年先生笑道：'好伶俐的口齿！巽儿，那么什么叫作"六书"呢？'伯巽又瞪住了。我代答道：'"六书"就是"指事""象形""会意""形声""转注""假借"。'忍伯道：'靠不住，连这两个字的课也是代枪！'

"第二天，开馆了，永年先生见我并没有进馆，颇为失望。那时先严在家设一个蒙馆，我就在这蒙馆里读，有一天下午，永年先生到馆里来看先严，一进馆，见先严余怒未息，我的脸上还挂着眼泪，忙问是怎么一回事。原来先严逐日给我讲解《论语》，那天正讲到'子见南子'这一章。先严道：'南子是卫灵公的夫人，是个不守妇道的女人。"矢"，就是发誓。"天厌之"者，言必为天所厌弃也。'我问道：'南子既是卫君的夫人，又是个不好的妇人，孔子为什么去见她？子路不悦，原是难怪的。孔子又何以不把去见南子的理由告诉子路，只是向他发誓？这一章《论语》，不是记录的人糊涂，便是孔子不对。'先严因我小小年纪，居然胆敢对孔子和《论语》发生怀疑，就勃然大怒，痛加训斥。永年先生一问，他就把刚才的情形告诉了他，并且道：'你看，十三岁的孩子就狂妄到如此，真是"非圣无法"了！这孩子是不配读书的！我已托人荐他到南货店里去学生意了。'我那时听得说要我去做南货店的学徒，不禁哭了起来。

"永年先生道：'臧儿今年只有十三岁，却能读书得间，对古书发生怀疑，真是聪明极了！这章《论语》崔东壁的《洙泗考信录》里就疑心是羼入的伪书。《考信录》我有一部带在馆里，明天可以送过来给你看。古书里靠不住的地方真多哩！孟子说的"尽信书，则不如无书"，你总该记得吧！你说他不配读书，我倒看他正是个读书种子。——我初到的那一晚，以为他也是我的学生，第二天见他没有进馆，才知道是在你自己的书塾读的。"父子之间不责善"，我以为你自己教他，不如由我代劳吧！'先严道：'你这样器重小儿，诚然是异常的荣幸。我所以不让他在你这里附读者，老实说，是因为家境太贫寒了，脩金无从张罗，所以想叫他去学生意，也无非是为此。不是你我的交情，我这话也不便告诉你了。'那时，永年先生也没有说什么。第二天，忍伯邀了先严过去，说伯巽需要一个伴读的人，永年先生选定了我，情愿多教一个孩子，不要增加脩金。先严高兴得很，第三天就把我送进馆去了。自从那天起，我在永年先生这里读了三年书，把几部重要的经书都读完了，《史记》《前汉书》也都点阅了一遍，笔算也学到了'形学'，这就是现在的平面几何。十五岁的冬天，由於他老先生的怂恿，忍伯的鼓励，和伯巽弟考入了杭州府学堂。假如当年不遇着他老人家，也许我此刻还在南货店里当伙计呢！"

大家听了这个故事，也觉得伯臧和那位孔老先生的师生关系，和泛泛者不同。

"在杭州府学堂里读了五年，毕业了。伯巽到北京大学去读书了。因为贫穷的关系，我便落了伍，在乡间的小学里当了四年教师。后来，经过种种的挣扎才得入北京高等师范，先严罗掘俱穷，每年只能供给我一百块钱，幸而那里是学膳费完全免的。可是有老祖母在堂，每年暑假非回来一次不可。杭州到北京的火车票，单程一趟就得花二十五元，一来一去的车钱已花了我每年预算总额之半了。再除去来往途中的食宿费，每年可以在北京用的，只有三十多元。还要花必要的制服费、讲义费、书籍费等等。那四年的生活，不是困苦万分吗？将毕业的那一年的暑假里，先严又去世了。那末了一年来回的川费、留京的费用分义无着了。幸赖亲友的资助，在北京课余的时候教书、卖稿，方得挨到毕业。我在北京时，听说永年老先生也去世了，身后萧条得很。近十年来，我的生活比较稳定了，就留心访寻他老先生的世兄。我曾经亲自到他的老家去过，据邻居的人说，他只有一个遗腹子，是庶出的，跟着他的生母，到处佣工，飘流在外，已有十多年不回家了。我央求邻居的人领我到他老先生的坟上去。唉！只是荒土一坏[①]，埋没于蔓草之中；感念前情，不由我不痛哭了一场！前年，我也顾不得自己书法的拙劣了，替他题了一块墓碑道：'业师孔永年先生之墓。'於清明时，带了工匠，再央求他的邻人帮忙，在墓前竖立起来，祭扫了一场。"

　　说到这里，两行热泪直垂下来，把嘴上的短胡子都

---

① "坏（pī）"，意为土丘。——编者注。

淋湿了。大家也都觉得有一番伤感。看孔乐三时，已经伏在沙发的靠手上呜呜地哭起来了。

"天可怜，我那一生坎坷的老师还有这颗读书种子留在人间，居然被我在无意中找到了！我虽不是个宗教信徒，也得谢谢上帝！——乐三，你的前途是很有希望的！努力吧！不要辜负了我的期望！不要辜负了你父亲都不曾见面的祖父的在天之灵的期望！"伯臧含着泪，装出一脸苦笑，站起来去抚乐三的伏着的头，掏出一块手帕来揩了自己脸上的泪，又去替乐三拭泪。

这时候，孔乐三竟双膝一屈，跪在伯臧的前面，号啕大哭起来。剑英、叔文忙站起来把乐三扶起，劝道："你们今天见面，正是天大的喜事，不可太伤感了！"伯臧也破涕为笑道："正是！好孩子，别哭了吧！"宗贻叫张妈舀了两盆脸水进来，伯臧和乐三都洗过了脸。锡官、蕙官跑了进来道："祖母说，午饭快好吃了，请客人在这里吃饭。——咦！怎么客人在哭呢？"剑英道："今天我带了乐三来，反引起老师许多伤感！坐的时候太长久了，我们回校去吃中饭吧！"宗贻、叔文都站起来挽留；剑英、乐三不好推辞，只得在周宅吃过了午饭，方才告别。

他们走了之后，伯臧去歇午觉了，叔文到梅东高桥去看宗基、宗武了，书室里只有宗贻和慧珍、宗诚在闲谈。宗诚道："大母舅说他小时对课，怎样叫作'对课'呢？"宗贻道："这可以说是一种文字游戏，在从前科举时代是风行一时的。从前有一种句句是相对的文章，叫作'骈文'；有一种讲究对仗的诗，叫作'律诗'。你们看，那副对联'未能一日寡过，恨不十年读书'，'一日'对'十年'，'寡过'对'读书'，不是对得很整齐吗？小时候对课对惯了，大起来学做骈文、律诗、对联，不是很便当吗？最起码的对课是一字对一字，如'天'对'地'，'牛'对'羊'，'红'对'绿'等。像刚才所说的'三史'对'四书'、对'五经'、对'六书'，就是两字对；'四''五''六'对'三'，是以数字对数字，'经''书'对'史'，是以名词对名词，而且'三史'是《史记》《前汉书》《后汉书》三部史书，'五经'是《易》《诗》《书》《礼》《春秋》五部经书，'四书'也是《大学》《中庸》《论语》《孟子》四部书合成的。只有'六书'并不是六部书合成一部的书名，所以说是'借对'。对课，不但要字面对得工，还要顾到字的平仄声，平、上、去、入四声的名称，你们已经知道了的。所谓'仄'，就包括上、去、入三声而言。'三'字是平声，'史'字是仄声；'四''五''六'都是仄声，'经'和'书'都是平声。这几个对课连声音的平仄都顾到的。"慧珍道："还有这些考究啊！那么'六书'究竟是什么呢？"

宗贻随手取过一张白纸、一支铅笔写道：

> 象形者，画成其物，随体诘诎，日月是也；指事者，视而可识，察而见意，上下是也；会意者，比类合谊，以见指，武信是也；形声者，以事为名，取譬相成，江河是也；转注者，建类一首，同意相受，考老是也；假借者，本无其字，依声托事，令长是也。

慧珍、宗诚看了，仍是不懂。宗贻道："这可以说是古代造字的原则。'诘诎'就是屈曲。'象形'字完全是图画文字，所以随着这字所代表的物体，屈曲画成其物。'日''月'二字是后来的楷书，所以不能一望而知其为象形字了。照古代的篆文，当写作⊙，☽，完全画成日月之形，连其中可以望见的黑斑都画出来了。又如'目'字，篆文作目，作目，作⊙，作⊙的，完全画了一只眼睛。又如'亦'字，实在本是腋下的'腋'字。试想，要画出一个人的两腋来，不是很难吗？'亦'字的篆文作夾，先画了一个张着两手立着的人，然后在两臂下加了两点，去指示所谓两腋：这个简单的图画，不是画得很巧吗？诸如此类，就叫作'象形'字。"慧珍、宗诚听了，觉得非常有趣。

宗贻继续说道："象形字都是代表实体的。实体之物，有形可象，要造图画文字，还不算难。'指事'，则要代表一种抽象的观念了，如位置、形状、动作等，这些就是所谓'事'了。例如'上''下'二字，要凭空画出它们的意思来，岂不是很难吗？'上'字篆文作⊥，作上，作上，'下'字篆文作丁，作下，作下。拿'一'来做个标准，在这'一'的上面或下面画上些东西，就可以表示这些东西在上或在下的位置了。又如'高'字，篆文作高，画一所二层的房屋来代表一切高的意思。又如'匕'字，就是变化之化，篆文作ꓱ，是个倒写的'人'字。人本来是头在上，脚在下的，现在倒置了，不是变化的意思吗？"两个孩子只是嘻开了嘴，静静地听着。

"还有那些抽象的名词。既无形可象，又无位置、形状、动作等事可指，要造字，不得不另外再想个法儿，于是便取已成之字，把它们拼合起来，来代表这抽象的概念。可不是随意乱拼的，须能够表示出造字者的宗旨来。如'信'字，用'人'字和'言'字合起来，表示造字者的意思：人说的话，是要有信的；否则，不过是牛鸣狗吠而已。又如'武'字，照篆文的写法是'戉'，是'止'字、'戈'字合起来的。倚仗武力去侵略他人的还不算'武'，要能止住侵略者妄动干戈，才算得'武'啊！所以说'止戈为武'。这就是'会意'了。会意字有羼合着象形的部分的，如'爨'，篆文作ꞗ。'掬'，篆文⒀；'拱'，篆文ꟽ；'林''火'，也都是成字的。ꓵ是画的灶门；ꟿ是画的三脚的鼎、鬲、釜、甑之类；这两部分是不成字的。两手捧了一只锅子，放在灶门上，灶肚里的'林'字、'拱'字、'火'字是表示双手纳柴点火；把炊爨这件事完全画了出来，可以说是合用'象形''会意'两法造成的一个字。"两个孩子都拍手道好。

"可是有许多字，例如水名、山名、鸟名、兽名，若用'象形'，画成简单的图形，便分辨不出是指的哪一山、哪一水、哪一种鸟兽了，用'指事'则无事可指，用'会意'亦无意可会。那怎么办呢？"宗赇说到这里，随手取一支烟，点着吸了，又继续道："未有文字之前，已有语言；未有代表此事物之字之前，口语中已有呼此事物之声了。於是取一个读音和这个声相近的字，旁边加上个代表这类事物的共名，便造成了这个字。例如'江'本专指长江，'河'本专指黄河。'工''可'是和口语中呼这两条大水的声相近。这两个字所代表的是两条水，所以加个水字旁。'水'是表'形'的部分，'工''可'是表'声'的部分。'以事为名'指表形的部分：'事'就是'物'。'取譬相成'指表声的部分：'取譬'者，就是取譬口语中呼此事物的声。这就是'形声'了。如'昆仑''狗猴''鸡鸭''杨柳'等字，都是属於这一类的。就如从'言''成'声的'诚'，从'贝''台'声的'赇'，从'心''彗'声的'慧'，也都是形声字。以上这四种，象形、指事、会意、形声，你们都懂了吧？"宗诚忙道："懂了！懂了！"

　　"以下的两种，却又和前面的四种不同了。例如'老'字，篆文作豈，从'人''毛''匕'三字，人的毛发从黑色渐渐变成白色，不是'老'了吗？所以就'老'字本身说，是个会意字。口语中代表这'老'的意思的声音原叫作'ㄌㄠ'；后来或因时间的关系而古今语音不同，或因空间的关系而各地方音不同，口语中代表这意思的声音变作'ㄎㄠ'了，於是另造了一个'考'字。'考'字从'老'字省，'ㄎ'声，就它的本身说，是个形声字。'老，考也'，'考，老也'。这两字的意思是相同的。这两个字所代表的观念是一类的。这两个字的语根是同出一原的。这就叫作'建类一首，同意相受'了。'类'指物类，'首'指语根。'老'和'考'虽因声音不同而另造了一个字形，字义却仍是这个。好像这壶里的水辗转灌注到那一把壶里，壶虽然换了，水却仍是这些水，所以就'老''考'二字的关系说，就叫作'转注'了。"

　　慧珍道："那么'假借'也是就两字的关系说的吗？"宗贻道："这是就它的借义和本义说的，又和转注不同。

转注因音变而另造一字，所以字愈弄愈多；假借则因音变而借用现成的字，以不造字为造字，更省事得多了。例如'令'字上面是'亼'，就是集合之集，下面是'卩'，就是符节之节。符节，是竹简或铜简，把中间剖开，成为两半，用作两方拼合的信物的。古时发命令，得用符节的一半，送到受命令的对方去拼合。所以'亼卩'来代表发令的意思。"

慧珍插口道："那么，'令'字的本身是个会意字了。"宗贻道："是的。可是发号令的长官，如'令尹''县令'，也叫作'令'；可以发号令的人，必是才美德优的了，因此就以'令'字代表良美的意思了；对人称他有关的人也加个'令'字，如令兄、令郎之类：这就是借这现成的'令'字，把它的意思引申开来用，便叫作'假借'。'长'字也是如此。本来是代表空间的长的，引申之，则时间的长也叫作'长'；年纪大些的人身材也长些，所以年纪大也叫作'长'；年长的人可以做年幼的人的领袖，所以凡是机关团体的领袖也叫作'长'了。这一类可以说是'引申的假借'，借义还和本义有些关联。还有些字，则假借时仅借用它的声音，和它的本义毫无关系的。例如'祈'字的声音变了，不另外造一新字，却借用和它的变音相同的'求'字。求，篆文作求，本是皮、裘之裘的象形字，可以说和它的借义——祈求——毫无关系的了。这还是'本有其字'（即'祈'字）的假借。如前几天和你们谈过的'然''而'等字，借作所谓'虚字'用，不也和它们的本义毫无关系吗？它们所代表的转折的意思，不过口语中有'然而'的声音，却本来没有这样两个字的，这真是所谓'本无其字，依声托事'的假借字了。"慧珍、宗诚都爽然道："所谓'六书'，原来如此！今天我们的日记，材料又很丰富了。"

他们谈得有趣极了，偶然回头，见伯臧和叔文在谈话。慧珍道："爸爸今天午睡的时间这样短？四叔没有到梅东高桥去吗？"叔文道："你们只顾谈话，时间都不晓得了！你看，外面的路灯不是已亮了吗？"宗贻看了看手表道："咦！六点了吗？真谈得太久了！"

第十一章　复词的组成

　　杭州中学的成绩展览会预定於阳历元旦举行。陈列室是以学科为单位的。那一天，还有一个国语演说竞赛会。先由男子高中部、女子高中部、师范部、初中部各部举行组际竞赛三次，每部的每一年级选出优胜者一人。再於元旦日举行全校决赛。周慧珍的口才很流利，标准国语说得很准确而娴熟，姿态又极自然，所以在初中部一年级各组举行预赛时，便得了锦标。此外，又於十月三日举行了一次各部的作文竞赛。初中部的锦标又为孔乐三所得，把三年级、二年级的选手压了下去。这一来，不但他们甲组的同学异常高兴，王剑英也觉得安慰，不辜负他一个多月来教导的苦心。

　　剑英的书法本是极高明的，为预备展览起见，除令他所教的三班一年级生每日早晨加紧习字之外，又在这三班学生中挑了二十多个字写得好些的，组织一个书法研习会，分成大楷、小楷、行书三组，每星期六的晚上亲自加以指导。所以这二十多个人的书法，便天天进步起来了。宗诚的国文虽然不很好，大楷却写得很有笔力，而且能临写《爨宝子》一类的魏碑。小楷写得最娟秀的，要算慧珍、菱仙和乙组的女生华梦陶了。颜乐山和丙组的男生张立行书写得最好。除了作文簿、日记簿、听讲笔记、读书报告，须全体陈列，习字成绩选定陈列之外，剑英又定了许多计划，教学生分别去做，如《别字调查表》《复词组合表》《故乡风土记》《故乡歌谣集》《民间故事》《中国寓言》等等。此外虽还有别科教师指定要缴的成绩，但初中一年级各组学生的兴趣和注意，却几乎完全集中在国文科。剑英计划的几种特别成绩，差不多都是要许多人合作的，由学生自由选定加入。其中的一种，《复词组合表》却没人担任，剑英就指派了孔乐三、周慧珍、康宗诚三人。乐三向他们俩商量道："王先生和老周先生、小周先生都很忙，我们不如去请小学部的周叔文先生指导吧！可是叔文先生我虽认得，还不十分熟，得由你们二位先去请求，等他答应了，定一个星期日，我到你们府上来。"慧珍、宗诚应允了。

第二天晚上，开书法研习会时，慧珍没有到，宗诚却来了。他欣然地对乐三道："四舅舅已答应了。明天，十月七日，是星期日。我们家里有一个棣华读书会，下午二时开会。除排定两个会员提出读书的口头报告以外，接续下去的座谈会由四舅舅提出'单词和复词的研究'，请你也去列席参加，必定可以得到不少的材料。"

乐三道："我倒没听你们说起过，你们家庭里还有读书会呢！是哪些人组织的？章程怎样？另外的人可不可以加入的呢？"宗诚道："不过我们几个表弟兄而已。另外加入的，只有彭菱仙一人。是组织的时候，彭校长要求加入的。你，如其愿意正式加入，我和慧珍是很欢迎的。最好请王先生代你向大母舅或大表哥说一声，没有不成功的。"乐三道："好，我愿意加入，但这些小事，怎好去烦劳王先生？烦你先向慧珍探询，她一定有法儿的。你们已开过几次会了呢？"宗诚道："起初简章上规定每月开常会一次，后来觉得太少了，改定半月一次。现在连成立大会已开过二次，明天是第三次。座谈会也是这次新添的。第一次请四舅舅主席，下次请大表哥主席，他们两位是我们读书会的顾问。四舅舅说，以后想请会外人讲演，如大母舅、王先生、彭校长等，都想陆续地请他们讲演哩！"

这天晚上，书法研习会在教员休息室开会。王先生把每人所写的字逐一地批评，哪个笔力太弱，哪个间架不好，哪个行伍不整齐，哪个墨色调得不匀，种种缺点都纠正了一番。又拿出许多大小碑帖来，逐一讲给他们听。又把执笔、运笔的方法指教了许多。几乎费了两个钟头。乐三、宗诚也是会员，都在场静听王先生的指教。散会时，已是八点半了。

乐三的好胜心是很强的，他见大小楷不能出人头地，便向王先生私下请教，偷偷儿在学篆字。王先生教他先把《说文》部首写熟，用吴清臣的《说文部首》去临。预定到十月底把部首写熟，再临邓完白的篆字。哪知他九月一个月已把五百四十个部首写得很熟了。他每天在打起身钟以前就一个人躲在大成殿上练篆字，所以同学们都没有晓得他会写篆字。他等到会散了，拿了一卷写好的《说文部首》，到王先生房里去请教。王先生看了很得意，说道："我十三岁就练篆字，进步还没有你这样快哩！"就拿出一本邓完白的篆字帖来借给他，并且教他篆字运笔的法儿。一方面又拿出一叠裁好的宣纸来，叫他把《说文》部首好好地写一份，而且每个部首之下，把《说文》的原文用小楷抄上。又道："你的小楷不很好，如其周慧珍肯和你合作，那就好极了。你先用毛边纸照这样大小写一份，把《说文》逐字抄上，然后把宣纸上的篆字写好，由我向她接洽好了。"乐三趁此机会，把明天要去周宅的棣华读书会的座谈会列席，听周叔文先生讲"单词和复词的研究"的事向王先生禀明。

王先生道："他们这个会，我在周慧珍、康宗诚的日记上是看到过的。——读书和家庭的环境关系很大。康宗诚的天分很差，而国文颇有进步，就是得着周家的熏陶。周慧珍这孩子，将来是很可造就的。你若生长在这样的家庭里，一定比现在更出色了！"乐三听了，也觉很羡慕。王先生又道："座谈会和演讲会不同。明天的座谈会虽然由叔文先生主席，但他只是提示纲领而已，在座的都得发挥些意见。你又是伯臧老先生赏识的人，必须先有准备，把我讲国文时关於这问题提到过的东一鳞西一爪地收集些材料，免得明天轮到你发言的时候窘得一句话都说不上来。你既想借此机会去收集些复词组合表的材料，纸笔也得带一份去。"乐三连声称是，退了出来。

星期日的上午，孔乐三便把国文笔记从头翻阅了一遍，果然王先生有许多讲到"字和词"的话，揣摩了一番，觉得又发现了许多新的知识。他正伏在案上细看，孟乐三从背后用手把他两眼蒙住。他恼极了，但又不好意思发作。孟乐三放了手，哈哈笑道："书呆子！这样好的天气，不到湖上去走走，却在这里读国文笔记！小考还有一个月哩！走！我和你打网球去！"原来孟乐三是个运动家，短距离赛跑在他们一年级里是有名的，尤其喜欢打网球。正在缠得孔乐三没法推托，恰好跑进丙组的球大王来。这球大王姓裘，名胜，足球、篮球、网球等无一不精，所以大家叫他"球大王"。球大王一把抓住孟乐三道："去，打网球去。上星期我的右膀跌痛了，被你赢了一次网球，今天非拼个你死我活不可！"他们俩拉着、叫着、跳着，去打网球了。孔乐三暗暗地叫了声："这两个吵星！"仍旧一个人在自习室里看他的笔记。

中饭之后，慧珍、宗诚忙着在客堂里布置会场。仍旧用那张乒乓台子，一共摆了九个位置。宗常、志华、宗基、宗武、菱仙也陆续地到了。刚要开会，孔乐三也来了。叔文招呼他先到书室里坐坐。

这天轮着慧珍做主席。全体起立，朗朗地读过了总理遗嘱，静默了三分钟，大家坐下。慧珍先报告了会务，接着道："哥哥因图书馆正在筹备全省文献展览会，今天去出席筹备会了，不能回家出席我们的读书会。今天的顾问由四叔担任。今天还有位来宾临时参加，他名叫孔乐三，是我们班里国文程度最好的一位同学。他的祖父永年老先生是爸爸的业师。孔君今天是由四叔介绍来参加的。"报告完了，就请孔乐三入席。叔文陪了乐三从书室里出来，和大家招呼入座。原来他和宗常、志华在小学里也是先后同学，本来认识的；只有宗基、宗武是初会，慧珍一一介绍了。

接下去，慧珍便请宗常和宗基提出读书报告。宗常报告的是《爱的教育》，宗基报告的是《文心》。报告完了，他们各把做成的书面报告交给叔文。叔文站起来道："上次轮着志华、宗诚二人报告，志华看的是《寄小读者》，宗诚看的是《词和句》。这两种书面报告是由宗赉审核的，已批改好了。今天宗赉不能出席，把两本报告托我发还。宗诚的报告书早已拿去了，现在把志华的一本发还吧！"

读书报告大约只化了一个钟头，接下去，要开座谈会了。慧珍站起来道："我们上次常会议决，从这一次起，除了读书报告之外，要添一种座谈会，一种演讲会，这两种於每次常会读书报告完毕之后，轮流举行。这一次，举行座谈会，请本会顾问叔文先生——我们的四叔——做主席。下一次，应当举行演讲会了。我主张先请哥哥宗赉演讲，因为他也是本会的顾问。再下一次的座谈会、演讲会，拟向会外请人担任。应当延请哪一位，由会员提议，经会议通过后，再设法去接洽。最好，预备延请的人要有两位，省得我们所请的人没工夫来的时候没有人担任。这办法，大家赞成吗？"会员们一致举起手来，於是就接下去讨论下次座谈会、演讲会请什么人。菱仙提议座谈会请老周先生，演讲会请王剑英先生。宗诚提议座谈会请王剑英先生，演讲会请彭校长。宗基提议演讲会请他们的国文先生章载之，并且说明，他也是大伯伯的学生，而且是同乡，一定会答应的。於是一一提付讨论表决，结果决定：座谈会预备请王剑英先生或周伯臧先生，先和王先生接洽；演讲会预备请彭校长或章载之先生，先和彭校长接洽，由慧珍负责办理。这问题解决了，慧珍就站起来，请叔文坐到主席的位置上去，接开座谈会。叔文道："会开得久了，且休息十分钟吧！"於是大家散坐休息。

乐三问宗诚道："太先生今天不在家吗？"宗诚怔住了，道："谁是你的太先生呀？"叔文道："呆子！就是你的大母舅！——图书馆的文献展览会要组织一个审查委员会，请他去出席了。"他已替宗诚回答了，宗诚却偏要追问："大母舅怎么会是老三的太先生？"他们同学把"乐"字的声音故意读差了些，大家叫他孔老三。慧珍道："他的先生是王先生，王先生的先生是爸爸，不是'太先生'是什么？"宗诚这才醒悟过来道："慧妹妹，那么，你、我、彭菱仙、宗基表哥、宗武表哥，都得叫大母舅太先生了！"

　　十分钟到了，慧珍把叫人钟一按，大家就座。主席的位置却在上面，背后挂着一方黑板。叔文先开口道："座谈会和演讲会不同，不是仅由主席一个人讲的，要大家互相谈论的。今天我做主席，由我把谈话的主题提出，大家要各抒所见，就是临时列席参加的孔君乐三也当有发言权。不，与其说是发言的权利，不如说是发言的义务！"乐三暗想："果然不出王先生所料，幸而我已有些准备！"叔文又道："今天的座谈会，就以'复词的组合'为话题。现在一般人以为我们中国的语言文字是'单音语'。中国字——汉字——诚然是一个字一个音的，和英、法、德、俄诸国的语言文字一个字有两个以上的音节不同。但是细按起来，大多数的单字，固然可以独立成一个'词'，代表一个思想中的'观念'，有时候却须两个以上的字组合成一个代表思想中一个观念的'词'。前者，如'人''红''来'等，一个'字'就是一个'词'，叫作'单词'；后者，如'鹦鹉''老头子''中华民国''德谟克拉西'等两个字以上方组成一个'词'的，叫作'复词'。所以我以为，中国字是'单音字'，中国语却不是'单音语'。一句说话、一句文章的基本单位是'词'，不是'字'。——这是今天的谈话先当了解的一点。诸位都懂得吗？"大家齐声道："懂得的。"

叔文道："语法里常说的九品词，大家想已知道了吧！宗基，你说说看！"宗基道："名词、代名词、形容词、动词、副词、连词、介词、助词、叹词。"叔文道："我们为说明便利起见，时时要用到这些语法上的名称的。复词的组成，有些由於字义的关系，有些由於字音的关系，有些由於加上语尾或变成叠字的。我们先谈由字义关系组成的复词吧。"说到这里，叫宗诚去取几支粉笔来，在黑板上写了"道路""法律"几个字，道："这是两个同义的单字组成的。'道'和'路'，'法'和'律'，意义根本是一样的。大家想想看，还有同样的复词吗？"

宗诚道："很多很多，如'图画''社会''罪恶''山水'都是。"宗武道："如'视察''演说''东西'以及电灯的'开关'都是。"志华道："如我们常用的'长短''利害''缓急'也是。"叔文一一地在黑板上写下，道："这些复词都是一类的吗？"慧珍道："也可以说是同类的，也可以说是不同类的。它们都是两个平列的单字组成的，所以说是同类的。但如道路、法律、图画、社会、罪恶、视察之类，是两个同义的单字平列地组成的；如山水、演说之类，那两个单字虽然是平列的，却不是同义的了；如东西、开关、长短、利害、缓急之类，那两个单字，虽然也是平列的，而且是同性质的，但它们的意义是相对的，甚至於是相反的了。"大家点头称是。乐三道："还有不同的一点。如'道路'之类，是两个名词合成的；如'长短'之类，是两个形容词合成的；如'开关'之类，是两个动词合成的。"

　　叔文又在黑板上写了"茶壶""草帽""月桌""云梯""电灯""风箱"几个复词，问道："这几个复词都是名词和名词组成的，应是完全相同的了？"许多人都说是完全相同的。慧珍想了多时，忽然道："不同，不同，它们不但和以前举的许多例不同，而且它们之中也有分别。以前所举的例，有一共同之点，两个字是平列的；它们却不是平列的，下面这个字是这复词的主体，上面的字虽然都是名词，却是用以形容或说明、或限制下面这个字的。而且细按起来，如'茶壶'，意思是盛茶之壶，是表明它的用途的；'草帽'，是说用草做成之帽，是表明它的原质的；'月桌'就是圆桌，是以'月'字来表明它的形状的；'云梯'是很高的梯子，是以'云'字来表明它的长，可以高入云霄的；'电灯'是用电来点的灯，是以'电'字来表明这种灯之所以发光的；'风箱'是抽动可以出风的，是以'风'字来表明它的作用的。"乐三也暗暗佩服她的灵敏仔细。

叔文又写了"车站""枕头""套鞋""新闻""月白""花红"几个复词。问道："这几个复词，不又是一个样式吗？"志华道："'车站'是名词在上，动词在下；'枕头''套鞋'是动词在上，名词在下；'月白''花红'是名词在上，形容词在下。'新闻'是副词在上，动词在下。"宗常道："'枕头'二字是说明这件东西是做枕头用的；'套鞋'二字是说明这种鞋子是套在鞋子外面的，可以说是'套鞋子的鞋子'，和'枕头'又有不同。"菱仙道："'月白'是一种颜色，这个复词的组成和'天青'一样，和'粉红''桂黄'等也是一类。至于'花红'则又不同，它指意外的赢利而言，是用作'彩'的意思的。"宗武道："'新闻'这个词，以副词、动词组合，变成一个名词，又和以上诸例不同。我想，'小说'这个复词倒和它是同类的。"

叔文又写了"帽子""鸡子"。宗基道："这两个词是不同的。'帽子'就是帽，这'子'字是加上去的，和'筷儿''瓢儿'一样。'鸡子'却是鸡的子。"叔文道："如'帽子''椅子''筷儿''瓢儿'之类，都是有附加语尾的名词。副词、形容词也如此。"宗武道："那么，'红的''绿的'之类，'的'字也是语尾吗？"叔文道："是的。那么，副词的常用的语尾是什么呢？"宗基道："是'地'字。"

叔文道："文言文里的副词语尾呢？"大家一时答不上来。乐三道："有时用'然'字，如'勃然变色'的'勃然'；有时用'乎'字，如'焕乎其有文章'的'焕乎'；有时用'如'字，如'色勃如也'的'勃如'；有时用'尔'，如'鼓瑟稀铿尔'的'铿尔'。有时上面可以用叠字，如'恂恂如''芒芒然''巍巍乎''纵纵尔'，也都是些复词吧！"慧珍道："说到叠字，真是多得很。如'快快''慢慢''来来往往''凄凄凉凉''爸爸''妈妈''哥哥''妹妹'，甚而至於'大方'也可以说'大大方方'，'随便'也可以说'随随便便'，'雪白'也可以说'雪雪白'，'血红'也可以说'血血红'。还可以掉过来把叠字放在下面，如'慢吞吞''娇滴滴'之类。"

　　她还要说下去，壁上的挂钟已打五点了。叔文道："时间已是太长久了，由字音的关系组成的复词却还没有谈到。我且举个例吧！如'匆促'，是由双声的关系组合成的；如'彷徨'，是由叠韵的关系组合成的。由双声叠韵组成的复词，如刚才举的两个例，从前叫作'连语'，其中的变化很多。今天不能详谈了，诸位自己去收集例子，加以研究吧！"说罢，就匆匆散会。宗常、志华、宗基、宗武、菱仙、乐三都陆续走了。叔文、慧珍、宗诚忙着收拾会场。

第十二章　双十节之夜

　　一年一度的双十节又降临了。这是我们中华民国诞生的日子，值得我们庆祝的。虽然这廿六年来并没有什么可庆的事实。那一天晚上，杭州市举行一次盛大的提灯会，杭中的学生当然全体参加。他们除了每人手提的红灯以外，还有火炬队，每人手执一个火把。还有，每一部的队伍前面有一具大的彩灯，或者扎成双十，里面还有走马灯儿，或者扎成飞机、军舰、坦克车、狮子等彩灯，形形色色，非常好看。别的学校也各自出心裁，花样繁多。还有党、政、军各机关及各社团的队伍，还有民众自由参加的锣鼓队、音乐队。七点光景，齐集湖滨的公众运动场真是人山人海，热闹异常。

　　他们周家，除宗诚趁国庆日放假二天回去探望爸爸的病之外，慧珍已去参加杭中提灯游行的队伍；叔文带了锡、蕙两人，宗贻抱了愚官，张妈也跟了，到西园茶店楼上去看热闹，只留伯臧夫妇和月仙三人在家看守。

伯臧生性好静，本来不打算去玩的，夜饭后，来了他的老朋友梅占先，定要拉他同去凑凑热闹。这位梅先生已是六十光景的人了，却是矫健得很。他在城外私立钱塘学院里担任教课，今天下午进城来看朋友，听说有提灯会，便留在他朋友老名士召伯棠家里一宿。他和召伯棠特地从太平巷跑到湖滨来，他叫召伯棠先走一步，自己却便道来邀伯臧。伯臧不好推托，只得同他出来。从涌金门到运动场，向来入夜便静得似睡着的马路，这时前去看灯的人已络绎不绝。走到公众运动场附近，更是挤得和乡间社戏的戏台下一般。他们俩跟着大众，挤了进去，在约定的地点找召伯棠时，已不知挤到哪里去了。这时候，提灯大会还在排队哩，梅占先叫伯臧站稳了，不要走动，他要去找召伯棠了。伯臧不好意思阻止他，只得随他去，一个人站在一块石墩儿上，眼光却盯住了这位在人丛中乱钻的梅占先，一忽儿，便没入人海里去了。场里忽然放起爆仗来了，近处的人退开了一步，后面的人海里便起了一阵极大的波涛，好似水中投石，波浪渐渐地推动到远处。

队伍排好了，军警开路，最前的是省党部、市党部、县党部，次之是省政府、市政府、县政府，再次之便是各学校和民众团体了。出发之前，放了一个大炮，因为要让开一条路，这一次的推动可更厉害了。伯臧竟身不自主地离开了那石礅，脚不点地，随着人潮荡来荡去，一直挤到运动场办事处的台阶上来。他立在那里，看着提灯的队伍一队队地过去。队伍走完了，运动场里的观众也轰了出去，这才缓过一口气来。心里想：梅先生是找不到了，宗贻他们也不见得便回去，慧珍，照今天提灯的路线看，非十一点以后不能到家，我不如趁这机会到葛岭医院去看看陈慧君。白天她打电话到校里去，说要出院，我也有好多天不去看她了。

他决定了，买了些水果，叫了一部人力车，径到断桥堍来，在葛岭医院门口下了车。葛岭医院的门还开着，号房老王站在湖滨，遥望新市场这里。他本是常来的，这半月来，因为慧君住在院中，又接连来了三次，老王是认得他的。他刚一下车，老王便迎上去叫道："周先生，你老人家不去看提灯会，却到这儿来。我们院长和几位医师、几位看护小姐，也去参加了呢！"伯臧道："我已看过了，挤得要死，却没有看见你们的队伍呢！老王，我可以进去看看那位养病的陈小姐吗？"老王笑道："不是你老人家和院长要好，就是常跟你来的人，我也不能让她进去的。"伯臧笑着踱进了大门，曲曲折折地往东院病室里来。

这院子里静得很。伯臧抄近路，穿过院子里堆着的假山的洞。刚从假山下走出来，只听得慧君低低地曼声吟道："塘水初澄似玉容，所思还在别离中。谁知九月初三夜，露似珍珠月似弓！深院静，小庭空。断续寒砧断续风。无奈夜长人不寐，数声和月到帘栊！"那病房的窗口、门口都挂着竹帘，里面开着电灯，灯光从帘子里射出来，把帘子的影儿铺在阶上，直伸到阶下。伯臧走近阶沿，刚想跨上阶沿掀那竹帘时，手里提着的水果袋儿破了，苹果、橘子都散在地上了。他弯着腰，在阶下的灯光帘影里一个个地捡拾，忽听到一阵琵琶声，弹的是《昭君出塞曲》，声调非常激越沧凉[1]。

---

[1]　"沧"，旧通"苍"。——编者注。

　　他有些愕然了！他想："慧君是素来不弄音乐的，而且是个耳朵聋的，杭中的学生都去提灯了，而且夜里也不见得能进医院来，门口老王又没说起，弹琵琶的是哪一个呢？"琵琶声铿然地停了，他拾起了苹果、橘子，索性撩起夹衫兜着，跨上阶沿，用左手掀起竹帘，叫了声"慧君"，就走进病房来。慧君一个人躺在藤靠椅上，见是周老师，忙站起来道："老师，你一个人来的吗？遥远的！"伯臧道："慧君，你一个人在这里吗？"一壁说，一壁把苹果、橘子放在桌上。

　　慧君道："老师，你这话问得奇了！今天双十节，晚上有提灯会，这里的看护小姐因住院的并没有生重病的人，也都去参加了，还有什么人在这里呢？"伯臧道："我刚才听得有人弹琵琶哩！"慧君道："啊！这琵琶声是从隔壁那一家传过来的。夜里常常有得听到。有时候，半夜了，月光从窗儿上爬了进来，窥视我这孤零零的病人，琵琶声也跟了进来。听到的又多是若断若续、如怨如诉的声调，往往引起我无限的凄苦。老师，隔壁弹琵琶的，据看护李小姐说，是一个孤苦伶仃的女子，是在艺术学院读书的。她在隔壁弹琵琶，时常引起

了我心弦的共鸣啊！"伯臧道："我刚才还疑心有人在
你房里弹呢！真弹得动听！我虽不是个知音，若一个人
在夜深人静时听起来，哪得不被它感动？——你想出院
了吗？郁医生怎么说？一个人住在这孤寂的环境里也不
大好。可是你的身子究竟复原了没有？"

慧君刚要回答，忽然帘子外有人道："一个人住在
这孤寂的环境里，的确不大好！"伯臧忙走到门口，掀
起帘子一看，并没有人；觉得奇怪，便走到院子里东张
西望，一直到假山洞儿边去探了探。他再回进屋子里
来时，只见林鸰已坐在凳上剥橘子了。笑道："鸰，你
这孩子顽皮极了！什么时候来的？这样恶作剧吓人！"
林鸰道："提灯队出运动场时，我看见老师一个人站在
那里。我走到西园门口便溜下了，因为我没有提着灯，
也没有拿着火把，人又拥挤，所以同学们都不觉得。我
本想回家去了，从那里弯过去，便可以望得见我家对面
西湖影戏院的霓虹灯。我又看见老师提了一袋东西，在
叫人力车到这里来，便猜到是来看慧君。我也坐了一部
车子，叫他跟着走。果然，你在这里下车了，我也下了
车，恰好站在黑影里。你虽然没看到我，老王却看见我

的。他以为我是跟老师一同来的，所以对老师那么说啊！"伯臧道："我真是老糊涂！老王明明说'就是跟你常来的人，也不能让她进去'，这不是指的鸰吗？我怎么没留心呢？"林鸰笑道："老师，你在阶下拾苹果、橘子的时候，我就站在那假山洞口。你进这屋里来的时候，我就站在窗外。你出门来查看，我就往窗外旁边的黑影里一躲。哪知我只注意避开你的视线，却被慧君从房内看到了。我急忙闪进房来，叫她不要声张。果然你直到回进房来才发现我。——呵呵！今天我和老师做了一次猫鼠穿谷仓的游戏！"伯臧也笑了起来。

慧君道："鸰，老师待你和自己的女儿一样，你却恃爱放肆起来了！"林鸰道："老师的女儿叫作'慧'，不叫作'鸰'呢！"说时，拿起手里在剥的一个橘子向伯臧道："这橘子还是在门口地下拾得的！"伯臧坐在藤靠椅上，慧君坐在床上。鸰坐在桌子旁的凳上，随手拿起桌上放着的一本书，见是一本《词选》，便翻了一翻，扑地掉下一封信。慧君俯下去拾时，鸰已拾起了，道："我还以为发现了慧君的情书，却是老师小姐的大笔。慧君，让我看看吧！"她把信抽了出来。

伯臧听说是慧珍的信，也站起来走过去一同看，只见信上写道：

亲爱的慧君姊：

中秋之夜，承你们的情，邀爸爸和我同去泛月。大家谈笑吹弹，同浴于清泠欢悦的月光之中。你一个人在沉吟，在深思，似乎有些不快乐的样儿，我觉得。后来我们在黑暗中遇到了颠顿的风浪，淋漓的大雨，兴尽而返。上岸的时候，我搀扶你，觉得你的双手冰也似冷，又在朦胧的月光下，窥见你的双颊火也似红。我们和你分别了，回到家里，妈妈怕我们受了寒，泡姜汤给我们吃时，我告诉了爸爸，爸爸埋怨我为什么不早说，好邀你们到家里来同喝一杯姜汤。不料第二天，鸨姊一早来叫爸爸，说你病了，而且病得很厉害。爸爸送你进医院后,回家来谈及你的病势，不但妈妈也埋怨我，我自己也觉得非常后悔！

大前天，我下午两点后就没有课，因为教地理的张先生有事请假。妈妈早想来看你了，只是爸爸和我都没得空。前天下午，便陪妈妈看你来了。郁老伯陪了我们母女进来，你正睡得很甜，所以没敢惊动你。据郁老伯说，那天你已好得多了。但是我看见你那蜡黄的脸，似闭非闭的眼，无力的呼吸，忧虑、恐怖、怜悯的情绪一齐儿上心头，钻进我的眼里，化作两股酸泪，迸了出来。慧君姊，我在这里默祷你早日恢复健康!

　　昨天，爸爸回来，说你的病确已大好了，在病房里已能起床行走了。谢谢郁老伯，把我的姊姊治好了! 但是我没亲眼看见，似乎连爸爸的话都有些靠不住。你好好地保养吧! 双十节就到了，听说晚上有提灯会;那万众腾欢的双十节之夜，你一定可以在校里看同学们的队伍出发了，我以为!

　　　　　　　　　　顺祝

　　康健!

　　　　　　　　　你的妹妹慧珍

林鸽看罢笑道：“如何? 慧珍小姐是你的妹妹，你不是周老师的女儿吗？”慧君道：“偏是你和八哥儿似地会说话！我哪里有这般好的福气呢？"伯臧也笑道："你们都言重了！我周伯臧是个寒酸老儒，一贫如洗，哪里及得你们俩的府上？假如你们真做了我的女儿，怕又要怨天尤人了！"慧君道："鸰的家庭，诚然是极美满的，既富裕，又快乐。但我以为与其生长在苦闷里，倒不如生长在贫困里。何况老师虽然清寒，并不见得怎样贫困呢？"伯臧道："师生之谊，并不疏于父女。现在学校里的教师和学生宛如萍踪偶然聚散，走开了，便如路人，本说不到什么师生之谊。你们真正对我信仰，只要能永远地保存这一点诚挚的师生之谊就很够了。我倒怕你们年纪一年年地大起来，感情便一天天地淡下去。这点儿师生之谊，终有烟消云散的一日！——其实，就是亲生的女儿，结了婚，成了家，十个也有九个忘了她们的爸妈的！"林鸰道："老师总是这一套理论！别人不敢说，我和慧君决不致忘了老师的！"

伯臧道："我泛指一般的女孩子说，并非专指你们两个。就是我们的慧珍，我也不敢料她将来对我怎样。我是抱的戏剧的人生观。以为我既来到这人生的大剧场上，扮演了这'周伯臧'的一角，便当竭力求其演得逼真。不过我们做演员的当了解这'逼真'二字的真谛。所谓'逼真'者，不过是逼近真的而已。对剧情太认真了，便要如笑话里说的那个皮匠，见戏台上《逍遥津》里的曹操太可恶，跑上台去打那扮曹操的净角了。而且过於认真，便难免执着，妄动贪恋痴嗔，不得解脱。平时多接受一个人的好感，便多惹了一根情丝的束缚，多伏下一分撒手分离时的痛苦！假如看透了，想穿了，则自己的父母、夫妻、子女尚有不得不决然舍去的时候，何况师生？何况同学？更何况是暂时的离别？虽然'别时容易见时难''再相逢何处'，但总有通信的机会，见面的时候。所以别离虽然是可伤的，'黯然销魂'，我却以为大可不必！"

慧君站起来道："老师的说法，真是顽石也得点头。那天中秋夜里我所以非常抑郁，第二天早晨我所以骤然吐血，便是迷执着我和老师的师生之情，和鸧的姊妹之情，以为我快要随家母到湖北去了，别离在即，心里万分难过。现在听老师这样一说，我也自悟到迷执之非了。老师，鸧，此后如其家母要叫我去，我便爽爽快快地跟了她去，决不再悲伤忧郁了！即使遇到家庭间有什么不如我意的事，我也看穿了，不再悲伤忧郁了！"
伯臧道："你能这样地自己解脱，最好没有了。鸽，我
们走吧！时候怕不早了。"伯臧、林鸽出医院，便各自
坐车回家。慧君送他们走了之后，便安排就寝。以前，
她是常常失眠的，这一夜，却睡得非常安甜。

伯臧到家时，叔文他们六人早已回来就寝，只有锡
官还兴高采烈地在和康氏谈话，把见到的灯彩讲给他祖
母听。伯臧告诉康氏顺便去看慧君，遇见林鸽，并且看
到慧珍的信。不多时，慧珍也回来了。慧珍上楼，伯臧
问了她，方知道提灯会的队伍从上城回下来，到石牌楼
就散了，下城并没有去。康氏叫慧珍吃了些糕点，便大
家安睡。

第二天，葛岭医院的院役送了郁医生的一封信来，
说慧君今天下午出院，并且说些昨晚失候的话。下午三
点多，宗诚从故乡回来了，说他爸爸病已全好，并且带
了许多土产来。康氏正在催促伯臧送一笔钱到葛岭医院
去，替慧君算账，顺便接她出院，不料林鸽和慧君径自
来了。康氏拉了慧君的手，絮絮地问长问短，伯臧问了
林鸽，才知道是慧君打电话到校里，彭校长叫她去接，

并且带了三十块钱去给郁医生。她们两点钟就回校了，因恐伯臧去扑个空，所以又到这儿来的。康氏把她们邀上楼去，让慧君在自己床上躺着休息，却和林鸰长谈起来。她们谈到慧君的病，康氏认为慧君还得休息，明天不能立刻就去上课；一个人住在校中的调养室里仍嫌寂寞，不如在这里暂住数天，等完全复原了再回校去上课。林鸰当然非常赞成。康氏就下去和伯臧商量，叫慧珍和康氏同榻，把后面的房间腾出来让慧君住。商量好了，伯臧也上楼来和慧君接洽妥当。这时慧珍也已课毕回家，便和张妈把后房收拾干净。慧君便安心在周宅住下了。伯臧写了一封信，托林鸰带去给彭校长，说明这件事情。

慧君在周宅又调养了一礼拜，康氏照料她非常周到。月仙、慧珍待她和姊妹似的。白天，在客堂里坐坐，院子里走走，洋台上望望，和康氏、月仙谈谈；晚上，慧珍、宗诚预习温习的时候从旁指点指点，或和伯臧、叔文、宗贻三人随便谈些天。这一星期，她已沉浸在家庭的爱里了。林鸰她们几个和慧君要好的女同学也常来看她，郁医生又来替她诊察了两次，认为已渐渐地复原。她便辞了伯臧夫妇，回到杭中来。她回校的一天，接到她爸爸的一封挂号信，汇了一笔钱来，方还了彭校长垫的和在郁医生那里欠的医药费。

林鸰向慧君道："同学们都说中秋之夜泛月西湖，惹出你这场大病来，真是后悔不及。我以为你如不生这场大病，便享不到这一周周师母慈母般的爱了。你以为怎么样？"慧君道："周师母这一周的母爱，滋润了我枯萎的心苗;周老师那一夕的谈话，治愈了我迷执的心病。中秋之夜，固然引起了我生理上的一场大病，双十节之夜，却铲除了我心理上的一生大病哩！"

第十三章 "推敲"

　　日子过得真快，星期日又到了。暮秋晴暖，气爽天高，正是游玩的好节气。周宅的棣华读书会上一个星期日刚已开过，所以这天闲空得很。吃过午饭，叔文、宗贻便带了宗基、宗武、宗诚、慧珍四个人出去游玩。他们一行六个人从清波门搭了公共汽车，到四眼井下来，步行往游南山一带。先到满觉陇，桂花还不曾完全凋谢，香味扑鼻。那桂林之下，还有卖茶的座儿，有几个人坐着喝茶。宗贻道："这叫作挹残桂之余香。"他们徘徊了些时候，又向前进发，到了石屋洞。在门口遇到了清波中学的郊游队，教师学生一共有二百多人，石屋洞被挤满了。叔文道："我们到水乐洞去吧。"他们又迤逦前进，到了南高峰下的水乐洞，倒是很清闲。他们就泡了茶，在洞口的石桌旁坐下休息。

　　宗诚、宗基、宗武三人都没有到过这地方。坐了不久，慧珍便叫茶房点起一盏玻璃灯，领导三人走进洞去。洞里面的石壁也挂着几条石乳，身材高的人如不小心，也许会碰着头的。泉水从地底下流出，在洞口潴蓄成一活水的鱼池。他们在洞里听到地下淙淙的泉声，和音乐一般;宗武穿的皮鞋，走去咚咚的，好似打鼓。有几处泉水渗了上来，地下是湿的。洞并不深，走了一趟，便回了出来。大家一面喝茶，一面看池里的鱼。

　　宗基问叔文道："爸爸，鱼在这清冽的活水池中当然很乐，为什么这洞不叫'鱼乐'倒叫'水乐'呢？"宗武道："你不是鱼，怎样知道鱼的快乐？"慧珍替宗基辩道："你不是宗基哥哥，怎能知道他不知鱼的快乐？"叔文笑道："慧儿上星期刚听大嫂嫂说了一个庄子、惠施濠梁观鱼的故事，就应用起来了！老实说，这池虽是活水，究竟太小。管这个洞的人把鱼养在池中，当作点缀品，它们在这池中只能'围围焉'而不能'洋洋焉'，更不能'攸然而逝'，当然似笼里的鸟，虽则生活惯了，不很觉得拘束之苦，总不能说是乐吧！这个洞名是宋神宗时杭州郡守郑獬题的。《咸淳临安志》

说：'岩石嶙峋，有洞虚坳；泉味清甘，声如金石，故名水乐。'可见这'乐'字是音乐之'乐'，并不是快乐之'乐'。现在大家都读作'落'，想是传错的啊！"宗诚道："不错呀！刚才我们到洞里去，恰听到地下的泉水铿铿锵锵，有音乐之声。"宗贻也道："四叔的解释确有道理。"

坐了半个钟头，慧珍道："我们上南高峰去吧！"宗贻付了茶资，便和叔文随他们一同上山。他们四个青年就比赛爬山，努力上进。宗基跑得最快，慧珍次之，宗诚又次之，宗武穿了一双皮鞋，终究吃亏不少，刚到半山，便已汗淋气喘了。慧珍努力追上宗基，不多时已到了烟霞洞口。两人蹲在大石上，望着山下等他们。宗诚、宗武、宗贻后续到了，只不见叔文上来。慧珍道："四叔叔呢？"宗武笑道："还在后面哩！"宗基道："我不信，爸爸会比你们慢？"宗贻笑道："我们先到那边新造的洋房里去休息吧！"於是领了四个人曲曲折折地走到那所给人避暑住的洋房里去。他们刚一走进那中间的客堂，便有个和尚在迎候，合十道："你们一起六个人来的吗？茶已泡好了，请到左边一间去坐，那里可以俯眺全城，风景很好。"宗诚道："大和尚怎么这几个人也数不清？"那和尚也笑道："你这位学生少爷说得太妙了！你是学过算学的，五加一，不是六吗？"说时把纱门拉开，让他们进去。宗基眼快，早见他爸爸一个人坐在里面喝茶，诧异道："爸爸，你怎么先到了？我们站在烟霞洞上来的路口，怎不见你走过呢？"宗武道："四叔叔是会飞的。"慧珍也觉得奇怪，宗贻和宗诚只是笑。

这间屋子，两面是窗，邻山下的一面开了窗，还有栏杆。凭栏远眺，那人烟稠密的杭州市全在眼中。几所高的房子，屋顶在栉比着的房子中钻了起来。叔文指给他们看，哪里是城站的火车站，哪里是省党部，哪里是杭州中学的本校。这间屋子的壁上挂着胡适写的一首白话诗，字虽不很好，却还有些书卷气。民国十二年时，他在这里闲住休养，留下这张字儿。和尚们因他是个名流，特地装裱了挂在这里。宗贻道："唐朝有个王播，年轻时寄食扬州僧寺，寺僧讨厌他，故意把吃饭的钟改在饭后敲，王播一怒而去。后来他贵为扬州刺史，又到这僧寺去游览。寺僧已老，迎了出来。王播见自己从前在寺壁上题的诗已都用碧纱笼了，又题诗道：'上堂方了各西东，惭愧阇梨饭后钟。三十年来尘扑面，如今始得碧纱笼。'装裱胡博士，纱笼王刺史。古今的和尚，可谓所见略同了。"叔文道："宋朝时候，寇准和魏野同游陕西某寺，各留题诗句。后来，寇准已做了官，又和魏野同去游玩。寇准的诗已用碧纱笼了，魏野的诗还在灰尘中。随去的官妓以袖拂去灰尘。魏野又题上两句诗道：'但得时将红袖拂，也应胜似碧纱笼。'和尚们的势利，原是古今同慨的。"宗贻道："有人题山门口倒坐的袒肚开口的布袋和尚道：'莫怪和尚们这般大样，请看护法者岂是小人。'此联既讽刺，又双关，真是极妙的谐联。"叔文道："和尚有雅有俗，倒也未可一概而论。例如一字推敲的无本和尚，虽从京兆尹韩愈还俗，终不失为一个风雅的和尚。"

慧珍道："四叔，怎么叫作'推敲'？无本和尚又是什么人呢？"叔文道："这无本和尚就是唐朝的诗人贾岛，字浪仙;无本是他做和尚时的法号。他作了两句诗：'鸟宿池边树，僧推月下门。'他又想把'推'字改作'敲'字，这两个字究竟用哪一个好，决不下来。

他那时正骑着一只骡子，用手做推门、敲门的样子。不料冲了京兆尹韩愈的马头，被卫队拖下骡来。韩愈停舆询问，无本从实说了。韩愈道："不如改用'敲'字。'就把无本留到京兆尹府中，结为方外文字之交。后来无本就弃僧还俗了。所以后来的人斟酌文句中的字，都叫作'推敲'。"

宗诚道："大概贾岛那时的诗没有学好，所以要'推敲'，如其是本领好的诗人，便用不着'推敲'了。"宗贻道："这倒不见得！古来有名的诗人、文人对於一两个字的斟酌是极注意的。唐朝有个诗僧，名叫齐己，作了一首'早梅'的诗，有一句是'昨夜数枝开'。他的朋友郑谷把'数'字改作'一'字，他便拜谢，称他为'一字师'。贾岛作那两句诗，有人说是他在赴京应试的时候，齐己倒真正是个和尚。又如宋朝的范希文做那篇《严先生祠堂记》，末了四句本是'云山苍苍，江水泱泱，先生之德，山高水长'。后来李泰伯替他把'德'字改成'风'字，希文佩服之至。宋朝的张咏有一句诗：'独恨太平无一事。'萧楚才改'恨'字为'幸'字，张咏也称他为'一字师'。元朝萨天锡诗云：'地湿厌闻天竺雨，月明来听景阳钟。'有一山东老叟把'闻'字改作'看'字，萨天锡也称他为'一字师'。这四个故事都是和贾岛的'推敲'一样的。"

宗武道："做了诗文请别人改字，叫作'推敲'，如由作者自己改，也可以叫作'推敲'吗？"叔文道："贾岛对'推敲'二字，本是自己在酌改;可见我们自己做了句子，自己酌改一二字，也在'推敲'之列了。"宗基道："自己做好了的句子，还要改做什么？"宗贻道："自己酌改更是常事。杜甫有一句诗道：'新诗改罢自长吟。'可见他作好了诗，常要自己改的了。白居易的诗，不是'老妪都解'的吗？欧阳修的散文不是非常平易的吗？《诗人玉屑》上记张耒尝在洛阳买得白居易诗的稿本，有几首几乎改得不存一字。《吕氏家塾记》说欧阳修文章做成抄好，往往贴在壁上，自己一再阅读，一再改易。有一次，他替别人做了一篇《昼锦堂记》，做好抄好，已派人送去了，忽又追了回来。因为开头两句本是'仕官至将相，富贵归故乡'，自己觉得不好读，便在'至''归'二字上各加了一个'而'字。白居易的诗、欧阳修的文总算平易了，还是这般字斟词酌，何况其他？"

宗诚道："那个山东老叟把萨天锡'地湿厌闻天竺雨'的'闻'字改作'看'字，因为雨固然可闻也可看，地湿则可看而不可闻，若用'闻'字，则句子打成两橛了。萧楚才改张咏'独恨太平无一事'的'恨'字为'幸'字，因为太'无事'了，便有'骨肉复生'之慨，还可以说'恨'，但上有'太平'二字，所以只应说'幸'，不应说'恨'了。这两个字所以要改，我是懂得了。其余许多例，却还想不出所以然来。"宗武道："齐己那句诗咏的早梅，若说'数枝开'，则显不出它的早来，改作'一枝'，则其余皆未开，一枝先开，便显出它的早来了。却是那'推敲'二字究竟哪一个好，颇有些不容易分辨哩！"

宗基道："我想，贾岛那两句诗可以画一幅画，僧寺的前面有一个池，池边有树，上有鸟巢，空中有月亮，寺门关着，有一个和尚在敲。如用'推'字，则寺门尚是虚掩，和尚在月下推门而入；如用'敲'字，则寺门已是拴住了，和尚在月下敲门，不但神情比用'推'字妙，而且看了这幅画，如看有声电影，似乎听得出敲门的声音哩！"

慧珍道："你解释得很好，我以为读起来，'敲'字也比'推'字响亮。我曾听爸爸说过，不但作诗，就是做文言文，字的声音也很有考究。例如'馥''芬''芳'三字意义相同，但'馥'是入声，'芬''芳'是平声'；'芬'字的音是'抑'的，'芳'字的音是扬的。所以使用起来，应当加以斟酌。就是那篇《严先生祠堂记》的'先生之德'不如'先生之风'，怕也是声调上的关系。还有《昼锦堂记》'仕宦至将相，富贵归故乡'两句各加一'而'字，也为了读起来太急迫，所以觉得声调不很好。这是我的意见，不知道对不对？"叔文道："你们能够这般去推想，是很好的。大概诗文上一两个字的斟酌，不是为了意义，便是为了声调。至於'先生之德'那个'德'字，声调上固然有关，而且'德'字与下句'山高水长'，也不很衔接，而'山高水长'又与上二句的'云山''江水'有关，不能改易，所以把'德'字改成'风'字了。"

宗贻道："诗文的句子，改一两个字的倒是很多的。金张橘轩有诗云：'富贵倘来良有命，才名如此岂长贫。'

元遗山替他改成'富贵逼人良有命，才名如子岂长贫'，便显豁跳脱得多了。又云：'半篙汉水夜来雨，一树早梅何处春。'元遗山又把'一树'改成'几点'，下文'何处'二字的意义更衬托出来了。又云：'万里相逢真是梦，百年垂老更何乡。'元遗山改'万里'为'万死'，意味更为沉痛了；又改'垂老'为'归老'，'垂老'不过是将老的意思，'归老'则含狐死正首丘之意，'百年归老更何乡'，不更沉痛吗？"他们四个人听了，都不禁点头。

他们谈得正有趣，那和尚忽带了佣人送进一盆冬菇汤面来，招呼他们吃点心。他们团坐拢来吃了，觉得味很鲜美。宗诚道："素面这样鲜，我也肯跟外婆吃素了。"宗贻道："吃长素，哪里天天有这面吃？而且天天吃冬菇面，便也吃厌了！"叔文出去小解，笑着进来道："我们今天所举的例，诗句太多了，怎么这里的和尚也有诗僧，也懂得推敲？我方才到厕所去，墙上写着两句诗道：'板阔尿流急，坑深粪落多。'有人替他改了两个字，把上句的'阔'字改成'侧'字，下句的'多'字改成'迟'字。板的阔狭与尿流之缓急无甚关系，坑的深浅与粪落之多少毫不相干。板侧了，所以尿流得急了；坑深了，所以粪落得迟了。这两个字真改得好极了！"宗诚还在吃盆里的残面，扑嗤①一笑，把面条儿从鼻子里喷了出来，惹得慧珍们笑弯了腰。

宗贻付了茶面钱，道："下山回去，路也不少，我们走吧。"大家又绕到烟霞洞口来，看完洞口雕着的石像，又看了看佛手岩，那山石自然生成，俨如五指。叔文道："向东去另有一条捷径可以下山，比你们上来的路近些。"他领了五人岔过去，斜下来，便是上山时开始爬山比赛的地点。叔文道："我是从这条小路上山的，所以赶在宗基、慧珍的前面了。"下山之后，一路走来，又带便去石屋洞走了一遭。这洞高敞如屋，周围有罗汉及佛像，洞深坳成螺形，底有泉穴。寺是新造的。出了石屋洞，到四眼井，候了多时，不见汽车到来，便缓步前行。一路看看秋山景色，暮霭苍然，倒也别有风味。走到净慈寺前，刚想顺便进去随喜，忽然一辆汽车到了。他们便搭车买票。叔文、宗贻、宗诚、慧

---

① 今用"扑哧"。——编者注。

珍四人到清波门下车，步行回家;宗武、宗基一直搭到武林门站，下了车，径回梅东高桥去了。

他们俩回到校里，还不到六点钟吃夜饭的时候，见他们的章老师一人站在房门口，便过去招呼。章载之微笑问道："你们在逛烟霞洞吧？"宗武道："老师，你怎么知道？"载之道："下午，我和王剑英先生去看过伯臧先生，他告诉我的。——烟霞洞风景好吗？玩得有趣吗？"宗基道："秋日天高气爽，登高望远，确是有趣，何况烟霞洞是个名胜？我们并且顺便游了石屋、水乐二洞，今天可以说是畅游了。不过我们的趣味却在'推敲'而不在山水呀！"载之道："谁教你们作诗呀？"宗武道："老师，并不是作诗，是谈诗文句子酌改一两个字的'推敲'。大哥、四叔讲了许多的实例给我们听哩，真有趣！"载之道："你们听来的故事，讲些给我听听吧！"宗基、宗武你一个我一个地都复述了一两遍。许多同学渐渐地聚拢来站着听。

他们讲完了，载之道："大凡做文作诗，用字遣词最当留意。字和词便是文章的原子和细胞。字和词用得不妥当，虽然句子的构造没有文法上的错误，也不能算是好句子、好文章。字的意义，有时看似相同，实有轻重。如'钝'字意轻，'愚'字意重；'杀'字意轻，'戮'字意重；'佳'字意轻，'善'字意重。又如记战事，说'下其城'，则把它攻破，使它投降，都可用'下'，其意浑混，故较轻；若说'破其城'，则意思着实而较重了。又如一字本有两义，用在某句，两义都似乎可解的，易使看的人生出歧义来，也应当避去。例如《檀弓》说：'容居鲁人也。'《左传》说：'鲁人以为敏。'这两句里的'鲁人'，似乎解作愚鲁的人也可以，解作鲁国人也可以。这样的字，我们即使做成句子，也得设法改去的。又如《论语》的第一章说：'学而时习之，不亦悦乎！有朋自远方来，不亦乐乎！''悦'和'乐'二字的意义是差不多的。细按起来，则学而时习，所发生的喜悦是蕴蓄在内心的；朋自远来，所独得的快乐是表露在外面的；这两个字不能互易。《论语》里拿相像的字来比较以见其含义之不同的实例很多，如'周而不比，比而不周''和而不同，同而不和''群而不党''泰而不骄''威而不猛'等等。在《论语》里固然是着重在修养上的辨别，我们却不妨把它们应用到字义上的辨别来。一切相似相同的字和词都能辨得明白，便不致用错;即是偶尔用错，一经推敲，便可自己改易了。"

学生愈聚愈多，愈听愈注意，载之本捧着一小壶茶在喝的，讲讲喝喝，茶已喝完，人也被围在垓心，不能回到房里去放这把空茶壶了。幸而"撒郎郎"一阵夜膳的铃声，才替这章老师解了围。

第十四章　谜语与叠字

星期五下午四点多钟，伯臧刚在书室里闲坐，叔文带了锡官兄妹回来，跑进书室，叫道："大哥，今天三十老娘倒绷孩儿了！"伯臧把手里拿着看的一本《杜诗》搁在桌上，问道："怎么回事？"叔文道："今天我上五年级的国文，课文内有'逍遥'二字。这原是常用的两个字，形容优游自得的，可是小学生并'优游自得'四字也没有懂得，我想用一句更通俗的话来解释'逍遥'两字，想了许多时候，竟想不出来。小学教师已做了十年，不料今天为这两字所窘！"

伯臧道："我常说，教学生，小学难於初中，初中难於高中，你今天碰到的正是一个实例。如其教中学生，就容易说明了。'逍'和'遥'是同属於'萧'韵的，所以'逍遥'是叠韵字组成的复词。如'丁'和

'东'是同属於'ㄉ'这声母的，所以'丁东'是双声组成的复词。这类以叠韵或双声的关系组成的复词，从前称为'谜语'，亦作'连语'。这一类复词既以声音的关系组成，故重在音而不在义，不能就它所用的那两个字的意义去寻求解释的，所以对小学生们颇为难讲。这一类复词的组成既重在字音而不重在字义，所以那两个字，只要字音相同或相近，便可以演变成许多写法。如'逍遥'，见於《诗经·郑风》的《清人》篇，'河上乎逍遥'；《庄子》的第一篇就名《逍遥游》。陆德明《庄子释文》云：'逍，本文作消；遥，本文作摇。'可见'逍遥'也可以写作'消摇'了。《礼记·檀弓》：'孔子蚤作，负手曳杖，消摇於门。'《后汉书·冯衍传》：'陟雍邱而消摇。'《后汉书》注说：'消摇，犹观望也。'其实，'消摇'就是'逍遥'，不必另外解作观望。'逍遥'和'消摇'的关系，字形上还有痕迹可寻，但它还可以声音的关系，变成'相佯'。《冯衍传》：'乘翠云而相佯。'注：'相佯，犹逍遥也。'又可以写作'相羊'。《离骚》：'聊逍遥以相羊。'王逸注：'逍遥，相羊，皆游也。'

又可以写作'襄羊'。《汉书·司马相如传》：'消摇乎襄羊。''逍遥'与'消摇'同音，'逍'与'相''襄'双声，'遥'与'佯''羊'双声。谜语以双声叠韵的关系组成，又以双声叠韵的关系转变，如泥着它所用的两个字的字义来解释，便讲不通了。"

　　叔文道："那么，'徘徊'之变为'裴裹''徬〔彷〕徨''旁皇''盘桓'，不也是一样的吗？"伯臧道："正是。'徘徊'也是个叠韵谜语呀！不过习惯的用法，则'徘徊'的意义较轻，'徬徨'的意义较重。'徘徊'虽也可用以表示没有决定的意思，'徬徨'则於不定之外兼有不安的意思，'盘桓'又微有不同。譬如说'请你到舍下来盘桓几天'；如把'盘桓'改作'徘徊''徬徨'，便不妥了。"伯臧谈时，曾举了许多古书上的例，随手用铅笔在纸头上写出来，叔文本来是站着的，便俯下身子，靠在写字台旁看他写。

　　"那么，'仓卒'就是'匆促'了！"慧珍爬在对面宗贻的座位上，几乎半个身子伏在写字台上，这样脱口而出地说了一句。原来伯臧、叔文兄弟两人谈得太起劲了，慧珍和宗诚走进来也不觉得。伯臧道："是的，

'仓卒'就是'匆促'二字的一音之转。'仓'和'卒'，和'匆'和'促'都是双声的关系。这两个诔语各以双声的关系组成，又以双声的关系演变的。《论语》'造次必於是'的'造次'，也是由'匆促'演变来的。如其变成叠字，则或作'匆匆'，或作'卒卒'，也是一样的。'仓卒'二字不易懂得，用'匆促'来讲，便容易懂了。"慧珍道："那么，'乒乓''澎湃''萧瑟''淋漓''仿佛''颠倒''恍惚''渺茫'等，也都是双声诔语了。'仓皇''落拓''零丁''萧条''朦胧''龙钟''纷纭''蒙茸'等，也都是叠韵诔语了。"叔文笑道："慧儿，你真渊博得很！怎么一串地说上这许多来？"慧珍道："王剑英先生不是叫我们研究'复词的组合'吗？这是孔乐三、诚表哥和我三个人随时随地收集来的例子。"

慧珍去拖过一张椅子来，叔文坐下了道："大哥，我们谈了许多时候，解说'逍遥'两字的困难，仍旧没有解决呀！你讲的那番议论，决不能用到小学里去。"伯臧道："那自然！——我倒有一种揣想：俗话说的'写意'，或作'卸意'，怕是'逍遥'的转音，是双声变化。

凡是用'逍遥'的地方，都可以当作'写意'解。这两个字，杭州人的俗话里也有的，小学生必能懂得了。"宗诚道："一定懂得！"他这时已把要补抄的笔记抄完了，所以也跑过来插嘴。

伯臧又道："这些以双声叠韵的关系组成的语，既以声音为重，所以常常变作叠字，成为四字合成的复词。例如'匆促'可以说'匆匆促促'，'乒乓'可以说'乒乒乓乓'，'落拓'可以说'落落拓拓'，'朦胧'可以说'朦朦胧胧'。在我们的口语中也常有的。"慧珍道："那天四叔讲复词的组成也说到叠字，而且还有加一语尾的，我们已收集了许多例子。如形容风的'萧萧'，形容雨的'潇潇'，形容山的'巍巍'，形容水的'泱泱'，形容林木的'森森'，形容火光的'熊熊'，形容人才之多的'济济'，形容说话的大言'炎炎'，小言'詹詹'，雄辩'滔滔'，清谈'娓娓'，大约已收集了六七十个。至於加语尾的，如言其高则曰'巍巍乎'，言其大则曰'荡荡乎''泱泱乎'，言其盛大充满则曰'洋洋乎'，言其文物烁然则曰'郁郁乎'，温文诚笃则曰'恂恂如'，自然舒泰则曰'申申如''夭夭如'。

此外，如用'休休焉'以形容大度，用'赧赧然'以形容惭色，用'纵纵尔'以形容妇人丧服之发"，用'欣欣然'以形容人民之有喜色。语体文中，则作副词用的，常以'地'字为语尾，作形容词的，常以'的'字为语尾，如'慢慢地'走、'长长的'路之类，更举不胜举了。我们所收集的也已有五六十条了。今天再把由诔语变成的四叠字加进去，收集起来，想也是不少的。"叔文道："叠字不但用作形容词或副词，还有用以摹仿各种声音的，如风声'呼呼'，水声'潺潺'，笑声'哈哈'，哭声'呜呜'，鸟鸣'关关'，马鸣'萧萧'，鸡啼'喔喔'之类；还有把动词名词叠起来的，如'看看''听听''跑跑''跳跳''哥哥''妹妹''人人''个个'之类；还有在叠字上或叠字下加一字的，如'雪雪白''墨墨黑''黄焦焦''绿滴滴'之类，加的是形容词；如'扑簌簌'泪点抛，'渐零零'细雨洒芭蕉之类，则'扑簌''渐零'本是复词，仅把下一字重叠而已。"

　　慧珍早坐在宗贻的座位上，拿着一支铅笔，一面听一面写；宗诚站在叔文身边，瞪着眼，张着嘴，呆呆地听。张妈跑进来道："四老爷，你和大少爷要吃爆鳝片，今天买来的鳝鱼是活泼泼的。可是太太和少奶奶见了害怕，要你去烧哩。"叔文道："好！我来。"他站了起来，又对慧珍道："张妈说'活泼泼的'，也是一个实例。"

叔文走了，伯臧叫他们二人把所记的谜语叠字去整理劄录起来，有许多是文言文中常用，语体文中不多见的，举一成句为例；语体文和口语中常用的，叫他们自造一例句。他们俩分头去抄录了。伯臧踱出书室。锡官、蕙官跑到他身边，他就一手挽了一个，到院子里散步去了。门铃一响，锡官飞也似的跑去开门。蕙官见是宗贻回来了，叫声"爸爸"，直扑过去，抱住了宗贻的两条腿。锡官替他爸爸把皮书包拿了进去。伯臧问宗贻道："今天为什么回来得这样迟？"宗贻道："文献展览会的日期近了，各处送来陈列的珍品真多。我又派到了一个整理各种珍贵稿本计划陈列的差使。从今天起，上午编杂志，下午便专做这事，每天总得做到五六点钟。"

这时，暮色已渐渐地笼罩下来。他们在院子里，还有些亮，客堂里已是暗起来了。"爸爸，爸爸，抱抱！"愚官从客堂里蹒跚地扶着门框跨了出来。伯臧忙抢上台阶去，搀了他的小手，走下阶来。宗贻叫蕙官不要缠，走上来一把抱起愚官。原来康氏、月仙也在厨房里看叔文爆鳝片，愚官一人爬上了客堂后间，摇摇摆摆地闯了出来。

客堂里的电灯开了，张妈把小菜和饭桶端了出来，摆好椅子凳子，放好碗筷，道："好吃夜饭哉！"大家出来坐定了。慧珍一碗碗地盛好了饭，叔文也从厨房里出来了。张妈进去把那一大碗爆鳝片捧了出来，放在中央。一面照料锡官兄妹吃饭，一面笑道："今天的鳝片是生爆的。油锅里必栗剥落地，爆得很透。"慧珍道："'必栗剥落'，又是一个。""这两条鳝鱼是活的，四老爷拿在手里还泼剌剌、泼剌剌地发跳哩！"张妈继续说。宗诚道："'泼剌剌地'，又是一个。"伯臧、叔文、宗贻早已各举一双筷，向那碗鳝片三路进攻了。康氏和月仙是不很喜欢吃的。伯臧称赞叔文烹调得好。叔文道："只要是新新鲜鲜的，烧起来总好吃些。"宗诚道："'新新鲜鲜'，又是一个。"康氏道："这样好的爆鳝片，放着不吃，噜噜苏苏、叽哩呱噜①地说些

---

① 今用"叽里咕噜"。——编者注。

什么？"慧珍道："'噜噜苏苏''叽哩呱噜'，又是两个。"他们两个孩子一面吃饭，一面还在留心各人说话里的谜语和叠字，连小菜都食而不知其味了。宗贻也觉得不懂，问道："你们在发什么呆气，这也是一个，那也是一个的？"叔文、伯臧当初没有注意到，经康氏和宗贻一说，才觉得好笑。叔文把刚才谈论谜语和叠字的话告诉了大家。月仙道："啊！成了两个书呆子了！"

　　吃完了夜饭，休息了一忽儿，伯臧、叔文、宗贻各有工作，慧珍、宗诚也各人自修。他们俩预习国文，遇到"犹豫"两字，在《辞源》上册"犬"部"犹"字下查到了一条：

　　　　《尔雅》曰："犹如麂，善登木。"此兽性多疑虑，常居山中；忽闻有声，即恐有人且来害之，每豫上树；久之，无人，然后敢下，须臾又上；如此非一。故不决者，称犹豫。《楚辞》："心犹豫而狐疑。"《颜氏家训》："人将犬行；犬好豫在人前，待人不得，又来迎候，故称犹豫。"

　　他们看了，仍是不懂，见宗贻空着在吸烟，便捧了《辞源》同去问他。宗贻看了看，答道："这是两种说法：第一种，根据《尔雅》，说'犹'是善登木的兽，那是猴类的'犹猢'，见上面'犹'字下的解说第一条；第二种，根据《颜氏家训》，说'犹'是'犬'，见上面'犹'字下的解说第十一条'陇西谓犬子曰犹'。这两种解说都是抄的《汉书·高后记》'计犹豫未有所决'句下的颜师古注。他们都把'豫'字解作'豫先'的意思，其实可以说都是曲解，所以你们看不懂了。'豫'字，有些地方，如杭县四乡一带，'ㄩ'的声音变作'ㄧ'，和'犹'字的音是双声；'犹豫'是一个双声谜语，形容不能决定的神情的。如《史记·鲁仲连传》'犹预未有所决'，便写作'犹预'了；《礼记·曲礼》'卜筮者，所以使民决嫌疑，定犹与也'，便写作'犹与'了；如《楚辞·九歌》'君不行兮夷犹'，《汉书·马融传》'或夷由未殊'，便又写作'夷犹'或'夷由'了。老实说，也就是我们常用的'游移'。它也可以变成叠字，如《叠雅》所举的'由由''犹犹''与与'之类，不过不常用罢了。你们今天在收集谜语，'犹豫'便是一个很好的例子。"他们听了大喜道："我们已摘录了许多，想不到无意中又发现了这一个例。"宗贻道："例是举不完的，你们只要懂得这个道理，便可以类推了。"他们仍回到自己的书位上，把国文预习好了，又读英文、演算草。早又是九点了，大家就寝，一宿无话。

　　第二天是星期六，下午三点多，伯臧闲着无事，在慧珍的书桌上看见一本笔记本儿，顺手一翻，见末了的两页正记着昨天所谈的"谜语和叠字"。前一页第一行写着"叠韵的谜语"五字，下面举的例，第一个就是"逍遥"，"消摇""相佯""相羊""襄羊"等都低一格分条写在后面，而且每条下各有略解和古书的例句。以下还有"仓皇""朦胧""蒙茸"等，都与"逍遥"平列，空出相当的地位。末一页第一行，写着"双声的谜语"五字，第一个例就是"仓卒"，以后的例是"仿佛""萧瑟""渺茫"等，也空出相当的地位。后面又添上了"犹豫"一条，低一格附录"犹预""犹与""夷犹""夷由"等，各有例句。便在慧珍的书位上坐了下来，取出自来水笔，替她填补留着的空白：

仓皇　实即"匆忙"的转音。杜甫诗："仓皇已就长途往。"

仓黄　同仓皇。《风土记》："犬皆仓黄吠噬。"

张皇　俗作慌张解。亦同仓黄。（**此又可作铺张夸大用。**）

朦胧　月色不明也。此谜语常用。

蒙茏　草盛，不能见其里也。孙绰《游天台山赋》："披荒榛之蒙茏"。

蒙茸　毛盛密貌。《左传》："狐裘蒙茸。"《诗·邶风》作"狐裘蒙戎"。实亦从"蒙茏"变来。

仓卒　实即"匆促"之转音。《汉书·王嘉传》："临事仓卒。"亦作"仓猝"。

造次　同仓卒。《论语》："造次必於是。"

匆促　此常用语。

髣髴　犹云"似乎"。陶潜《桃花源记》："山有小口，髣髴若有光。"此二字常用。

仿佛　同髣髴。扬雄《甘泉赋》："犹仿佛其若梦。"

彷佛　同髣髴。贾谊《早云赋》："时彷佛而有似。"

他随手这样地写了许多条，又在后面批道："由上面许多例子归纳起来，这类由双声叠韵的关系两字合成的谜语，可以由声音衍变成许多写法不同的字。所以只能就字音以推求其意义，不能望文生训，执着它所用的二字之形与义以解释之。不但普通作形容词、副词或动词用的语如此，即物名之以音组成复词者，也是如此。如鸟名'步姑'，像其鸣声，故或作鹁鸪，或作勃姑，其有作'布谷'者，也是一音之转，若说因它於布种谷子的时候鸣，所以叫'布谷'，便是望文生训了。"

他又翻到前面的一页，见一排排地抄着许多叠字，如"萧萧""洋洋乎"等，下面都空着，待写例句，便又替她填写了好几条：

萧萧，风声。荆轲歌云："风萧萧兮易水寒。"亦可作马鸣声。杜甫《兵车行》云："车辚辚，马萧萧。"亦可形容草木之凋落。杜甫诗：

"无边落木萧萧下。"末一义实可与"萧飒""萧
瑟""瑟瑟"等相通。

　　洋洋乎，充盈之貌。《论语》："洋洋乎盈
耳哉！"《中庸》："洋洋乎如在其上，如在其
左右。"都有充盈、洋溢、磅礴、上下的意思。
有时仅用"洋洋"，如"洋洋自得"；有时也以
"焉"字为语尾，如《孟子》"少则洋洋焉，攸然
而逝"。

又写了一张条子，夹在笔记簿里："古书例句，翻《辞
海》或《辞源》，便可找得许多，但宜录其能解者。研
究诨语叠字等，求例句之多，不在炫博，在从许多实例
中找出一共同的原则、系统的条理来。这就是所谓'归
纳法'。结论既得，尤须能随时活用，将来阅读时遇到
此类的诨语叠字，便可左右逢源，迎刃而解了。"

　　他写完了，刚想站起，慧珍、宗诚已回来了。他又
坐下来，细细地向他们讲解了一番，还有些空着的，便
指导他们自去查填。再叫他们整理出一个纲目系统来。
他们对于诨语和叠字才得了个大体的了解。

第十五章　汉字倾向衍音的趋势

　　周家的棣华读书会，孔乐三也已正式加入了。他们已经开过了好几次会，彭校长演讲过一次，宗贻也主持过一次座谈会。这星期日，他们邀请章载之演讲。这天中午，伯臧顺便请载之、剑英和彭校长吃便饭，所以上午十一时，载之便和宗基、宗武同到周宅。不久，剑英也来了。彭旭初到得最迟。他们三个人都能喝些儿酒的，伯臧特地到旗下著名的绍酒店金瑞兴里去叫了六斤太雕。小菜，除冷盘是现成买的之外，都是自己家里做的。康氏本是善於烹调的，叔文又能帮她的忙，虽然只是些家常小菜，却也非常可口。

　　这顿中饭，一直吃到一点半钟。伯臧请他们三位到书室里去坐。宗常、志华、宗基、宗武、菱仙、乐三，都先后到了。叔文就指挥这批孩子们七手八脚地布置会场。上面改用一张杭中借来的旧课桌，铺了一方桌毯，中央摆了一个插着菊花的花瓶，放着几支粉笔。北面的墙上，因为常常要在这里开会，前几天已做了暗绿色的可以抽上抽落的黑板。下面第一、二两排摆了六七张椅子，后面摆了八九张凳儿。旁边借用锡官他们的小桌椅，设了一个记录席。这次，他们特别推举乐三做记录，因为开过几次会之后，大家都佩服他的国文好。他们又新买了一个小的摇铃。两点到了，慧珍摇了几下，大家就座。伯臧引导旭初、载之、剑英出来，在第一排的椅子上坐下，自己退到第二排椅上，和叔文、宗贻同坐。锡官也坐在后面慧珍的身边，蕙官却站在客堂后的门口张望。

　　载之上场时，他们大家鼓掌，表示欢迎，锡官也举起两只小手拼命鼓掌。载之向他们颔首示谢，便站着说道：“诸位世弟妹在家庭里有这样好的一个组织，努力于课外国文的自修，是很好的一件事。听说，彭校长的小姐和我们老师的一位世侄孔君，也已加入。这样棣华读书会便不只限于周宅一家了。我希望这个会能逐渐扩大，把真正有志读书的青年尽量地吸收进来。‘四海之内，皆兄弟也。'这'棣华'二字，也未尝不可以广义解释的。我，虽然不能正式加入你们这个组织，原也是伯藏老师的受业弟子，今天到会讲演，也可以说是我的一种读书报告，提出来和诸位研讨，请老师和彭校长和剑英学兄指教的。"

他说完了这一段开场白，转过身去，在黑板上写了"汉字倾向衍音的趋势"九字，道："这算是我今天讲演的题目。现在一般研究言语学、文字学的人，大都认为西洋各国的文字是'衍音的'，中国通行的汉字是'衍形的'。衍音的文字，是拼音的，是从字音的变化推演孳乳的；衍形的文字，是象形的，是从字形生出意义来的，是从字形的变化分合推演孳乳的；汉字，最早的，'象形''指事'之类，的确是图画的文字。如'鱼'字便是画了一条鱼，'浴'字在龟甲文中便画一个人在洗浴。"说到这里，他又在黑板上写了一个古文𤊾（鱼）、甲文𥁑（浴）。"至於'会意''形声'，如止戈为'武（武）'，人言为'信'，水工成'江'，水可成'河'之类，也是把已有的独体之文，合成新造的合体之字。这不是从字形方面繁衍出来的吗？——所以说汉字是'衍形的'，并没有不对呀！"他说到这里，略停了一停。

"不过，汉字由衍形倾向衍音的趋势，是非常明显的。"他继续说：

"第一，再就'六书'的'转注'和'借假'看。本来叫作'老'的意思，口语中的声音变作'ㄎㄠ'了，便另造一'考'字，这叫作'转注'。本来没有这字的鸟鸣声'ㄍㄨㄢ，ㄍㄨㄢ'，不另造新字，就借用已有的'关关'；本来叫作'祈'的意思，口语中的声音变作'ㄑㄧㄡ'了，便借用原作皮裘用的'求'字；或者把已有的字的本义引申开来用，如以长短之'长'为长幼之'长'、君长之'长'：这些都叫作假借。两种原则，都是以字音为文字繁衍变化的枢纽的，不是所谓'衍音'吗？"孩子们对於"六书"都已听到说起过的，所以都听得懂。

"第二，我们看书，读文章，不常遇到以双声叠韵的两字合成的所谓'谜语'吗？'谜语'，可说是一个术语。诸位听到过没有？"宗诚站起来答道："前几天刚听说过，如'逍遥'是叠韵谜语，'仓卒'是双声谜语。"载之道："这些语，本身便是以字音的关系组成的。还可以叠韵或双声的关系，衍变出许多样子来。如'逍遥'又作'消摇'，又作'相羊''相佯''襄羊''写意'等；'仓卒'，又作'仓猝''匆促''造次'等。它们还可以变成叠字的'重言'，如'写写意意''匆匆促促'。这不是所谓'衍音'吗？"慧珍和宗诚听了，好似温习旧课，观念格外明了。其余的人也听慧珍他们谈起过的，所以也能领会。

"第三，不但谜语可以因声音的关系而衍变，就是物名也有这样的。如'鹁鸪'之变为'步姑''勃姑''卜姑''布谷''郭公'，'蟋蟀'之变为'促织''趋趋'。这也是所谓'衍音'啊！

"第四，汉字竟有用拼音法合两字为一字的，如'何不'为'盍'，'之乎'或'之於'为'诸'，'不可'为'叵'，'不要'为'别'，'勿曾'为'憎'等。古人於记录人名，也尝用这办法的。如《左传》上晋寺人勃鞮就是寺人披，《汉书》匈奴单於峦就是头曼。这又是汉字衍音的一个证据。

"第五，汉字之中的代词，几乎可说全是借用它们的声音的。如'我'，据章太炎的解释，尝以'俄顷'为本义；'予'的篆文作，象推予之形，当以推予为本义；'尔'字，据朱骏声的解释，其本义是像窗格子的交文的；'汝'的本义，是一条水名；'他'是'佗'字之误，本义是驼负；'彼'的本义是往；'其'，篆文作，本是'箕'字，像一只箕放在一个架上；'之'，篆文作，像草生长。诸如此类，举不胜举。这也是汉字倾向衍音的证据。

　　"第六，汉字中的助词、介词、连词等，从前人叫作'虚字'的，也都是借音。如'然'为燃烧，'而'是颊毛，'於'象乌鸦，'的'指箭的，'麼'即么麼。至於叹词，如'呜呼''噫嘻''哎哟''唉''啊''咦''喂'等类，完全是记载口语中所发之音的。这也可以说是衍音啊！还有本是单词，因说起来不顺口，於是或用两个同义的字合成复词，如'法律''社会'之类；或加语尾，如'凳儿''桌子'之类；也都是因为音的关系。"他们又听到了许多新鲜的例，更觉津津有味。只有锡官听了半天，觉得再坐不住，溜到后面和妹妹、弟弟去玩了。

　　"总之，由衍形倾向衍音，是各种文字演进的公例。英、法、德、俄诸国文字都出於拉丁，拉丁文又出於希腊，而希腊文的字母则来自埃及。埃及文是象形的。如英文字母的C，是由埃及的ꝅ变来的，原义是蛇，即象蛇形；L是由埃及文的ᒐ变来的，原义是腿，即象腿形。后来希腊文取作字母，便只用它来拼音了。我们现在用来拼注字音的国音字母，本来也是各有其本义的字，如"ㄅ"本是包裹之'勹'（'包'是胎胞之'包'），'ㄆ'本是击之'攴'，'ㄚ'本是丫角之'丫'，'ㄠ'本是么麼之'么'；其他各字母都是这样。采作注音字母之后，便只用它们的声或韵了。这和采埃及的象形文字为拼音的字母正是相同。西洋古代有所谓Quipus和Wampums以贝壳或彩索记事的，又正和我国的结绳记事，'事小小其绳，事大大其绳，结之多少，随物众寡'，同为有文字以前的助记忆时期。由助记忆时期，一进而为象形文字的图画时期，再进而为标意时期，再进而为标音时期，是世界文字演进的公例。汉字虽为方块的字形所束缚，进至标意时期便停顿了，但它倾向衍音的趋势，却是很强烈、很明显的。这是我的一点意见，还不敢认为定论。今天不过就我所想到的，略举几条例证，和诸位随便谈谈，还得请老师、彭先生、剑英兄、叔文弟、宗贻弟指正。"

他随讲随写，写了又揩，揩了又写，完全和上课一样。讲完了，衣袖上已沾了许多粉屑，在全体鼓掌声中点了点头，从容地走了下来。伯臧就陪了他们几位到书室中去了。张妈送上一盆脸汤来给载之洗脸。彭旭初道："章先生的宏论，佩服之至！"载之谦逊了一番，大家坐下谈天。

孔乐三把记录的稿子拿到叔文卧室里的书位上整理誊清。客堂里仍由叔文、宗贻指挥这班小朋友收拾，恢复了客堂的布置。不多时，孔乐三已把演讲稿誊清，由宗基、宗武送去给载之审阅。载之大略看了一遍，问道："这稿子就是剑英兄常说起的孔君记录的吗？他还刚入初中吗？记得很有条理，文句也很流利，不必再改订了。——剑英兄，怪不得你得意，确是个可造之才！"旭初道："章先生，你这篇讲演稿，可否在我们的校刊上发表？让不能加入这读书会的青年，也领略领略你的高论？"载之道："我这次的谈话，不过是奋臆妄谈而已，算不得什么演讲，怎么还好在贵校校刊上发表？"伯臧道："发表也没有什么，载之，你就答应了彭校长吧！——或者就算作孔乐三投的稿，也未尝不可。"旭初听伯臧这么说，就叫孔乐三再抄一份，把一份留在棣华读书会，一份送到校刊编辑委员会去。乐三答了个"是"，又拿到后间去，正待动笔再抄，慧珍跑了进来，说："我来代劳吧！"向叔文的书位里坐下来就抄。抄完之后，两个人又校对了一遍。待送到书室里去，旭初、载之、剑英早已走了。菱仙已跟他爸爸同去。宗常、志华同回陆官巷。宗武、宗基也同回梅东高桥。乐三见时候已是不早，便也告辞回杭中去了。

宗诚问宗贻道："表哥，章先生怎么知道西洋各国的字母是从埃及文采取来的？"宗贻道："我记得是出于一本《字母的故事》（Story of Alphabets），是英国人Edward著的。这本书，爸爸这里怕还有哩！"说罢，就向书橱里寻了出来。慧珍和宗诚两人翻了许多时候，翻出一张字母源流的图表来，首行所列，便是各字母所采的埃及的象形字。可惜这本书全是英文，他们看了，仍是不懂。慧珍道："原来要研究汉字，也得看英文书！"宗贻道："当然，这就是所谓比较的研究。

我们要研究汉文的文法，也得拿英、法、德各国的文法来比较才行呀！"慧珍道："章先生今天的演讲，好似替我们前几天所谈的'六书''谜语'等做了一个总结束。"宗诚道："如其前几天没有听说过'六书''谜语'，今天他虽力就浅近处举例，我们听了，怕还是莫名其妙哩！"宗贻道："古书中还有所谓'通借'之例，有的借用同音的字，如《汉书》常以'尉安'为'慰安'；有的借用声音相近的字，如《孟子》'文王视民如伤，望道而未之见'，即因'而''如'音近，借'而'为'如'。我想，也可以算是汉字衍音的例证。"慧珍道："哥哥，这'通借'之例，要不要替章先生添进去？"宗贻道："这也可以不必了。"

慧珍道："章先生举了许多例，然后断定汉字也是倾向衍音的，是不是用的归纳法呢？"宗贻道："是的。就是他所说的一段，举了'我''予''尔''汝''他''彼'等许多字，来断定汉字中的代词是借用那些字的音的，也可以说是归纳法。不过归纳推理，不许有一有力的反证或例外。当作'我'用的'吾'字，我倒想不起别的用法来。这'吾'字又并不是个后起字呢！"刚说到这里，伯臧从外面走了进来，问道："你们还在谈些什么？"宗贻把刚才的话说了。伯臧想了想道："有，倒有个实例。《左传》里晋献公时优人讽大夫里克不是有两句歌吗？'暇豫之吾吾，不如鸟鸟。'这'吾'字并不当'我'用，但不知是否它的本义而已。我们对这问题，只得暂时阙疑了。"

这时候，门铃响，张妈出去开门，领进一个杭中的校役来。他向伯臧道："周先生，刚才清华旅馆九号房间里的客人康仲良先生有电话，叫通知你老人家，说他们到杭州来扫墓了；他的儿子叫康宗诚，住在你的府上的，叫他宿到旅馆去，明天请一天假，同去扫墓。他本想到府上来，因为同来的人多，而且有许多东西带来，送到文献展览会去的，所以只得明天扫完了墓再来了。"伯臧道："你等一等。"就向书桌抽斗里拿出一张名片来，替宗诚写了一个请假条，叫那校役带回去。校役接着走了。

宗诚听说他爸爸来了，立刻要到旅馆去。宗贻道："姑夫的病想是全愈了。爸爸，我和诚表弟去看看他。好在还只有五点多钟，我仍可回来吃夜饭的。"伯臧道："同来的大概是仲良的嫡堂兄弟叔贞、侄儿志明，带了几个人。明天，他们上午扫墓，下午去和文献展览会接洽。明天晚上请他们到我家来吃夜饭吧！"宗贻应了一声，穿上夹大衣，戴上呢帽，就和宗诚去了。康氏听说仲良来了，出来说："为什么不耽搁到我家来呢？"伯臧道："来扫墓的不只他一人，还有送到文献展览会来陈列的许多东西，觉得不便，所以住旅馆的。明天请他们来吃夜饭吧！"

宗贻、宗诚两人步行到了清华旅馆，找到九号，见是旁边坐北朝南的三间大房间中央的一间。仲良正坐着吃泡饭，见宗贻也来了，便站起来招呼。宗贻忙请他不要客气，且吃泡饭。坐下来细看时，他的脸色还没有十分复原，问道："姑夫完全康复了？今天是什么时候到的？同来的是些什么人？爸爸妈妈请你住到舍间去，饮食起居可以方便些。"仲良道："今天到得很早，只有两点多。舍弟叔贞、舍侄志明同来的，还带了两个工人来。他们一到此地，就送陈列品到大学路图书馆去了，还没回来。我开好了房间，便打电话，今天星期日，校里没人，打了三次才打通。你们倒立刻来了。明天上午要去扫墓，下午，叔贞怕还得到图书馆去，我就打算来你家了。"宗贻道："既是这样，请姑夫代邀令弟、令侄，明天到我家去吃夜饭。"仲良道："好的，我和他们说去。你今天就在旅馆里吃饭吧！"宗贻道："家里在等着的，我还是回去吃。"

宗贻和仲良谈些病中经过的情形，仲良也问些宗诚在校的情形。宗贻看了看表，已是六点多了，便站起来道："叔贞先生为什么还没回来？"仲良道："他岳家也在杭州，或者顺便去转一转，亦未可知。"宗贻道："我不能再候他了，明天下午见吧！"仲良要送出去时，宗贻拦住了不叫送。宗贻一人走出旅馆，就跳上一部人力车回去了。

仲良在房里和宗诚谈话。宗诚这次见了爸爸，似乎格外亲热，七七八八地说了许多，把在校里和周家的情形完全告诉了他。他们父子正在娓娓而谈，叔贞、志明和两个工人都来了。仲良道："你，这老半天，已到你岳家去过了？"叔贞道："真倒楣！我们没有计算，拣了一个星期日来。我们把陈列品五大木箱送到图书馆，办事人也碰不到一个。我又从大学路赶到新民路分馆去找到了康棫山，和他一同到大学路，方把这五大箱东西收下。亏得带了他们两个人来。图书馆的馆役都是先生们，一点气力也没有。若不是他们两个帮忙，这几箱东西怕得在露天过夜哩！我们一直把它们扛到楼上预先指定的陈列室去，方才回来。据棫山说，后天起，还要我去帮忙陈列哩！"仲良道："周宗赅已来过了，他家明天请我们去吃夜饭。他也在图书馆任事，将来陈列时，也可以多拉一个人帮忙。"叔贞道："那是好极了。棫山忙得很呢！"他们六人出去吃了夜饭，便准备明天扫墓的事，九点多就睡了，预备明天早些起来。

第十六章　从文献展览会归来

　　大约是七点钟吧，仲良、叔贞、志明、宗诚叫了一部汽车，从清华旅馆直到虎跑寺。这寺在大慈山下，有虎跑泉。相传唐时名僧性空居此，忽二虎跑地，泉遂涌出，因此得名。虎跑泉烹龙井茶，的确是清冽得很。他们在寺里喝了一会茶，随喜了一番，已是八点多了。他们带来的两个工人已从城里带了祭品，坐人力车到坟亲家里，叫坟亲收拾，自己寻到虎跑寺来。他们去扫了墓，便在坟亲家里吃了一顿饭。那时还只有十一点光景。仲良吩咐这两个工人从虎跑到闸口，趁晚班轮船回去。他们四人又往九溪十八涧一带，游玩到下午四点多，方搭公共汽车回到城里。

　　他们到了旅馆里，刚吃过点心，伯臧就来了。谈了一忽儿，就邀他们到家里去。叔贞叫仲良他们三人先去，自己还得到岳家去再来。仲良、宗诚随伯臧先去。宗明跟叔贞到他岳家去，约定七点必到。仲良一到周家，康氏、月仙、慧珍、锡官、蕙官都出来迎候。因为他已生过一次大病，他们的谈话便以问病为中心。只有愚官，隔了两个多月，便觉生疏了。坐了不久，叔文从外面买了许多东西回来，略一招呼，便和康氏、月仙、慧珍到里面去。宗贻六点多才回来。七点没有到，叔贞和志明也来了。

　　今天的夜饭，周宅也只叫了四大碗菜，其余都是自己烹调的。首席，自然是叔贞；仲良、志明、宗诚，以次就座；伯臧、叔文、宗贻作陪；恰好是七人一桌。席间谈起文献展览会。宗贻道："夏峰精舍的出品，已指定一间小些的陈列室。后天开幕，明天一天陈列，一定来得及的。明天上午八点钟，我可以在那里恭候叔贞先生。"仲良道："我也同去。"他们都是不会喝酒的，两斤酒都喝不完，八点多就吃完了夜饭。叔贞道："二哥，我想，文献展览后天开幕，我们不妨看它两三天再回去。住旅馆，既不便当又不经济。明天我带了志明住到岳家去，那里离图书馆近些，我回去了，留志明在这里，每天可到图书馆去管理那些陈列品。你不如移寓到这里来，过几天我们同回去吧！"伯臧等都说好，仲良也答应了。这晚，仲良、叔贞、志明仍回旅馆。

第二天上午九点光景，仲良就带了一只手提箱到周家来了。宗贻在杭中教书，九点下课，回到家里，就和仲良到大学路图书馆来。这图书馆的房子是用汤寿潜的捐款新造的。宗贻领了仲良径到楼上那间指定的屋子里，叔贞、志明和械山已在那里开始布置了。仲良、宗贻也加入去帮忙，还有一名馆役。六个人开箱检点，陈列编号，到十二点，已大致就绪。宗贻和械山请客，在大学路一家小馆子里吃中饭。中饭后，仲良、叔贞、志明都走了。

第三天上午，文献展览会开幕，伯臧去出席，仲良也同去。仪式完毕后，到会场里去走了一遭，方才回家。开会的第一周，每日下午，各学校排定日期，轮流参观。杭中的初中一年级三班，由剑英率领排队前去。到了那里，见来参观的学校很多，只得按到馆的先后依次鱼贯入场。乐三招呼宗诚、慧珍、菱仙紧紧地跟在王先生后面，以便询问。可是只走了两间陈列室，便和王先生挤散了。他们夹在参观的队伍里，后面的人潮水般地涌上来，或行或止，概不由自己；有时挤在两行人当中，两面铺着的板上究竟陈列些什么也看不清楚。慧珍道："我们今天真是所谓走马看花了！"乐三道："岂但是走马看花，简直是马也不能走，花也没得看！"好容易挨到了夏峰精舍的陈列室，这里停足的人较少，留着的空地也较宽。宗诚便把他伯祖父的生平，和那些古祭器、古乐器，讲给他们听。过了这一间，转下楼去，又挤过了楼下的几间陈列室，到了出口，见同学们已在院子里排齐队伍，连忙赶了过去，仍由王先生率领回校。宗诚、慧珍回到家里，已是六点钟了。

夜饭时，伯臧问道："今天下午，你们已去看过文献展览会了，究竟看见了些什么呢？"慧珍道："我见了许多大幅的画，以及对联、字屏等。"宗诚道："我看见了许多祖宗神像儿。"仲良道："还有呢？"宗诚道："还有许多抄本的书。"慧珍道："除了夏峰精舍的陈列室诚表哥曾讲给我们听的陈列品之外，实在是走马看花，一无所得！"宗贻道："小学生、初中生去看文献展览会，确是一无所得的。带领他们去的教师，却是活受罪。我碰见剑英先生，从学生堆里挤出会场时，竟是满头大汗哩！"叔文道："明天我也要去受罪了。我看，锡官兄妹还是不要去吧！"伯臧道："明天下午，叫他们请假就行了。"

第四天^①上午，仲良到陆官巷去了。伯臧没有课，在家闲着。忽然来了两个杭中师范部的男学生，一个叫沈眉士，一个叫田道阶。伯臧道："你们这时正要上课，到这里来干什么？"眉士道："老师，今天上午，我们一组，本只有三班，两个教师请假，只剩一班图画了。昨天我们初中部的同学全体排队去参观文献展览会，回来都说一些也没有得到益处。所以我们特地於今天上午请了一小时假，来请老师带我们两人去参观一次。我们想先参观些手抄珍本及先贤遗像、遗物等，把绘画、雕刻等美术品剩下，等有机会时，请美术教师带了，再去参观。不知老师今天有工夫、有兴致否？"伯臧道："这办法倒是对的。我就和你们同去吧！"

伯臧带着两个学生，坐了人力车，径到大学路图

---

① 　原书为"三"，疑有误，此处根据文义改为"四"。——编者注。

书馆。一进门，径到那间善本书和手抄珍本的陈列室去。这时候还只有八点钟，陈列室刚开放，人少得很。他们就慢慢地、细细地看。伯臧一一加以说明指导，他们二人都带着袖珍笔记本儿，择要劄录。其中如万斯同的《明史稿》，厉鹗的《樊榭山房词》稿，胡渭的《禹贡锥指》稿，都是装在玻璃匣儿里的。伯臧和管理员熟悉，和他接洽了，从匣儿里拿出来给他们看了一看。他又把明末清初浙东学派的大致情形讲给他们听。清代浙江人的词是可以和常州派抗衡的，他也讲了一个大概。这时候参观的人已多了几个，见一个老头儿在讲，两个青年在听，有些人渐渐地围了上来。

　　他们在这里几乎费了一个钟头，再慢慢地看过去。逢到那些陈列美术品的地方，便径走过去。他们看到了王守仁、刘宗周、黄宗羲、万斯同、全祖望等许多画像，说明片上撮记着他们的略史，眉士、道阶分头在抄。伯臧道："你们不必抄，只要把姓名记下，回校时再查《国朝先正事略》好了。"到了那间夏峰精舍陈列室里，伯臧道："这就是住在我家里的康宗诚的伯祖父，是清末程朱派理学家的一个后劲。因为刚於前年去世，所以连《人名大辞典》里都查不出他的生平来的。"於是把这位夏峰先生的生平略略讲述了一遍，道："我们浙江，近代有两个学者，一个是他，还有一个是余杭的章太炎先生，可以说，是清代经学古文派的一个后劲。那里也有章先生的遗像、遗著等，可是搜集得并不多。"他们依次看去，到了章氏遗像、遗著陈列的地方，又站住了细看。

忽然有人在背后叫了声周先生。伯臧回头一看，原来是图书馆长田先生陪了一位男客、一位女客，前来参观。伯臧觉得那位男客很面熟，一时却记不起姓名来。那男女二人向章太炎的遗像行了个三鞠躬礼，然后转身来看伯臧他们。那男客对伯臧看了多时，忽道："你是周伯臧吗？怎么留了胡子？"伯臧道："请教尊姓。"田馆长介绍道："这位是南京大学史学教授洪涤生先生呀！"伯臧忙过去鞠了一躬道："原来是洪老师。老师把长须剃去了，又隔了长长的二十年，学生眼钝，竟认不得了。"田馆长道："原来周先生也是洪老师的门下！我们是同门了！"这时，眉士和道阶觉得奇怪，为什么周老师五十多岁了，他这位老师看去似乎不过四十岁？眉士附着道阶的耳道："大概那女人是这位洪先生的新欢。老年人有了爱人，剃去胡子的也多着哩！"他们正在窃窃私议，忽听伯臧向洪先生介绍道："这两个是学生的学生，一个叫沈眉士，一个叫田道阶。"那洪先生招呼过了，也同伯臧介绍道："这是小女。"眉士低低地道："我们险些儿弄错了。"田馆长道："各校教师带学生来参观，都是大队人马，匆匆地走了一道，毫无所得。周先生只带了两个学生来，细细地指教他们。你们逗留在第一陈列室，讲浙江词派的时候，洪老师已在注意你们了，说这才是真正的参观哩！想来这两位一定是杭中的高材生了。"伯臧尚未回答，洪先生道："伯臧，你这样诲人不倦，在目前的教师中确是难得的。"伯臧道："承老师和田馆长谬奖，惭愧得很！这两个学生倒确是沉潜好学的青年。"於是他们五个人并作一起。那位洪先生是章太炎先生的亲炙弟子，就在这里大讲其章氏的经学、史学、文字学和参加革命的事实，沈、田二生也想要记录下来。伯臧和田馆长陪着洪先生父女且看且谈，沈、田二生随在后面，且听且记，获得了许多知识。各陈列室都走遍了，田馆长邀他们到馆长室去坐，沈、田二生想告别先走，洪先生道："你们两位也进来坐坐。"他们只得跟了进去，大家坐下。

洪先生有意试试他们，问道："你们已把文献展览看完了，'文献'两字，做何解释？"伯臧想，洪老师在考他们了。眉士欠身答道："'文'指典籍而言，'献'指先贤耆旧而言。这会里所展览的，不但是乡贤的著作，还有他们的遗像、遗物，所以称为文献展览会。"洪先生点了点头，又问道："那么'文献'二字有无所本？见於何书？"田馆长暗想，这怕答不出了。道阶从容地答道："《论语》里记有孔子的话道：'夏礼，吾能言之，杞不足征也；殷礼，吾能言之，宋不足征也：文献不足故也。足，则吾能征之矣。'杞、宋二国虽然是夏、殷二朝之后，但几经丧乱，不仅典籍荡然，而且耆贤凋谢，所以殷因夏礼，周因殷礼，虽损益可知，孔子亦能言其大概，可是典章制度，终无从征验，以求详实了。我们读过的古书太少了，所以只能援引《论语》。不知说的对不对？"田馆长道："对的，对的。"

洪先生又问道："你们已读过《论语》，'四书'

想都读过了。《中庸》里不也引孔子这段话吗？'吾学夏礼，杞不足征也；吾学殷礼，有宋存焉。'何以对杞仍说它不足征，对宋却不如此说了？"田馆长想，这太追问得凶了，一定要叫青年们答不上来，这是何苦？而且於周伯臧的面上也不好看。他刚想拿什么话来岔开去，替他们解解围，眉士又答道："《史记·孔子世家》说：'子思困於宋，作《中庸》。'《中庸》既是在宋国作的，便不得不用一曲笔，这和'居是邦不非其大夫'同一道理。否则殷礼既有宋之文献可征，不当对於殷礼仍含糊其辞，下文径说'吾学周礼，今用之，吾从周'了。这是我臆测的话，还得请太先生、田馆长和周老师指教！"

洪先生听了，哈哈大笑道："你们读古书，竟能融会贯通，生出一种见解来，在高中学生里真是难得！伯臧，你该还记得，从前你毕业时，我以'学不厌，教不倦'六字为临别赠言。今天我考问沈、田二生，正要显出你教不倦的成绩来啊！哈哈——哈哈哈！"

伯臧谦逊了几句。道阶见这位洪太先生兴致很好，便又问道："太老师，我读了《论语》的第一章，觉得有些疑问，想趁今天的机会，向太老师请教。'学而时习之，不亦说乎'，这可以说是'学不厌'。'有朋自远方来，不亦乐乎'，这是说来学者众，不远千里，就是孟子所谓'得天下英才而教育之'之乐。只有末了那一节，'人不知而不愠，不亦君子乎'，朱注以为就是'遁世不见知而不悔'的意思。我却以为'人不知'不是人不知我，而是人不知学。这是承上文而言，远来之朋，於学有所未知，仍是善诱循循，毫无倦容，毫无愠色，正是说的'教不倦'。学不厌，教不倦，是孔子一生最伟大的精神，所以弟子论纂，把它列在第一章了。太老师，我这意见对不对？"田馆长道："对极了，这真是读书得间，大可以补正朱注！"洪先生也竭力夸奖。伯臧淡淡地道："这一种说法，在刘宝楠的《论语正义》里，也曾提及。你们看书太少，所以自矜为创见了。你们还得多读书，少发表，必须古人无先我言之者，方能称为真正的心得。——今天洪老师、田馆长如此夸奖你们，是他们奖掖后进的一番盛意。你们从今以后，当更力求上进，勿辜负他们两位的盛意，切不可因此自满！"沈、田二生连声称是。

　　伯臧看了看表，已是十一点多了，便叫他们二人先回去。沈、田二生走了，伯臧要请洪先生吃午饭。田馆长道："中饭已在馆里预备了。洪老师要趁下午两点的火车回南京去。伯臧先生，你不如也在馆里陪老师吃午饭。午饭后，我们二人同去送他上车吧！"说罢，立刻叫馆役开饭。

　　这位洪先生是伯臧在北平时受业的老师，毕业后，已有二十年不见面了。吃饭的时候，谈谈彼此别后的情形、母校的情形、其余诸位老师的近况，久别重逢，异常亲热。田馆长见伯臧和洪老师及和沈、田二生师生间亲密的情形，不禁感慨道："现在一般人说青年的学生们不尊师道，对於先生，或如路人，或如仇敌，都归罪於青年。我却以为'至诚而不动者，未之有也'。只要教师们果有学问，果有教不倦的精神，便可以使学生们心悦诚服。老实说，我们对洪老师这般敬爱，对那些觍为人师的先生们便不见得个个佩服。沈、田二生对伯臧先生和自己的父兄一样，对其余的教师也不见得个个如此。要尊重师道必须由为人师者负起挽回学风的责任来才行！"洪先生和伯臧也点头称是。

　　中饭吃完，已一点钟了。田馆长要叫人到城站先去替洪先生父女买票，洪先生力阻道："到车站再买不迟。"伯臧道："从这里坐了馆里自备的汽车去，到城站只要十分钟，等到一点四十分去也不迟。可是我还有件要事，要在一点半办好，现在只得先走了，一点四十分在站恭送吧！"洪先生道："伯臧，你有事，尽管先走，车站里也不必去了。"伯臧道："来得及的，我一定赶到。"说罢，戴上呢帽，竟出馆来。

　　一点半了，洪先生是个性急的人，催着动身。田馆长就把馆里的汽车备好，请洪先生父女上车，自己坐在汽车夫旁边的座上。风驰电掣，不到十分钟，已到城站。伯臧已站在车站门口迎候，一个扛驳夫过来替洪先生拿手提行李箱。他们四人走到头等待车室去，茶和香烟已预备好了。田馆长想去买票，出待车室一望，买票处还没有开始办公，又回了进来。伯臧道："田先生，不必费心了。"从袋里拿出两张头等车票，奉送给洪先生父女，两张送客的月台票，分了一张给田馆长。田馆长道："啊！你说有要事，原来是赶到车站买车票啊！可是买票处还没有开窗，你从哪里买来的？"伯臧道：

"这里的行李房主任是我的同乡，我是托他买的。"他们谈了一忽儿，时间到了，便叫扛驳夫提了箱子，陪了洪先生父女到月台上候车。"呜——呜"，火车来了。洪先生父女上车坐定，他们俩退下车来，等火车开了，方回出车站。田馆长仍坐汽车回图书馆。伯臧坐了一部人力车，回到寓里，已是两点多了。把参观展览会，遇着从前的洪老师，一一告诉了康氏。到了五点多，叔文方回来，大叫悔气①不已。

① 旧同"晦气"。——编者注。

第十七章　西溪秋雪

　　周家刚吃过中饭，叔贞和志明来了，说今天下午趁晚班轮回去。因为文献展览会已有负责的管理员，所以志明也不必留在杭州了。伯臧送了仲良动身，在书室里替沈眉士、田道阶改一篇两人合作的《文献展览会一瞥》。他们把前天参观所得，详详细细地记了下来，又加上许多查考来的资料，做成一篇五六千字的文章。他们俩的文章，字句上已没有文法的错误，不必大加改削，可是伯臧批注得特别详细，所以到四点钟光景才改完。这时，进来了两个女生，陈慧君和林鸰。她们已在客堂里和康氏、月仙婆媳攀谈多时了。伯臧把那篇文章批改完了，方邀她们到书室里来坐。

　　坐定了，伯臧便把批改好的那篇文章给她们看。林鸰道："原来眉士、道阶瞒了同学，请老师带去参观。这分期参观的计划，倒是很切实的。"慧君道：
"老师，家母已有信来，说决计全家到南京去，因为家
父已调到南京特别市教育局任科长了。家母和弟弟定下
星期一来杭，拟看一天文献展览会；下星期二，就要离
杭晋京。我，自然得随他们同去。今天特地来禀告老
师。——我自从双十节之夜受了老师的教训后，已很看
得破，想得开了。不过希望老师仍时时能够通信赐教！
同学中，除鸰妹外，我还没有通知她们过，想等到走的
一天，再和她们说，也可免得她们生许多别离的惆怅。
师母这里我刚才本想禀说，可是看到了她老人家的慈蔼
的面容，竟没有说出来的勇气。"说到这里，眼眶儿又
红了起来。林鸰是个天真的孩子，又和慧君从初中起已
同学五年，感情最好，竟鼻子一扇一扇地呜咽起来。

　　康氏恰于这时端了两盘南瓜子、花生米进来，见她
们这个样子，问道："伯臧，你又在责备她们了？"
伯臧道："你们瞧，老婆子竟要把你们当作女儿，溺
爱起来了！有师母庇护，老师还敢责备她们吗？"林鸰
听了，不禁破涕为笑，忙道："师母，老师并没有责备
我们。慧君姊下星期二要往南京去了，我舍不得她，所

以在这里下泪。"康氏道："怎么就要去了？什么时候回来呢？不但林小姐舍不得，我也舍不得陈小姐呢！"说时，拉住了慧君的手。伯臧道："拉不住的！我们不如想个法儿替她饯饯行。"林鸰道："饯行？我赞成，不过办法要别致些。"伯臧道："当然，替慧君饯行，自然不能在酒馆里设席的。我想，这时候西溪的芦花正开，我们在那里替她饯行好不好？就是星期日的午饭吧，由我们夫妇俩做东。鸰，当然是一个重要的陪客。小女慧珍，也叫她同去。另外邀些什么陪客呢？"慧君道："老师和师母饯行万不敢当，这计划请取消了吧！"林鸰道："老师的办法很好，就是这么办吧！陪客也不必另邀了。许多同学，邀了这个，不邀那个，反而难为情。老师，你以为怎样？"伯臧、康氏也都赞成。他们商量定了，星期日上午八时，慧君、林鸰仍到周宅来，一同出发。

星期五六，伯臧选授了一篇江淹的《别赋》。他虽并没有提到慧君要走的话，可是同学们都觉得慧君听讲时的神情有些异常。不过大家以为她是个情绪特别强烈的女孩子，或者为这篇文章和周老师特别强调的讲授所感动。奇怪的是，林鸰那个孩子，平时有说有笑的，这几天沉默得多了。星期六，伯臧讲完了这篇《别赋》，照例范读一遍。这篇声调铿锵的文章，经他朗诵恬吟，抑扬顿挫地读将起来，教室里竟充满了离情别绪，读到后来，他的音调竟带些呜咽之声了。全教室的同学都觉得有些凄怆。林鸰这孩子竟忘其所以，放开喉咙，跟着伯臧断断续续地朗读，读完了，竟掩面大哭起来。伯臧看慧君时，已曲着两只手臂伏在案上，头也抬不起来。

星期日早晨，七点半钟，慧君和林鸰已到周家。林鸰还带着一篓橘子，一大袋糖果。伯臧家里也已准备妥当，不但康氏、慧珍同去，把锡官、蕙官也带了去。伯臧已先到松木场去叫船。她们叫了一部汽车，四个大人、两个小孩一同上车出发。不消十分钟，已到松木场，伯臧已叫好了一只有篷子的大船。慧君扶了康氏，林鸰搀了蕙官，伯臧、慧珍忙着搬取东西，锡官跳呀跳地跟大家下了船。舱里铺着席子，大家席地而坐，叫船家挺开了船篷，撑起篙，摇着橹，径向西溪而来。沿途伯臧指指点点，说那里是南宋时的辇道，那里是高宗预备建行宫的地方，那里是梅林。大家随便谈笑，都不敢提起“离别”两字。锡官、蕙官两个孩子吃林鸰带来的糖果，看岸上来往的人，吵着，玩着，有时还吹口琴，唱歌，倒增加了不少热闹。

船到了秋雪庵门首，停桡系缆。林鸰搀着蕙官，慧珍搀着锡官，慧君搀着康氏，伯臧和一个船家拿了许多东西，先后走入庵中。一个和尚迎了上来道：“周先生，你们大小一共七个人吗？请到弹指楼上去坐，我已叫香火在那里安排了。”说罢，就领他们到这庵前面的一座三开间的楼上去。中间前面一排玻璃门，走出去，有木栏杆的洋台。慧君、林鸰、慧珍早簇拥着康氏，到前面倚栏远眺，锡官兄妹也跟了出去。伯臧还在同那和尚谈话。香火道人端上茶来，还有个果盘儿。那和尚道了少陪，和香火下楼去了。伯臧方踱到洋台上来，向前看时，只见一片芦荻都开了白花，好似下过一天大雪。这天是阴天，又在这四望无人烟的寂静的环境中，不禁令人生无限苍茫之感。慧珍道：“啊！这庵名‘秋雪’两字，真好极了！”慧君低低地吟道：“蒹葭苍苍，白露为霜。所谓伊人，在水一方。”

林鸰道：“慧君姊，今天我们游秋雪庵，登弹指楼，还和你在一块，后天你到南京去了，真是'所谓伊人，在水一方'了！迢迢的关山，茫茫的人事，不知道何年何月，方能再在这弹指楼头同赏秋雪啊!"伯臧道："人生聚散，原是无常，别后也就许能再会，可是再会却不一定在这弹指楼头，也未必是这几个人。即使就是这几个人，仍在这弹指楼头，也和今天迥不相同了。那时的芦花即使和今天的一般雪也似的白，但已不是今天的芦花。那时的林鸽也不复是今天的林鸽。那时的慧君也不复是今天的慧君了。这就是苏东坡《赤壁赋》里所说的'自其变者而观之，则天地与我曾不能以一瞬'的道理。所以我认为对於过去不必过於留恋，对於将来不必尽作幻想，我们只能抓住这一弹指顷的现在而已。今天既是我们这几个人在杭州共同游览的一个最后的机会，我们就不当辜负了它，不要思前想后地徒然引起许多伤感，反把这难得的现在忽了过去。"

慧珍道："爸爸你说现在只有一弹指顷，怕是形容过甚吧!"伯臧道："我说现在只有一弹指顷，还是说得太长久哩!"林鸽把手指弹了一弹，笑道："老师，这句话我倒有些不懂了!"伯臧道："我先问你，怎么叫作过去？"林鸰道："凡是现在以前的时间都叫作过去。"伯臧道："过去，过去，凡是现在以前的时间都叫作过去？那么，上一点钟，昨天，前天，上月，去年，民国以前，一直推上去，乃至有史以前，有人类以前，有地球以前，有太阳以前，有宇宙以前，无限的以前都叫作过去了。过去不是无穷的吗？将来也是如此，下一点钟，明天，后天，下月，明年，一直推下去，乃至人类灭绝以后，地球毁灭以后，整个宇宙毁灭以后，无限的以后都叫作将来。将来不也是无穷的吗？"林鸰、慧珍都道："不错的。"

伯臧继续道："现在怎么样呢？就以今天为例吧！以我们游秋雪庵为现在，则未进秋雪庵以前都是过去；以登弹指楼为现在，则虽已进秋雪庵而未登弹指楼的时间也是过去了。正确地说起来，我们说'现在'二字，'现'字方脱口，已成过去，'在'字未出口，尚是将来。就如鸰刚才的一弹指，未弹出时，尚是将来，刚一弹出，便是过去了。所以在无穷的过去与无穷的将来之间，夹着这短促得不可思议的现在，好似隔着一个几何学上所谓'无厚'的面，'将来'通过了这个面——

'现在'——便立刻变成'过去'了。古人所谓'俯仰之间，已成陈迹'，拿'俯仰'二字来形容，和我以'一弹指顷'四字来形容，实在是一样的笨拙啊！我说要抓住它，其实怎么抓得住它呢？我们从涌金门出发以后，从松木场上船以后，到这里登岸以后，入秋雪庵以后，登弹指楼以后，我开始和你们谈话以后，乃至我讲刚才这句话以后，已不知有多少'将来'溜过了这无厚的'现在'而变成'过去'了。试问我们抓住了什么？时光刻刻不停地在溜过去，宇宙间一切的一切也在不绝地变动。例如我，四十年前，也还和锡官一样；内人在三十年前，也还和你们一样；现在都已视茫茫、发苍苍了。可是人的幼而壮，壮而老，并不是像京戏里过昭关的伍子胥一夜须发尽白的，是一年年，一月月，一天天，一时时，一刻刻，一分一秒地在变的。仔细想来，现在和我谈话的鸰，已不是跨进秋雪庵时的鸰了！"慧珍、林鸰经他这样一说，早听得目瞪口呆，不知所答。

伯臧又道："从前有个解差，解一名犯罪的和尚去充军。半路上在客店住夜，那和尚把解差用酒灌醉，把他的头发剃光，而且换上了和尚衣，自己却穿着那解差的衣服逃走了。第二天，解差遍寻和尚不着，叫店小二来问，店小二把他认作和尚。那解差伸手在自己头上一摸，又看了看自己穿的和尚衣，诧异道：'原来和尚在这里。那么，我到哪里去了？'其实，我们都时时刻刻在变动中，也得自己问：'我到哪里去了？'"

他们靠着右边的栏杆在高谈畅论。康氏和慧君靠着左边的栏杆在絮絮闲话，锡官、蕙官却在中间站着远眺。几十亩的芦花，白茫茫的一片，一阵风过去，掀起了雪海的浪，高低起伏，煞是好看。那边角儿上站着几株枫树，红叶嫣然，恰似一群白发老人，旁立着几个朱颜的少女，这一幅初冬的天然图画，显示出天工的艺术来。这两个孩子虽不懂得什么诗意画意，却也觉得心旷神怡，两边大人们的谈话，毫不在他们的心上。香火端上四碟素的冷菜来，在中央的桌子上摆设了杯筷，走过来问道："先生，开一桌八元的素饭，好不好？"伯臧道："好的。我们带有葡萄酒，绍兴酒是不用了。"香火唯唯而去。

林鸹继续道："老师，时间电掣般过去，所谓'我'，又是刻刻在变动。人生不过百年，百年的光阴和无穷的过去和将来比起来，亦是一弹指顷而已。这样说来，人生真没意义极了！没价值极了！老师，你平常不是鼓励我们要努力，要积极吗？今天经你这一说，我顿觉得万缘俱空了！"伯臧道："这又错了！人生自有它的意义和价值的。"慧珍插嘴道："意义是什么？价值在哪里呢？"伯臧道："人生的意义和价值，便在人生。"林鸰道："老师，你这句话，我又听不懂了！"

伯臧道："人生如旅行。旅行的意义与价值，也就在旅行的过程；人生的意义与价值，也就在人生的过程。平平凡凡的一生就如平平安安的旅行，也有它的意义和价值；不平凡的，起初历尽困苦，历尽艰难，而终有所成就，无论是学术方面、事功方面的，这样的一生就如泛大海，登峻岭，涉险探奇的旅行，更有它的意义和价值。人生的旅行，日期是短促的，途程却长短、繁简、难易各有不同。如其因循自误，让一生的时间白白过去，做了几十年的饭囊衣架，这和出门旅行尽管在道旁打盹有什么分别？我们一天一天地过去，如其昨天是消耗在悠闲无事的生活里，在当时虽然觉时间过得真慢，日子似乎很长，到今天回想起来，又觉得昨天一天无事可供回忆，过得毫无意义，毫无价值，内容是空空的，日子又似乎特别短了。人之一生，也是如此。学术事功，毫无建树，纵使活到一百岁，后人要替他做一篇传记，总觉得毫无可记。反之，即使只活了五六十岁，而学术事功已可彪炳於人世，他的一生可记的事便多了，意义和价值也超人一等了。——所以我说人生的意义和价值就在人生。一生的意义如何，价值如何，就在这人对於他的一生能否努力，能否使它充实而已！这不是很积极的人生观吗？"他这番话，不但林鸽、慧珍为之点首，慧君和康氏也停了她们的闲谈，在侧耳细听。

那香火把菜开上来了，他们大小七个人一齐进来坐下。慧珍在各人面前的杯子里都斟上了葡萄酒。蕙官喝了一口，眉头一皱，忽又端起杯子，把半杯酒都喝干了。慧珍问她好不好吃，她道："起初不好吃，后来却是甜的。"慧君道："如食谏果，味在回甘。"康氏道："我想，一切的事，回味都是好的。"伯臧道："这也不见得吧！甘者回味更甘，苦者回味更苦，所以痛定思痛，甚於痛时。"林鸽道："那么为什么我们回忆往事，总觉得津津有味呢？"伯臧道："这就是人们心理的妙用。回忆的时候，往往能把前事的印象修正，不满意的都涂去了，单留那满意的，所以似乎都觉得有味了。老年人多喜谈过去，便是这个缘故。"

秋雪庵的素菜做得很好，不像功德林那样硬要做成鱼翅、火腿、全鱼、全鸭的样子，却各有它们的原味。八块钱一桌的菜，也有四冷盆、四热炒、两点心、四大碗。他们谈谈吃吃，毫无拘束，毫不客气，倒很有趣。

他们吃完了饭，吃了些橘子，喝了一会茶，同下弹指楼，到庵中各处随喜。走到正殿，康氏见供着的并不是观音大士之类，正中的牌位却写的是樊榭山人之位，觉得诧异。伯臧笑道："樊榭山人就是厉鹗，为我浙一代词宗，在这庵中受些供奉，也不算过分吧！你们不会留心吗？那弹指楼上中间挂着的也是词人吴谷人先生的行乐图啊！"他们转到左边的一间阁子里去，见挂着的也是两浙词人的姓氏录，人数非常之多。慧珍道："可惜我没带笔和记事簿来，不能把它抄下来。这秋雪庵竟是个词人聚集之处哩！"林鸰道："我见樊榭山人的旁边还供着厉樊榭姬人之位哩！这侍姬可以说是附骥尾了。"

　　出了庵，径自下船，又到茭芦庵走了一趟，便上船回松木场。在船里谈谈笑笑，把余下的糖果、橘子都吃完了。船到了埠，大家上岸。康氏带着蕙官先坐人力车回去，其余五人步行，绕过宝石山后，经钱塘门旧址，沿湖滨公园走来。在路上碰到夏志和、罗西泠。到了涌金门，伯臧邀慧君、林鸽进去小憩，她们俩也不推辞。

　　大门是虚掩着，他们刚进门去，早听得里面人声嘈杂，最高的是彭校长的声音。伯臧觉得有些诧异，赶上一步，抢进客堂去，只见叔文、宗贻和旭初坐着，宗诚站在前面，康氏挽着蕙官，月仙抱着愚官，也站在客堂后间的门首。伯臧抢先走了进去，慧君、林鸽、慧珍、锡官也跟了进去。旭初见了伯臧道："伯臧兄，你们还在游西溪，看芦花，不知道西安已出大事了！"伯臧听了关於西安事变的消息，也觉得突然，问道："这消息从哪里来的？"旭初道："我刚从省党部来，党部刚接到南京的电报。"

　　伯臧低了头踱来踱去，踱了许多时候，道："现在这事件的真相尚未十分明白，我们瞎猜，瞎着急，也没用的。"大家听了他的议论，都仍不能平静。旭初道：

"我要回校去了，校里的同事、学生还没有听到这消息哩！"说罢，匆匆走了。慧君、林鸲也跟他回校。

杭中的师生听了这消息，大为震动，三三两两，都以这事为谈话资料。夜饭后，教师忘了预备明天的功课，学生也无心自修。周宅也大大小小都注意於这件事。张妈出去买了一张《东南日报》号外，和旭初所说大同小异。不但杭中一校，不但周宅一家，而且不但杭州一处，凡是这消息传到的地方，莫不似打了个青天霹雳。

第十八章　词类的综合和变化

　　陈慧君的妈妈、弟弟从故乡出来了，住在慧君的母舅家里。虽然慧君的爸爸有信来，说因西安发生事变，叫他们暂缓进京，可是她妈妈的主观很强①，坚持原定的计划，在杭州耽搁了两天，仍带了慧君姊弟，径往南京。慧君向校中请了长假，别了周老师，随母亲前往。她对其余的同学还说是母弟赴京，不久就回杭州的。动身的一天又是星期四，趁上午九点的特别快车。到车站送她的同学，只有林鸰一人。其余的同学们不知道她竟从此脱离杭中。她们的注意，这几天又集中於西安事变，所以对於她这一走，并没有感到什么别离的滋味。直到接着她到京后第一封来信，方知底细，大家都埋怨

---

① 　原文如此。另见下册第 85 页倒数第 1 行。——编者注。

林鹄，为什么替她严守秘密，事先不让大家得知。华问陶说："不必埋怨鹄了！我们真笨，周老师讲授《别赋》时，她们俩的神情不是迥异寻常吗？不但鹄，周老师一定也早知道慧君要走了。"夏志和道："西泠，上星期日下午，我们不是在湖滨公园遇见周老师、慧君和鹄吗？星期一，我问过周慧珍，那天他们在游西溪，周师母也去的。"西泠道："对呀！一定是周老师和鹄瞒了我们，特地拣那冷僻的秋雪庵和慧君话别！——这太可恶了！一定是鹄想出来的主意。"林鹄这时也觉得对不起同学们，无可置辩，又想起了和她最要好的慧君，站在自修室靠北的窗前，面向着外，红着脸，低着头，一声不响。西泠跑过去，把她拉转身来，两颗泪珠儿扑簌簌地吊下来了。

伯臧，自从慧君走了，少了一个得意的学生，虽不至如林鹄那般懊丧，却也忽忽如有所失。这天下午，独坐在书室里，稿子也懒得写，翻开一本谭复堂选的《箧中词》，随便读读。慧珍和宗诚跳了进来。慧珍道："爸爸，今天我们的英文教师教我们文法了。他讲的是'词类'（parts of speech）。他说，英文的词类有八种：noun就是名词，pronoun就是代词，verb就是动词，adjective就是形容词，adverb就是副词，preposition就是介词，conjunction就是连词，interjection就是叹词。我记得，在小学里，教师说过，中国有'九品词'，英文里为什么少了一种助词？"伯臧道："我们中国向来是不讲究文法的，或以为'文无定法'，或以为'文成法立'，或以为即使有所谓文法，也是'只可意会，不可言传''运用之妙，存乎一心'的。所以文句的通不通，往往只能知其然，而不能明其所以然。自从西欧文字输入中国，渐渐地有人把西洋的文法用来研究中国的文章。於是英文有词类，中国文也有词类了。可是所谓助词，是中国文特有的。譬如英文的疑问句，只须把主词和动词的位置互易，或在前面加do或did等字；中文则须用'乎''哉''吗''呢'等助词来表示疑问。'八品词'加了一类助词，所以有'九品词'了。可是中文毕竟和西洋文字有许多不同，把英文的文法生吞活剥地引用到中文里来，终有觉得凿枘的地方。"

宗诚道："王先生也曾这样说过。例如说：'花红，叶绿'。在英文里必定得说'花是红的，叶是绿的'。因为'红'和'绿'是形容词，不是动词，非加上一个'是'字，句法便不完全。中文却可於名词'花''叶'之下，仅用一形容词'红'或'绿'来做成完全的句子。"伯臧道："对呀！——就词类说，总括起来，中文的九品词只可分为五大类。名词和代词是'实体词'，动词和一部分形容词是'述说词'，大部分形容词和副词是'区别词'，介词和连词是'关系词'，助词和叹词是'情态词'。近来研究中国文法的，多数是这样的主张。"

宗诚道："名词是事物的名称，用来表示观念中的实体的，自然可以说是实体词。代词怎么也是实体词呢？譬如，我问：'那是什么？''那'和'什么'不都是代词吗？怎么说它们是实体词？"伯臧道："你问'那是什么'，你的意思必有所指。如果你问的是电灯，代词'那'，便指这挂着的不要用火去点的那盏灯了；代词'什么'，便指你所要问的那东西的名称了，不都是实体吗？至於人称代词，'我'指说话的人，'你'指我对着说话的人，'他'指我所说及的人，不都是指的实体吗？"

慧珍道："动词和一部分的形容词，怎么又叫作述说词呢？"伯臧道："例如说：'我坐，你立。''坐'和'立'是述说'我'和'你'的动作的。又如说：'慧珍是女孩子，宗诚是男孩子。'这两个'是'字不是述说你们的动作，而是述说'你'和'她'是什么人了。凡'是'字之类，带着后面的补足语，用以述说事物的种类、性质、形态的，叫作'同动词'，因为它们虽不是述说动作的，而其述说事物的功用却同於动词，所以有这名称。又如宗诚刚才举的例，'花红，叶绿'，'红'和'绿'本是形容词，此处却直接用来述说'花''叶'的颜色，也可以归入'同动词'的一类，所以也是述说词。"

宗诚道："区别词这名称，我倒没有听说过。形容词是形容名词的，副词是辅助动词的，它们的功用完全两样。形容词又称静词，似乎和动词是相对平列的；副词又称助动词，不过作帮助动词之用，似乎动词为主，它们为副。这两种怎能并作一类？"伯臧道："你这种说法，太拘泥於这两种词类的名称了。例如说：

'红花''一位良好的教师'。'红''一位''良好的'，都是形容词，加於名词'花'或'教师'之上，是用以区别花的颜色、教师的数量和性质的。又如说，'他很快地跑'。'地'是'很快'的语尾，'快'是副词，用以区别'跑'的快慢；'很'也是副词，用以区别所谓'快'的程度。副词是附加於动词、形容词或其他副词，就事物的动作、形态、性质等，加上一种区别或限制的，所以也是一种区别词。"

慧珍道："介词是介绍名词或代词到动词或述说的形容词上去，以表示它们的时间、地位、方法、原因种种的关系的；连词是用以联络词与词、句与句、节与节，以表示它们相互的关系；所以都叫作关系词。爸爸，我说得对不对？"伯臧道："对的。你且举个例看。"慧珍想了一想，道："'太阳从东方出来。''从'字是介词，它介绍'东方'到动词'出来'，以表示太阳出来的方位。"伯臧道："还有连词的例呢？宗诚，你举举看。"宗诚道："例如说：'我和慧珍是表兄妹。''和'字是连词，联络代词'我'，名词'慧珍'。'虽然他是很用功，可是他没有考及格。''虽然'和'可是'

是连词，联络'他是很用功'和'他没有考及格'两句句子。"伯臧道："你们讲得不错。可是中国字里有一个特别的介词——'的'，它是介绍名词或代词到别个名词或代词上去的，而且其他的介词位置在它所介绍的名词之前（如'太阳从东方出来'，'从'字应放在'东方'之前），'的'独位置在它所介绍的名词或代词之后，这两点和其他介词不同。例如'电灯的光''我的书'。英文的 of 和中文'的'字相当，但它的位置却和'的'字相反，是在它所介绍的名词或代词之前的。'的'字是用得最多的，我们不得不加以注意。"

宗诚道："实体词、述说词、区别词、关系词，已是四类了。还有一类是什么词？"慧珍道："是情态词。刚说过，怎么就忘了？"宗诚道："不错！九品词中，除了名词、代词、动词、形容词、副词、介词、连词之外，还有助词、叹词，这两种一定是情态词了。"伯臧道："是的。这两类词，它们的本身是没有什么意思的。它们的作用完全在表示说话的人说话时的神情态度的，所以叫作情态词。助词是用来帮助词和语句的，差不多是一种表示说话时神情态度的符号。例如说：'孔乐三吗？他真是一个苦学生哪！'　'吗'字和'哪'字就是助词。助词还和词句发生关系；叹词是用来表示说话时一种表情的叹声，常常是独立的，是有声无义的，是和词句没有什么关系的。例如：'唉！他真是一个可怜的人！'　'唉'字就是叹词了。这两种词，虽然本身都是没有意思的，用得好，文章便能传神。如其用得不好，文章便索然无味了！——文章的传神，比说话难。因为说话时，面孔上可以有许多表情方法，如怒则瞪眼，忧则皱眉，喜则含笑，悲则下泪之类。动作上也可以有许多表情的方法，如顿足以示可惜或可恨，拱手以示感谢或崇拜，摇头以示否认或要不得之类，都可以帮助所说的话，来表示说话的人的神情态度。文章是写在纸面上的，便没有这些帮助了，全靠助词、叹词用得好，方能把做文章的人的情态在纸面上表现出来。"

慧珍道："经爸爸一说，我们对於九品词可约为五大类都明白了。"宗诚道："我们的字书上，为什么不把每一个字所属词类分别注明呢？用九品词分别注明也好，用五大类分别注明也好。"伯臧道："你又说呆话了！这样分别注明，有什么用处？而且所谓词类的分别，完全要看这个词在句中的位置、职务如何，不能在这个词的本身，或字形，或字义上，来判定它所属的词类的。而且，同一个词所属的词类，可以有种种的不同。一个词所属的词类变化了，并不如英文那样有语头有语尾的变化，或拼法上的变化，也不从词尾上表示阴阳性、单复数或时间等区别的。"

宗诚道："一个词怎么可以属几个不同的词类呢？"伯臧道："例如'春风风人'，上一个'风'字是名词，下一个'风'字不是动词吗？又如'解衣衣我，推食食我'，上一个'衣'字、'食'字，不都是名词吗？下一个'衣'字、'食'字，不都变了动词吗？又如'人'字，我们一望而知其为名词的。韩愈的《原道》里有一句'人其人'，他的意思是要使僧道还俗，仍旧去做个普通的人。上一'人'字不是变了动词吗？又如变通说的'人参''人鱼'，两个'人'字，不是形容'参'字、'鱼'字的形容词吗？又如《左传》里有一句'豕人立而啼'，意思是说那只猪人般地立了起来而啼，这'人'字不是形容动词'立'字的副词吗？又如我们常用的'故'字，可以做名词用，如你们校规中'无故旷课'的'故'字，是做'事故'解的；如说'此何故也'的'故'字，是做'原因'解的。又可做形容词用，如'故人''故剑'的'故'字是做'旧'字解的。又可作副词用，如《吕氏春秋》'臣以为王已知之矣，王故尚未知之邪？'这'故'字是做'原来'解的；如《战国策》'燕太子丹故尝质於赵，'这'故'字是做'从前'解的。最普通的，是做连词用，如《论语》：'求也退，故进之；由也兼人，故退之。'这两个'故'字都是做'所以'解的。"宗诚道："懂了，懂了，一个词或字，因它在句中的用法不同，所属的词类也便不同。"

慧珍道："现在我们当连词用的'然'字，它的本义是燃烧，本来是一个动词；当连词用的'而'字，它的本义是胡须，本来是一个名词。倒也是很好的两个例。"伯臧道："说到这'然''而'两字，它们的用法正多哩！如《庄子》：'始也，我以汝为圣人邪，今然君子也。'这'然'字做'乃'字用，也属於动词。《荀子》：'人人皆以我为好士，然，故士至。'这'然'字做'如此'解，即代上文的一句话，当属於代词。对话时表示肯定的回答，常单用一个‘然’字，则又成副词了。又如‘勃然变色’‘喟然叹曰’，做副词的语尾用；如《孟子》‘无若宋人然’，《大学》‘如见其肺肝然’，与‘如’‘若’连用，表一种拟象之词，则又成语末助词了。”

慧珍道：“原来‘然’字有许多用法。那么，‘而’字呢？”伯臧道：“这个字的用法也很多。例如《左传》：‘余，而所嫁妇人之父也。’这‘而’字做‘你’字用，是代词。《墨子》：‘不而矫其耳目之欲。’这‘而’字做‘能’字用，是助动词。《淮南子》：‘夫一麑而不忍，又何况於人乎？’这‘而’字做‘尚且’解，是副词。《诗经》：‘顾而长兮。’这‘而’字是副词‘顾’字的语尾；《论语》：‘已而！已而！今之从政者殆而！’这三个‘而’字是用以表示语句的神情的，都是语末助词。”

宗诚道：“怪不得文言文难懂了，这些极普通的字，用起来变化这样的多！”慧珍道：“王先生已教过三篇文言文了，他也教我留心这类虚字的特殊用法、特殊意义。他说，实字，无论是人名、地名、书名、物名，以至於典故之类，总还容易查。这类虚字的变化，反不容易查，而且查不胜查，所以得随时留心。"伯臧道："查，是有书可查的。商务印书馆不是有一本杨树达的《词诠》吗？此外还有王引之的《经传释词》、刘文淇的《助词辨略》，都是研究所谓虚字的。不过我们阅读文言文，连虚字助词都要逐个地查，不是太麻烦了吗？"说罢，指着一个书橱道："这一橱都是工具书，我所说的那三部书都在里面，你们要看，也可以检出来去翻翻。"

　　这时候，外面传进一阵女子们的笑声来，进来的是华问陶、罗西泠、夏志和、林鸨几个人。西泠第一个开口道："老师，你瞒得我们好！"伯臧听了，摸不着头脑。林鸨道："她们埋怨我，事先晓得慧君要离开杭州，没有通知她们，而且说你老人家也瞒了她们，特地拣了西溪秋雪庵那个地方和慧君话别，今天来兴问罪之师了！"伯臧笑道："那你们竟是娘子军了！慧君要走，原是早有这个消息，不过这是她母亲的意思。她母亲到杭州时，她还想借口西安事变，劝她母亲不要去哩！你们想，她还想不走，如果那时同学们先给她送行，茶话会呀，照相呀，饯行呀，大举起来，不是反而逼得她非走不可吗？我那天明明暗示你们了，特地讲了一篇《别赋》。她听讲时的神情，你们怎么看不出来？至於那天到西溪去看芦花，我和内人本定这天带了小女和两个孙儿同去的。恰巧慧君和鸽来了，便邀了同去。你们一班有三十个人，我能都邀了去吗？"她们经他这一讲，倒觉得无话可说了。

她们搭讪着坐了下来。华问陶便把话锋转到西安事变上去，问道："老师，你料西安事变的结果究竟怎样？为什么蒋夫人和宋子文都飞了去？听说张学良和共产党讨价很大哩！"伯臧笑道："你以为他们在绑票吗？我想，绝不是这样一回事！——事情是难说的。我想，这事情已快可解决了。这事变是我国大局转变的一个枢纽，继此而发生的，将有更严重的一场事变。或者，你们青年们这几年来所盼望的一致对外的事实，有做到的一天。"林鸽的嘴最快，忙问道："和日本开战吗？"伯臧道："也许这样做。"林鸽又道："中央有这样的决心吗？"伯臧道："中央常说准备，并不是假话。你们还记得吗？中央曾有规定全国通用法币，不用硬币的一回事。这就是战事的准备呀！不过还没有下决心。经这次事变以后，怕就要下很大的决心了！"林鹗跳起来道："照老师看来，是否兄弟阋墙,从此之后，可以统一战线外御其侮了？"伯臧道："也许可以做到。"她们齐声道："这就好了！"伯臧笑道："对外战争，谈何容易！以我国的兵力、财力而论，都不如人，只有地力、人力是比较宽裕。万一真的有战事发生，我们的海军可以说等於零。我们沿海的几省一定要糜烂的！国际的大势究竟如何，也还没有把握啊！现在，我们师生还是太太平平地欢聚一处，将来就难说了。岂但我们师生，一家人也未必能团聚在一块。这时好好地走了一个慧君，我们尚且感到偌大的离别的悲伤，将来一家人流离分散起来，你们怎么忍受得下去啊！"她们都为之默然，坐了一忽儿，便告辞去了。

第十九章　一个活的成绩展览会

　　光阴如流水，昼夜不停地流去，流去，新年早已紧跟着旧年来到人间。杭中准备在元旦开一个大规模的成绩展览会。宗武、宗基、宗常、志华四人，应宗诚、慧珍之邀，上午八点钟就齐集涌金门周宅，同往杭中参观。

　　他们到了杭中本部的门首，已有许多来宾，在平时做学生会客室用的那间小小的售票处购买入场券。原来这次展览会是要买票的，票价法币一角。售票处门口贴有通告，说全部票价和会场中售卖各物所得的钱，都做购买飞机的捐款。他们四人的入场券，宗诚、慧珍早已买好了，就向站门岗的童子军收票员验券入场。刚要进去，忽然一部汽车开到校门外停下，走下一个穿蓝袍黑褂的人来。宗常叫同来的人让在一旁，低声道："你们认得他吗？他是前任教育厅长田庚桑先生。我们看他要不要买入场券。"慧珍看时，这人个儿并不高大，脸庞黄瘦得可以。他正待扬长进校，站岗的童子军过来向他敬了一个礼，道："先生，请先购券，然后入场。"那人含着微笑，去看那张通告，道："啊！原来是这样的。"这时，杭中的训育主任袁先生从售票处出来招呼道："田先生，你既来赏光，得买一张优待券。"说罢，呈上一张红的入场券。那人取出一张五元的钞票，交给袁先生。袁先生把钱转交售票处，便陪着这位田先生进会场去了。

他们四人也跟了进去。大门里的运动场上围着两堆人，原来一处在比赛篮球，一处在打网球。他们并不久看，便走进健身房的第一陈列室。这里陈列的是军训、体育、童子军的成绩，照片特别多，如集中军训、野外行军、打靶、历届运动会、各种球赛、童子军露营、救护、营火等，还有各种统计图表，各种枪炮飞机的模型等，都陈列在两边。台上在表演拳术，中央有许多人坐着在参观。他们也没有久看，出了健身房，依着指定的路线，走进初中部教室的楼下。

楼下四间教室都是陈列室。第一间是高中工科的陈列室。除了各项图表簿册书面的成绩品之外，还有许多小型的机型和纺织工业、化学工业的出品，都有售价标明。来宾要买的，可以记住品名、价目，到临时商店去购买。第二间是高中蚕桑科的陈列室。除各项图表、簿册等书面的成绩之外，还有桑园、蚕室、茧箔、缫丝房的模型，蚕种、丝茧等出品。第三间是高中师范科的陈列室。书面成绩之外，还有他们自制的活动教具、儿童教育玩具、各国大教育家遗像等。在这里定买玩具的小朋友们很多，都由家长们抄记了品名到临时商店去买。第四间是高中商科的陈列室。除书面成绩之外，便是一家临时商店，除发卖会场中陈列的出品之外，还有糖果、水果等。店员完全是商科三年级的学生。

　　他们走完了楼下的四间教室，便上楼去。楼上第一间是女生家事缝纫科的陈列室。这里好似一家成衣铺，陈列着许多小孩子的衣装，还有在踏缝纫机当场制衣的女生。又有刺绣、毛织等的成绩品，都标明售价。他们看得最好的是四张绣的花卉屏条，一副绣的篆书对儿，却都有人定买去了。第二间是生物科陈列室，里面有许多挂图、标本、模型，一半是学生自制的。第三间是史地科陈列室，地图和历史上名人的遗像很多，还有一大盘全中国山脉、河流的模型，放在当中。慧珍在这里发现了夏志和画的水墨画、西湖古迹图，每幅上有陈慧君、罗西泠等熟悉的女同学的题记，忙指给他们看。第四间是数理科陈列室。数学的成绩，当然是纸面的居多。物理化学则有许多仪器、药品也陈列在那里。还有许多科学家的遗像。还有同学在做物理化学的实验，许多来宾看戏法似的站在那里看。

楼上楼下都走遍了，他们又到师范部那幢教室里去。楼下第一间是党义科陈列室，挂着《建国方略》实业计划，东方大港等大幅的地图，革命先烈的遗像，中央挂着的是孙总理遗像遗嘱。来宾经此，都脱帽致敬。还有许多先烈遗物，不知从哪里搜罗来的。书面的成绩却也不少。第二间是图画科陈列室。这间陈列室里，有山水、人物、花卉，各种水墨的、着色的中国画；有油画、水彩、墨炭、钢笔、铅笔，各种的西洋画；大幅的、小幅的：真可说是满目琳琅。其中如他们教师丹翁、钝庵等的作品，裱好的都标着价目，已有好几种被人定购去了。第三间是劳作教室，除陈列着金工、木工、竹工等工具之外，也有许多竹、木、金属、陶土等标卖的出品。其中有几个一二尺高的塑像，已被人定购了。第四间是生理卫生科的陈列室，挂图、模型、玻璃瓶里浸着的标本，显微镜下的病菌，倒也很好看。

他们顺着路线走上楼来，第一间便是学校行政的陈列室。教务、训育、事务三处，分处陈列着许多图表、簿籍。壁上还挂着许多古碑的拓本。原来杭中本部是南宋太学遗址，有许多宋代的古碑，如宋高宗御书飞白，高宗和他皇后御书的石刻《十三经》，李龙眠画七十二弟子像的石刻，以及清阮元摹刻的《石鼓文》之类，都标有价目。宗基他们四人各买了一份七十二弟子像。第二间是杭中兼办教育事业的陈列室。杭中本校分校附设三处的民众夜校之外，还有民众茶园、巡回教育车；还有推广教育处在留下、塘栖办的民众补习学校，附设在本校的小学教员函授班。成绩品收集起来，自然不少了。第三、第四两间是小学部的陈列室。成绩品更是多得陈设不开，一叠一叠地堆在桌子上，壁上也挂满了。

他们六人走下楼来，宗常道："陈列的成绩品，可以说是丰富极了，布置也很好，不但眉目清爽，而且使人看了，感到许多兴趣。可是我有一个很大的疑问，为什么没有英文、国文的成绩品呢？"宗诚笑道："没有看完哩！"他们顺着路线，走到女生宿舍后面的操场里，见有两个童子军篷账搭在那里。场里是女子排球比赛，正在举行，看的人着实不少。从这里转出，到明伦堂后面、厨房旁边、女生膳厅前面的女生家事科烹饪实习室里。只见林鸰穿着雪白的围裙，端着两碗汤面上膳厅去。慧珍叫道："鸰姐姐，你今天在做跑堂的呀！"原来她们在实行烹饪，做汤面、炒面、包子等点心，发卖给来宾吃，座头就在膳厅里。林鸰笑道："慧珍妹，今天你好请客了！"他们走过膳厅门首，向里一看，果然有好些人在里面吃点心，宗常笑道："烹调的成绩，不吃是不能知道的。"

他们这时，忽听得一阵鼓掌声从明伦堂里传出来，便向那边走去，只见门口写着外国语陈列室。走进去看时，台上正在举行英语辩论会。台下，中央坐着许多人，一半是高中部的男女同学，一半是来宾，四周挂着的、摆着的，是英文、德文、日文的成绩品。他们听了一会，自惭英语程度太差，便退了出来，又往西面走去。将到崇圣祠，便听得国乐悠扬的声音。赶过去一看，原来是音乐科的成绩陈列室。里面有许多中西乐器陈列着，还有关于中西古今许多乐器、乐典的图表。有一批学生刚合奏国乐完了，接着是音乐女教师古先生的钢琴独奏。听音乐的来宾已把座位坐满了。他们站了一歇，退了出来，向大成殿前的大礼堂走来。

宗城道："大礼堂上是国文科的陈列室。"他们一走进去，台上高中各科的国语辩论会正要结束。这样大的一所大礼堂四周都挂满了图表及立轴、屏条、真草隶篆各种的字，他们在这里发现了王先生、章钝庵先生、崔可轩先生写的字，都是裱好的，标明卖价。又发现了孔乐三和慧珍合作的《说文》部首，裱成十二条合锦的屏，还有宗诚临的《爨宝子碑》，真高兴得跳了起来。慧珍、宗诚正在兴高采烈地指给宗常他们看，忽然背后有人叫了声慧珍道："啊！倒看你们不出！"回头看时，原来是章载之先生，赶快向他招呼。沿墙壁摆了许多桌子，钉成本儿的成绩，如作文、习字、笔记、读书报告等，都分部、分级、分组陈列着。载之翻着了他们的《复词研究》，拿起来细看。这地方，在找自己子女的作文簿看的家长非常之多。那位田庚桑先生也捧了一本作文，坐在后面的椅子上细看。袁先生仍在陪他。原来他的女儿田小凤是和林鸰同班的。他向袁先生笑道："这位周老师的批改国文，在现在的中学教师中，可称独步了。"他看罢了作文，站起来看挂在壁上的成绩，对於陈慧君、沈眉士等编制的许多图表，都很满意；尤其称赞王剑英写的篆字，崔可轩写的魏碑，各买了一张立轴，说要请他们填明上款。

慧珍等一行，在大礼堂上逗留了许多时候，方向南转东，走到男生宿舍前面的大操场上去。那里，正集合了高中各科一年级的男生，在表演兵式操。军事教官全身武装提高了嗓子在叫口令。看的人倒也不少。他们正站着看，背后有人在议论道："这样的成绩展览会，方是活的展览！"回头看时，又是那位田先生。宗常拿表一看，已是十一点多了，道："我们回去吧！"他们六人一同出校，又回到周宅来吃中饭。吃过中饭，宗常等四人各自去了。

伯臧、宗贻、叔文上午都在杭中帮忙。伯臧回来吃中饭，叔文吃了中饭才回来。宗贻仍留在校里。下午，伯臧不去了，和宗诚留在家里。叔文陪了康氏、月仙，带了锡官、蕙官前去参观；愚官太小，交给张妈照顾。慧珍因为要去参加国语演说竞赛，仍得同去。他们的入场券，也早买就了。验券进校，由叔文领导，把初中部、师范部教室的楼上楼下都走了一遍。康氏在缝纫陈列室里买了一条桌毯，三套童装，在师范科陈列室里买了三种玩具。慧珍嫌她们走得慢，说演说的时间就要到了，先跑了去。叔文领着她们，先看外国语陈列室，匆匆地走了一趟，径向大礼堂来。演说竞赛要两点半开始，还有半个钟头，便先看陈列着的国文成绩。叔文把慧珍、宗诚的成绩指给她们看。康氏见有许多图表是陈慧君做的，问道："她已到南京去了，还有许多图表寄来吗？"叔文道："大概是离杭中以前做的吧！"

铃声响了，叔文叫她们去坐，她们就在第三排上坐下。陆续地进来了许多学生和来宾，大礼堂上的座位，坐满了三分之二。幕开了，王剑英出台报告，说先举行初中部的国语演说决赛。报告毕，演说员陆续地上下了三个。第四个轮着慧珍了。康氏因为前面三个人，两个男的，一个女的，都演说得很好，暗暗替自己的女儿捏一把汗。哪知慧珍缓步出台，态度非常从容，走到台前，鞠了一个躬，便开口道：

"诸位来宾，诸位家长，诸位老师，诸位同学，今天慧珍承本组同学推举，来参加本校初中部的演说竞赛，实在是很冒昧的！因为本组还是一年级，入本校肄业，还不到半年，慧珍又不是本组同学中的高材生，慧珍认为参加这次演说，与其说是竞赛，不如说是练习，有不对的地方，还望诸位批评、指教！"她说到这里，略停了停：

"今天，我演说的题目是'撞钟主义'。俗话说：'做一日和尚撞一日钟。'诸位听了，必定说我这题目太俚俗了，太消极了！其实，我的撞钟主义是很积极的。

"第一，凡和尚必须撞钟。自国府主席、委员长以至各公务员，自研究院长以至小学教师，自大学生以至小学生，以及社会上一切工农商人，以及家庭里的家长子女，主妇仆人，皆可作和尚观。自治国平天下的大事，以至教书、读书，以至家庭琐事，皆可作撞钟观。人人能尽他应尽的责任，便是能'做一日和尚撞一日钟'。如其做了和尚，只想吃斋、吃馒头，而不能撞钟，或懒於撞钟，便是没有尽做和尚的责任——尽做人的责任！

　　"第二，做什么和尚撞什么钟。国家、社会、家庭，各人所处的地位不同，所任的职务不同，便是他所应撞的钟不同。父母之慈，子女之孝，朋友之信，夫妇之互相敬爱，便是各人应撞的钟。教师的教不倦，学生的学不厌，也是他们应撞的钟。推而广之，上至於军国大事，下至於扫地抹桌，也是各人应撞的钟。有些人放着自己应撞的钟不去撞，反而越俎代庖地去瞎撞别个和尚的钟，如军人干政、学生干涉学校行政等，都是要不得的。

　　"第三，要有撞木钟的精神。撞钟，只要撞得得法，没有不会响的。我们如果专心致志地就自己的本位努力，事情没有做不成的。可是有时也偶然碰到了一口木钟。譬如教师教到了天分极笨的学生，学生遇到了极难的功课，撞一下，不响，两下，也不响。这时候，我们必须有弘愿毅力，百折不挠地撞下去，则精诚所至，金石为开，必有一旦发出宏大的反响来。《中庸》说：'人一能之，己百之；人十能之，己千之。虽愚必明，虽柔必强矣。'无论求学，无论做事，都要有这样的精神——就是我所说的撞木钟的精神！

"如其我全国上下大小的一切人们，都能认定凡做一日和尚必须撞一日的钟，辨清自己本分中所应撞的是什么钟，而且抱着撞木钟的精神，去实行我这撞钟主义，绝不会再有尸位懒惰、侵权排挤和半途而废等等的坏现象了！——就如慧珍今天，以学识幼稚、口才笨拙的人，承同学们推选，却大胆上来演说，明知贻笑大方，不复顾虑，也可以说是实行撞钟主义，实现撞木钟的精神！——完了。"

她刚好演说了十分钟，脸也不红，气也不喘，举动自然，态度稳重而活泼，国语熟练而流利，比前面的三个同学博得了更多的掌声。她下台了，就到康氏她们那里来，叫了声妈妈。台下许多来宾都向她注视。有人说："这位小姑娘，看去不过十二三岁哩！怎样教好来的？"接着又有两个女的、三个男的上去演说。一共九个人都轮完了。台上闭了幕，暂时休息，等着评判员的报告。台下的来宾纷纷地议论起来。叔文道："慧儿怕可得到锦标！这九个同学，国语说得好的也有，态度好的也有，意思层次好的也有，但各有各的缺点。如末了那一个，意思很好，口才也不差，态度也自然，可惜是一口绍兴土白！"过了十分钟，幕又开了，评判员出来报告的是章载之，果然是周慧珍得了第一。全场掌声雷动，尤其是她同组的同学，竟拍手狂笑起来。康氏、月仙也觉得很得意。她们从人丛中走出去时，许多人都向慧珍注目而视，倒把慧珍看得不好意思起来，红着脸，低着头，跟着她妈妈出大礼堂去了。

她们绕到崇圣祠去，刚是训育主任袁先生和体育主任王先生唱完了一出《汾河湾》。袁先生唱的青衣，王先生唱的须生。她们进去时，还觉得余音袅袅，绕梁不绝。袁先生见她们来了，忙过来招呼。音乐教师古女士也常到伯臧家里来的，和康氏熟识，也过来相见。林鸰曾告诉她，说周师母能吹洞箫。那位古先生便要求客串一曲，袁先生也从旁怂恿。康氏没法，只得借了一支洞箫，吹了一支《水调歌头》。这三间平屋的崇圣祠里，竟站满了人。接着是古先生的古琴独奏，因为人声嘈杂，倒听不清楚了。

崇圣祠外面有人叫周师母，原来是林鸰、罗西泠来了。慧珍道："鸰姐，你怎么不跑堂了？"林鸰笑道："我们堂倌是轮班的。"康氏听了不懂，慧珍把上午的事告诉了她，方才明白。她们一行人便向烹饪室走来。林鸰和罗西泠把她们引进膳厅，拣了张桌子坐下，请她们吃点心。她去叫了一大盆炒面来。送面来的是另外一个女生。康氏吃了炒面，连声赞好。这时已是四点光景，锡官兄妹都有些肚子饥了，吃得津津有味。她们刚吃完，走出膳厅，宗贻来找她们了，说道："原来你们在这里吃面，可惜我迟来了一步！"她们见时光已是不早，便别了林鸰、罗西泠，随着宗贻出校回家去了。

第二十章　寒假考试的国文试题
——你们也试试看

展览会开过了，新年的三天假期也过去了，再上一星期课，就要举行寒假考试，各学科都须在这星期里结束。伯臧、宗贻已在预备国文试题，叔文在指导宗诚、慧珍温习这学期的功课。就是锡官、蕙官，也由月仙督促着，各自把一学期的功课做一总复习。这天晚上，周宅里，除读书的声音、讲书的声音之外，比平时任何日子还静。

忽然外面一阵鞭炮声夹着人声，接连不断。宗诚第一个忍不住，便问道："慧妹妹，杭州人过阴历年过得特别早吗？你听，这不是谢年的鞭炮声？"慧珍道："今天还不过阴历十二月初，怎么过年会这样早呢？"鞭炮声越放越勤，越放越近了，还夹杂着叫卖号外的声音。伯臧、宗贻也停了笔在注意。叔文早已三脚两步地赶了出去。不多时，拿着一张号外，进来道："蒋委员长已由张学良陪着，乘飞机回京了！"大家都围拢来看那张号外，连锡官兄妹也争着要看。

埋头温习功课的学生们重新又注意到时事，同学间、同事间、师生间、家庭间，都以西安事变为谈话的中心。伯臧道："但恐一波刚平，一波又起，比'九一八''一·二八'厉害十倍百倍的国难，怕不出三年，就要临头了！浙江是沿海的省份，受害必最早而最烈啊！"他这种议论，许多人认为是杞人之忧。杭中同事里相信他的只有彭旭初、王剑英几个人，学生更不必说了。

寒假考试的日期一天天地逼近来，又把学生们对时事的注意吸引到功课上去。杭中停课三天、考试四天的布告已发表了，各学科考试的日期也已排定了。这几天正是考试的日子。前两天热得和三四月差不多，而且潮湿得很。第三天午刻，天气突然变了。西北风刮得呼呼地响，气温骤然降到零度以下。教室里生着煤炉，还不觉得什么，考完了，退出教室，便觉得风刮在脸上，和刀一般。幸而小学部已於前一天结束了，锡官、蕙官不必冒了风寒再去上学。周宅书室里也装有一个煤炉，康氏婆媳带着三个小孩在书室里玩。伯臧在评阅他的国文试卷。下午，张妈无事，也坐在煤炉旁取暖，一面在做她自己的鞋子，说是过年的时候要穿的。

三点多钟了，宗诚、慧珍穿着大衣，套着手套，夹了书包，把头缩在大衣的领头里，屏住气，由杭中回涌金门来。他们是朝北走的，正逆着风向，不但很是费力，而且觉得那西北风真是无孔不入的，尽管向他们俩的领口、袖口里钻进来，把他们身上的那些儿热气都赶跑了。到涌金门直街口，转了弯，方透过一口气来。一到家，就跑进那间暖烘烘的书室里去。宗诚放下书包，就往炉子旁张妈坐着的一张长凳上一坐，叹口气道："外面真冷！在这里，真所谓'如坐春风'了！"慧珍也掇了一张凳子过来，又从炉子上的开水壶里，冲一杯开水喝了，道："让肚子里也热一热。"康氏道："慧珍，你给爸爸倒一杯茶吧！——伯臧，卷子看完了没有？你也得歇歇了！"伯臧放下笔道："刚刚看完，分数也填齐了。"慧珍捧了一碗刚泡好的茶过去。看他填的分数时，男生是沈眉士第一，田道阶第二，女生是华问陶第一，罗西泠第二。问道："林鸧姊怎么样？"伯臧道："她也还好，有八十分。论天分，她是个很聪明的，可惜欠仔细！"慧珍道："那么，沈眉士和华问陶毕竟哪一个好呢？"伯臧道："他们两人各有所长。议论文、散文，无论文言语体，都要让沈眉士考第一；抒情描写之文，或作诗词，眉士就不及问陶了。"慧珍把他们的试卷抽一本来翻看，见前面是一篇作文，题目是《西安事变感言》，后面有八个问题，是关於文学史和学术思想的，她看去不十分懂，便丢下了。

伯臧站了起来，捧着一碗热茶，对窗立着。慧珍也立在窗前看。这时，外面一阵风过去，听得淅淅沥沥地响，下起雪雹珠来。伯臧道："'相彼雨雪，先集维霰。'霰，就是雪珠儿。今晚要下大雪了。"慧珍道："四叔叔和哥哥还没有回来呢！"不过五分钟，竟飘起雪花来了。起初，下的是雪珠儿夹着一丝丝的鹅毛雪，后来越下越大，竟由一丝丝的，变成一片片的、一团团的棉花般的大雪了。风倒小了，棉花团般的大雪，好似在空中上下旋转，看得眼都花了。伯臧道："慧珍，谢道韫咏雪的故事，听到过吗？"宗诚、锡官听说要讲故事，都跑了过来。伯臧道："谢道韫是东晋时一个才女。她是谢奕的女儿，谢安的侄女儿。有一天，下雪，谢安问道：'大雪纷纷何所似？'谢安的侄儿谢朗道：'撒盐空中差可拟。'道韫道：'未若柳絮因风起。'所以现在称女子有文学天才的，还说是咏絮之才。"康氏插嘴道："下雪像柳絮因风飘舞，比得像极了，若说像撒盐空中，谁也不会相信。"伯臧道："你真是只知其一，不知其二。刚才不是先下雪珠儿吗？撒盐正是比拟下雪雹珠啊！"宗诚道："他们叔侄三人一问二答，好似在作诗呢。"伯臧道："咏下雪的诗是很多的。白居易有一首小诗道：'绿蚁新醅酒，红泥小火炉。晚来天欲雪，能饮一杯无？'下雪的天气，喝一杯酒取取暖，是很有意思的。"康氏道："张妈，你去打一斤绍兴酒，买些酒配来。伯臧想喝酒哩！"张妈真个张着伞去打酒了。

　　院子里已白起来了。宗贻先回来，他因为路远，是坐了人力车来的，所以身上并没有雪。接着叔文也回来了，呢帽上，大衣上，竟是一片白色。冬天的日子短，室内早已开了电灯。因为冷，夜饭就开到书室里来吃。

张妈去买酒，带了几样酒菜来，酱鸭儿、松花、羊膏。他们全家大小就在火炉旁围着一张桌子，浅斟细酌起来。那酒的味儿倒很醇。一斤酒，已够他们喝了。今天加了一个肉圆儿煮胶菜的火锅，热热的很是可口。吃了饭，觉得暖热起来。宗诚道："火车要添煤，火也要添煤，吃了饭，我们肚子里也加了煤了。"慧珍道："加了煤，便得开车。明天还要考国文，诚哥哥，我们俩去开夜快车吧！"他们俩洗了手脸，漱了口，便去预备国文了。宗贻的一班国文考得早，前天就把分数结好送去。伯藏取过一面算盘，叫宗贻帮忙，结算两班的国文成绩。叔文学校里的事今天已做完了，职业中学也是明天考完，明天、后天休息两天，预备于大后天带宗武、宗基两个孩子回老家去，晚上先写一信回家，叫他的夫人着工人到船埠来挑行李。

　　第二天早晨，慧珍醒得最早，一骨碌爬了起来，撩开帐子，向窗外一望，雪花儿还在飞舞，看看床头放着的手表，还只有六点多钟，想躺下去再睡一忽儿，远远地听得宗诚已在楼下读国文，便穿衣下床，轻轻地开了后面的房门，走下楼来。到厨房里一看，张妈正在烧开水。便舀了一盆脸汤，一杯漱口水，到客堂后间盥漱。梳洗完毕，到书室里，宗诚一个人在读国文，脸还没洗过哩。张妈把脸水送进来，宗诚方去盥漱。叔文睡在床上，从被窝里伸出头来道："这样冷的天气，你们却舍得这暖烘烘的被窝！国文，不是可以临时抱佛脚的！——你们的国文，考不考作文的？"慧珍道："王先生说过，要做一篇文。这篇作文要占一半分数哩！"叔文道："今天的作文题，一定是关於雪的。"宗诚、慧珍也觉他猜得不错，连忙把教过的关於雪的两篇文章，一首白话诗翻出来再看了一遍。

他们俩先吃了稀饭，便张着伞，踏着雪，先到校去。院子里早铺下了三寸光景厚的雪。那枯萎了的紫藤负着极厚的雪，好似压得透不过气来。那些青翠的竹，也都老了，白发皤然，弯着背，低着头，好似老人们在那儿咳嗽。遥远的南山也都戴了白帽，穿了白衣。他们走下台阶，在那洁白无瑕的一方雪地上，印上了许多足迹。走出墙门，到湖滨一望，西湖早成了粉妆玉琢的世界。那条涌金门直街，这时候还没有人走过。慧珍猛然记起了两句诗："渡船满板霜如雪，印我青鞋第一痕。"她一面背着伞，在前走路，一面却在沉思。宗诚忽然吟道："人生到处知何似？应似飞鸿踏雪泥。泥上偶然留爪印，鸿飞那复计东西。"慧珍听了，颇有所感。她想："我们住在此地，也是寄寓，将来搬走了，这里也不过是雪泥上留一鸿爪的印儿而已。"

他们俩一前一后，踏着这玉屑似的雪，到了杭中，分头往男女生自习室去。慧珍一到那里，彭菱仙早已来了。她们站在自习室的阶上，看那滚滚地飞下来的大雪。华问陶、罗西泠也在那里看雪，她们昨天已考完了。西泠道："问陶，你家住本市，为什么还不回去？"问陶道："我怕冷呀！等雪停了再回去。"西泠道："冷？回到家里，投入妈妈的温暖的怀抱里不好吗？偏喜欢在这里陪我们挨冻！"问陶道："黄金时代的童年已消逝了，还能倒到妈妈的怀抱里去撒娇吗？"说时，遥指慧珍她们道："你看，她们倒是刚从妈妈的温暖的怀抱里出来的。"慧珍正待告诉她们国文考得很好，忽然上课钟打了九下，连忙到自习室里拿了笔砚，和菱仙她们几个女生同到教室里去。

大家静静地坐着，等候王先生。教室里煤炉的云母片儿的门，看得见炉子里熊熊的火光。窗外却还飞着棉团似的雪，室内室外，温度不知要差多少。这时候，有许多同学在隆隆地磨墨，大有"磨砺以须"之概。王先生来了，点过了名，把订成本儿的油印试卷按座分发，又各人分给了两张文格纸。他只在黑板上写了一个"雪"字，说这是作文题。他叫他们先做试卷上印好的试题，再来作文。宗诚想："果然被四舅猜着了，但叫我怎样下笔呢？"只得先翻开印好的试卷来看，原来是油印的五种试题，只要选做四种：一种是改别字；一种是注明指定的几个字所属的词类；一种是举双声叠韵的谜语和它们转变的例；一种是用圈读的法儿标明几个破音读的字；一种是以所举用"然""乎""如""地"为语尾的例，各造一句。他觉得还不十分困难，埋着头一题一题地答去，把圈读破音字的一题剩下不做。做好了，看看表，还不到半点钟，便动手作文了。

　　他正在构思，忽听得王先生大发雷霆，厉声斥责，叫孟乐三出去，不许他考。原来孟乐三的座位和颜乐山接近，把颜乐山做好的试卷，乘他不备，抽了去直抄。颜乐山正抬着头呆望着窗外的雪，似乎要从那空中飞着的雪摄取他那篇雪的作意，正沉浸在深思里，没有觉得，却被王先生看见了，赶过来一手按住，从孟乐三的试卷下翻出颜乐山做好的卷子来。王先生从来没用这样严厉的声音责骂过学生。同学们大家觉得孟乐三太不知自爱了，而且於他们一组的面子也下不去。孟乐三平时又是个蛮不讲理的人，虽然运动好，教体育的王先生也常要斥责他的。今天见他受了斥责，红着脸，含着泪，低着头，收拾了笔砚，懒洋洋地走出教室去，谁也不可怜他，谁也不同情他。

教室里又静了下来，除了间或有的磨墨声和孔乐三作文时常发的咿咿唔唔之外，什么声音也没有了。九点，十点，十一点，学校里的钟按时在打，已有许多同学缴卷出去了。宗诚已把作文抄好，看了一遍，缴了上去，看慧珍时，还在抄作文，便先自走了。他回到自习室里，把剩下的书籍笔砚包了一大包。收拾好了，时候还早，便和几个男同学讨论今天考的国文试题。他自己认为考得很不错，只有那篇作文，仍不能使自己满意。十二点的下课钟又打过了，雪也停了，他便挟着那一包东西，提着伞，到女生自习室里来找慧珍。菱仙正走出来，告诉他道："周慧珍早自回去了。"他只得一个人回到周宅来。

中饭后，宗武、宗基都来了，他们也於上午考毕的。他们在书室里，围炉煮茗，谈谈笑笑，考试方完，觉得轻松了不少。慧珍向王先生讨了一份空白的油印的国文试题来，拿出来给他们看。试卷上一共印着五种题目：

（甲）改正左〔下〕列各句中的别字：

（1）甲乙两组同学在赛蓝球，我们却站在球场傍作壁上观。

（2）这样豪没学识的人，怎么能栏竿充数，也去充当教师！

（3）他非尝后晦，受了自己良心的责备，不禁汗流夹背了！

（4）他卖了许多书来，装了满满的一网蓝。

（5）他仍做过杂货店的学徒，又得入校读书，觉得很是辛运。

（6）我在西园茶楼上远远地看一个人来，仔细一见，原来是张先生。

（7）我们因当有学不厌的精神。

（8）我们自闻，这学期国文的进步如何。

（乙）左〔下〕列各句中，旁边〔下边〕有△的，属於哪一种词类？

（1）如果今晚下一场大雪，明天我们可以在院子里做一个雪狮子。

（2）去年，我曾去看过一次马戏。马戏场里的人，真是人山人海，不料那匹马竟会人立起来，倒使我吓了一跳。

（3）我在文献展览会里曾会到他，他的胡须已雪白了。

（4）我们要图自强，要雪国耻，必须在贤明的领袖之下，一致团结起来，努力奋斗。

（5）东北四省的地图已变色了；流亡在关内的东北人想回去省视老家，也不容易。

（丙）用左〔下〕列诸词，各造一句。

（1）欣欣然（2）赧赧然（3）洋洋乎（4）恂

恟如（5）静悄悄地

（丁）左〔下〕列各条中，有破音读的字，用圈读的法儿把它们标明。

（1）他听了这样好的音乐，觉得很快乐。

（2）这件交易，怕不容易成功吧！

（3）夫人不言，言必有中。

（4）解衣衣我，推食食我。

（5）知者乐水，仁者乐山。

（6）知之者不如好之者，好之者不如乐之者。

（戊）左〔下〕列各谜语，哪一个是双声，哪一个是叠韵，试举出从它们转变来的谜语。

（1）匆促（2）逍遥（3）傍徨（4）踌躇

大家看了一遍，叔文对宗武、宗基道："这是他们初中第一学期的考试。这样的国文试题，你们也试试看！"宗基道："好！我们来试试看吧！"说罢，便和宗武去做答案了。

国文教育经典

字与词

蒋伯潜　蒋祖怡　著

下册

首都经济贸易大学出版社

·北京·

目　录

第二十一章　归途

　　寒假开始的一天，周叔文带了宗武、宗基和康宗诚，六点半钟就从涌金门直街周宅动身，到江干趁轮船回去。在轮船公司里，碰到了孔乐三和章载之等许多熟人。这天，因为杭州各校都放寒假，教师、学生，凡是严州以下杭州以上沿江一带地方的人，都是趁这路轮船的，早班船上非常拥挤。幸而杭江铁路已经通车，旧金华府属的人，都去趁火车了。那轮船公司又加开了一班，所以早班开出之后，第二班客人就少了许多。叔文的表哥王逊先是轮船公司的会计，劝他们不要性急，等下一班再去，他们就在公司的会客室里闲谈。

　　载之因为梅东高桥离江干很远，没有吃早饭就动身了。乐三、宗诚等四个孩子归心如箭，有的不吃早饭，有的没有吃饱，这时候，都想趁空去买些点心吃。逊先看到这情形，便去叫了一大锅汤面来请他们吃。八点多了，他们便辞了逖先，同上轮船。逖先替他们设法包了一个小房舱，六个人一间，虽然并不宽敞，倒也觉得清静。船开了，不到二十分钟，便在闸口靠岸。这里也有许多客人上船。他们站在房舱门口的栏杆边，叔文眼快，早看见梅占先先生提着包裹阳伞，跨上船来，忙招呼他到房舱里坐。孩子们是好动的，都在房舱外面甲板上东立西望，房舱里只有梅先生和载之、叔文三人。

冬日的晴天是静穆的。江北岸的秦望山虽然一起一伏地带着奔腾之势向杭州而来，似乎被那座六和塔镇住了。钱塘江的怒气似乎也消沉了，黄澄澄地平静地躺在那里，只在轮船旁边激起了些浪花，两道白沫，斜向后去。水鸟们却没有理会这些，远远地贴着水缓缓飞翔。天上的白云一块一块地堆着，不动，也不散。帆船虽然扬着帆，看去似乎浮在水面上并没有动。孩子们站在甲板上，凭栏远眺，觉得一切都是静。只见北岸的山、田、秃了头的树、披着发的茅屋，迎着他们的轮船，慢慢走来。轮船机器的震动声似乎也并没有比他们自己恬静的心房搏动声来得更强烈。孔乐三道："这真是所谓'水送山迎，一川如画'了！——我今天才领略到动中之静的妙趣。"宗诚道："这轮船好像是不动的。我巴不得立刻就到家哩！"宗基道："我们在中埠上岸，乐三兄在富阳城上岸。第一个上岸的是你，何必这般性急呢？"

孩子们正在闲谈，忽然房舱里那三个人都哈哈大笑起来。宗武正回到房舱里去喝了茶出来，把嘴里含着的一口茶笑得从鼻子里喷出了。他们忙问他："什么事这样好笑？"他道："梅先生的家住在诸暨，本来是走杭江铁路的，因为接到他的堂房侄儿的一封信，邀他到富阳去，所以今天改趁轮船了。"宗诚道："这有什么好笑呢？"宗武道："你老是这般性急，我的话还没说完哩！——他老先生的字，不是叫占先吗？他侄儿给他的信，开首就称他'先叔'……"宗诚插嘴道："这并没有错呀！"宗武也不理他，继续说："他的侄儿单名叫作梅贤，竟自称'贤侄'。梅老先生说，现在的青年们不知道注意写信的称呼，所以闹出'先叔''贤侄'的笑话来。"乐三、宗基也都笑了。

宗诚仍是听不懂。乐三道："凡是比我们大的人，死了之后，称呼上都当加一'先'字，如先严、先兄等；

凡是比我们小的人，称呼他，都加一'贤'字，以表客气，如贤弟、贤侄等。梅老先生的侄儿没有注意到这些字的用法，所以对活着的叔父称作'先叔'，自称'贤侄'，闹了个大笑话。"宗诚听了，才恍然大悟道："我是个粗心的人，写起信来，也很容易闹这类笑话的。"

乐三道："我们这几个人的名字，写信时也容易闹笑话的。譬如称我作'三兄'，称你们几位中的一位作'宗兄'或'宗弟'，便闹笑话了。因为我是独子，并不是行三。宗兄、宗弟，同姓的人才有这类称呼。又如你们的大哥宗贻先生是名号一致的。写信给他，称作'宗师'，也是不妥的。"宗诚道："那么和我同姓的先生应当称'宗师'了？"乐三道："不是的。宗师是大众所共仰的大师，汉代称博士官为宗师，清代称学政为宗师。宗师的宗，和'宗匠'的'宗'字同义，而且你们的名字都是以'宗'字为排行的。写信时，当采用你们名字的下一个不同的字，不当采取上一个相同的字①。又如许多人的字，上一个用

---

① 原书为繁体字竖排版。若按本横排版，则"下""上"二字在这里应分别理解为"右""左"二字。——编者注。

'伯''仲''叔''季'等字，这是表示他们弟兄辈中的行次的。通信时，不当称他们作伯兄、仲兄，或伯师、仲师。还有叫作'子某''家某'的，叫作'某轩''某斋'的，叫作'某如''某甫'的，也不当称他们为'子侄''家叔''轩伯''斋师''如兄''甫弟'的。"宗基道："我又记起一件故事来了。我们的历史教员是卢姜斋先生。他说，暑假时接到许多学生的信，有称他'斋师'的，有称他'姜师'的，有称他'卢师'的。称斋师固然不对，称姜师又和'僵尸'的声音相近，称卢师又和'螺蛳'的声音相近。他这姓字真太尴尬了。"宗武道："写给先生的信的称呼倒不难，只要用'夫子大人函丈'好了。"宗基道："这是旧式的称呼，不如老老实实地称他先生，自称学生。"

叔文这时候正站在房舱门口听他们谈话，插嘴道："先生和学生，是普泛的称呼。如其是亲受业的老师，不如称他'夫子'，自称'受业'好。不过'夫子'这个名词，古代是妇女对她丈夫的称呼，例如《孟子》上说，女子出嫁时，母亲嘱咐她'无违夫子'，便指她的丈夫而言。所以女学生称男教师作'夫子'，似乎也有些不妥当。"宗诚道："我们现在称教师都叫作'先生'，怎么四舅舅说它太普泛？"

叔文道："'先生'两字，在古代也不是专指教师的。如《论语》说的'有酒食，先生馔。'马融注：'先生，谓父兄。'《至元辨伪录》说的'先生言道门最高，秀才言儒门第一。'注云：'元人称道士为先生。'这两种意义，现在是不用的了。又如《战国策·卫策》说：'乃见梧下先生。'注云：'先生，长者有德之称。'现在对人通称的'先生'，就是这一类。《礼记·曲礼》：'遭先生於道，趋而进，正立拱手。'注云：'先生，老人教学者。'今人称教师为先生，便是这一类。——最奇怪的，古人有单称'先'的，也有单称'生'的。如《汉书》说：'夫叔孙先非不忠也。'叔孙先，就是叔孙先生。汉人称董仲舒为董生，贾谊为贾生，其实，就是董先生、贾先生。至於学生，本指在学校中肄业的人，《后汉书》上说，灵帝时，始置鸿都门学生。其后，后辈对前辈也自称学生，《留青日札》载宋陈省华见客，子尧叟等侍立，客不安。省华曰：'学生列侍，常也。'明、清时，翰林见前辈，名帖上自称侍生，相见时自称学生，见《称谓录》。所以称人先生，自称学生，是一种普通后辈对前辈的称呼。"

乐三道："今天在轮船上得到许多新知识，真是料想不到的。——叔文先生，那么，自称'弟子'、'门人'或'门生'怎么样呢？"叔文道："你是读过《论语》的。'有酒食，先生馔'的上句，不是'有事，弟子服其劳'吗？弟子本是对於父兄而言的。学生所以对师称弟子者，《仪礼·士相见礼》的疏里说：'学生事师，有父子之恩，故称弟子。'至於门人，也可用以称学生，如《论语》说，'互乡难与言，童子见，门人惑'，就指孔子的门下弟子。《战国策·齐策》所说孟尝君门人公孙戍，那是指孟尝君门下的食客的。门生和弟子似乎没有什么大分别。不过从前科举时代，及第的人对他的座主都称门生。五代时裴皞称他所举的进士桑维翰为门生，可见那时已有这种称呼了。"

这时，梅先生从房舱里走了出来，笑道："你们在轮船里谈考据吗？——据我所知，门生和弟子是有分别的。《后汉书·贾逵传》说'拜逵弟子及门生为千乘王国郎'，《郑玄传》说'康成没，门生相与撰其与诸弟子问答之词，依《论语》作《郑志》'，都是弟子和门生分别说的。欧阳修《集古录跋尾·后汉孔宙碑阴题名》云：'其亲授业者为弟子，转相传授者为门生。今宙碑残缺……其称弟子者十人，门生者四十三人。'我们对亲授业的老师，还以自称弟子为妥当。而且门下客也可以称门生。从前官场中趋炎附势的人往往投靠在达官贵人门下，自称门生。而守门的人也可以称门人，如《穀梁传》说：'吴子谒伐楚，至巢，入其门，门人射吴子。'便是一个实例。"叔文道："经梅老先生一说，格外明白了。我们阅书不多，记性又坏，所以分别不出来了。"

载之也出来笑道："弟子这名称，也不见得高明吧？——元曲里不是有这样一句吗：'恋着那送旧迎新泼弟子。'可见倡妓也可以称弟子了。"梅先生也笑道："上海土话，妓女不也叫先生吗？——倡妓之所以称弟子，我想，是从戏子转来的。唐玄宗选乐工数百人自教法曲於梨园，谓之皇帝梨园弟子。这是戏子称弟子的起源。"载之道："梅先生说得不错，宋朝程大昌

《演繁露》里说宋人称女优为弟子，便是因此。到了元朝，便称妓女为弟子了。"

乐三道："梅先生，章先生，我们对老师自称受业，大概是传授学业的意思了。这称呼有无所本？"载之道："《史记·孔子世家》说孔子的弟子弥众，至自远方，莫不受业焉。此'受业'二字所本。业是大板。古代没有纸，以竹简、木板代纸用，所以有'学业''受业''卒业'等语。"

宗武道："章老师，我们写信给老师，为什么用'函丈'二字？"载之道："这是出於《礼记》的。《曲礼》云：'席间函丈。'注云：'函，犹容也。讲问宜相对容丈，足以指画也。''函丈'就是'讲席'的意思。照古人写信的格式，开首往往说：'某某再拜，奉书於某某师函丈。'现在把'某某再拜，奉书於'几个字省去了，所以但称'某某师函丈'，或'夫子大人函丈'了。"

乐三道："文言文的信，往往称'大人'，怕也有限制的吧？"叔文道："'大人'，以用於尊长为宜，《史记·高祖本纪》，高祖曰：'始大人常以臣无赖。'此以'大人'称其父。《汉书·淮阳宪王传》：'王遇大人益懈。'

此以‘大人’称其母。又《疏广传》：‘受叩头日，从大人议。’此以‘大人’称其叔。柳宗元谓刘禹锡母，‘无辞以白其大人’，此以‘大人’称其友之母。以此类推，则对尊长及业师当称‘大人’了。至於平辈，从前虽有‘仁兄大人’等称呼，我却认为不必如此客气。”

宗武又道：“我们写信给父母，称‘膝下’。这称呼有无所本？”梅先生道：“《孝经》说：‘故亲生之膝下。’注云：‘膝下，谓孩幼之时也。’‘膝下’二字本此。《唐书·高宗本纪》言太宗命高宗游观习射，高宗云‘愿得奉至尊，居膝下’，此对父称‘膝下’。《称谓录》引宋洪皓使金上母书云：‘皓远违膝下。’此对母称‘膝下’。所以这二字只限於对父母用。对其余的尊长，可称‘尊前’。”宗诚道：“那么‘阁下’‘足下’呢？”载之道：‘阁，亦作‘閤’，古时候，三公开阁。郡守比古之诸侯，也有阁。书函中不敢直指其人，故称‘阁下’以表敬意。这二字本专用於尊贵，后来朋友中也通用了。至於‘足下’，《异苑》以为起於春秋时晋文公，因功臣介之推返国后隐於绵山，文公求之，不出，乃烧其山。不料介之推竟抱树焚死。

文公遂伐此木为屐，每值思念，必顿足曰：'悲乎足下。'我想，这是附会的。下拜，则伏於足下，所以书函开首说再拜奉书於某某足下。这称呼，战国时苏代、乐毅给燕王的信上已用着它了。"

宗诚道："我看见别人写信，也有用什么鉴，什么览的，这些又有什么讲究呢？"叔文道："大概对比我大的或平辈，用'鉴'；对比我小的，用'览'。上面那一个字，也因人而异。如'勋鉴'，用於做官的；'道鉴'，用於有学问修养的；'钧鉴'，用於掌权的；'文览'，用於文人；'英览'，用於年轻的人。还有，对於有学问的人，用'史席'；对於教书的人，用'讲席'；对於著述的人，用'撰席'；对於有父母丧的人，用'苫次'；对於有修养道德的人，又可用'有道'；对於文人，用'文几'；对於武人，用'麾下'；对於女人，用'妆右'。花样是很多的。写语体文的信，这些花样便都可省去。但是'亲爱的'三字，用的时候也得小心。你们现在是男女同学的，男女同学之间通信，这三字便不能用了。"说得他们都大笑起来。

叔文又道："文言文的信，末了还得请安祝好，这也有种种的花样。如对父母尊亲，多用'金安''福安'；对老师,多用'诲安''铎安'；对做官的人，多用'勋安''勋祺''勋绥'；对直接的上司，多用'钧安'；对有学问修养的人，多用'道安''撰祺''著祺'；对做生意的人，多用'筹安'；对行医的人,多用'壶安'。而且下用'安'字,则上云'此请'；下用'祺'字、'绥'字, 则上云'此颂'。至於比对我们小的，也可以用'此问近好''顺祝学行孟晋'等语。又有因时令而异的，如春曰春安，夏曰簟祺，秋曰秋绥，冬曰炉安；过年的时候曰年禧，曰新禧；当日可以接到的曰日社，曰刻安。还有信中指对方而言的字，都应当抬写，从另一行写起，或脱开一格写。指自己讲的，都应当偏写在右边。你们写语体文的信，写到末了，多用'祝你好''祝你康健'一类的话，如其抬头写，便当从'你'字起抬头，不当从'祝'字起抬头了。"①

　　载之道："写信闹笑话，不但在信中首尾的花样，

---

① 见本书按第 163 页、162 页即先右后左之显示顺序排印的影印原书的文字和书信格式的样式。——编者注。

信封外面的写法也得注意。我常常看见许多明信片，在收信人姓名之下写‘台启’，发信人姓名下写‘缄’字，便是笑话了。邮片并不用封套的，怎么说‘缄’呢？叫他怎样‘启’呢？信封上对收信人的称呼，是送信人对他的称呼，不是发信人对他的称呼；所以虽然是父亲写给儿子的信，老师写给学生的信，也都用‘先生’。但是如果这封信是交给熟人带交的，带信人是和收信人有关系的，应当写‘敬烦某某兄（此处用发信人对带信人的称呼）吉便交某某兄（此处用带信人对收信人的称呼）’了。例如，我托宗诚带封信去给仲良先生，便当写‘敬烦宗诚弟吉便带呈尊大人台启’，下款写‘章某某拜托’。但也可以变化，如我托梅先生带一信给伯臧老师，也可以写‘敬烦梅老先生吉便带交周老师台启’，那是仍用发信人对收信人的称呼的。如果我们托人带信，写‘送呈某某老爷’，带信的人不是要生气了吗？”

宗武道：“我看见托人带的信，写‘敬烦某某先生锦旋吉便饬交’，下款写‘拜干’的，是什么道理？”

叔文道：“‘锦旋’是回去的意思，用的衣锦归故乡的典故；'饬交'是命令仆役送去的意思，表示不敢劳他自己的驾；'干'就是求，和'拜托'一样的。"梅先生道："大人、老爷、少爷、小姐、太太等，就是邮寄的信，也还是不用好。尤其是寄到乡间去的信，往往要从店家托人转递的。乡下人最讲平等，你要他们叫大人、老爷,他们是不愿意的。"

宗基道："信封上的启，也有几种不同的写法吗？"载之道："是的。如'勋启''钧启'之类，往往用於官场；'安启'，往往用於家信；普通则以用'台启'二字为多。单用一个'启'字也可以。"宗诚道："还有用一个'升'字的哩。"梅先生道："这是老式的写法，最俗不过的。"宗武道："信背后还有写'金人'、'如瓶'或'露申'的，这是什么意思？"叔文道："用'金人'的，是用金人三缄其口的成语；用'如瓶'的，是用守口如瓶的成语；都是和盖'护封'图书一样。'露申'是不封口的意思。"宗诚道："信，怎么会不封口的？"叔文道："譬如我托你带一封信给你的爸爸，就不必封口了。"

他们谈得太起劲了，轮船经过东江嘴、闻家堰等埠，放了三次汽笛，盘了一次船，拢了两次埠，他们都没有注意到。里山到了，八角山也绕过去了。汽笛一声，小驳船已慢慢地靠拢来。茶房来替宗诚拿东西，方打断了他们的谈话。宗诚匆匆地告别，跟茶房下去。驳船上已有工人在接他。里山过去，就是富阳。叔文等也忙着付茶钱，整东西。不多时，已到富阳。梅先生和载之、乐三向他们作别，匆匆地上岸去了。

再上去，就是中埠，他们也挤下驳船上岸。自有叔文家的工人接着。工人挑了行李，他们大小三人跟在后面，戴着和暖可爱的冬日正午的阳光，缓步归去。对面的苍山，一步步地迎面而来。走到山边，似乎路已穷了，转了一个弯，弯过山嘴去，又豁然开朗，另是一个田野，另见一座村落。村旁各有几株古老的乔木，一条小溪，溪上架着板桥。还有连绵数里的竹园，苍翠依然。人在竹荫中走，太阳从竹丛中射出来，洒到他们的身上、他们面前的石子路上。前面，有他们的故里，他们久别了的甜蜜的家。家，使他们把两只脚的辛苦都忘了。路走得越多，离家越近，脚上也似乎越有劲，越走得快。一进他们的村子，宗武和宗基竟拿出学校里赛跑的本领，拔步飞跑，赶过了挑担子的工人。走到家门口，只见他们白发苍苍的曾祖母正颤巍巍地倚门而望。他们俩赶上前叫了一声，扶着她，欢天喜地地走进他们所渴望的家里去。

第二十二章　在寒假中

叔文和宗诚回去了，周宅少了两个人。可是慧珍和锡官、蕙官都放假了，整天在家，彭菱仙和林鸰又是常来的，所以白天并没有觉得冷静。伯臧在教育界服务已二十年，朋友很多。这几天，刚放寒假，浙东的人在浙西教书的，浙西的人在浙东教书的，寒假回家都要经过杭州，所以伯臧应酬很忙。

寒假开始的第二天，伯臧的异母弟仲珊从嘉兴回来，也来看他。他们兄弟俩已有半年不见面了，自然更觉亲热。仲珊比伯臧小十一岁。他们的父亲去世时，仲珊还没有进中学。伯臧从北京毕业出来，在浙江各中学教书，仲珊便跟着他在中学里读书。中学毕业后升入大学，这八九年的教育费，完全是伯臧负担的。伯臧把仲珊培植到大学毕业，在中等教育界教了几年书，地位已站稳了，才和他分居。这在伯臧，已是尽了做哥哥的责任了。这天，伯臧就留仲珊在家晚饭。晚饭前，宗贻也从图书馆回来了。旭初恰好也於这傍晚的时候来找伯臧谈闲天。晚饭时还很热闹。饭后，他们走了，方觉得冷静起来。

　　寒假里，慧珍除了做学校里指定的假期作业之外，每天看些杂志小说，指导她的侄儿、侄女温习些功课，到陆官巷、东海里去跑几趟，也不觉得无聊。有一天，天气晴暖，下午，林鸽约了慧珍、菱仙，带了锡官，到湖上去散步。从清波门到净慈寺，又从苏堤上向岳坟走来。冬日的西湖是冷静的。这天，却也有几叶游艇，浮在恬静的湖面上。湖平似镜，反映着冬日淡淡的阳光。堤上的柳还是带着灰色的秃枝，低着头，似乎在沉思，在瞌睡。道旁的草也枯黄了，稀疏了。树头没有歌唱的小鸟，堤上也没有来往驰骤的汽车。远山也颦着眉黛，静静地坐着。一切似乎都静默着，在等待春的到来。

　　他们走一段，在堤旁的椅上休息一会。谈着，笑着，走着，倒替西湖添了些生气。林鸽忽然问慧珍道："慧妹妹，今天我到你家里，为什么没有碰见师母和世嫂呢？"菱仙道："鸰姐，你来得迟，周伯母和世嫂早已带了蕙官、愚官到陆官巷去了。"锡官道："她们是去陪曾祖母到灵隐烧香的。现在想还在灵隐哩！"慧珍道："她们上午九点钟就动身了，算是十点从陆官巷出发，到灵隐不过十二点，在灵隐吃了中饭，便在三天竺烧香，这时候已快三点，即使慢，也将回到岳坟了。"林鸰道："锡官，你为什么不跟了去呢？"锡官道："我不愿意。烧香拜佛是迷信的事，和老太在一起，更讨厌！"林鸰道："小孩子！你为什么说老太讨厌？"锡官道："她是真正迷信的，见了泥塑木雕的偶像，一个一个地跪拜过去。你想，灵隐有五百尊罗汉，不是腿都要拜跛了吗？"菱仙道："那么，你的祖母和妈妈也都是迷信菩萨的了！"锡官道："妈妈决不迷信，祖母或许有些儿迷信，但也不致像老太那么厉害。"

她们说说笑笑，已到了岳坟。林鸰道："师母她们或许已在岳庙里，我们也进去看看吧！"

岳庙前几年刚修过，还是朱碧辉煌，焕然一新。这时不是香市，所以庙前的摊儿也比较的少。她们四人一直进去，在大殿上兜了一圈。烧香的人虽然没有，殿上却点着一对红蜡烛，插着香。她们又转到西边的坟园去。刚进墙门，早见崔老太、康氏、月仙和仲珊的夫人漆氏都跪在坟前磕头。蕙官、愚官和一个和锡官差不多大的男孩子，在坟前地下坐着吃甘蔗。愚官最先看见她们，"姑姑！哥哥！"拉开了小喉咙高声叫喊起来。

这时，崔老太等已立起来了，康氏、月仙忙和林鸰、菱仙招呼，并向老太和漆氏介绍。慧珍已被三个孩子缠住了。锡官却挺着胸向坟前立正，脱了头上的童子军帽，恭恭敬敬地三鞠躬。崔老太笑道："阿弥陀佛，到底锡官大，晓得拜岳王菩萨了！"林鸰等他行完了礼，把他拉过一旁，笑道："你真乖，老太太在夸奖你哩！"菱仙也道："你怎么也迷信起来了？"锡官道："不！我不要老太夸奖，我决不迷信！我是在对我所崇拜的民族英雄致最敬礼！——姑姑们，对这位力抗强敌、以身殉国、含冤千古的民族英雄，也得行个礼啊！"

林鸰道："说得有理！来，慧珍妹，菱仙妹，我们同向岳武穆致敬吧！"她们三个人并排站好，锡官却站在旁边赞起礼来："一鞠躬，再鞠躬，三鞠躬！"崔老太笑得合不拢嘴，道："谁说学堂里的小姐们都反对拜菩萨？月仙不也是学堂毕业的吗？她们不正在学堂里读书吗？大家相信菩萨，菩萨就来保佑我们了。——阿弥陀佛，南无阿弥陀佛，南无岳王菩萨！"她嘴里念，两手合着，又朝坟拜了几拜。

漆氏向坟前看了看，高声叫道："宗常，志华，我们要回去了！"慧珍道："他们也同来的吗？"原来他们俩已从坟后扒上山去玩，听得叫唤，才溜了下来。他们一行人从岳坟出来，在岳坟前面叫了两只划船，崔老太、康氏、漆氏、月仙、蕙官、愚官和漆氏的小儿子宗周七个人一只，叫林鸰、菱仙和慧珍、宗常、志华、锡官同坐一只。林鸰说要坐人力车回去，被慧珍、锡官拖住了，只得搭了船去。宗常坐在船头上，志华坐在他对面，林鸰和锡官，慧珍和菱仙对面坐了。两只船并排地划着，载着满船的斜阳，向西南方去。

晚风吹来，似乎有些凉意。两只船并了拢来，林鸰正和月仙并肩而坐。林鸰笑问月仙道："世嫂怎么也肯跟着老太太烧香拜佛？"月仙笑道："林小姐，我拜的并不是佛，是我们这位老太太。她老人家是迷信的，我拜佛，她便高兴了。我只求他老人家不要发脾气，拜佛，就是间接地拜老太太啊！"林鹄低声道："这样慈祥的老太太也会发脾气吗？"月仙也低声道："脾气大得很哩！"林鹄吐了吐舌头。

　　船到了湖滨第五公园近旁，林鹄叫船夫拢了岸，独自上岸，告别走了。她们两只船一齐向涌金门划来。张妈正在湖埠上淘米。船停了，宗常、志华、菱仙、慧珍、锡官先上了岸。宗常把他的弟弟宗周扶了上来，漆氏也跟着上来。蕙官早挤上了，慧珍把愚官接了，月仙却回身去扶康氏。康氏刚跨上岸，在付船钱。漆氏母子们和志华已走进去了。崔老太还一个人坐在船里，叫道："你们把我留在船里做船钱吗？"伯臧已从里面赶了出来，亲自去扶崔老太上岸。月仙替她提了香烛篮儿。伯臧夫妇搀着她，缓缓地走进客堂来。张妈已把一张沙发搬了出来，请她坐下。

　　月仙到厨房去，吩咐张妈把预备好的莲子羹送了六碗出来。菱仙还在推辞，宗周已把莲子羹倒翻了，碗也敲破了。漆氏喝道："不中抬举的！不许吃！"慧珍觉得很难为情，便拉了菱仙到书室里去了。宗周放开喉咙大哭起来，康氏忙把菱仙那一碗喂给他吃，好容易才止住了哭声。

崔老太又说欠甜，还得加糖。康氏忙叫张妈把糖拿来，请老太太自己加。崔老太吃完了莲子羹，站了起来，一拐一跛地走进书室里，在伯臧的书位上坐下，从衣袋里摸出块手帕来擦嘴。这时，伯臧已跟了进来，忙叫张妈去绞热手巾来。又递了一支烟，划了一根洋火，替她点着了。

崔老太吸了一口烟，道："伯臧，这烟倒比你前天送我的白金龙好！"伯臧笑道："这也是白金龙呀！前天我一共买了六罐，送了四罐给妈妈，留下这两罐，应酬客人。"崔老太又道："今天我要吃了夜饭回去。你去叫媳妇替我备一两样素菜。"伯臧道："是的。今天我们早就打算好了，请妈妈在这里吃夜饭。素菜，我已向功德林叫过了，五点钟就会送来的。"崔老太道："功德林比素香斋如何？"伯臧道："自然是功德林好。"崔老太道："今天我虔诚去烧香，为的是替你们小辈祈福，照理，你们得全家吃一天素。就是愚官每天吃的牛乳，也得停一天。"伯臧道："今天我们全家吃一天静素。愚官是每天下午吃代乳粉的，今天也没有吃。"

这时，康氏和月仙都进来了。崔老太忽正色道："东边到西边也是客！你们为什么不陪二婶呢？"康氏回道："二婶她们都回去了。我们竭力留她，她说家里不放心，一定要走。我叫张妈替她叫了两部人力车，刚出门走了。婆婆吃了夜饭，我叫宗贻送你回去。"崔老太道："你再去叫部车子来，我也要走了，省得你们张罗！"嘴里虽然这样说，却仍坐着不动。宗贻从图书馆回来了，一走进书室，就向崔老太行礼。崔老太好似并没有看见。菱仙坐在宗诚的书位上，一声不响，只是摇头。

电灯刚亮，功德林的菜已送到了。刚要安排吃饭，仲珊忽然来了，手里托着两个包，一包是熏鱼，一包是酱鸭。一进门，就告诉崔老太，说宗周回家去不肯吃晚饭，所以特地跑出来买这两样菜，顺便来叫她的。崔老太饭都来不及吃，站起来要走，吩咐把素菜送到陆官巷去。功德林的伙计得了酒钱，方肯提了菜篮跟他们去。伯臧、康氏一直送到大门外，看他们坐上人力车，方回进来。幸而自己也备了几样夜饭菜，胡乱吃了一顿。

伯臧道："慧珍，你有好几封信在这里。"说时，拿出三封信来。慧珍接了，拆开一看，原来是宗诚、乐

三、宗基的信。乐三称慧珍为学姐，自称学弟。附给伯臧的信上，称伯臧为太老师，自称世再侄，称宗贻为世伯。慧珍笑道："我怎么比哥哥小了一辈呢？"又接看宗基、宗诚的信，他们把轮船上所谈的关於写信的话，详细地告诉了慧珍。慧珍把三封信都给伯臧、宗贻看了。伯臧道："称谓，也是写信时应当注意的事。例如孔乐三，照他的祖父排，他只须称我世伯，自称世侄，对宗贻和你都用平辈称呼。照他和你同学排，也只须称我老伯，自称世侄。若照王剑英排，便应当称我太老师，自称门生了。世再侄的称呼，是不妥的。宗诚和你是表兄妹。表兄妹比同学亲，但在'表妹'二字下加'同学'二字，也未尝不可。"慧珍道："称呼倒是一件要紧的事，弄错了也是个大笑话。"宗贻道："妹妹，我来教你吧，让爸爸休息一忽儿。"说罢，把台灯开了，取过一张白纸，一支铅笔，写出许多称呼来。伯臧点了一支烟，靠在沙发上闭目养神。

　　慧珍等宗贻写好了，仔细看时，只见纸上写成一个称谓表：

家属
├─ 父家
│　├─ 父亲、母亲——男或女
│　├─ 祖父、祖母——孙或孙女
│　├─ 曾祖父、曾祖母——曾孙或曾孙女
│　├─ 高祖父、高祖母——玄孙或玄孙女
│　├─ 伯叔父、伯叔母——侄或侄女
│　├─ 伯叔祖父、伯叔祖母——侄孙或侄孙女
│　├─ 兄、嫂——弟、妹
│　├─ 弟、弟妇——兄姊
│　└─ 侄、侄女、侄媳——伯叔、姑母
├─ 夫家
│　├─ 夫君——妻
│　├─ 君舅、君姑——妇或媳
│　├─ 兄公、叔——弟妇、嫂
│　├─ 女公、小姑——弟妇、嫂（或用姊妹称呼）
│　├─ 姒、娣——娣、姒（或称妯娌）
│　└─ 媳——姑
└─ 母党
　　├─ 外祖父母——外孙或外孙女
　　├─ 外曾祖父母——外曾孙或曾孙女
　　├─ 外伯叔祖父母——外侄孙或外侄孙女
　　├─ 舅父母——外甥或外甥女
　　├─ 姨父母——外甥或外甥女
　　├─ 表伯叔、表伯叔母——表侄或表侄女
　　└─ 表兄嫂，表弟、表弟妇，表姊妹——表弟妹或表兄姊

称谓表 ─┬─ 亲戚 ─┬─ 父党 ─┬─ 姑夫母——侄、内侄或侄女、内侄女
　　　　│　　　　│　　　　├─ 姊、姊夫，妹、妹夫——弟、内弟、兄、内兄；
　　　　│　　　　│　　　　　　　　　　　　　　或妹、姨妹，姊、姨姊
　　　　│　　　　│　　　　├─ 太亲翁母——姻晚
　　　　│　　　　│　　　　├─ 表伯叔、表伯叔母——表侄或表侄女
　　　　│　　　　│　　　　└─ 表兄嫂，表弟、表弟妇，表姊妹——
　　　　│　　　　│　　　　　　　　　　　　　　表弟妹、表兄姊
　　　　│　　　　├─ 妻党 ─┬─ 岳父母——婿
　　　　│　　　　│　　　　├─ 太岳父母——孙婿
　　　　│　　　　│　　　　├─ 伯叔岳父母——侄婿
　　　　│　　　　│　　　　└─ 内兄嫂，内弟、内弟妇——姊婿、妹婿
　　　　│　　　　└─ 旁亲 ─┬─ 姻兄弟、姻姊妹——姻弟兄、姻妹姊
　　　　│　　　　　　　　　├─ 姻丈——姻晚
　　　　│　　　　　　　　　└─ 太姻丈——姻再晚
　　　　└─ 师友 ─── 友谊 ─┬─ 老伯、老伯母，世伯、世伯母——
　　　　　　　　　　　　　　　　　　　　　　世侄、世侄女，世晚
　　　　　　　　　　　　　　├─ 太老伯、太老伯母，太世伯、太世伯母——
　　　　　　　　　　　　　　　　　　　　　　世再侄、世再晚
　　　　　　　　　　　　　　├─ 世兄弟、世姊妹——世弟兄、世妹姊
　　　　　　　　　　　　　　├─ 仁兄弟、贤姊妹——弟兄、妹姊
　　　　　　　　　　　　　　└─ 贤侄、世讲——愚、愚世叔

```
        ┌ 先辈、仁丈——晚、后学
        │ 乡先生——乡晚
        ├ 先生——学生
        │ 老师、夫子——受业、弟子
  学谊 ─┤ 师母——门人
        │ 太老师、太夫子，太师母——门生、小门生
        │ 仁贤契、同学、学仲棣——友生、同学兄
        └ 学兄姊——弟妹
```

　　宗贻写完后，又对慧珍仔细地讲了一遍道："普通的称呼，大概都列在表里了。还有须注意的，对比我小的，可加一个'贤'字，如贤弟、贤妹、贤侄、贤契之类。比我大的，却不能加这'贤'字，如说贤兄、贤师，便闹笑话了。对人称他有关系的人，往往加一'令'字，如父曰'令尊'，母曰'令堂'，子曰'令郎'，女曰'令媛'，兄弟曰'令兄、令弟'，学生曰'令高足'之类。对人称自己有关系的人，比我大的则加一'家'字，如父曰'家严、家君、家父'，母曰'家慈、家母'，兄姊曰'家兄、家姊'，岳父曰'家岳'之类；比我小的，则加一'舍'字，如弟妹曰'舍

弟、舍妹'，侄曰'舍侄'，亲戚曰'舍亲'之类。这些都是习惯上的用法。要注意的是说到自己的儿女，又不用'舍'字了，却得说'小儿、小女'。以上都是用於亲属关系的。至於称人的先生、朋友、同学，则曰'贵业师、贵友、贵同学'，自称则曰'敝业师、敝友、敝同学'，这和称他人的地方曰'贵处'，自称曰'敝处'一样。"

慧珍道："现在有人自称'敝人'的，也是这个道理吗？"宗贻道："自称应说'鄙人'，现在一般人把'鄙'字误作'敝'字了。而且这称呼照例是用於没有什么关系的群众的。例如前辈先生到一个没关系的学校里去演说，往往自称'鄙人'，实在不如自己称名，或径称'我'好。"慧珍又道："那么，贵处和'府上'，敝处和'舍间'，是否相同？"宗贻道："贵处和敝处指所在的地方而言，府上和舍间则指家庭而言，是有分别的。"

慧珍道："那么自称敝校，称人贵校，和贵处、敝处是一样的理由了。我前天看见爸爸替杭中改的一篇公文，称教育厅为'钧厅'，原文自称'属校'，爸爸改作'本校'，为什么不称贵厅、敝校呢？"宗贻道：
"这是公文上的称呼。杭中是直接隶属教育厅的，所以
称'钧厅'。从前老式公文，应当自称'属校'或'职
校'。国民政府的教育部改革公文程式，一律改称'本
校'了。"伯臧道："你们这样谈下去，到天亮也谈不
完的。时候不早了吧？"他们兄妹俩才收拾纸笔，跟爸
爸同到楼上去就寝。康氏、月仙和几个孩子早睡下了。

第二十三章 注音符号的来历

寒假只有短短的两星期，又匆匆开学了。因为在废历年前开学，各校学生，有的家境贫寒，年关经济拮据；有的家境较好，家长溺爱；所以请假迟到的很多。孔乐三学业、操行、体育三项成绩都很好，得到甲等奖学金，学、膳、杂各费都不必缴，所以开学前一天就到校了。宗武、宗基有叔文督促同来，这一天也到了。只有宗诚还没有来。伯臧写了一封信给康仲良，劝他不可过於溺爱，应以学业为重，送宗诚来上学。信去的第二天，仲良就着人把他送来，并且答应他废历过年再请假回去。

宗诚初到时，未免有些不高兴，过了半天，便又若无其事了。上了几天课，废历的除夕到了，这天恰好是星期六。早晨，伯臧便问宗诚想不想回去，如要回去，下午请假，趁晚班轮船去，星期二回校；如不想回去，在这里过年，也和在家一样。宗诚道："家里去过年，也没有什么特别的趣味，我不去了。"伯臧道："很好，我替你写封信去吧！"说罢，他立刻发了一封信给仲良。

这天晚上，周宅仍备年夜饭，把宗武、宗基也叫了来，连张妈大小共十二个人，团团地坐满了一圆桌。锡官兄弟三人都换了崭新的衣服，非常开心。宗诚买了许多流星花炮，晚饭后和宗武、宗基等在院子里燃放，一家人站在台阶上看，极为热闹有趣。宗贻笑道："诚表弟,你真是此间乐，不思蜀了！"

第二天，废历大年初一，伯臧、叔文、康氏带了锡官到陆官巷去贺崔老太的年，宗诚也同去。原来仲珊昨天下午已从嘉兴赶回。漆之瑜是经商的，废历元旦，还很讲究排场。他们住的是旧式房子，厅堂上陈设得很华丽，挂起新的画对屏条，大红缎子的桌围椅披，烧着一对大红蜡烛。漆之瑜的老太太和崔老太太也出来了。对这两位老太还得实行拜年。拜了年，吃了糖糕、粽子，方告辞回来。伯臧和宗贻又分头到各亲戚好友家去应酬了一趟。上下午陆续来的客人也不少。整个的废历元旦，就这样过去了。

过了一星期，孔乐三交给宗诚带来一封信，说是他爸爸写给太老师的。伯臧接了诧异道："怎么他也会写信了？"拆开一看，原来是用注音字母拼的，全封信没有一个汉字。他写的是富阳土话，拼的音又不很对，但是读起来，却还可以懂得。慧珍道："乐三的爸爸不是一个造纸工人吗？怎么懂得注音字母？"伯臧道："大概是乐三教他的吧！"康氏道："这倒亏他的！我看见他这封信时，还以为是日文哩！"宗诚道："注音字母怕就用的是日本字。"伯臧笑道："你又胡说了！注音字母是采用笔画最简单的汉字。你在小学里不是已学过的？"宗诚道："小学里，只教我们读法拼法，并没有说明如何造出来的。我看它们的形状很像日本文，所以这样猜的。大舅舅，你说它们是汉字，倒得讲给我听听。"於是伯臧叫宗诚跟到书室里来，在写字台旁坐下了。

伯臧道："注音字母是拼注国音的符号，所以现在改称'注音符号'了。这符号一共有几个？你还记得吗？"宗诚道："记得，记得。一共四十个。二十四个是声母。ㄅ，ㄆ，ㄇ，重唇；ㄈ，万，轻唇；这五个是唇音。ㄉ，ㄊ，ㄋ，ㄌ，这四个是舌头音。ㄍ，ㄎ，兀，ㄏ，这四个是软腭音。ㄐ，ㄑ，广，ㄒ，这四个是舌上音。ㄓ，ㄔ，ㄕ，ㄖ，这四个是舌叶边音。ㄗ，ㄘ，ㄙ，这三个是齿音。十二个是韵母。ㄚ，ㄛ，ㄜ，ㄝ，是单韵；ㄞ，ㄟ，ㄠ，ㄡ，是复韵；这八个是没有收鼻音的阴声韵母。ㄢ，ㄣ，ㄤ，ㄥ，这四个是有收鼻音的阳声韵母。ㄦ，是声随韵母。ㄧ，ㄨ，ㄩ，这三个是介母。——对不对？”伯臧道：“你倒记得很熟。我就一个个地讲给你听吧！——‘ㄅ’就是古‘包’字，包裹的意思。古时，包裹之包作ㄅ，包即胎胞、同胞之胞。后来胎胞另造‘胞’字，‘包’字作包裹用，‘ㄅ’字就搁置不用了。‘ㄆ’同‘攴’，音扑，小击也。今作‘扑’。‘ㄇ’，本音觅，今作‘幂’，以巾覆物也。‘ㄈ’，本音方，受物之器也。本义是一只箱匣。‘万’，音万，数也，本可作‘万’字用。有些小说唱本上不常常把它当作‘万’字用吗？”

宗诚插嘴道：“不错。《岳传》上不是有个奸臣万俟卨吗？”伯臧笑道：“是有这个人的。不过你把它读作'万士窝'，却错了。'万俟'，双姓，当读如'木其'；'嵩'，音雪。"宗诚红着脸笑道："我又做了点乐乐的名的知县了。"

伯臧又继续道："'ㄉ'就是'刀'字，是照篆文写的。'ㄊ'从倒写的'子'字，音突，像胎儿初生，头朝下，脚朝上。'ㄋ'就是篆文的'乃'字。'ㄌ'就是篆文的'力'字。'ㄍ'，古'浍'字，音桧，是田间的水道，'沟浍'二字现在还常常连用的。'ㄎ'音考，气欲上出，碍於一也。引申之，就是'稽考'之考。'ㄤ'字，是常见的，如'突兀''金兀术'，本是高而上平、孤立之意。'ㄏ'，本音汉，是山崖岩穴，可以居人者。'ㄐ'，音鸠，和'纠'字的意思差不多，本义是瓜蔓纠葛之意。'ㄑ'，本音畎，水小流也。'ㄑ'比'ㄍ'更小。'ㄒ'，音俨，因山厂为屋以居人者。'ㄒ'，是古文'下'字。'ㄗ'，本是符节之节。'ㄑ'，即七字。'ㄙ'，古私字。'ㄓ'，篆文'之'字。'ㄔ'，音彻，小步也，从半个'行'字。'ㄕ'字，你总认得吧！是死尸之'尸'。

'ㅂ'，古文'日'字。——以上是二十四个声母，把它们字音的韵去了，声音读得很短促，便于用以拼音。你都懂得吗？"宗诚道："懂得的。"

伯臧道："我再继续讲韵母吧！——'ㄚ'，音鸦，物之歧头者曰ㄚ。'ㄚ头'二字，你总常听到吧？幼女头梳双髻，所以叫作丫头。'ㄛ'本音诃，就是现在说的呵一口气的'呵'字。'ㄜ'字，不过是在'ㄛ'字上加了一点做记号。'ㄝ'，古'也'字。'ㄞ'，古'亥'字。'ㄟ'音移，流也。'ㄠ'音腰，小也。我们常用'幺魔小丑'，就是这个'幺'字。掷升官图用的骰子，不是有'幺二三'吗？一点的叫作'幺'，也是这个字。"宗诚道："我们常用的'什麼'的'麼'字，不也写作'幺'吗？"伯臧道："这是个别字；就是写简笔字，'麼'字也当写作'庅'，不应当写作'幺'。俗写把田亩之'亩'作'么'，也是以为'么'同'幺'，可以代'麼'字，而'麼'与'亩'音又相近的缘故，其实也是错的。'ㄡ'字，现在还是通用的。不过'ㄡ'字的本义原是右手，这也不可不知。'ㄢ'音含的上声。花之含苞未放者曰'ㄢ'。含苞之花，荷花为最大，所以未开放的荷花叫作'菡萏'。小的花苞就叫'蓓蕾'了。'ㄣ'是古'隐'字。'ㄤ'音汪，就是今语'跛瘫残疾'的意思。所以字书上解这'ㄤ'字，或说'跛也,胫曲也'，或说'小也，佝偻也，羸瘦也'。'ㄥ'，古'肱'字。这是象曲肱之形的象形字。'ㄦ',古'人'字。人字这样写法，古时叫作'奇字'。'丨'，这是一望而知的，就是'一'字。'ㄨ'是古'五'字。《说文释例》曾说，两笔相交，直的是'十'，斜的是'五'。先有这个'ㄨ'，后有那个'ㄨ'。'ㄩ'，本音躯，张口也，一曰受物之器。——以上十六个是韵母，都是采取简单的字，读时把它们唇齿舌腭诸声去了，用它们的韵来拼音的。"

宗诚道："丨ㄨㄩ三个是介母，不是韵母。大舅舅，怕是你记错了？"伯臧道："这三个符号是用於声母韵母之间以分别等呼的，所以叫作介母。但它们也可以当作韵母用，所以后来把它们归入韵母了。"

宗诚又问道："这些注音字母是哪个人定的呢？"伯臧道："这不是一个人定的，是民国二年春天，教育部延聘了许多学者，组织一个读音统一会议定的。这个会，讨论研究了许多年，直到民国七年的冬天，方制定了二十四个声母，三个介母，十二个韵母，由教育部公布出来。"宗诚道："只有十二个韵母吗？"伯臧道："只有十二个。当时公布的共有三十九个注音字母。到民国十四年，又修正了一次，把三个介母并入韵母，又加了一个'ㄜ'字，正式公布，改称注音符号。到民国十七年，大学院又把这四十个注音符号定为国音字母的第一式。——你不要看轻这四十个注音符号，这是集各省的文字学、声韵学、言语学专家於一堂，费了十二年工夫，争论了十数次，方成功的。"

宗诚道："注音符号既称为国音字母的第一式，难道还有第二式吗？"伯臧道："有的。第二式是国语罗马字母，是采用世界最通行的罗马字母的。"宗诚道："这种字母我倒没有学过。大舅舅，你教教我吧！"伯臧道："注音符号你已记熟了，只要把罗马字母和注音符号对照地写下来，便懂得了。"说完，取过纸笔，把它们写了出来。

（一）声母二十四

（甲）唇音——ㄅB，ㄆP，ㄇM，ㄈF，万V。

（乙）齿音——ㄗTZ，ㄘTS，ㄙS。

（丙）舌头音——ㄉD，ㄊT，ㄋN，ㄌL。

（丁）舌上音——ㄐJ（i），ㄑCH（i），ㄏGN，
　　　　ㄒSH（i）。

（戊）舌叶边音——ㄓJ，ㄔCH，ㄕSH，ㄖR。

（己）软腭音——ㄍG，ㄎK，兀NG，ㄏH。

（二）韵母十六

（甲）阴声——ㄚA，ㄛO，ㄜE，ㄝE，ㄞAI，
　　　　ㄟEI，ㄠAU，ㄡOU。

（乙）阳声——ㄢAN，ㄣEN，ㄤANG，ㄥENG。

（丙）声随韵母——ㄦEL。

（丁）介母——ㄧI，ㄨU，ㄩIU。

　　伯臧写完了，叫宗诚读。宗诚按照注音符号的音读了一遍。这时候慧珍刚走进来，见了，问道："诚表哥，你没有学过注音符号吗？怎么反而用英文来注

音？"宗诚笑道："我在学国语罗马字母哩！慧妹妹，你一定早已学会了。"慧珍道："这倒没有学过。你学会了，教教我吧！"他们俩低着头共同念了一遍。宗诚道："注音符号原来都是笔画简单的汉字，慧妹妹，你知道吗？"慧珍道："哥哥曾对我说起过，但究竟是四十个什么字，倒不晓得。"宗诚道："你方才到哪里去了？大舅舅一个个都讲明白了。我想把它制成一个表，首别声母、韵母，声母中再分别唇、齿、舌、腭诸音，然后把注音符号一个一行地写下来，下面各附以相当的罗马字母；每个符号，把它原是什么字，读什么音，什么意义写上。你看好不好？"慧珍道："最好把每个注音符号的原有篆文也写上。"宗诚道："篆字我是不会写的。"慧珍道："去年预备展览会时，我替乐三抄《说文》部首的注，倒学会了这些部首的写法，我想，注音符号既是笔画最简的字，必是独体之文，不是合体之字，或者都是些部首，就都写得出了。写完了，再拿去请爸爸校正吧！"这时，伯臧已蹀出书室去。他们俩就着手编制。叔文、宗贻从外面回来时，他们那张表的稿子已制成了。慧珍就请他们看看有没有弄错。叔文、宗贻都夸奖了几句。

夜饭后，他们俩先把应当预习、复习的功课做完了，又把这份表各人在札记簿上抄了一份，并把那份底子留着，预备明天带去给乐三、菱仙看。慧珍上楼去，伯臧已坐在被窝里靠着了。康氏问她为什么迟迟上来，她就把制国音字母表的事告诉他爸爸妈妈，因又问道："读音统一会制定注音字母时，是以什么为根据的？"伯臧道："在清朝末年，大家都主张提倡简字，最著名的是劳乃宣、王照。章太炎先生也曾创制一种字母。他们又是根据陈澧《切韵指掌图》的四十一声类和今音的韵摄。"慧珍道："什么叫作'韵摄''声类'呢？"伯臧道："诗韵你是看见过的，里面的韵目分得很多。把这些韵目中收音的音势相同的合并起来，便成'韵摄'了。'声类'就是'声'的分类，也是归纳出来的。从前人研究声类，是从《广韵》这部书的反切的上一字归纳出来的。唐朝有个和尚，法名守温，仿照梵文，定了三十六个字母。到清朝的陈澧，便增至四十一类。——所以这四十个注音符号，实在是几千年声韵学者研究的结晶！"慧珍坐在她爸爸床沿上，听得津津有味。康氏叫道："书呆子，睡了，还要讲什么书？"慧珍只得回到自己房里去睡了。

　　这天晚上，叔文一觉醒来，宗诚梦中还在念"ㄅㄚ——巴，ㄆㄧ——披，ㄌㄤ——郎，ㄍㄨ——姑"。过了一忽儿，又道："何不为盍，之乎、之於为诸。"以后便糊里糊涂地听不明白了。第二天早晨，叔文刚醒，宗诚已披衣起身了。叔文笑道："宗诚，你梦中还在用功？"宗诚听了，莫名其妙。叔文便把昨夜听到的梦中呓语告诉他，宗诚自己也觉得好笑。叔文道："汉文中以两字切为一字的很多，'何不'为'盍'，'之乎''之於'为'诸'，不过是两个例而已。如'笔'，又名'不律'；不律切，即是'笔'。'终葵'为'椎'；终葵切，即是'椎'。'鞠躬'为芎；鞠躬切，即是'芎'。春秋时晋国的寺人勃鞮也作'寺人披'；勃鞮切，即是'披'。人心叵测，就是不可测；不可切，即是'叵'。文言文中'旃'字用于句末，就是'之焉'；之焉切，即是'旃'。余如口语中，'覅'即'勿要'二字的切音，'甮'即'勿曾'二字的切音，'別'即'不要'二字的切音，诸如此类，多不胜举。所以汉字之义，有许多当於声音方面求之，读音注音的重要也於此可见了。"宗诚下床，穿好了衣服，来不及洗脸，便用铅笔把叔文的话记了下来。叔文见他这般留心，也自欢喜。

宗诚到客堂后间去洗了脸，和慧珍同吃稀饭。他们俩照例是先吃的。这时候，还没有到七点钟哩！——一面吃，一面谈，慧珍把昨晚从爸爸那里听得的话告诉了宗诚，宗诚把刚才从叔文那里听来的话也告诉了慧珍。吃完了饭，同到校里，宗诚、慧珍又各自告诉了乐三和菱仙。乐三道："罗马字母，我也没有学过。"宗诚已记熟了，便传给了他。第一时，英文教员因事请假，乐三拿出一本簿子来，上面题着'竹头木屑'四字，把宗诚教他的国音罗马字母抄上了。宗诚道："你要札录，我索性向慧妹妹去拿一张表来。"说罢，飞也似的跑到女生自习室去。不多时，把昨天那张国音字母表的底稿找来，借给乐三。又把昨晚伯臧、今晨叔文说的话，也都说给他听。乐三一面听，一面记。记毕了，又做成一篇短短的序文，把注音符号的来历叙述得清清楚楚，抄在那张表的前面。序文刚抄好，已是九点钟了。

　　宗诚带着钦佩欣羡的神情道："无论什么，经你的手，便像一样东西了！"乐三叹口气道："宗诚兄，你们的福气比我好得多了。住在慧珍姊家里，所见所闻，都可以增长见识。如能随时收集，随时整理记录，很可以做成一部'闻见录'哩！我们现在所能记录的，固然浅薄、幼稚得很。如能长此下去，日积月累，将来习惯养成了，学识提高了，充实了，必能如古今名人遗下来的笔记，如《日知录》《困学记闻》之类，成一种比较有价值的记载，我想！"宗诚道："《日知录》《困学记闻》是谁作的？"乐三道："《日知录》是明末清初的学者顾炎武作的，《困学记闻》是南宋的学者王应麟作的，是两部有名的笔记书。我刚于上星期在王老师那里看到过。翻开来看了一二条，完全看不懂哩！据王老师说，是两部很有名的笔记。"停了停，又笑道："胡适之先生在古人'心到、口到、眼到'的读书'三到'加上了一种'手到'，说成'四到'。我以为还可以加上一种'耳到'，增作'五到'哩！"

　　上课钟响了，把他们的谈话打断了，两个人匆匆地上教室里去。

第二十四章　析字、藏词、飞白

　　伯臧从杭中上了九之十的课回来，正和康氏坐在客堂门口晒太阳。愚官在玩一架物理梯。电铃响了起来，张妈跑过去开门，却是康仲良来了，带了许多东西，是分送伯臧和仲珊两家的。伯臧、康氏忙站起来招呼道："今天为什么到得这样早？"仲良道："现在下水轮船也有早班了；七点动身，八点开船，十点半就到江干了。"伯臧道："寒假里，我没有到府上来，阴历年前又开学了，我想等春假时再来看舍妹。不料你却来了。"

　　月仙从里面出来，向仲良行了个礼，奉上了烟和茶，就在太阳里坐了下来。康氏问了小姑的好，又谈到他母家的情形。仲良道："谨斋叔倒健得很，谨斋婶总揽家政，太辛苦了，消瘦得很。少蟾弟虽暗不能言，他们夫妇俩却是能尽孝道的。他们的孩子国栋，听说在金华电报局里做事，年里刚回来过。"月仙吩咐张妈去叫了几个菜来，预备仲良吃中饭。叔文、宗诚、慧珍和锡官兄妹都回来吃中饭了，见了仲良，都很高兴。

吃过中饭，他们又去上课。伯臧陪仲良到陆官巷去拜年。仲珊不在家，漆之瑜定要留仲良吃夜饭，并且着人来叫叔文、宗贻、宗诚。之瑜叫了一整桌菜，除他们五个客之外，又邀了两个客人，一个叫作富润生，是做过统税局长的；一个叫作金庸之，是商界里有钱的朋友。他因为宗诚是小孩子，叫宗常也来做陪客。仲良他们在里面和崔老太、漆氏等闲谈。六点多，之瑜来请他们到厅上去。富、金两位先生都到了。富润生是个瘦长个儿，烟容满面，头上的西式发梳得光可鉴人。金庸之是个矮胖子，戴一顶皮帽子，满脸的黑麻，肚子凸出，像个大栲栳。他们俩都穿的蓝袍黑褂，见伯臧他们出来，都站起来拱手。之瑜一一介绍了，说了许多"久仰""少亲近"等应酬话。坐席了，却是金庸之的首位，富润生的次位，以下仲良、伯臧、叔文、宗贻、宗诚、宗常依次坐了，之瑜坐了主位。

这两位先生很喜欢谈论，酒过三巡，便议论风生起来。富润生道："周伯翁听说住在涌金门直街？那里贴近西湖，名胜很好啊！那里的房子想必是自己新造的？"伯臧道："是租的半新不旧的两间房子。"富润生道："住租的房子总不如自己造的合式。只要化五六万块钱造它一所，也可以将就住了。康仲翁在府上行道吧？像康仲翁这般的医道，真可说是御医了！何妨请到杭州来悬困呢？仲翁如来，兄弟很可以替您吹呼吹呼。"仲良道："谢谢您！可惜舍下俗冗家务，一时摆脱不来。"金庸之指着宗诚道："这位是仲翁的令郎吗？卫生倒是很好的。哈哈，你看他的体育何等健全？人又这样冷静！"富润生接着道："现在一般学生都是浮燥的。读了没有几年学堂书，便是满嘴的新思想，东跳西叫，真是所谓丘九！"

金庸之又道："伯翁，你是个教育大家、文学大家，应当负免救学风的责任。现在的学堂里，《左传》《右传》《大学》《小学》都不读了，却读些《石头记》《木头记》，弄得写封信都写不像了！"说时，把右手的大拇指一翘道："富润翁才是个有学识的！他见到现在的学校里风气不好，叫他的小姐、少爷都在家塾里读书，请了一位前清有名的朋经，教他们读些'四书''五经'。"之瑜道："要有富润翁的经济力量才可以如此办。"伯臧、仲良只是唯唯诺诺地敷衍，叔文和宗贻几乎恶心得连吃下去的菜都要呕出来了。

好容易吃完了这一席酒，金庸之又提议要打牌。伯臧说向来不会的，叔文、宗贻说明天一早有课，不能奉陪。仲良被他们缠住了，正在无可奈何的时候，宗诚忽捧着肚子，大叫肚痛。之瑜忙叫人去拿痧药。仲良也吃了一惊，要扶他到仲珊家里去睡。宗诚说："怕是疝气发了。"叔文道："之瑜兄，不必着急，他是老病，我们不如早些带他回去，那里有常吃的药。"崔老太也赶了出来，搂着诚儿，心肝宝贝地乱叫，一面埋怨伯臧平素招呼得不周到。金庸之道："快叫一部汽车来送他们回去吧！"之瑜真个打电话去叫了一部小包车来。伯臧等谢了之瑜，又向富润生、金庸之道了歉，匆匆登车而去。不消十分钟就到了。仲良扶宗诚下车，伯臧开发了车钱，叔文按了按电铃，张妈开门出来，宗诚却生龙活虎地跑了进去。仲良在后面大叫"跑不得，跑不得"，他早已跑进客堂了。宗贻这时才哈哈大笑道："如何？

只有这一着可以解围！"伯臧、仲良方恍然大悟。叔文也笑道："姊夫，你真太老实了，诚儿向来没有疝气病，你难道也不晓得的吗？"仲良把原委说明了，康氏、月仙、慧珍都笑得弯了腰。

这天晚上，天气颇冷，他们都在书室里围炉而坐，煮茗清谈。宗诚道："姓富的，姓金的，这两个人的话非常好笑。他们说我卫生很好，体育很健全，把'卫生''体育'当作'体格'用，又把'浮躁'读作'浮燥'。亏那姓金的自己称赞自己，说那姓富的是有学识的！"叔文笑道："他所说的'学识'，并不真的指学识而言，是误用作'见识'的！"宗贻也笑道："不但这些，他们还把'名胜'当作'风景'，'挽救'误作'免救'，'明经'误作'朋经'哩！"宗诚道："什么叫作'明经'？"宗贻道："从前称廪贡生为明经。"仲良忽然笑了起来道："他们叫我到杭州来'悬困'，我当时听不懂，现在回想起来，一定把'悬壶'的'壶'字认为'壶'字了！"

伯臧道："他们把'御医'当作'良医'用，把'吹嘘'说成'吹呼'。说宗诚很冷静，也是把'冷静'二字当作'沉静'用了！这般人胸无点墨，偏要通文，真是又好笑，又讨厌！"宗诚道："他们还从《左传》弄出一部《右传》，从《大学》弄出一部《小学》，从《石头记》弄出一部《木头记》来哩！"宗贻道："这倒是一种修辞的方法哩！"宗诚道："他们会懂得修辞学吗？"宗贻道："他们固然不懂得修辞学，但这确是修辞格里的一种，是'析字'格中的'牵附'法。《石头记》里林黛玉说的'明儿宝姑娘也来了，贝姑娘也来了'，《儿女英雄传》里安家舅太太说的'难道这个《左传》《右传》的，也会弄得清楚？'也就是这一种修辞法。还有用'丘九'二字指学生，是从'丘八'转来的；以'丘八'二字指'兵'也是一种析字格。如称'刘〔劉〕'为'卯金刀'（见《后汉书·光武帝纪》注），称'许〔許〕'为'言午'（见《三国志·魏文帝纪》注），称'裴'为'非衣'（见《唐书·裴度传》），也都是'离合'法的'析字格'。"

慧珍道："寒假里我看《镜花缘》，有一个玉儿讲的笑话。说姓王的一家有八弟兄，老大叫王主，绰号硬出头的王大；老二名王玉，绰号偷酒壶的王二；老三就叫王三，绰号没良心的王三；老四名王丰，绰号㧰铁枪的王四；老五就叫王五，绰号硬拐弯的王五；老六叫王壬，绰号歪脑袋的王六；老七名王毛，绰号弯尾巴的王七；最小的叫王全，绰号不成人的王八。——大概也是所谓'析字格'了！"宗贻道："是的，这是'增损'法的析字格。"叔文道："析字格多得很。如《浮生六记》里游虎丘那一节里引一句《左传》'非夫人之力不及此'来称誉芸娘，故意把圈读扶的'夫'字读作本音'夫'，叫作'借形'法的析字格。《镜花缘》黑齿国一节里用'吴郡大老倚闾满门'八字隐一句'问道於盲'，是'谐音'法的析字格。"宗诚道："这八字怎么会是'问道於盲'呢？"伯臧道："你们懂得切音的法儿的。'吴郡'切，不是'问'吗？'大老'切，不是'道'吗？'倚闾'切，就是'於'；'满门'切，就是'盲'啊！"慧珍道："我看《镜花缘》，觉得这一节最乏味，却是讲的反切，可惜我把它跳过了。"

叔文道："我在一种什么书上看到，说陈后主名叔宝，反语为'少福'，是败亡之征。'叔宝'二字怎会反成'少福'呢？"伯臧道："这是你没有仔细想的缘故。'叔宝'切，便是'少'；'宝叔'切，便是'福'。古无轻唇音，'福'字的古音和'博'差不多。——这是见於《南史》的。"仲良插嘴道："《儒林外史》上说南京的风俗，新媳妇三日入厨，先做一碗鱼，取'富贵有余'的意思。我们那里吃年夜饭也必定有一碗鱼，有一碗带鲞，而且上面须放一鲞头，取'年年有余''明年有想头'的意思。这是否一种修辞的方法呢？"宗贻道："这叫作'借音'法的析字格。律诗、骈文里的借对，就用的这法儿。如孟浩然诗：'厨人具鸡黍，稚子摘杨梅。'借'杨'字谐音作'羊'，以对上句的'鸡'字。刘禹锡《陋室铭》：'谈笑有鸿儒，往来无白丁。'借'鸿'字谐音作'红'，以对下句的'白'字。也是这一类。"

仲良道："你们这里真有趣，随便谈谈天，可以得到许多有用的知识。诚儿，你得把所见所闻的都记它下来。"宗诚道："慧妹妹，今晚谈得太零碎复杂了，我竟理不出头绪来了！"慧珍道："我想，今晚所谈的，不外乎修辞格中的一种，'析字格'。字有字形、字义、字音三要素，如就字形离合增损的，可以说是'化形’的析字；就字音反切谐声的，可以说是‘谐音’的析字；就字义牵附的，可以说是‘衍义’的析字。——诚表哥，我们如其这样地整理起来，不是可以得着纲领了吗？”仲良道：“毕竟慧儿的头脑清楚些！能在这样杂乱的谈话中找出一个头绪来。”

宗贻道：“衍义的析字，还有种‘代换法’。从前宋祁与欧阳修同修《唐书》，往往以僻字改易旧文。欧阳修乃写‘宵寐匪祯札闼宏休’八字於门以戏之。宋祁问：‘此八字出於何书？’欧阳修道：‘“宵寐匪祯”者，即夜梦不祥也；“札闼宏休”者，即书门大吉也。此即公修《唐书》之法。’宋不觉大笑。这就是所谓‘代换法’。还有种‘缪绕法’，如《左传》所记的登首山以呼‘庚癸’，庚字隐‘穀’字，癸字隐‘水’字。这本是一种‘隐语’，目的要使对方懂而旁人不懂。所以‘析字格’可以分作‘化形’‘谐音’‘衍义’三种。‘化形法’又可分为‘离合’‘增损’‘借形’三种，‘谐音法’又可分为‘借音’‘反切’二种，‘衍义法’又可分为‘代换’‘牵附’‘缪绕’三种。——你们可以这样把它记录下来。”

伯臧道："从前有一首古诗说：'橐砧今何在？山上复安山。何当大刀头？破镜飞上天。'宋代王观国《学林新编》解道：'橐砧者，铁也，铁也；山上安山，出也；大刀头，镮也，还也；破镜飞上天，月正半也。'慧儿、诚儿，你们想想看，用的是哪一种法儿？"宗诚道："山上安山为出，是化形析字的离合法。破镜做半月用，是衍义析字的代换法。"慧珍道："以橐砧作'铁'字用，也是衍义析字的代换法；'铁'作'夫'，是谐音析字的借音法。以'大刀头'作'还'字用，也是同一方法。"月仙道："假的东西俗话叫作'西贝货'，又说'岂有此理''岂有此外''妙不可言''妙不可酱油'，这些用的是什么法呢？"宗诚道："先用谐音的借音法把'假'字化作'贾'；再用化形的离合法，把'贾'字分成'西贝'。先把'言'字借音作'盐'，再用衍义的牵附法，衍成'酱油'。先把'理'字借音变作'里'，然后把'里'字牵附变化作'外'。大表嫂，对吗？"

康氏道："我做个字谜给诚儿、慧儿猜猜：'糠秕胜首阳，无米也安祥。有人作中保，得米便成粮。'猜一个人的姓字。"宗诚、慧珍还在凝思，伯臧笑了一声。

慧珍道："我猜着了！真是远在千里，近在眼前。"仲良忍不住哈哈笑了。宗诚道："原来就是爸爸。"

叔文道："我记得陶渊明的诗，有一句'再喜见友于'，以'友于'代兄弟用；韩愈的诗，有一句'为尔惜居诸'，以'居诸'代日月用；鲁迅的《阿Q正传》有一句'将到而立之年'，以'而立'代三十用；这些是否应当归入衍义析字的代换一类？"

宗贻道："这是另外一种修辞格，叫作'藏词'。'友于兄弟'，本是《书经·君陈》篇中的句子；'三十而立'，本是《论语》中的句子；'日居月诸'，本是《诗经·柏舟》篇的句子。以'友于'代兄弟，是'歇后语'；以'而立'代三十，是'藏头语'。现在俗话所说的'下马威'就是'风'，'牛头马'就是'面'，也是一种'歇后'的藏词。又如上海叫初到上海的陌生人一些不懂的为'猪头三'，也是'猪头三牲'的歇后语，不过又借音谐'牲'为'生'罢了。又如用'猪八戒的脊梁'说他是'无能之辈'，那类譬解语也是带着谐音的。因为《西游记》上说猪八戒法名悟能，'悟能'二字谐音作'无能'，'背'谐音作'辈'。这类实例，口语中是很多的。如'驼子修拐杖'——'越修越短'；'四金刚腾云'——'悬空八只脚'；'戴了石臼跳加官'——'吃力不讨好'；'石板医驼子'——'硬做'；以及'鸡毛打'——'走'（'帚'字谐音）；'七大八'——'小'之类。张妈也常说的。"说得张妈也红了脸。

康氏道："我真想不到，这些歇后藏头的俗话，文章里也会用它们的！"伯臧道："言语，文章，本来是一样东西，可一以贯之的！不但这些，就是说话时因为本来口吃的，或神情突变了，吃涩的语言，也可以写入文章。如《史记·张苍传》记周昌向汉高帝廷争废太子事，他本是口吃的，又着了急，所以说：'臣口不能言，然臣期期知其不可；陛下必欲废太子，臣期期不奉诏！''期'即'綦'的转音，即是'极'字的意思。连用两个'期'字，就是照他说话时口吃的声音直记下来的。又如《史记·高帝本纪》记诸侯将相共尊刘邦为皇帝，汉王三让，不得已，曰：'诸君必以为便便国家……'甲午，乃即皇帝位汜水之阳。刘邦本是一泗上亭长，所谓诸侯将相，大半是他那时偷鸡屠狗的无赖朋友，一旦忽然做了皇帝，未免又喜又惊又难为情，所以话也说不清楚了。又如王安石的《户部郎中赠谏议大夫曾公墓志名》记曾公奏劾知苏州的魏庠，上惊曰：‘曾某乃敢治魏庠，克畏也！’话说得急了，把‘可畏’说成‘克畏’，也照样写入文章了。还有一个笑话。坟前的石人，不是叫作‘翁仲’吗？有一个不甚通晓文义的人，做苏州通判的，一日，错呼‘翁仲’为‘仲翁’。有人做了一首诗嘲笑他道：‘翁仲将来作仲翁？只缘书读少夫工。马金堂玉如何入，只好苏州作判通。’因为他把‘翁仲’二字说倒了，所以故意把‘读书’‘工夫’‘金马玉堂’‘通判’诸词都倒了过来。——诸如此类，无论是照实记录的，故意弄错的，在修辞学上也有一种辞格叫作‘飞白’。所以只要能随时到处留心，所见所闻都是和国文有关的。”

康氏忽然站起来道：“已经是‘一五一’‘满汉细’了，应当女人戴帽，眼睛挂下了！”宗诚道：“大舅母，你说什么呀？”康氏道：“我也在这里讲究修辞学哩！”慧珍道：“妈妈说：‘十点了，应当安睡了’！她用的是歇后藏词和化形析字两法哩！”宗诚道："你们大家先请安置吧！我还得记日记，今天的材料特别丰富哩！"伯臧他们一家都上楼去了，仲良和叔文坐在被窝里谈天，宗诚却把这一天的日记做好了，方才安寝。

第三天晚上，伯臧也包了一席酒，除回请漆之瑜外，又邀了彭旭初、王剑英、章微尘、章载之和郁医生，连仲良父子，一共有八个客。伯臧坐了主位，叔文、宗贻坐在两旁执壶。宾主的态度，席间的谈话，和前晚大不相同。旭初喜欢闹酒，之瑜、剑英、载之的酒量也都不错，他们四人便拇战起来。直吃到八点半钟，方才终席。之瑜和郁医生先走了。仲良谈起前晚在漆家吃夜饭的情形，大家笑得合不拢嘴。旭初道："我如其也在那儿，怕又要使酒骂坐了。伯臧兄，我看令亲漆先生人很漂亮，怎么和这类人交朋友？"伯臧道："他是做生意的，不得不和他们鬼混。"他们陆续走完，已是九点半了。大家收拾就寝。第四天下午，仲良便趁晚班轮回去。

第二十五章　泛雪探梅

　　春，似乎已偷偷地踅进了人间。虽然黑褐色的柳条儿还懒洋洋地挂着，并没有苏醒。草儿仍是枯黄的，无力地躺在泥地里。鸟儿们也没有奏它们欢迎春之神的新歌。天气却已渐渐地，不，竟是骤然地，热起来了。

　　这天下午，更热得厉害，而且有些潮闷的样子。慧珍、宗诚四点钟回来，都忙着换衣服。不久，叔文也带了锡官兄妹回来了。这两个孩子，脸孔红得像苹果般，额上都是汗，一到家，把制服、毛线衫一齐脱了，只剩一件内衣。康氏和月仙怕他们伤风，拿着衣服，赶来赶去叫他们穿。连素来怕冷的伯臧也把丝棉袍脱下了，只穿一件毛线衫。慧珍道："今年怎么热得这样早？"叔文道："怕还得下一次大雪哩！"宗贻从图书馆回来了，也是叫热，想去换上春天的西装。月仙道："天气不正，大热仍有大冷，而且春季的西装还没有整理过。"张妈在河埠边洗了许久衣服，又在院子里太阳下做了许多事，穿着一件夹袄，还是满头是汗，满脸通红。"天也变哉！正月勿曾过完，便这样热，今年夏天，真要热杀人哉！"张妈喘着气，坐在客堂门口的一张方凳上这般自言自语地说，"四叔叔说要落雪，是骗骗小姑娘的。我勿相信，这样热，会落雪的！明天，好把丝棉袄、丝棉被拆出来洗哉！"

伯臧道："今天天气突然变得这般热，诚儿、慧儿、锡儿、蕙儿都休息休息罢了。这种天气，容易酿出病来的。"慧珍道："爸爸说这种天气怕酿出病来，四叔叔说它要酿出一场雪来，我却以为是酿出梅花来的天气。明天是星期日，我们可到孤山去访梅花了！"宗诚高声道："赞成，赞成！"宗贻道："'酿梅'二字，倒很有诗意。"伯臧道："这是从'酿花'二字来的。"慧珍道："访梅也可以说'探梅'，也可以说'寻梅'，究竟哪两个字好？"宗贻道："'访'字可作'探问'解，例如王徽之雪夜山阴访戴安道；也可以作'寻觅'解，如云博访遗书，和'探'字、'寻'字本没有什么不同。不过寻梅，必是梅花开否未曾知道，即使已开了，也不过一朵两朵，要去寻觅。访梅、探梅，则未去时已知那边有梅花了，所以去访问，去探望。"伯臧笑道："这也不过强为分别而已！因为没有知道梅花消息，所以要去探访。如已知梅花盛开，只要说去看梅、赏梅好了。"宗诚道："孤山的林和靖以梅为妻，以鹤为子，真有这事的吗？"叔文道："梅占百花之先，馨香高洁，孤芳自赏，不同凡卉，可以做隐士的象征。林处士隐居孤山，植梅蓄鹤，作为自己的伴侣。他的爱梅，原和陶渊明的爱菊，周敦颐的爱莲一样。鹤，也是一种高洁的飞鸟，不同凡禽的。人们因有妻梅子鹤的话了。"他们谈谈说说，不知不觉间天已夜了。

夜饭后，天气更觉闷热，蚊子都飞出来了。宗诚道："这时候，哪里来的蚊子？"伸手去把它抓来了。叔文道："这是去年遗下来的蚊子种。天气冷了，蚊子都蛰伏着，天气一热，又飞出来了。"张妈道："幸而这里没有坦克车，否则，上有飞机，下有坦克车，怎能睡得安稳呢？"宗诚道："哪里来的坦克车呀？"张妈道："飞机就是蚊子，坦克车就是臭虫。"大家听了，都觉得好笑。

　　这夜，大家不做工作，谈了一会，早就睡了。康氏吩咐宗诚、慧珍不要把床上的棉被拿开，怕半夜里要转冷。果然不出她所料，不到半夜，就刮起大风来了，玻璃窗都震荡得发响。他们都盖的薄棉被。康氏从梦里冻醒了，起来去看伯臧时，正在添被。她又到后间去看慧珍，只见她上半个身子只穿一件红条子的绒小衫，两只肥藕似的嫩手露在被外，只盖了一条毛绒毯。便推她道："痴孩子，棉被放到哪里去了？"慧珍翻了个身，含胡地说了一句话，又呼呼睡着了。康氏回头一看，见棉被折好了，放在一张椅子上，忙捧过去，轻轻地给她盖好。东面的玻璃窗还开着一扇，也替她关上了。方捏手捏脚①地回到房里来，坐上床去，把折叠在里床的厚棉被拉开了，替蕙儿盖好。她一下子睡不着，听得间壁月仙、宗贻也在起来添被。她睡下去，又想起宗诚，有叔文同房住，大概是不妨事的。又联想到宗武、宗基，住在校里，一个人睡，不知如何。

---

①　今用"蹑手蹑脚"。——编者注。

过后，便又昏昏入梦了。

第二天早晨，张妈来收拾房间。康氏刚醒来，觉得非常冷。张妈道："阿婆醒了？天在落大雪哩！被四叔叔说着了！"康氏道："张妈，你昨夜冻了没有？你们年轻人总是贪睡的！"张妈道："我睡得最惺忪，天一冷，就醒了，忙起来添被，所以没有冻。——康少爷才好睡哩！四叔叔昨夜起来替他添被，他到今早才晓得！"康氏道："孩子们都是这样的。——四叔叔这样早就起来了吗？"张妈道："四叔叔还睡着。康少爷听说下雪，早就起来了。他还帮我生书室里的煤炉哩！"康氏道："那么稀饭有没有烧好呢？"这时，康氏已掀开帐子起床了，"张妈，你下去烧稀饭，收拾楼下吧！这里的地，我自己会扫的。"张妈答应了，转身要下楼去，康氏又道："张妈，这样大的雪，你去买菜也不方便。床头方桌上方匣子里有松花皮蛋，拿两个下去。楼下橱里还有一只腌鸡，可以切一盘。下面木橱里还有广东糟方，也可以装一盘。台州的白虾皮，也可以装一盘。——早饭菜就够了。胶菜、萝卜、盐肉、粉条，家里都还有。今天可以不必去买小菜了。"张妈走了，他们也陆续起身。

　　慧珍穿好衣服，走到前房来，见妈妈在扫地，便把扫帚接了过去，前后楼，扶梯间，都打扫干净。月仙开出门来，慧珍道："嫂嫂，果真下雪了！"她走进去，想替她们扫地，月仙早已扫好了；便下楼梳洗，顺便把张妈泡好的茶，端了两杯上楼，分给爸爸、哥哥。这时，锡官已起来自己穿好了，慧珍叫他加了一件呢大衣。蕙官自己也在穿衣袜了。慧珍也把一件呢斗篷放在她床上，叫她自己披上。不多时，一家人全下楼了，在书室煤炉旁吃早饭。腌鸡、皮蛋、糟方、虾皮，四色小菜，倒也很可口。

　　吃完了早饭，宗诚吵着要到孤山去。叔文道："今天，你们不是约了乐三、菱仙、宗武、宗基、宗常、志华到这里来开本学期第一次棣华读书会吗？下午，他们来了，你们倒不在家，不是失信了吗？"宗诚道："上午去去就来，也不妨事吧！"康氏道："大风，大雪，到孤山去干什么？冻了，不是玩的！"宗诚只得罢了。他们一家大小，看看雪，向向火，喝喝茶，谈谈天，在消磨这大雪中的上午。刚快吃中饭，忽听得电铃响。宗诚道："来的，不是宗基他们，就是宗常他们，我猜得准着！"说罢，也不叫张妈，秃着头，冒着雪，连跑带跳，抢出去开门。不久，听有人在廊下拍身上的雪，接着又有人两脚在乱顿。慧珍到书室窗口去一探，笑道："我们不去访梅，梅倒来访爸爸了！"正说完这句话，宗诚开了书室的门，让进一个人来。伯臧一见是梅先生，连忙站起来道："你老人家的兴致真好，这般大雪，遥远地进城来！"梅先生道："我虽非王子猷，你却是戴安道。雪天访友，倒是怪有趣的事！"宗贻站起来，把梅先生的大氅脱下，挂在衣架上。梅先生和他们一家都熟识的，而且是远亲，招呼一遍，大家围炉就座。张妈泡了一碗茶来。伯臧道："梅丈冒雪进城，必有事故？"梅先生道："并无事故，今天起来见到了雪，忽忆孤山梅讯，不知如何，想邀你们同去一探。"伯臧道："你在这里吃中饭吧！饭后，我们冒雪泛舟，如何？"梅先生道："很好。游西湖，日不如夜；春不如秋，秋不如冬；晴不如雨，雨不如雪。午后去泛舟，说是访梅也好，说是泛雪也好。"过了一会，又道："今天下大雪，家里有什么菜便吃什么菜，可不要去买菜，多费事！"伯臧道："敬遵台命。"

中饭快好了，张妈把圆桌面椅凳都安排好，杯筷都放停当了，大家就座。先摆上一盘皮蛋，一盘凤尾鱼，一盘拌冬笋。宗贻开了一瓶五加皮，只有伯臧和梅先生对酌，各喝了大半杯。接着饭菜也来了，一碗火腿丁炖蛋，一碗冬笋炖盐肉，一碗红焖萝卜，一碗腌鸡，中央一火锅火腿丝粉条滚胶菜。伯臧道："家里现成的，只有这些小菜，委屈得很！"梅先生连道："盛馔，盛馔！"

饭刚吃完，外面有人按电铃，按得很急。张妈出去开门，闯进一个酒气醺醺的人来。矮矮的胖胖的，身上穿着一件藏青的呢大衣，脚上穿着一双皮鞋，头上戴着一顶罗宋帽翻了下来，头颈里缠着围巾，只露出一副黑边的博士眼镜来，手上也套着手套，笔直地站在梅先生前面，一声也不响。大家瞪住了。伯臧笑道："微尘又来故作惊人之笔了，谁不认得你呢？"慧珍也笑着走过来替他脱大衣，说道："原来是章伯伯！"他哈哈大笑，脱了大衣，除了帽子围巾，和大家招呼，坐下来，接了一支烟吸着了。

康氏道："听说章伯伯本学期也来杭中教书了，

你是住在哪一处的？哪一天到的？怎么今天才到这里来？——中饭吃了没有？"微尘站起来道："大嫂，两三年不见了！我是住在学院前分校的。星期二才到。因为教了三班，太忙了，所以今天才来。——今天，特地来邀伯臧兄去逛雪湖的。本来只想赏雪，却不料在这里遇到了'梅'，真是踏雪寻梅了！大嫂，有我保驾，决不至於让伯臧兄冻坏、跌坏的！"梅先生道："我也是这个意思，正好同行。有你们两位同去，真所谓'聊翱游兮周章'了！"

微尘性急，正想催着动身，电铃响起，杭中来了个信差，送了孔乐三一封信来，说宗武、宗基有电话来过，说因大雪不来；乐三因为肚子痛，也不能来，特向棣华读书会请假。那校役又说，顺便要到彭校长公馆去，替大小姐送药去。慧珍忙问："彭菱仙有什么病？"那校役道："是伤风发热，热度很高，上午刚请校医看的。"把手里的方子一扬道："药还没有买来哩！"说完，就去。宗诚道："宗常和志华也不见得来，读书会开不成了！"伯臧笑道："你巴不得开不成吧？"宗诚道："读书会不开了，我们也得去逛雪湖。"微尘道："坐划子，风太大，不如叫一只大船，愿去的都去！""梅先生、伯臧、叔文、宗贻、我，五个①，谁愿同去，快报名！"宗诚拉拉慧珍的手道："慧妹妹，我们两个也去！"微尘道："好的！今日之事我为政！——要去，得加了衣服去。"微尘叫把那瓶刚开了的五加皮带了去；又向康氏要下酒菜，由他选定了腌鸡、皮蛋、凤尾鱼三样；又叫张妈泡一壶好的茶，茶杯、酒杯、筷儿等预备得很周到。他似乎很熟悉地走入厨房里去，叫张妈端出一个生着炭火的红泥小火炉来，又要了一包茶叶，一箩炭，一把小的铜茶壶，一把芭蕉扇。预备停当，他冒雪出去，雇好了一只玻璃窗平底的游舫。

　　船家把东西搬上去，大家都穿上大衣套鞋，梅先生、伯臧、慧珍各携一条手杖。一行老小七个人，踏着雪，到大门外湖滨上船。舱里有一只炕床，微尘让梅先生和伯臧对面躺下，说："这才叫作卧游。"把东西都摆在一张方桌上，火炉放在舱里。叔文走到船头上，

---

①　原书为"四"，疑有误，此处根据文义改为"五"。——编者注。

抓了几把船篷上积着的雪，放在铜壶里，提进舱来，摆在火炉上。慧珍早用两个搪瓷盘儿，把腌鸡、凤尾鱼和花生米、南瓜子装好了。宗诚蹲在船头上剥皮蛋。微尘取出把小刀来先切了三个，其余的三个叫把壳留着不要就剥。宗诚拿起一瓶酱油来，浇些在装皮蛋的一个搪瓷盘儿里。微尘倒了一杯五加皮，叫大家各喝一口，消消寒气。宗贻已把带来的一听白金龙香烟开了，分给梅先生、微尘、伯臧，自己也点了一支。

船已荡开去了。从玻璃里望出去，全湖不见一只游艇。四下里都纷纷地下着如棉如毛的大雪。湖上的山，湖边的亭台楼阁，都已似粉妆玉琢成了的。船向北慢慢地荡去，经过了三潭印月、湖心亭，遥望新市场那边的湖滨公园，也是树上、椅上、栏杆上、地上都弥漫着白雪，不见一人。到了平湖秋月旁边，停船系缆，微尘叫船家把船停到孤山后面放鹤亭下去。他们七个人陆续上岸，踏着雪往孤山来。孤山道上也没有看见一个人。一片白璧无瑕的雪，被他们踏破了。他们走去，走去，只见孤山下的红梅已有几枝开放，映着白雪，更觉娇艳。梅先生只顾看上面，脚下滑了一脚。叔文、微尘忙赶上一步扶住。微尘道："我们今天可以说是扶梅探梅了！"

他们转到放鹤亭去，只见那边博览桥上的茅亭里立着一个白发老翁、一个红颜少女，都披着斗篷，在那儿赏雪。微尘道："这一对倒是图画中人！为孤山的雪里红梅写照的！"慧珍眼快，叫道："林鹓姐，我们也来了！"林鹓似乎和那老人说了几句，搀着他，拄着竹杖，从桥上缓步而来。到了放鹤亭上，和他们招呼。林鹓一一介绍，原来这老人是他的爸爸雪庵居士。

林雪庵道："今天这般大雪，小女忽发雅兴，要到孤山踏雪探梅，硬把我拖了来。不料诸位的兴致很好，也到这儿来了。周先生的大名早听小女说起过。梅先生，小儿林鹤也尝说起。小儿女得亲炙两位老师，真是受益不浅！这位是章微尘先生吗？您的中国画，我早拜读过了，钦佩得很！宗贻先生的大作，在杂志上看到的很多。叔文先生在杭中小学部教书，小孙林钧是在你教的这一班的，去年劳驾到舍间来访问，我恰不在家，失候了！"伯臧道："雪庵先生的金石书画，我们也闻名已久，可惜无缘晋谒！"梅先生等也谦挹了一番。这时，听得汽车声，一个汽车夫跑上放鹤亭来。林鹓道：

"爸爸，我们的车子来了。哥哥上山去，怎么还不下来？"汽车夫去不多时，把林鹤找来了。他皮鞋外面还穿着一双草鞋，手里拿着一枝梅花，见了梅先生，鞠了一个躬。雪庵叫他也见见周、章诸先生。一面带着埋怨的口气道："一去便是半天！汽车来了，我们先走吧！"一儿一女扶着他上汽车而去。

微尘道："鹤也放过了，雪也看过了，不如回船，载着梅花归去。这叫作乘兴而来，兴尽而返。"七个人依旧踏着雪，下了船。叔文道："坐了汽车踏雪，未免败兴！"梅先生道："以吾从大夫之后，不可徒行也。"微尘道："孔老夫子舍不得他那部破车子，怕也想留着去踏雪用啊！"船，摇到了岳坟。微尘扒到后舱，和船家咕噜了几句，那船家停了船，张着伞，上岸去了。不久，提着一壶热酒，跟着一个跑堂的，捧着一盘虾仁炒面到船里来。宗贻道："刚吃过饭哩！"微尘也不回答，付了钱，说酒壶和盘子明天船家自会带来。那堂倌答应着去了。微尘叫大家吃面喝酒。船家把缆解了，也不摇橹，让船在风雪中自在地飘荡。伯臧喝了一口酒，吃了一筷儿炒面，道："酒味儿倒很醇哩！哪里叫的?"微尘口里正含着一口绍酒,只用手一指。梅先生笑道:"这叫作牧童遥指杏花村。"他们喝酒谈天,宗诚、慧珍伏在船窗上看雪。梅先生掏出表来一看,道:"时候不早了,我们还得出城去哩!"船家巴不得这一句,便动手摇起橹来。不多时,又回到涌金门。七个人陆续上岸,船家把盘儿、火炉、水壶等送还周宅。微尘开发了一元四角船钱。梅先生笑道:"今天是太费周章了!"坐了一忽儿,梅先生和微尘先后走了。

吃饭时,慧珍问道:"哥哥,梅先生下船时,说了一句'翱游周章',回来后又说'太费周章',我倒听不懂!"宗贻道:"'聊翱游兮周章'是一句《楚辞》。周章即是周游的意思。太费周章本是太费周折、太麻烦的意思。我们姓周,微尘伯姓章,'周章'二字是双关的。"叔文道:"他们说的,不仅这二句话是双关的。微尘先生初到,看见了梅先生,说:'真是踏雪寻梅了。''梅'字也是双关的。下船时,叫梅先生和大哥升炕躺下,说:'这是卧游。''卧游'二字也是借用双关的。在孤山,又说:'鹤也放过了,雪也看过了,不如载着梅归去。'鹤,指林鸰的哥哥林鹤;雪,指林鸰的爸爸雪庵；梅，指梅先生；都是双关的。"慧珍道："这些都是意义上的双关。上星期王先生也讲过修辞学上的借音双关，例如'东边日出西边雨，道是无晴还有晴'，借'晴'字双关作'情'字；'石阙生口中，衔碑不得语'，借'碑'字双关作'悲'字；是单单谐音的。又如'黄檗向春生，苦心随日长'，借黄檗之苦，双关作心中之苦；'黄檗万里路，道苦真无极'，借道路之道，双关作道说之道；是就音义双关的。用到谈话中来，便很隽永了。"伯臧道："可见平时目所见，耳所闻，只要能随时留意，国文上也可以得到许多益处。"

风停了，雪止了，云也散了，半轮明月悬在天空，反映着地上的雪，格外皎亮。院子里光明清白，澈上澈下。他们吃罢夜饭，在台阶上站了一忽儿，觉得爽气得很，可是太清寒了，有些儿冷森森地，便关上了门，大家去就寝了。

第二十六章　字体的变迁

　　宗诚和慧珍，每天早晨照例习字。宗诚今年临写《张迁碑》，慧珍却临写王先生写的《说文》部首。今天是星期日，所以各人多写一张。他们刚把笔砚收拾好，书画舫裱家把裱好的《石鼓文》《七十二弟子像》《南宋石经》等送来了。这些是去年杭中开展览会时，宗贻购买的。伯臧、宗贻、叔文都在翻看，宗诚、慧珍也站在旁边。

　　慧珍问道："《石鼓文》也是篆字，和《说文》部首一样的吗？"伯臧道："虽同是篆字，却又不同。"慧珍道："那么，《石鼓文》是什么时代的东西？怎么会嵌在我们校里的墙壁上呢？"伯臧道："这事说来话长。你们且坐下了，听我讲吧！所谓'石鼓'，是做成鼓形的石头，共有十个，每个鼓的直径约有三尺多。原物现在北平旧国子监里。鼓上刻有文字，其文体为诗，其字体则在大篆小篆之间。这十个石鼓，本在陕西天兴县南，唐朝郑余庆把它们搬到凤翔府的孔庙里。韦应物和韩愈作《石鼓歌》以表章之，方渐渐著名於世。经过五代的变乱，又散失了。宋朝的司马池又收集拢来，却少了一个。后来是向传师访得的。於是从凤翔搬到汴京的保和殿保存着。北宋末，金人打破汴京，便把它们搬到燕京去，所以至今还在北平。唐人张怀瓘、韩愈以为是周宣王时所刻；韦应物则以为是周文王之鼓，到宣王时刻的；宋人程大昌又以为是周成王时的东西；郑樵以为是秦代的；金人马定国却以为是南北朝宇文周时的东西。近人马衡考证，断定是秦代所刻。

　　"宋朝把石鼓运入汴京之后，用金填满鼓上所刻的文字，表示不再摹拓了。运到燕京之后，又把所填的金剔去。经此一填一刻，文字便多残缺了。欧阳修《集古录》里所载，只有四百六十五字。明朝县范钦天一阁所收藏的北宋拓本，有四百六十二字。清阮元做浙江学政时，就取范氏本刻石，嵌在杭州府学明伦堂的壁上。那时，王昶又就家藏拓本，参考宋拓本和别人摹本，补其残缺，共得四百六十四字。所以这种《石鼓文》算是比较完全的。可惜杭中没有建新校舍以前，杭州府学屡次驻兵，又被损毁了好几个字了。北平国子监里还有清高宗乾隆时仿刻的十个新石鼓，专供人摹拓。旧石鼓是不准椎拓了。"

　　慧珍又问道："篆字怎么有大小的分别？"宗贻道："大篆就是籀文，相传为周宣王太史籀所作；小篆又名秦篆，是秦李斯作的。"伯臧道："《汉书·艺文志·六艺略》的小学类有《史籀》篇，是周时教学童识字之书，所识的字就是那时通行的篆文。因为出於《史籀》篇，所以又叫作'籀文'。据近人王国维说，因为这种教学童识字的书，第一句是'太史籀书'，所以名为《史籀》。'籀'，读也。籀书是太史之职，并不是周宣王时有一个做太史名籀的人所作。战国时，大篆虽是通行的文字，但是那时各国分立，文字异形，所以大篆里同一个字颇多异体，而且所写的字，笔画也是繁复的居多。秦始皇既统一中国，丞相李斯奏同文字，於是就多异体的大篆整理起来，字形繁复的也颇加以省改；李斯作《苍颉》篇，赵高作《爰历》篇，胡毋敬作《博学》篇，这就叫作'小篆'。现在尚有拓本的秦代刻石，如《琅琊碑》《泰山刻石》《峄山碑》等，都是李斯写的小篆。《说文》一书以小篆为主。有些字，也把和小篆不同的大篆写在上面，叫作'重文''或体'。但部首可以说都是小篆；或者也有和大篆相同的，但也是经秦代采取，定为小篆了。"

宗诚道："那么，大篆是我国最古的字体了？"叔文道："并不，大篆以前，还有古文、蝌蚪文、甲骨文、钟鼎文哩！"伯臧道："'古文'是大篆以前各种字体的统称。蝌蚪文是就那时文字的笔画形状而言，因为那时纸、笔、墨都未发明，以竹简、木牍代纸，或刀刻，或漆书。用漆书写，下笔时漆多，末了漆少，所以笔画都头大尾小，宛如蝌蚪之形，所以叫作蝌蚪文。至于甲骨文，又称甲文，是刻在龟甲兽骨上的；钟鼎文又称金文，是铸在钟鼎之类的金属器铭上的。"慧珍道："爸爸，书橱里那一本《殷虚贞卜文字》就是甲骨文吗？为什么叫作'殷虚贞卜文字'呢？"伯臧道："清德宗光绪二十五年，河南安阳县发掘出许多刻有文字的龟甲兽骨。那里是殷代的故都，所以叫作'殷虚文字'‘殷虚书契'。‘虚'就是‘墟',是废址的意思。据考古学者的研究,所刻文字多卜筮之辞,故又称‘贞卜文字'‘卜辞'。孙诒让的《契文举例》便是研究甲文的最早的著作。作《老残游记》的刘鹗收集得很多。此后,如罗振玉著有《殷虚书契》前后编等书,王国维更以之考证古史了。学者的研究古代钟鼎彝器的铭辞款识,起于两宋,如欧阳修的《集古录》,赵明诚、李清照夫妇的《金石录》里,都有著录。吕大临的《博古图》更摹拓它们的形状,集为图谱了。"

慧珍道:"隶书是谁造出来的呢?"宗贻道:"这是秦代程邈造的。篆文不便书写,秦时官狱文书又繁,所以程邈把篆书的笔画简省了些,造成这一种字体,以助篆书的不及,故又名‘左书'。左者,助也。程邈本是个徒隶,故又名‘隶书'。可又有人说,隶书是用于徒隶的,所以有此名。当初的隶书,笔画繁简虽和篆文不同,而笔势浑圆,仍无异于小篆。汉朝隶书通行了,篆书渐废,其后笔势渐渐变成方了,渐渐有所谓‘挑法'了,便和篆书相去更远了。我们要学隶书,总常以汉碑为范本。诚表弟临的《张迁碑》,是《汉荡阴令张迁要表颂》，是他的故吏韦萌等替他立的去思碑，原碑还在山东东平县县学中，便是一种很好的汉碑拓本。"

伯臧道："程邈做隶书，见於许慎《说文解字》叙中。但我认为由篆文变成隶书，也和现在就汉字简省笔画的简笔字一样，必定采用许多当时已流行於民间的简笔字，不能断定是哪一个人做的。"

慧珍道："那么，'八分书'呢？"叔文道："八分书是王次仲做的，就是汉隶之未有挑法者。"伯臧道："王次仲这个人，相传是秦时的方士，根本就不很可靠。八分书，有的人以为是蔡邕做的。究竟是怎样一种字体，也各说不同。我认为蔡琰所说的八分取篆，二分取隶的话，比较的可信。篆变为隶，原求笔画的简省，但后来简省得太不合理了，所以又有这种介乎篆隶之间的'八分'出来了。"

宗诚道："我想懂了！古文变为大篆，大篆变为小篆，小篆变为隶书，隶书变为楷书，楷书又变为行书、草书。我国的字体是这样变迁下来的。"伯臧道："以我国字体变迁的历史说，草书倒在行楷之前。东汉初已有'章草'了。"慧珍道："王先生写得一笔好章草。前星期我见他写字屏，字体像行书，笔势有些像隶书，他说这种字体叫作'章草'。"宗诚道："爸爸告诉过我，章草是史游所做，以《急就》篇为最早。"伯臧道："这是相传的旧说。史游是西汉元帝时人，曾做过黄门令的官。《急就》篇确是他编的。但《急就》篇也是教儿童识字的书，因为第一句是'急就奇觚与众异'，所以名为'急就'，并不是因为它是草书，所以叫作'急就'。章草是从隶书变来的，也不能断定为哪一个人所做。所以名为章草者，一说因为可以用於章奏，一说因为东汉章帝最喜欢它。章草之外，还有一种'狂草'，又称'今草'，又称'一笔书'，是各字连绵的。如东汉时称为草圣的张芝，唐朝称为草圣的张旭，都以狂草著名。书箱里有一部《草字汇》，是清人石梁所编，集汉章帝以下八十七家的草法。你们也可去翻出来看看。草书又可称为'稿书'，原是著作时起草稿写的一种字。至於'行书'，则其笔势的拘放，恰在狂草与隶书之间。《书断》说是东汉刘德升所做，也不见得可靠。《墨薮》说钟繇名之为'行押书'，可见汉、魏间已盛行了。'楷书'和'隶书'实在不是两种字体，如称汉隶为古隶，则楷书可以叫作'今隶'。诚儿不是曾写过《爨宝子碑》吗？魏碑就很可看出从隶渐渐变成楷的痕迹来。《宣和书谱》说它是东汉王次仲所造，也未可据。"

慧珍道："爸爸，王次仲做隶书、楷书，刘德升做行书，李斯做小篆，史籀做大篆，这些都是古书上记载着的，你都认为不可靠。那么，大家向来公认的苍颉、沮诵造字之说，可靠不可靠呢？"伯臧道："我认为也靠不住。苍颉也作仓颉，亦称史皇。《世本》《汉书·古今人表》《说文解字·叙》以为是黄帝的史官。罗泌的《路史》则以为是上古《禅通纪》中的帝皇，名颉，姓侯刚。《春秋演孔图》等纬书也有此说。甚至说他有四只眼睛，生而知书，又说他造字时，天雨粟，鬼夜哭，竟是许多神话了。"叔文道："后说当然不如前说可靠。"伯臧道："既是文字为苍颉所创造，苍颉又为黄帝时人，试想，刚造文字，何以就有历史，就有史官呢？沮诵，亦作沮颂，卫恒《四体书势》也说是黄帝时的史官，始做书契的人。还有黄帝时沮诵为左史，苍颉为右史，同造文字之说。似乎确有其人、其官、其事的了。我以为这是上古创造文字时代的拟人化，'苍颉沮诵'者，就是'创契佐诵'，代表创造书契以佐助记诵的时代的。"

叔文道："大哥这种解说，确有道理！古史上有许多人可做如是观。例如燧人氏是发明火食时代的拟人化，有巢氏是构木为巢时代的拟人化，伏羲氏是田猎畜牧时代的拟人化，神农氏是发明农业时代的拟人化。"

宗贻道："我也这样想，文字绝不是一二人创造了去颁行天下的。何况那时还是酋长部落时代，即使黄帝的左右史苍颉、沮诵造了文字，岂能以政治的势力去推行全国？当初民智识未开，只有用'事大大其绳，事小小其绳，结之多少，随物众寡'的结绳法来帮助记忆。后来渐渐晓得画图的方法了，於是渐渐造出'画成其物，随体诘诎'的象形字、'视而可识，察而见意'的指事字来。当时交通不便，各部落是'邻国相望，鸡犬相闻，民至老死不相往来'的，当然你画你的，我画我的，所以甲骨钟鼎的古文一字异体的很多，到春秋战国时代，还有这种现象。所以孔子之孙子思作《中庸》，以'书同文'和'车同轨，行同伦'并列为王天下的'三重'。及秦始皇统一六国，李斯为丞相，奏同文书，於是整理古文大篆，简省笔画，划一字形，定为小篆。这是我国第一次以政治的力量统一文字。——我们对於这年祚短促的秦朝都有一种很不好的印象，以为它除了专制残暴以外，毫无政绩可称，并且因为有焚书坑儒的事，以为它是竭力摧残文化的。不知我国之所以能完成一统，立此泱泱大风的古国，都是秦朝的力量！不但统一文字之功不可没，其他一切政治制度，从汉到清，还保存着她的遗制的，也正不少啊！"

伯臧道："贻儿此论，确有见解。先师张贻荪先生有一种著作名曰《秦事通征》，就是考证秦事之影响及於后世的。他也认为秦朝是我国历史上的一个转捩枢纽。可惜他收集了许多材料，不及成书，便尔逝世了！"慧珍道："秦始皇的焚书坑儒，毕竟是一件很坏的事！"叔文道："坑儒是一件事，焚书又是另一件事，不可混为一谈。单就坑儒而论，照《史记》上看来，始皇坑的并不是真正的儒，却是一种方士。这种方士骗了始皇的钱，说到海上去访求仙药，终是毫无影响，而卢生等又逃走了。始皇老羞成怒，所以坑杀四百六十多人於咸阳。你们想，汉初的叔孙通不是秦的博士吗？伏胜不是秦的遗儒吗？所以始皇的坑儒，坑的实在是一批骗人的方士，於文化上并没有什么大影响呀！"宗诚道："坑儒的事原来是这样的！"伯臧道："你们可以翻出《史记》的《秦始皇本纪》来看看。"

慧珍道："那么，焚书这件事，於我国文化上的影响确是太大了！"叔文道："这件事的影响确是大的。别的不用说，六经就只存了五经，《乐经》终於亡失了！"宗贻道："古籍受了焚书的影响，学术确遭了一次极大的捣乱。不过六经无乐，我倒认为不能归罪於焚书。我以为所谓'乐'，本来是没有一部独立的经的。《诗》是歌词，《乐》是曲谱，这两种是相辅而行的。所以《论语》上孔子自己说：'吾自卫反鲁，然后乐正，雅颂各得其所。'孔子本是个嗜好音乐的人。你看他学琴於师襄，访乐於苌弘，论乐於太师挚，在齐闻《韶》，甚至三月不知肉味。他对音乐，一定很有研究。所以他的正乐而使雅颂各得其所，就是把《诗》三百篇的乐谱，已零乱的、已散佚的，重新整补了一番。照魏源《诗古微》及近人梁启超所说，'风'是徒歌，'雅'是周代的正乐，'颂'是歌而兼舞。民间的徒歌不一定有乐谱，雅和颂则各有其乐谱，所以不说'风雅颂各得其所'，而仅说'雅颂各得其所'。即此，可见六经之中，《乐》本无经，并非亡於秦火了。《乐》如其有经，也和政治主张没有直接的密切的关系。秦之焚书，《易》以卜筮独全，《乐经》何以独须全焚呢？东汉末，曹操伐刘表，得汉雅乐郎杜夔，夔已老，只记得《鹿鸣》《伐檀》等四篇的乐谱，其余的都不能歌了。从秦到东汉末，已好几百年，《诗经》的乐谱还有人能传下来，可见不是在秦火时完全被烧的了！"叔文道："你这一说，倒也持之有故，言之成理的。"

宗诚道："秦始皇这人很古怪，好好的古书，为什么要把它们烧去呢？"慧珍道："这便是专制魔皇的愚民政策呀！"伯臧道："秦始皇的焚书，目的是要统制思想，划一言论。他既毅然把封建制改为郡县制，这是政制上一番极剧烈的改革。当时许多儒生便引经据古地反对他。他是个主观极强的人，所以李斯主张焚书，他便采用这毒辣而又笨拙的办法了。你看他下的令，不肯烧书的，不过'黔为城旦'——黔是脸上刺字，城旦是罚做苦工——偶语诗书者弃市，较不肯烧书的反而加重了。最重的还是'以古非今者族'。即此，可见他的目的并不在於焚书，而在於禁止儒生的以古非今。焚书令又说：'有私藏诗书百家语者，非博士官所职，皆诣守尉杂烧之。'反过来说，是博士官所职，便不在焚烧之列了。又说：'士欲有学法令，以吏为师。'据《史记》注引徐广说，'此句无法令二字'。士欲有所学，当以吏为师，就是欲复古代政治教育合一，学在王官之古。他这番举动，无非是要统制思想而已。说穿了，和现在的各校训育主任、党义教师都要由党部派充或检定，各种与三民主义冲突的书籍要查禁，使青年学生的思想都统一在三民主义之下，实在也差不了多少，不过他的手段来得毒辣而已！可是以政治的力量禁制任何种书籍，往往难以奏效。或者这种书本来没有什么可以动人观听的，因为政府查禁了，有些人反而为好奇心所驱使，认为是了不起的书了，偷藏偷看，更加起劲了。所以秦代焚书，民间山岩屋壁中偷藏的仍是很多，不但博士官所职掌的完全无羔而已。汉高祖入关，萧何收秦图籍。但他所注目的，是地图户籍，不是'六经'百家之书。所以后来项羽咸阳一炬，秦博士所藏的《诗》《书》，一定被毁不少。清刘大櫆有一篇《焚书辨》，说得颇为有理，你们也可以去查出来看看。"

慧珍道："今天，爸爸、四叔、哥哥仿佛在替秦始皇当义务律师，为他辩护哩！"宗诚道："哎哟！今天下午开读书会，轮值我报告，我毫没有准备哩！快吃中饭了，怎么办？"叔文道："我们替你预备好了，'中国字体的变迁''秦始皇焚书坑儒'，就这两个题目中拣定一个，整理起来，不很容易吗？"宗诚忙去准备去了。

第二十七章　虚数

　　杭中的校刊《杭育》的三月号，预定三月十五日出版的，到二十日方能发行。因为康宗诚有一篇《汉字的创造和演变》，里面有许多甲骨文、钟鼎文、石鼓文和篆、隶、草的字，是要特地镌刻起来的。这篇文章，原是他在棣华读书会里报告的稿子，经王剑英先生改过的。他抄清了，向《杭育》投稿，居然刊载了出来。彭校长见了，也大大地夸奖他，说他用功，所以国文的进步很快。宗诚当然非常得意。那天，课毕后，拿着一份《杭育》回到他舅舅家里来。伯臧接到了那份《杭育》，靠在藤靠椅上看了一遍。宗贻、叔文也都回来了，看了《杭育》，对宗诚又有许多奖勉的话。

　　伯臧道："诚儿、慧儿，这半年多，受了剑英的教诲，国文确有相当的进步。这星期，你们这班选授的是什么文章？能完全了解吗？"宗诚道："王先生刚讲完了一篇汪中的《释三九》上。汪中说，文章里用的'三'字、'九'字，有许多是'虚数'，我们不应当把它们看得太拘泥了。他所举的古书上的例句是很多的。"伯臧道："文章里的'虚数'很多，不但'三''九'二字为然。你们读了这篇《释三九》上，也不可把它看得太拘泥了，以为只有这两字可以做虚数用，别的数字便都是实数。"

慧珍道："王先生也是这样说。例如《大学》所说的'十目所视，十手所指'，《诗经》所说的'如可赎兮，人百其身'，《史记》说的'智者千虑，必有一失，愚者千虑，必有一得'，《书经》说的'一日二日万几'，十、百、千、万，也都是虚数。古人的文章里，又往往喜用'三千'二字，如孔子弟子三千，孟尝君食客三千之类，不过是极言其多，也是虚数。"伯臧道："王先生这话是不错的。数目字中，只有'三'和'千'是平声，其余都是仄声。这'三千'二字，在口头上、笔头上所以常被连用，便是因为读起来很顺口的缘故。"叔文道："大哥所说，我平日倒没有注意到。"宗诚还有些不很相信的样子，"一、二、四、五、六、七、八、九、十、廿、卅、卌、百、万……"数了一遍。

这时候，锡官和蕙官①早已放学回来了。他们兄妹俩在书室里的双人沙发上坐着猜谜。锡官道："妹妹，我做个谜儿给你猜猜：'一貌堂堂，二目无光，三餐不吃，四肢无力，五官俱全，六亲无靠，七窍不通，八面威风，九坐不动，十是无用。'是什么？"蕙官左猜右猜，猜了许久猜不着。锡官道："是庙里泥塑木雕的偶像。"宗诚听了道："慧妹妹，锡官做的谜，每句都用上一个数目字哩！"慧珍道："这个谜，一定要凑足十句，所以末了两句只好说'九坐不动，十是无用'了。其实这两句是讲不通的！"叔文笑道："这两句是用同音通借的方法的。'九坐'就是'久坐'，'十是'就是'实是'。"只听得蕙官道："哥哥，我和你猜拳罢！输了的喝开水。"他们两个小孩子就"一定，二喜，三元，四季，五魁，六顺，七巧，八马，九快，十

---

① 这一段中原书三次提到的都是"愚官"，疑有误，故根据文义改为"蕙官"。——编者注。

全"地呼喝起来。

宗诚道："数目字的用处真大啊！例如我们口头常说的、表示决绝的'一刀两断'，形容吝啬的'一毛不拔'，没有更改的'一成不变'，光阴可贵的'一刻千金'，知识浅陋的'一知半解'，连贯速成的'一气呵成'，散漫得毫无组织的'一盘散沙'，以及'一丝不挂''一落千丈''一网打尽''一箭双雕''一举两得''一窍不通'等成语，都是用'一'字的。文章里不知道有这样的成语没有？"叔文道："有的，多得很哩！如说挂念之切曰'一日三秋'，进步之快曰'一日千里'，看书之速曰'一目十行'，独力难支曰'一木难支'，常常间断曰'一暴十寒'，感恩图报曰'一饭千金'，非常危险曰'一发千钧'，时间短促曰'一朝一夕'，人手很少曰'一手一足'，贻误曰'一误再误'，称赏曰'一唱三叹'，不都是我们常用的吗？"

慧珍道："无可无不可的模棱态度叫作'两可'，言词反复叫作'两舌'，背后谤毁他人叫作'两面三刀'，两方都失败叫作'两败俱伤'。凡是成语中用'二'的数目的，往往改用'两'字，但也没有用'一'字的那么多。至於'三'字，除了汪中《释三九》上所引的许多例以外，如说退让的'退避三舍'，说晏起的'日高三竿'，说饥不得食的'三旬九食'，说贞烈的'三贞九烈'，说审问多次的'三推六问'，说屡战屡败的'三战三北'以及'三头六臂''三薰三沐''三十六着，走为上着'，都是用'三'字的，实在也都是些虚数。不但虚数随便用这'三'字，有许多实数也是以三为节，不减为二，不增为四的。四字虽然也有所谓'四面楚歌''四海为家''四通八达''四面圆到''不三不四''四分五裂'等口头成语，而'四海''四方''四夷''四郊''四国''四裔''四邻'等词，也都是笼统的泛指语，不必拘泥着东南西北一一去指实它们的，但比'一''三'二字，毕竟少得多了！似乎口语和文章里所用的数目字，是单数多，双数少吧？"

宗贻道："妹妹的话说得不错。'五'是单数，'六'是双数。六字便没有像五字那样用得多。例如'五日京兆'是说任职不久，或没有久恋此职之心。其实何以定是五日，说四日、三日，日子不更少吗？'五世其昌'是颂祷人家后代昌盛的一句好话。说六世、七世，不更好吗？'五风十雨'，也不一定是五日一风，十日一雨，但说风调雨顺而已。至於'五花八门'，只是极言其变化之多，'五百罗汉'也是举一成数以见其极多而已。"

叔文道："口语和文章里所用的数目字，单数多於双数，就一、二、三、四、五、六论，固是如此；七、八、九、十，四数，就不可以一概而论了。如'七上八下''七零八落''七张八嘴''七颠八倒''七子八婿''七手八脚''七嘴八舌'等，都是'七''八'二字并用的。至於'九'字，汪中那篇《释三九》里已举了不少例。'十'字做虚数用的，也就不少。慧儿刚才所说的'十手所指，十目所视'，固是虚数；如'十年树木'，不过用作'百年树人'的比喻陪衬；'十羊九牧'，不过极言牧者之众；'十行俱下'，不过形容阅书之快；'十面埋伏'，不过极言伏兵之多；以及所谓'十方''十全'等，这些'十'字也都是虚数啊！"

慧珍道："十者数之终，所以用得特多。其余双数的字，或者少用，或者和单数的一起用。如'三三两两'接二连三'‘二三其德'‘三番二次'‘不三不四'‘三翻四覆'‘三对六面'，口语的实例也就不少哩！"宗贻道："百字的虚数也很多的。如谓众官曰‘百官'，谓众匠曰‘百工'，为一切行为曰‘百行'，指一县之地曰‘百里'，综许多氏族曰‘百姓'，佛家指一切法曰‘百法'，言礼节之多曰‘百拜'，言诸子之众曰‘百家'，泛指人寿曰‘百岁'，书名则有《百子全书》《百川学海》，成语则有‘百尺竿头'以喻极高之处，‘百折不挠'以喻屡遭挫折而不屈，‘百发百中'以喻箭无虚发，‘百战百胜'以喻战无不利，这些也都是虚数。千字、万字也都如此。如谓极远之年代曰‘千古'，祝长寿曰‘千秋'，誉良马曰‘千里'，一切皆解决曰‘千了百当'，指斥者多曰‘千夫所指'，路程遥远曰‘千山万水'，费尽计谋曰‘千方百计'，物轻情重曰‘千里鹅毛'，富家之子曰‘千金之子'，屋宇深广曰‘千门万户'，祝颂之词曰‘千秋万岁'，花色绚烂曰‘千红万紫'，机会难得曰‘千载一时'，诗文机构相同曰‘千篇一律'，变幻之多曰‘千变万化'。‘万方'以指万国，‘万有'以概一切，‘万姓'以指民众，‘万物'以概一切之物，将才则称'万人敌'，藏书则称'万卷楼'，群众侧目而视则曰'万目睽睽'，生命危险则曰'万死一生'。极言之，则更有'千万''万万'等。这些也都是虚数啊！"

伯臧让他们在书室里闲谈，自己早踱到院子里去了。蕙官拿了一把喷壶在浇花，锡官在修剪篱笆上的蔷薇花藤。他们那只母鸡新孵了十只小鸡，愚官蹲在地上看小鸡吃米粒，等母鸡领它们进鸡笼里去，嘴里唱道："小宝宝，好宝宝，吃饱了，跟着妈妈去睡觉！"康氏站在旁边监护他。伯臧在院子里踱来踱去，看三个小孙儿各有各的可爱，倒也有悠然自得之乐。张妈走出来道："夜饭好哉！大嫂问，还是等一等再开吗？"康氏道："慧儿、诚儿在做什么呢？也得休息休息了。时候还早，夜饭迟一忽儿再开吧。"张妈道："他们在书房里算账哩！"康氏道："算什么账呢？"伯臧不禁笑道："他们在讨论口语里、文章里做虚数用的数目字，何尝是算账？"他踱到书室窗外，叫道："你们得休息了！出来散散吧！张妈说你们在算账，算好了没有？"书室里的人都笑起来了。随着这一阵笑声，宗诚、慧珍、叔文、宗贻先后走了出来。

院子里枯黄的草已被春风吹绿了，紫藤的叶儿已抽出嫩芽。那株杨柳的株条也重新睁开嫩绿的媚眼儿。竹，虽然是岁寒不凋，经了霜雪依旧绿葱葱的，可是也添了生气。因为它们也像那老母鸡似的添了雏儿，在它们的足下有许多笋从泥土里钻出头来。有几株，前天已被锡官兄妹挖掘，当小菜吃了。春风薰薰地吹来，吹醒了花儿、草儿，却吹醉了人们。老的、小的，脸上似乎都添了一种春色。尤其是孩子们，圆圆的脸儿泛起了红潮，很像些红的苹果。

伯臧道："春已到了江南，西子又要浓妆了。日子过得真快，春假就在眼前了。"宗诚道："春假后，校里有一次春季旅行的。今年的春季旅行，不知目的地选定了没有。"宗贻道："我听得彭校长说起过，你们初中部一二年级，不是嘉兴，就是湖州，或者去游钓台。三年级或者到普陀去。"伯臧道："春假之后，我倒空闲了。师范部两班三年级下星期就要举行毕业考试。春假中就要会考。春假以后，他们到京沪一带去旅行参观。回来之后，便在小学部实习，不再上课了。"叔文道："今年我们高高祖慕堂公祭，是轮着大哥值年，春假里应当扫墓的。日子快要到了，得先委托一个人替你去筹办起来。乡下不比城里，二三十桌饭，是不能咄嗟立办的呀！"伯臧道："我已写信去托春标弟了。"叔文道："托春标是妥当的，他确是个事务人才。那么，大哥什么时候回去呢？"伯臧道："下星期四，我的国文就可考完，星期五把考卷看完，星期六就和你嫂嫂回去。宗贻他们仍留在这里。慧珍去留随便。"慧珍道："爸爸，我也要回去的！"伯臧点头答应。

宗贻道："不如爸爸留在杭州，春假里也可以休息休息。扫墓的事，既有春标叔主事，我和四叔回去一趟就好了，何必劳爸爸亲自出马？"伯臧道："这个祭，六十年方轮值一年，是极难得的事。我亲自去主祭，方显得郑重其事，老辈方没有什么话说。春假后，杭中里我没有课了。我频年在外，是一个东西南北之人，扫墓之后，颇想在老家多住几天。图书馆是不放春假的，你回去，便得请假了。而且祖母……"说到这里，忽然哽咽住了，神色很是凄怆。宗贻也不便再问下去了。

宗诚和锡官们在院子里玩得高兴起来，拿一根柳条儿当马鞭，唱道："一马离了西凉界，薛平贵好一似孤雁归来。青的山绿的水花花世界，不由人一阵阵泪洒胸怀。"他唱一句，锡官、蕙官跟着叫一句好。伯臧见了，不禁破涕为笑。宗诚见大母舅在笑，四舅舅和表哥表妹也都注目看他，不由羞得满脸通红，丢了柳条儿，向屋里就跑。原来前个月宗贻买了一架留声机，几张唱片，宗诚、慧珍常常开着玩，这四句戏是他新学会的。

宗诚一跑，慧珍、锡官、蕙官也跟了进去。他们又在开留声机了。愚官听得了，也蹒跚地往里面跑，跑到阶前，跨不上去。伏倒就扒。

康氏赶忙去扶时，宗贻已把他抱了进去。叔文也进去了。康氏见伯臧没精打采地独自坐在一条水泥做的长凳儿上出神，走过去和他搭讪道："好好儿在谈天的，为什么又伤感起来？"伯臧道："你难道还不懂得我的心情吗？我，六岁丧母，全赖祖母抚养成人。继母的脾气，你是领教过的。没有祖老太太，我这孱弱的孤儿能有这一日吗？我常想把她老人家接到杭州来侍奉几天，她又因年迈了，不肯出门。春假回去，我仍想设法把她老人家接了出来，如其仍是不肯，我想和你在家里好好侍奉她几天。九十光景的老人家，真所谓风前之烛，我能在她身边多耽搁一些时日也好！"康氏道："这是你的一点孝心，也用不着伤感。祖老太太真好。她，在许多孙媳妇中，最疼的也是我。你既打算在老家多住几天，夹衣是得带去的。今天星期二，星期六就要回去，只有三天了。星期六这时候，我们已在她老人家膝下了。她老人家最喜欢吃的是熏鱼、麻糕，我们得买些去。"他们夫妇俩谈了一忽儿，也走进客堂来。

宗诚道："慧妹妹，你能把平剧①剧名有数目字的，从一到十，各举出一个实例来吗？"慧珍道："这容易。——《一文钱》《二进宫》《三娘教子》《四进士》《五虎关》《七星剑》《九莲灯》《拾黄金》。"宗诚道："不对，不对！失落了六字，八字，《拾黄金》的拾是拾起来的拾，不是数目字！《九莲灯》，没有这出戏的，是你捏造出来的！"慧珍想了一想，道："《六月雪》《八蜡庙》《九更天》《拾玉镯》，如何？"宗诚道："《拾玉镯》仍是不对！《八蜡庙》也

---

① 今称"京剧"。——编者注。

是庙名。"慧珍道："那么，就算《八大锤》吧！"伯臧夫妇刚於这时走了进来。叔文换了一张谭鑫培的《探母》，一边开，一边学着哼。这张片子尚未唱完，忽然张妈从外面跑进来叫道："人客来哉！"大家回头一看，原来是仲良和他的夫人周氏来了。

周氏是伯臧的妹妹，和仲珊是同胞姊弟，与伯臧、康氏感情极好。康氏曾屡次邀她到杭州来游玩，今天果然来了，伯臧夫妇异常高兴。宗诚见爸妈都来了，更是快乐。仲良道："她早想来看你们了，只是家里走不开。这次我来扫墓，顺便和她同来的。"伯臧道："妹妹来得好极！我们夫妇今年想回去扫墓，宗贻每天仍要到图书馆去，正虑月仙母子冷静，妹妹来了，得在这里多住几日，等我们回到杭州来了，畅游一番，再送你回去。"周氏笑道："那是我来得不凑巧了！哥哥嫂嫂哪一天回去呢？"康氏道："我们大约於三四天后回去。今年我们值祭，扫墓的事一天就可完毕，至多不过三四天就可回杭州的。妹妹来了，寓里一定要拜托妹妹照料几天的。——宗敬呢？为什么不让他同来？"

周氏道："他也来的。我们两点钟就到了，耽搁在

西湖旅社。他和他们二叔、大哥去看电影了。"伯臧
道："你们为什么不直接到这里来呢？仲良，你太见外
了，还要去住旅馆！"仲良道："我明天还得去扫墓，
扫了墓，再和敬儿到这里来住几天。今晚，我还要将诚
儿带到旅馆里去宿。令妹，让她住在你这里。"康氏又
道："陆官巷去过了吧？"周氏道："且等他们明天扫
了墓，后天再同去。"

　　夜饭开出来了。伯臧道："仲良，你就在这里吃夜
饭吧！"仲良挂念着宗敬，想回旅馆去。倒是周氏道：
"有二叔和宗明在，是不妨的。"康氏道："今天料不
到你们来，只是家常便饭，一些小菜都没有添哩！"

　　刚说完这话，张妈已把小菜搬出来了。大家就座，
正待盛饭举箸，忽然外面一个跑堂的送进一篮菜来，是
一大盆鱼头豆腐，一盘豆苗炒虾仁，一盘春笋炒步鱼，
一盘盐件儿。伯臧道："我高兴得忘记叫菜了。是哪个
叫来的？"叔文道："我看见四姐和姐夫来了，就跑到
那边杂货店里打了个电话，向皇饭儿叫了这四样菜。今
天算是我做东吧！"说罢，就把堂倌手里的菜单接了，
给了堂倌一元七角钱。伯臧道："你替我去叫了菜，怎

么还要你付钱？"叔文道："大哥要请他们，明天夜饭再请。菜，要整桌的，我来替你安排好了！"仲良笑道："我是常来的。叔文弟，你要敲大哥的竹杠，不能拿我做幌子的！"叔文道："你是常来的，四姊姊却是难得来的。我叫大哥请四姊姊，并不请你呀！明晚你如另有高吃，我并不坚邀！"说得大家哄堂大笑起来。

吃完了夜饭，大家散坐到书室里去。康氏道："宗敬年纪还小，明天虎跑扫墓，还是不去好，今天也还是让他住到这里来，和妈妈一同睡吧！"仲良道："那倒不必！明天扫墓完毕，我和诚儿、敬儿一同来吧！"仲良坐得不久，便和宗诚到西湖旅社去了。这晚，周氏和他们直谈到十点钟，方才就寝。蕙官跟慧珍去睡了，周氏、康氏便姑嫂同榻。伯臧睡了一觉醒来，她们俩还是唧唧哝哝地在谈天。伯臧道："半夜过了，明天再谈吧！"

第二十八章　回老家去

伯臧今天有一班考试，吃了早饭，便到杭中去了。康氏道："妹妹，我看你今天不如先到陆官巷去一趟。假如婆婆知道你昨天就到这里了，明天才去看她，是要生气的，说不定还要迁怒到我们身上来。"周氏是知道她妈妈的脾胃的，觉得嫂子的话不错，便和康氏两人同到陆官巷去。崔老太见女儿来了，自是欢喜，执着周氏的手，问长问短，絮絮不已。漆氏留她们吃便饭，她们吃了中饭，方才告辞。康氏又邀崔老太太和漆氏到涌金门来吃夜饭，她们也都答应了。康氏和周氏回到寓里，伯臧正在书室里批阅考卷，结算分数，不久，工作也就完了。康氏把邀老太、漆氏来吃夜饭的事告诉了伯臧。伯臧笑道："果不出叔文所料！他，早半天，已在小学部里替我打电话给功德林，叫了一桌素席。"康氏道：

"那是更好了。"

下午的时光在闲谈中匆匆地过去了。不到四点钟，仲良已带了宗诚、宗敬，并且把放在旅馆里的手提箱、小网篮也带着，到周宅来了。宗敬今年已是八岁，在小学四年级肄业了，程度和锡官差不多，身体却比宗诚还茁壮。他是个很活泼的孩子，一到便里里外外、上上下下地乱跑。仲良喝道："敬儿，你脚也不停地忙什么？"宗敬道："我要找锡官哪！"周氏道："锡官他们就要放学回来了，你等等吧！——诚儿，你管着他，不要让他闯祸！"门铃响了，宗敬飞也似的跑出去，口里嚷道："锡官回来了！"哪知张妈已去把门开了，来的却是崔老太和漆氏。宗敬回头就跑。崔老太一拐一拐地追他，叫他，他也不回头，也不停脚，一口气奔向周氏怀里来。康氏、月仙忙起身揽住了老太。仲良、伯臧也站起招呼。周氏要立起来，却被宗敬按住了。

不久，慧珍、叔文、锡官、蕙官先后回来了。宗敬见了锡官、蕙官，便拉拉扯扯地到院子里去玩了。宗贻也回来了，宗敬赶上去叫大表哥。宗贻却带了许多糖果回来，分给孩子们吃了。愚官站在台阶上叫爸爸，宗贻把他抱了进来，也给了他些糖果。

功德林的菜担子也跟着来了。张妈领他们到厨房里去。仲良道："伯臧兄，你竟服服帖帖地听叔文弟安排吗？"宗贻正要问叔文为什么叫素菜，见崔老太在书室里的沙发上坐着，便也不说了。叔文晓得宗贻是喜欢吃肉的，向他招招手，领他到厨房里去，指着炭炉子上炖着的一沙锅东西道："这是替你特备的。"宗贻掀开一看，原来是一只红烧蹄子。张妈笑道："这是四叔买来的，还没有烧透哩！"宗贻道："四叔，谢谢你！——只是可惜，没有好的馒头。"叔文道："没有馒头，我也不会想到买蹄子的。四姊带了许多馒头来，是她们自己店里做的。"宗贻笑着出来，只见客堂里已摆好一张大圆桌，放了十三个座儿。桌上杯筷都已陈设好了，还有一盘水果，一盘糖色，两盘瓜子和花生米。旁边还有替锡官他们预备的一张小圆桌儿，也有一大盆水果和糖色，两副筷，两张小椅子。

六点半了，电灯也开了。伯臧邀大家入席，让崔老太坐在上面，算是首席。仲良、周氏依次坐下。康氏叫宗诚坐在仲良肩下，宗敬坐在周氏肩下；宗诚下面，是叔文、宗贻，宗敬下面是漆氏、月仙、慧珍，伯臧和康氏坐下面的主位。宗敬一定要和锡官他们同桌，就在小圆桌上添了一个座，把大圆桌上的座儿抽去了一个。伯臧道：“今天都是一家人，不必客气！”酒，仍旧用的葡萄酒，因为这许多人没有一个会喝酒的。上菜了，冷盘之后，便是热炒。虽是全素，烹调倒很不错。每样菜上来，张妈站在旁边，便用空盘分些儿给小桌上。吃吃、喝喝、谈谈，可说是合家欢了。崔老太道：“可惜仲珊和宗常兄弟没有来！”康氏道：“是的，二叔虽还在嘉兴，宗常兄弟，二婶为什么不带来呢？”崔老太道：“仲良，你不要客气吧！这素菜很好哩！——啊哟！叔文、宗贻今天为什么这样做客呢？筷儿动也不动！”叔文对宗贻看看，两人只是抿着嘴笑。吃了四五道菜，素点心上来了。叔文回头叫张妈道：“我们的呢？”张妈进去了，不久，端出一大盆红烧蹄子来，接着又去端了一笼热腾腾的馒头出来。仲良笑道：“叔文弟，你好！为什么不预先通知我，让我把素菜填饱了？”於是大家吃肉夹馒头，素点心只剩崔老太一个人吃了。

　　他们正吃得高兴，忽然门铃大响，而且响得很急。张妈跑去开门，领进一个杭中的校役来，送来一个译好的富阳来的电报。伯臧接了，抽出一看，忽然两眼一翻，脸如白纸，从椅上栽倒在地下。叔文、宗贻忙去把他扶起，已是牙关紧闭，不省人事。康氏、周氏、月仙都着了忙，围着他乱叫；愚官已吓得哭了起来，慧珍忙把他抱起。仲良从地下拾起那张电报看时，原来是富阳老家、叔文的哥哥伯玉拍来的，上写着"祖母病危，火速回家"八字，便顺手递给漆氏看了。漆氏道："婆婆，祖太病重，危在旦夕哩！仲珊还在嘉兴，怎么好呢？"

　　这时，伯臧方"哇"的一声哭了出来，接着就是呕吐，把刚才吃下去的东西都吐了出来。康氏叫张妈舀了一盆脸水来，替他揩抹。仲良道："伯臧兄是一时着急伤心，屏住了气，不妨事的，快扶他到叔文床上去歇歇吧！"叔文、宗贻便搀扶了他，康氏跟着，进书室里间去。崔老太喃喃地自言自语道："阿弥陀佛！我还以为是什么天翻地覆的事呢！"叔文出来，仍请大家就座。仲良、周氏都说已经饱了，吃不下去。月仙、慧珍也不要吃了。漆氏把没有吃完的半个馒头吃下，也说不吃饭了。叔文也只吃了半碗饭。崔老太嚷着要稀饭。张妈道："快炖好了，请老太太等一忽儿。"崔老太埋怨道："为什么不早些炖？"等张妈把稀饭盛来时，她只吃了一口，又说不要了。张妈噘着嘴收拾，绞手巾、泡茶、揩台子，月仙分递香烟给老太和仲良。过了一歇，漆氏命张妈去叫了两部车子，和老太径自走了。

伯臧精神已恢复了，眼泪似断了串的珠子般一颗颗地直滚下来。康氏坐在床沿上劝慰。宗贻道："曾祖母快要九十岁了，三叔既急得拍电报，想来是凶多吉少。爸爸是承重孙，后事要紧，莫要先急坏了身子！"伯臧点点头。仲良、周氏、叔文都走了进来。仲良替伯臧诊了诊脉道："不妨事了！伯臧兄，不要尽管悲痛，明天应做的事先要计划妥当。"伯臧道："明天一早，我先和内人赶回去，趁头班汽车到富阳城里，坐轿回去，极迟下午两三点便可到老家了。明天，我还有一班考，宗贻去和彭老伯说一声，就由你代我主试。卷子，就托剑英代看，分数也请他代结吧！你们夫妇、慧儿、锡官他们三个孩子，都跟叔文、宗武、宗基，於大后天趁轮船回来，我自着人到中埠来接。这里，只得请仲良和妹妹暂时替我照顾几天了。如幸而祖母吉人天相，转危为安了，贻儿他们就可回杭的。万一不幸，大殓后，他们也就回杭州做事。"周氏道："照理，祖母病危，我也得赶去看看她老人家。大哥既这样说，我们就暂在这里住几天吧！只是家里，仲良明天就得写封信去说明。"仲良说："自然，今晚我就把信写好，明天叫宗明他们带回去。仲珊远在嘉兴，也得给他个快信方好。"说罢，径自写信去了。叔文道："离春假只有三天了，小学部里是没有考试的；廿九是先烈革命纪念日，放假；明后两天，我决计请同事们代一代，和大哥大嫂一同回去。"伯臧道："你迟两天和宗贻他们同去好了，何必请假？"叔文道："一则我幼小跟祖母长大的，想赶去见她一面；二则大哥今晚晕厥一次，明天赶回去，我实在放心不下！"康氏道："四叔说得不错。"叔文道："参，也得买两支回去。周村的药店里，不会有好货的。"宗贻道："现在还不过八点，我到庆余堂买参去，省得明天多一件事。"说毕，便拿了二十块钱去了。

　　慧珍端了一碗热茶进来，捧给伯臧。伯臧坐起来喝了几口。康氏见伯臧的脸色已恢复了，才放了心。伯臧道："你趁空，和慧珍去收拾一只手提箱吧，省得明天赶不上头班车。钱，先带一百块去。明天叫宗贻向杭中和图书馆把三月份的薪水都支了，再向银行里提些存款，带回家去。万一祖母不幸，四五百块钱，是立刻要用的。"伯臧起床，穿了鞋子，踱到书室里来。仲良已把那两封信都写好了，向伯臧道："你也可早些去安置了，明天要赶路，一到家又要扫墓、伺候老太太的。"康氏已和周氏、月仙、慧珍带着宗敬、锡官等上楼去了，不多时，又叫慧珍来催伯臧上去。伯臧和仲良作别上楼，仲良仍在楼下和宗诚同睡。伯臧刚上去，宗贻便回来了。十八块钱，买了三支别直参，枝头倒是很大的。仲良道："宗贻，依我的主张，把两支交给你妈妈，明天带去给祖太吃，剩下的一支，你可砍下半枝，今晚先炖好了，明天动身之前，给你爸爸、妈妈吃了回去。——老实说，祖太是百分之九十九靠不住了。你们爸爸，明天路上是吃不下饭的，一到家，又陷於悲痛忙乱的环境里，非先给他吃些儿参不可。"宗贻点点头，拿着参，上楼去了。

伯臧靠在床上，康氏、周氏都坐在床沿上和他谈话。慧珍、宗敬都在月仙房里，和锡官兄妹们玩。宗贻把两支参交给了母亲，康氏收藏在明天带去的手提箱里。宗贻便在床前的椅子上坐了下来，问伯臧这时觉得怎样。伯臧道："我并没有病，现在已完全好了。"康氏道："慧珍的意思，也想明天跟我们先去。我们老家的房里，已长久不住人，到了也得收拾收拾。我，要伺候老太太，无暇顾及了。"宗贻道："妹妹同去也好。我看，被铺也得带两副去。家里虽有被，不晒过，是盖不得的了。"伯臧道："这也说得是。"於是康氏和宗贻便去整理，两条棉被、两床褥子、三个枕头，打了一个铺盖。宗贻又把带去的零碎物件装了一小网篮，叫慧珍来整理自己的衣服、用具，也装了一只小箱子。整理好了，大家就寝。宗贻回到自己房里，却用打气炉子把那支参炖好。

这一晚，伯臧迷迷糊糊地没有好好睡熟，天一亮，就坐起了。张妈进来收拾，见伯臧已坐在床上吸烟，便道："现在还只有五点多哩！头班汽车要八点才开，早得很哩！"伯臧也不去理她。她到间壁房里去收拾时，月仙也已起来了，在打气炉上热那罐参汤。张妈收拾好，参汤已是滚热了。月仙拿一只盖碗，倒了一碗，亲自捧到伯臧床前来。伯臧接了，以为是一碗茶，喝了一口，方知道是参汤，对月仙道："时候还很早，你们何必这般操心呢？"月仙道："宗贻昨天多买了一支，今早炖了半支给婆婆和您吃的。"

六点多，大家都陆续起来了。吃完稀饭，叔文道："大哥，今天我们共有四人同走，行李也有五件。我想，不如叫一部小包车去，直达富阳城里，不要一个钟头。钱，比趁公共汽车，也不过加倍。"伯臧道："我恨不得插翅飞了回去，愈快愈好。"叔文道："我就打电话去。"一忽儿，小包车来了。伯臧、叔文、康氏、慧珍四人，带了三只手提箱、一只小网篮、一个铺盖，径上汽车而去。转到马路上，便快了起来。穿过闸口、六和塔以后，便觉山光明媚、春景如画。伯臧怀着一腔愁苦，无心玩赏。不消一个钟头，便到了富阳西门下车。伯臧他们叫了四乘轿子，立刻动身。到汤家埠，渡了江，便是中埠。给了轿夫点心钱。他们吃了点心，又抬起了就走。

从中埠到周村，不过十多里路。越走越近，伯臧的心里却忐忑起来。当初上汽车、上轿的时候，恨不得一刻儿工夫就到，这时候，似乎又怕立刻就到，有一件极可恐怖的事会呈现到他眼前来。一进村，就遇见了桥三爹。他站在路旁，风吹着他破旧的蓝布长衫，吹着他花白的胡子；向来的轿子里望了望，认得第一乘轿里坐的是伯臧。伯臧见了他，似乎有些儿颤抖起来，叫了声桥三爹。桥三爹道："啊！你们都赶回来了！老阿太是有福气的！"伯臧又道："我们老太太怎么了？"轿夫抬进村口，更是起了风，跑得飞快。一忽儿就抬过去了，只听得桥三爹的声音道："老太太是有福气的！"

伯臧的住宅是一所旧式两进三正四厢的房子，外面一进，是叔文和他的哥哥住的，里面的一进是伯臧和仲珊住的。伯臧和仲珊都搬到杭州去了，里面一进全空出来了。祖老太太却仍住在伯臧家东边的厢房里。这厢房分里外两间，里间原有一扇门和叔文家的正屋相通。叔文的大女儿住在祖老太太房里陪她，叔文的妻田氏也常常来侍奉她的。伯臧又在族里雇了一个老成的仆妇专门服事她，膳食也是自己起炊的。伯臧他们路上赶得快，两点多就到家了。伯臧等下了轿，一直进去。伯臧看外进没什么动静，心里宽了些。从大厅旁转到里进堂前的返照里，恰好碰到了田氏，忙问道："老太太怎样了？"田氏道："看来是难以挽回了！今天上午到现在，只是昏沉沉的，眼也没睁开来过。"

伯臧捏手捏脚地走进厢房，见老太太的床上帐子放下，德珍——叔文的大女儿，坐在床前一张小竹凳儿上，替她捶腿。康氏也跟了进去，大家静悄悄地不做一声。伯臧掀开帐门，德珍站了起来，低低地叫声"大伯，伯母"。伯臧忙向她摇摇手，俯下身去细看时，老太太闭着眼，仰睡在被里，头上只剩了少许白发，披散在枕上。若断若续，有气没力地呼吸着。伯臧见了这种情形，不觉淌下两行泪来，呆呆地在床前站着。叔文、慧珍提了铺盖、小网篮和箱子,也进来了。叔文掀开帐子看了看，道："大哥,我看祖母完全是精神不济，快煎起参汤来给她接接力吧！"伯臧也认为不错。康氏打开箱子，取出参来，慧珍便在小网篮里取出那个汽油炉，捧到叔文家里，添了煤油，立刻点上。德珍取了一只有盖的搪瓷杯，放了开水，就在汽油炉上炖着。服事老太太的阿九嫂泡了一大壶茶来，大家喝茶。

叔文的哥哥伯玉陪进一个年老的中医来。这人是伯臧的族叔父乾三，医道是很高明的。伯臧、康氏、叔文向他招呼，慧珍也叫了声叔公。乾三伛偻着，带着满脸的笑容道："你们都回来了？——慧儿都这般长了！"他把床前坐着的椅子移近些，戴上铜边的老近视眼镜，俯下身去，向老太太的脸上细看一会，又侧耳听她的呼吸，然后从被里伸进手去，按了两手的脉，摇摇头道："脉如游丝，命在旦夕！伯臧，老阿婶是有福气的。昨天痰紧得很，我以为你是送不着了！——药，只能医病，不能医老。八十九岁已经是高寿了。我看，也不必下什么药了，好好替她预备后事吧！"叔文道："参，可以吃吗？"乾三道："吃是好吃的，不过也是徒然的了！"说罢，站起来，咳了几声，伛偻着走了。

田氏叫仆妇送进四碗蛋炒饭、一碗汤来。伯臧哪里吃得下去？经叔文力劝，只吃了小半碗。里厢房本来有两张床，一张是老太太和德珍睡的，一张是阿九嫂睡的。伯臧叫在外厢房搭两张床，他和康氏、慧珍就预备睡在这里。正屋边间的里间，原也有两张木床。康氏叫阿九嫂相帮，和慧珍收拾干净，预备宗贻他们来住。德珍和他家的佣妇阿有嫂也帮同收拾。伯臧、伯玉、叔文仍坐在老太太房里。伯玉皱着眉道：“大哥，祖母百年之后，怕要花四五百块钱，因为她是族里最长的老辈，是要全族人都上白的，豆腐饭也多得可观。二哥哥仲珊又没有回来。这事怎么办呢？”伯臧道：“老弟尽可放心。祖母如有不测，丧费我担任一半，其余的再由诸位老弟分担。只是全族要上白，白布得先准备才好。”伯玉道：“这倒有办法，去年富阳城里一家布庄倒了，欠我的款子，推了五匹本白洋布来，还没有用过哩！”

　　他们三兄弟正在商量，外面春标来了，一踏进外厢房，就问：“大哥大嫂回来了吗？”伯臧连忙答应，请他进来坐。春标道：“叔祖母怎样了？——值祭扫墓的事，我已替你完全准备好了。我想，叔祖母既病得这样，你们自己的一进房子是不能用了。所以我就擅作主张，借用了隔壁我们和乾三伯的两进房子。好在你的厨房和我家的厨房开得通，两家的厨房一定够用了。厨司已在我家厨房里准备菜蔬，扫墓的日期就定在明天。”伯臧道：“承蒙老弟这样帮忙，不胜感谢！明天扫墓，祖母病得如此，我怕走不开，只好劳伯玉、叔文两弟代我招待族人了！"春标谈了一忽儿，告辞去了。

老太太忽然"唉"了一声，伯臧忙回过身来，伏在她头边，低低地叫道："祖母，臧儿回来了！——你觉得怎样？"老太太竭力把眼睁开来，向伯臧一看，枯涩的眼里泛出两点老泪来，瘪着的嘴唇动了一动，但是只能发出极微弱的声音，依旧听不清楚。叔文忙把熬好的参汤端了过来，用瓢儿舀了一瓢送到她嘴里去，倒咽下了，一连咽了三瓢。伯臧竟坐在那张小竹凳上，头贴头地伏在老太太枕旁。老太太仍闭着眼，静静地躺着。这天的夜饭本是叔文家预备的，春标又着厨司送了四样菜、一碗汤过来，阿九嫂倒不必烧饭了。伯臧只吃了一碗稀饭。

这天夜里，伯臧叫德珍和慧珍同睡，自己和康氏轮流在老太太床前陪坐。叔文也要来陪，伯臧叫他去睡，明天可以代表他去主祭。叔文坐到十点，便回去了。康氏叫伯臧先去睡，到两点钟时再来掉她。伯臧踱到外间去睡时，慧珍、德珍已在打鼾了。

第二十九章　祖母之丧

伯臧夫妇昨晚轮流侍疾。伯臧轮值后半夜，躺在老太太床前的一张藤靠椅上。桌上一盏煤油灯，只留着豆也似的半明半灭的一点灯光。后半夜，乡村中万籁俱寂。他合着眼，童年时依依於祖母膝下的旧梦，电影似的一幕一幕地重映起来。无母的孤儿的悲哀，祖母的伟大的爱，使他迷迷糊糊地如入梦中。——老太太忽然咳了一声，把伯臧从重温着的童年的梦中惊醒过来，忙站起身，扭亮了灯，拿了一把小瓷壶，从钢脚炉上炖着的罐子里倒了小半杯参汤，掀开帐子，送到他祖母的嘴边。老太太喝了一口参汤，含含糊糊地道："阿九嫂，臧儿回来了吗？"伯臧忙道："祖母，我是臧儿，回来了！"老太太睁开她枯涩的老眼，向他仔细看了看，伸出一只皱而且燥的皮裹着骨头的手，握住了他的手，颤声道："我的心肝……我，我等得你长久了！"她的手愈握得紧了，又断断续续地道："阿贻呢？阿贻的娘呢？"伯臧道："他们都睡着哩！你老人家静静地养息吧！天一亮，他们便都起来了！"老太太放了手，闭着眼道："臧儿，你也睡吧。"伯臧又把灯扭暗了，就在老太太的外床躺下。他注意听老太太的鼻息，气似乎平了些，后来，也迷迷糊糊地入睡了。

天早亮了，阿九嫂翻身扒了起来，揉揉眼睛，见老太太的帐子里伸出两只穿着鞋子的男人的脚，掀起帐子一看，见伯臧孩子似的蜷伏在外床，也不去惊动，把灯熄了，捏手捏脚地走到外厢房。德珍、慧珍已都起来了。她开了外厢房的门出去。叔文已一个人在堂屋里来回踱着，问道："老太太怎样了？大哥大嫂起来没有？"阿九嫂笑道："老太太睡得正好。你们大哥，真是个老孩子，还睡在老太太头边哩！阿婶昨晚陪了大半夜，也还没有起来。"康氏这时也起来了，在外厢房里答应说："四叔，我已起来了，请进来吧！"叔文道："阿九嫂，今天你们的厨房已和隔壁开通了，脸水、开水、早饭菜，只要向那边厨房里拿去。"一面说，一面走进厢房，和康氏招呼了，直到里间去。掀起帐子，见老太太和伯臧祖孙二人兀自睡着，便退到外厢来，向康氏道："大嫂，老太太似乎好些，大哥连日没好好睡了，也不必去惊醒他。扫墓的事，我自去和春标料理。中饭时，本族的妇女们来吃清明酒，大嫂过去招呼一下，她们如要来看老太太，可就便挡驾。"康氏连声称是。叔文匆匆地走了。

老太太和伯臧祖孙俩直到十点光景才醒过来，扫墓的事已经完毕了。伯臧盥漱后吃了早饭，夫妇俩伺候老太太，揩了一把脸，喝了一碗田氏送过来的燕窝，精神似乎比昨天好些。康氏抽空带了慧珍过去，和叔文的妻女田氏、德珍招待来吃清明酒的妇女。她们都问及老太太的病况，说要过去看看她，康氏都婉言谢绝了。她周旋了一番，托了伯玉的夫人牛氏和田氏代表招待，便回家来。下午，叔文又去请乾三来替老太太诊了一次脉，叫他们仍给她吃参和燕窝。伯臧、叔文送出来时，乾三道："我看老阿婶已是灯尽油干之象。她心爱的人是伯臧，伯臧来了，得了些安慰，又吃了参，精神提了一提，所以暂时觉得好些，可并不是真好。——后事，还得及早预备！"伯臧听了，心里又压上了一块大石头。

伯臧的父亲是老大，伯玉和叔文的父亲是老二，都已去世了。他们第三个叔父承之，是出继的。承之的夫人死了，把一个丫头收了做姨太太。那丫头婢做夫人，处处要摆架子。承之老夫得少妾，更宠得无所不用其极。老太太第一个看她不入眼，见了承之就要训斥。因此，承之也不常来看望他的生母。承之和伯臧，分虽叔侄，但年龄只差四五岁，幼年在私塾里同学，情谊本似兄弟。听说伯臧回来了，才走过来问候生母的病，在老太太床前略略敷衍了一番，又吩咐了伯臧、伯玉、叔文几句冠冕堂皇的话，便回去了。

接着是春标来了，交给伯臧一张账单，是值祭备办清明酒席买的东西。叔文看了看道："春标，你是个精明的人，为什么各项东西都加倍地买？大哥是住在杭州的，剩下的许多东西，你叫他搬到杭州去吗？"春标笑道："叔文哥，你只想到了一方面。老太太病得这样了，乾三伯认为至多挨不过五天。这里是乡间，买办大批的货物，最近要赶到县城里，趁轮船来回，一天是赶不到的。所以我就趁值祭之便，一气预先买好了。如果老太太吉人天相，挨过了这几天的难关，剩下的货物，也可由我开的那爿乡店里卖出去的。"经他一说明，叔文才佩服他安排得周到。他们正在谈论，春标的爸爸慎之扶着一根拐杖走了过来。伯臧忙站起来招呼。慎之本是个精明强干的人，年纪虽然只有六十多，因为去年生了场九死一生的大病，已是老态龙钟了。他掀起帐子，见老太太闭着眼，似睡非睡地昏沉着，放下帐子，在藤椅上坐了下来，摇摇头，叹了口气道："唉！我这位老阿姉，虽然是堂房的，可以说是我的娘。我七八岁时，先母就去世了。先父那时几乎是统年不回家的。我的衣食，全劳老阿姉照料。她，真是我一个慈祥的母亲啊！她今年已是八十九岁了。我以为，她一定能和我曾祖母一样，活到百岁。想不到……唉！"说到这里，簌簌地掉下几点老泪。

"妈妈，哥哥和锡官回来了，姑夫也来了。"外面是慧珍的声音。她和德珍搀着锡官连跑带跳地进来。康氏道："姑夫也来了？嫂嫂呢？"伯臧、叔文听说仲良也来了，便叫春标在老太太床前多坐一忽儿，从厢房里走了出来。仲良、宗贻已到堂屋里了。宗贻道："爸爸，老太太好吗？——昨天，我到杭中去，向彭校长和剑英先生说了。爸爸的考试，由彭校长亲自监场；考卷分数，统由剑英先生代劳。彭校长叫我今天就向图书馆请假，赶回家来，又主张留月仙和蕙、愚两儿在杭，和姑母看家，请姑夫和我同来，因为姑夫是深通医道的。他又叫打电话给章载之老师，托他明天带宗武、宗基两弟回来。"伯臧道："旭初的办法是很切实的！月仙母子来了，也没什么用，不如留在杭州寓里好。"阿九嫂端出茶来，宗贻忙伸手去接，递了一碗给仲良，一面笑道："乳妈，你老人家好！"原来阿九嫂是他的乳母。阿九嫂也问道："阿嫂和还有两个小宝宝没有来？"宗贻道："是的。"这时，康氏已和慧珍、德珍、锡官到老太太房里去，春标扶着慎之到堂屋里来，向仲良招呼坐下。厨房里送出点心来。宗贻开发了轿钱，和叔文把带来的网篮、箱子搬进正屋边间房里。点心吃过了，春标扶着慎之从厨房里回去了。

　　伯臧陪仲良到里厢房来，一进门，就闻得一股香气，原来宗贻点上了一支伽楠香。伯臧道："这名贵的香是哪里来的？"宗贻道："这是田太先生特地着人送来的，一共十支，叫带回来在老太太床前点点。"伯臧道："田老师怎会得知老太太有病呢？"宗贻道："前天爸爸走后，他老人家到我家来过，所以晓得这消息，下午，就把这香送来了。"伯臧道："老师的赏赐真太优渥了！"老太太已醒了，问："哪来的香？"伯臧把帐子挂起，俯下去答道："祖母，这香是杭州带来的。阿贻在看你，锡儿也在这里。"老太太睁开眼，宗贻搀着锡官过去。老太太伸出干枯如柴的手，摸摸锡官的头，喘着气道："小宝宝，你，你也赶回来送送老阿太啊！"

　　仲良等他们走开了，去按她的脉。老太太道："是仲良吗？你怎么也来了？"仲良只点点头。按了脉，道："阿太，不妨事的，静静地养吧！"诊完了脉，放下了帐子，退了出来，到堂屋里坐下。伯臧好似秀才望乡榜地期待着仲良的断语。仲良喝了口茶道："宗贻，叫你妈妈把那支参煎起来，半杯给老太太喝，半杯给你爸爸喝。"伯臧道："老太太再吃些参，还可挽回吗？"仲良道："我希望可以挽回。"伯臧道："那么，全给她喝了，力量总要大些。"仲良道："用参也得有分量。太多了，非徒无益而已！伯臧兄，你的脸色也不很好，喝半杯参，长长精神，方可侍奉老太太的病。万一你先支持不住了，不更叫老太太着急吗？你素来是相信我的。我既来了，一切得听我调度！"又回顾叔文道："你们村里，哪一家药店靠得住些？你去买二钱附片来，要上好的。"叔文匆匆去了。仲良又对宗贻道："参可以煎起来了，第一次煎一杯，倒出半杯，加附片再煎。煎好了，给老太太吃。你爸爸吃的半杯，附片是加不得的。"宗贻又去向康氏说了。

　　不多时，参煎好了，附片也买到了。仲良看着康氏，把参汤倒出一半，放入附片，再煎，又把那一半倒出，看着伯臧喝了。参附汤煎好了，送给老太太喝了下去。仍吩咐把煎过的参和附片留着。慧珍、德珍已把正屋边间里的两张床铺整理好了。天色已是渐渐地黑下来了。仲良是周家的女婿，照例得与清明宴会，由叔文、宗贻陪了过去。在那里，遇见了乾三。他们俩是同道中人，自然谈得拢。席间，乾三问道："仲良，你诊过老太太的脉没有？"仲良道："诊过了。老太太年寿已终，只在今夜，今天所以觉得好些，是回光返照之象。现在吃了半杯回阳救急汤，上半夜是不妨的了。大约总在后半夜寅卯之交。"乾三抡着指头道："下午，我去看她过，约计是在今夜子刻。吃了参附，或者可以延一两个时辰。"叔文和宗贶听了，虽然半信半疑，也有些觉得凛然。

夜饭后，老太太又喝了一杯代乳粉，精神似乎好了许多。仲良等回来时，还和伯臧夫妇在谈话哩！仲良道："老太太精神刚好些，应当让她静养，不应该多说话。大家早些睡吧！伯臧兄，今晚你好放心些了，和我去共榻吧！"叔文道："今晚让我们夫妇陪一夜，大嫂也早些去睡吧！"仲良把伯臧叫到边间去，也不和他谈老太太的病，坐了一忽儿，就催他睡下了。阿九嫂搬出去和康氏同榻，锡官同慧珍同榻，德珍回家去照料弟妹，腾出阿九嫂的床，给叔文夫妇睡。田氏让叔文先睡，自己靠在藤椅上打盹。两点多，叔文醒来，见田氏已自睡着了，一骨碌翻身坐起，走下床来，在田氏肩上一拍。田氏惊醒道："你好！为什么吓我一跳？"叔文笑道："你是来睡觉的，还是来陪夜的？还不如老老实实地请到床上去睡吧！"

叔文和田氏掉了班，一个人躺在藤椅上。夜，真静得可怕，除了外厢阿九嫂的鼾声以外，什么声音也没有。他有些朦胧了，暗暗的灯光里，似乎有憧憧的影儿往来，似乎听得他爸爸的声音："妈，轿子已预备好了。爸爸叫我和大哥来接你，大哥在堂屋里等你，我扶你出去吧！"叔文从半睡眠状态中睁眼一看，果然见床前有个人影儿，刚要叫唤起来，忽又听得道："叔文，你梦魇了吗？"仔细看时，原来是伯臧。叔文揉揉眼睛道："大哥，你好好地去睡吧！"伯臧把桌上的灯扭亮了，道："我已睡醒了，你且息息吧！"叔文道："我已睡了半夜，刚和内人掉了班。一个人太静了，不知不觉，又朦胧过去了。"康氏也趿着鞋，走了进来道："我似乎听得老太太在气急哩！"伯臧掀开帐子一看，果然痰喘大作。忙跨上床去，把她抱起靠着。康氏用手替她抚摩胸前，一面高声叫唤。老太太只是闭着眼，"唔唔"地答应。叔文忙把田氏、仲良、宗贻一一叫醒。仲良叫田氏把剩下的参附再煎，煎好了，灌下两瓢。等了一忽儿，气似乎平些。仲良叫把她放平了。伯臧下了床，康氏上床去蹲在里床；大家坐在床前，静静地守候着。

阿九嫂也起来了，叔文叫她在汽油炉上烧了一壶茶。村鸡一齐啼过了，窗上泛起一层白色的曙光来。仲良拿表一看，已是五点五分，向宗贻道："伽楠香呢？点一支起来吧！"叔文道："阿九嫂，你且去烧脸水。"昨晚的厨司留着没有走，把早饭送了过来，大家胡乱吃了一顿。饭后，仲良又按了一回脉，叫叔文赶快去叫伯玉和三叔家的人来。慧珍和锡官也起来了。不多时，伯玉、牛氏扶了王氏，带着两个孩子来了；承之和他两个媳妇何氏、季氏，扶了承之的继母杨老太也过来了。伯玉、叔文、宗贻忙把外厢房的两张铺撤去，让他们大家坐。阿九嫂忙着泡茶。

慎之刚在家里吃早饭，春标从外面跑进来道："爸爸，隔壁伯祖母的病，似乎很危急了哩！承之叔全家都过去了。"慎之放下碗筷，站起来道："快扶我过去！"他左手扶着春标的肩头，右手拄着手杖，开了厨房里的门，趑将过来。刚走进伯臧家的正屋，就听得厢房里在举哀了。一踏进厢房，见里厢已是黑压压地站满了人，便在外厢坐下。春标挨进里厢，把承之、伯臧、伯玉、叔文找了出来，到堂屋里商量治丧办法。伯臧对

慎之、承之一拱到地道："全仗两位叔父替侄儿等主
持！"说罢，就叫宗赒先取出两百块钱来交给慎之，先
垫用起来。於是推慎之做总干事，承之做账房，其余各
人都派定了职务，在伯玉家的厢房里，成立了一个小规
模的治丧处。报丧、分白、雇厨子、叫裁缝、买办物件
等事，分头做去，并且准备在今晚大殓。

　　下午，载之带着宗武、宗基，仲珊夫妇带着宗常，
都赶到了；崔老太却没有来。伯臧家两间厢房的板壁已
拆通了；老太太床上的帐子也除去了，床前点着两只大
蜡烛，焚着一炉香。本村和邻村已有人陆续来送礼、吊
唁。乡下办丧事，最麻烦的事是吃。他们借用了隔壁慎
之、乾三、承之三家的房屋，整个下午，陆续不断地吃
了四五十桌。他家的至亲虽多，都是在本县的，傍晚，
已都到齐了。从大门口，一直到后面一进的堂屋里，点
了三盏汽油灯，内外通明。和尚们在后进堂屋里做法
事。十二时大殓，送殓的男男女女约有二百多人，一律
上白。殓毕，挂起孝帏，设了灵位，点上一对蜡烛，一
炷伽楠香。送殓的、帮忙的人先后散去。伯臧、宗赒、
康氏、慧珍，男左女右，在孝帏里地下打草铺伴灵。宗

贻等倦极了，一放倒便睡。伯臧一个人拿着一盏灯，前前后后，照看门户火烛毕，在草铺上盘腿坐下，思前想后，忍不住涕泪交流。坐了一会，觉得困倦，也躺下去沉沉入睡了。

第二天下午，伯臧仍请了乾三、慎之、承之三位叔父，和仲珊、伯玉、叔文三位弟弟来，先把这次丧事的账目结算清楚，又商量出殡的事。伯臧道："我和仲珊、叔文、宗贻，都在外面教书，势不能在家守制；伯玉弟一人在家，把先祖母的寿材搁在家里，责任也太重。好在先祖母曾有遗言，百年之后，要和先祖父合穴，坟地不必另找。我的意思，想在四十九日满七之期，便举行出殡。不知诸位叔父和弟弟的主张如何？"

慎之道："死者以入土为安，久搁是不必的。"承之道："一了百了，不如早了。我也赞成伯臧的提议。"乾三道："老阿姊是我们族里的女族长，亲戚又不少，伯臧兄弟们在外头各有世情，得替她开几天吊，发发讣。只要筹备来得及，迟早原可随便的。"叔文道："我惟大哥的马首是瞻。"伯玉搔搔头皮道："大哥的主张原是不错。不过经济上怕有些周转不灵。能挨到下半年，筹措起来，便较有余裕了！"仲珊踌躇了一下道："伯玉弟的话也有道理。"

慎之道："虽说君子不以天下俭其亲，但办丧事，总得称家之有无。即如此次大殓，预算原要四五百元，结算下来，却不足四百，伯臧拿出了两百，你们三家平均分担，每家不过六十元。出丧即使加倍，四家平均分担，也不过二百元而已。即使一时不凑手，暂时借垫，到冬天再筹还，也没有什么为难吧！"仲珊道："大哥朋友多，八百元怕不够吧？一千二百元，决不能再少了。"伯玉道："连做坟做道场一切在内，怕至少得一千五百元。"

叔文性急口直，再也忍不住了，道："大哥是承重孙，是祖母最心爱的孙子，朋友亲戚也多些，丧费要他多派些，他也情愿的。径依二哥的打算，以一千二百元为标准，请慎之叔和三叔斟酌着办吧！老实说，我们四家的经济状况，我最困难。这是祖母最后一次的费用，不能太减省吧！"伯臧道："四弟主张叫我多派些，也是义不容辞的。"仲良在旁笑道："做大哥倒也不容易啊！"叔文道："譬如祖母只有他一个孙子！"慎之道："做事总得弟兄们和衷共济才好。"他们匆匆地商量定了，定於五月十六日开一天吊，十七日出殡。丧事仍请慎之主办，承之做会计。伯臧在出殡前，在家守丧，仲珊等於七日后仍出门教书。

四月四日是头七，举行了一次家奠。六日上午，仲珊夫妇，叔文、宗贻、慧珍、宗武、宗常、宗基、锡官九人辞了灵，动身赴杭。仲良早先於二日走了，只有伯臧夫妇冷清清地留在家里伴守着老太太的灵，阿九嫂仍在他家做伴。白天，男的有慎之、承之、伯玉、春标等来往，女的有牛氏、田氏、何氏、季氏等来往，倒也不觉得岑寂；夜饭后，便异常冷静了。伯臧在外厢房设了一个书位，空下来，看看书，写写稿子，通通信。

康氏趁此时把家里的事物重新整理了一场。从前他们夫妇每年暑假回来，陪着老太太说说笑笑，现在庐舍依然，总觉得忽忽如有所失。走到堂屋里，见了老太太的灵，便不免相对泪下了。

第三十章　节缩、省略与文章繁简

仲珊、叔文、宗贻带着一大批人趁轮船到了杭州江干。上岸后，分作两路，仲珊夫妇带了宗常回陆官巷，叔文、宗贻等回到涌金门。张妈开门接着，笑道："你们今天再不到，晚上我们冷静极了！康先生夫妇今天早晨已带着宗敬回去了。"叔文等走了进去，蕙官拉着慧珍问道："姑姑，祖父祖母为什么不来？"慧珍道："一个多月后，我们得大家回去送老阿太的丧。丧事完毕后，再一同出来。"宗贻问月仙道："诚表弟怎么不见？他也回去了吗？"月仙道："他和他的同学孔乐三出去了。"宗贻道："孔乐三春假没有回去吗？"叔文道："大概是没有回去吧。——张妈，你快去叫一盆炒面来，我饿得很哩！"月仙忙打发张妈出去。

宗基道："爸爸，大哥在轮船上要叫蛋炒饭，你一定不赞成，现在又饿得这个样子！"叔文道："这就叫作'彼一时，此一时'。——仲良姊夫怎么今天就走了？"月仙道："他知道你们一定来的。"

爆鳝炒面送来了，大家狼吞虎咽地，如风卷残云，不消一刻钟，就吃得盆底朝天。叔文用手摸摸肚子道："可以支持到夜饭时了。"宗武、宗基吃了点心，往梅东高桥去了。宗诚这时刚和孔乐三从外面回来。他们俩向叔文、宗贻招呼了，便和慧珍攀谈起来。乐三道："我因为春假只有八天，没有回去。王先生也没有回去。我们刚才跟他到苏堤去散步回来。他回校去了，宗诚要我送他到这里。"慧珍道："这五六天里，你们常和王先生在一块儿，一定得了许多益处。"宗诚道："益处，也并没有得到许多，不过他对我们谈的话，总是很有趣的。"慧珍道："你们应当讲些给我听听。"

宗诚道："王先生不是叫我们要到处留心吗？这'到处留心'四字，看来是极平淡的。王先生却讲了一个故事给我们听。前清时有个曾国藩，你是知道的，当初他在翰林院当差，一年多没有召见过。他的座师在咸丰皇帝面前保奏，说曾某能到处留心。过了几天，皇帝就约期召见。曾国藩遵旨前往，却叫他在南书房候驾。候了半天，一个太监出来说：'今天皇上没工夫见你，过两天，再到这里来候驾。'曾国藩回了出来，去见保他的座师。那座师问了经过的情形，道：'南书房里壁上挂的是什么？'曾国藩道：'是一堂字屏，写着雍正皇上的一篇家训。'那座师又道：'你读熟了没有？'曾国藩愕然道：'虽然从头至尾看了一遍，却没有读熟。'那座师皱着双眉道：'啊哟！我料皇上就是要试试你是否能到处留心！'他忙替曾国藩设法托人去把那篇家训抄了出来，叫曾国藩读得烂熟。到了第三天，曾国藩又到南书房去候驾，果然那堂字屏已换去了。咸丰皇帝出见，便问他：'三天前，这书房里的陈设，和今天有什么两样？'曾国藩答称：'前天挂着的是雍正皇上的上谕，今天却换了花卉屏条。'接着，就把那篇家训朗朗地背诵出来。咸丰皇帝见他果然能到处留心，从此便看重他了。——就此，可见到处留心之难。"

孔乐三道："今天，王先生又提到了这四字，我便举平常留心所得的词句请教他。我们常看见报纸上称中央党部常务会议为'中常会'，浙江省教育厅为'浙教厅'。

这类省略的法儿，究竟对不对呢？他说，这也是一种修辞的方法。他又举了许多实例，如《文心雕龙·序志》篇的'仲洽《流别》，宏范《翰林》'，就是挚虞的《文章流别论》、李充的《翰林论》，是两部书名；《史记·货殖传》的'燕亦勃、碣之间一都会也'，勃、碣就是勃海、碣石，是两个地名；《晋书·陈寿传》的'宜补黄散'，黄散就是黄门侍郎、散骑常侍，是两个官名；《史通·六家》篇称司马迁为马迁，《晋书·王濬传》称诸葛亮为葛亮，这是把双姓省去了一字；王勃《滕王阁序》说'杨意不逢，钟期既遇'，杨意即杨得意，钟期即钟子期，又把古人的名字省去了一字。——这些，在修辞学上，叫作'节短'。正和中常会、浙教厅二例一样。"

慧珍道："过於长的名词，把它们节短了，还有理由可说；把姓或名也省去一个字，太没有道理了！"乐三道："王先生也曾告诉我们，修辞学上虽然有这节短的法儿，但切不可滥用。或者是当时大家知道的，如'浙教厅'之类；或者是这篇文章题目上已经标明的，或者是从那篇文章的上下文便可推知的，而且要看节短之后，看的人仍旧能懂；或者节短了用，文句便更加简洁有力，才可以用这节短的法儿。如果专为文句的对偶或声调着想，滥用节短的法儿，便要被人排斥，骂为不通了。……以前的学者，对於这种法儿，排斥得最厉害的是顾炎武，他的议论见於《日知录》；拥护得最出力的是俞正燮，他的议论见於《癸巳存稿》。"慧珍道："节短人名地名，怎么与文句的对偶声调有关？"乐三道："我也曾这样问过王先生。他说：如陆机的《辨亡论》中有两句，《晋书》本传作'施绩、范慎以威重显，丁奉、钟离斐以武毅称'。《文选》却把'钟离斐'节作'离斐'。钟离本是复姓，这里便省去了一字，使丁奉、离斐和上句的施绩、范慎相对。这就是因对偶而节短的实例。又如庾信诗云'无复荣期乐'，把荣启期节作荣期；白居易诗云'天教荣启乐'，又把荣启期节作荣启。因为'期'字是平声，'启'字是仄声，所以所省去的字不同。这就是因声调而节短的实例。"

他们三人在客堂里谈，叔文、宗贻和月仙也在后间谈老阿太丧事的情形。锡官却把老阿太临终时那种恐怖悲惨的情形，大殓时热闹忙乱的情形讲给蕙官听。蕙官听到害怕的时候，说幸而没有同去；听到热闹的时候，又深悔没有去。——这三组的谈话，所谈各有不同。张妈领着愚官在门前玩皮球，皮球滚到东，赶到东，滚到西，又赶到西，却也自得其乐。

叔文从后间出来，见慧珍他们三人已到书室里去畅谈了，便也踱了进去，笑问道："才分别了几天，就这样谈不完了？谈些什么呢？——咦！慧儿，谈话也要记录下来吗？"原来慧珍邀乐三到书室里去，是要把他所说节短的实例记下来。见叔文进来了，便站起来，把已写完的记录给他看。叔文略略看了一遍道："你们正在这里用功。啊！——节短之外，还有一种'缩合'，王先生有没有和你们讲过？"乐三道："倒没有听他说起。"慧珍道："四叔，就请你讲给我们听吧！"宗诚站起来，把藤椅让给叔文坐。

叔文坐下了，取过一张纸，把自来水笔取出，一面写，一面说："吕布说刘备：'大耳儿最叵信。'《说文解字》：'叵，不可也。''不可'二字可缩合为一'叵'字。胡适的词说：'无那，无那，好个凄惶的我！'顾炎武《日知录》说：'直言之曰那，长言之曰奈何。''奈何'

二字可缩合为一'那'字。《礼记·檀弓》，有人对晋太子申生说：'子盍言子之志於公乎？'郑玄注：'盍，何不也。''何不'二字可缩合为'盍'。《论语》：'子张书诸绅。'《马氏文通》说：'之合於字，疾读之曰诸。''之於'二字可缩合为一'诸'字。《孟子》，齐宣王问：'汤放桀，武王伐纣，有诸？'王引之《经传释词》说：'诸，之乎也；急言之曰诸，徐言之曰之乎。''之乎'二字也可缩合为一'诸'字。——这些实例都是由急读二字之音，合成一字的，在修辞学上叫作'缩合'。节短和缩合，并成一种修辞格，叫作'节缩'。"

乐三道："那么，我们口语中，北方话合'不要'为一'别'字，南方话合'勿曾'为一'儧'字，'勿要'为一'嫑'字，'不用'为一'甭'字，以及'二十'为'廿'，'三十'为'卅'，'四十'为'卌'，也都是'缩合'了？"叔文笑道："乐三，你能这样类推，真可说是'闻一以知十'了！"乐三倒红着脸道："周先生过奖了，叫我如何敢当？"叔文道："我们求知识的时候，类推的确是重要的。诲人不倦的孔子也说：'举一隅，不以三隅反，则不复也。’不能类推的人，得了一点知识只有这一点，知识自然不能丰富了！”乐三见时候已经不早，告辞回校去了。

夜饭后，慧珍和宗诚在做日记，把白天所谈的"节缩"法都记在日记上。宗贻走进书室，叫慧珍早些上楼去睡，今天路上辛苦了。上楼以后，又怕慧珍胆小，叫她移到康氏床上，带了蕙官睡。宗贻带了锡官，睡在伯臧床上。兄妹一房，以免寂寞。那时还不到九点钟，月仙和三个小孩却都睡着了。慧珍坐在床上，宗贻含着一支烟坐在她床前的藤靠椅上，兄妹谈天。宗贻问慧珍道："夜饭前，四叔和你们谈些什么，口讲笔写，那么起劲？"慧珍道："诚表哥和孔乐三把王先生讲的修辞学上的'节短'告诉我，四叔又讲了许多二字缩合为一字的例，并且说，节短或缩合可以合称'节缩'。他们所讲的话，我都记录在日记上了。"

宗贻道："照修辞的方法说，字与词不但可以节缩，而且还有'省略'一格。四叔有没有说及？"慧珍道："这却没有提及。哥哥，今晚时候还早，请你讲给我听吧！"宗贻道："词的省略法，有两种：一种是

'蒙上省略'，凡是上文有过的词，下文便省略了；一种是'探下省略'，凡是上下文同有的词，反把下文的留着，上文的先省略了。《左传》记吴楚之战说：'楚人为食，吴人及之，奔，食而从之。'这是说楚人既败而逃，正烧好了饭，而吴人追到，楚人弃食而逃，吴人便把楚人烧好的饭吃了，又去追赶。所以这几句话，如其完全地说出来，当云'楚人为食，吴人及之；楚人奔，吴人食而从之'。因为'楚人''吴人'二词，上文都已有过，所以省略了。

　　"又如《论语》说：'多闻，择其善者而从之；多见，而识之。''识'同'志'，记也。'多见'和'而识之'之间，省略了'择其善者'四字，因为上文已有过了。又如《水浒传》说：'若是死时，我与你们同死；活时，同活。''活时'与'同活'之间也省略了'我与你们'四字，因为上文已有过了。——这三条就是'蒙上省略'的实例。《诗经·豳风》云：'七月在野，八月在宇，九月在户，十月蟋蟀入我床下。'入床下的是蟋蟀，在野、在宇、在户的也是蟋蟀，不过因末句已说明蟋蟀，所以把上面三句的蟋蟀都省略了。

"又如《孟子》说：'夏后氏五十而贡，殷人七十而助，周人百亩而彻。'上二句说的'五十''七十'也是亩数，因为末句已说明'百亩'，所以把上两句的'亩'字都省略了。——这两条就是'探下省略'的实例。蒙上省略，较为普通，就是我们平常的说话中也常用的。例如说：'回家去的时候，爸爸和你同去；来杭时，却没有和你同来。'下句便把'爸爸'二字省略了。至於探下省略，却只有古书上有这类句子，但亦不多见。所以宋人胡仔的《苕溪渔隐丛话》里引张文潜的话，认为《诗经·豳风》那几句话，到十月方说彼是蟋蟀，非深於文章者不能作了。"

慧珍道："词，可以省略；句，也可以省略吗？"宗贻道："当然可以。例如《孟子》梁惠王说：'河内凶，则移其民於河东，移其粟於河内。河东凶，亦然。'本来，应说'河东凶，亦移其民於河内，移其粟於河东'，却只用'亦然'二字，便省略了两句。又如《孟子》记孟子将去齐时，齐宣王谓时子曰：'我欲中国而授孟子室，养弟子以万钟，使诸大夫国人皆有所矜式。子盍为我言之？'下文接着说：'时子因陈子而以

告孟子。陈子以时子之言告孟子。'时子告陈子，陈子
再转告孟子的，就是齐宣王那几句话，如其复述两遍，
文章便累赘了，所以一概省略。就如我们说话作文时，
也常用'其他仿此''余可类推'等话，表示省去了许
多话，也是省略法。——把句子省去的，叫作'积极的
省略法'；把词省去的，叫作'消极的省略法'。省
略，无论是消极的、积极的，用得妥当，文章便无重复
噜苏之病，可以做到'简洁'二字。"

　　慧珍道："春假前，王先生也曾说到文章的简洁。
他举《说苑》的句子为例：'夫上之风化下，犹风靡
草；东风则草靡而西，西风则草靡而东，在风所由而草
为之靡。'一共用了三十三个字。《论语》云：'君子
之德风，小人之德草；草上之风，必偃。'同是一个意
思，只用了十六个字，省去了一半。《尚书》云：'尔
惟风，下民惟草。'也是这个意思，只用七个字，又省
去九字。比较起来，《尚书》最为简洁。"

　　宗贻道："这是常见的一种例子。《论语·颜渊》
篇，孔子说：'子帅以正，孰敢不正？''帅'读作
'率'。《子路》篇又云：'其身正，不令而行；其身

不正，虽令不从。’意思和前例相同。《墨子·公孟》篇又云：‘政者，口言之，身必行之；今子口言之而身不行，是子之身乱也。子不治子之身，恶能治国政？’也是这个意思。《墨子》用了三十五字，《子路》篇只用了十五字，《颜渊》篇只用了八个字。这也是文章繁简不同的实例。可是有时候，看似冗繁的词句，却不能随便删繁就简。例如《穀梁传》云：‘季孙行父秃，晋却克眇，卫孙良夫跛，同时而聘於齐。齐使秃者逆秃者，眇者逆眇者，跛者逆跛者。’刘知几《史通·点烦》篇把末三句改作‘各以其类逆’一句。简，固然简了，可是语意既不明，生趣也全失了。又如《史记》说：‘母韩女也，樗里子滑稽多智。’苏辙做《古史》，把‘樗里子’三字省去，成为‘母，韩女也，滑稽多智’，便似说樗里子的母亲滑稽多智了。又如《战国策》触龙对赵太后说：‘媪之爱燕后贤於长安君。’这句话的意思实在不很明白，其故即在於省了一个‘爱’字。如果说：‘媪之爱燕后贤於爱长安君’，便明白了。——所以文章不一定是简的好！”

　　慧珍道：“王先生的意思也是如此。他说，欧阳修作《醉翁亭记》，原稿起首处叙滁州山势凡数十字，后来一律删去，改成'环滁皆山也'五字。这不是故意求简，是因为滁州山势，与醉翁亭本意无关，所以删去。《史记·廉颇蔺相如列传》：'廉颇之免长平归也，失势之时，故客尽去。'金王若虚的《史记辨惑》认为上云免归，其为失势之时可知；'失势之时'四字可省。这也不是故意求简，实因意义重复，本是冗词骈枝。"

宗赅道："王先生的话不错。做文言文，有时为了声调生硬的缘故，也可以加几个与意义上无甚关系的字。如欧阳修做《昼锦堂记》，开首二句本作'仕宦至将相，富贵归故乡'。已誊清着人送出去了，忽然又叫人去追回来每句各加一'而'字，改作'仕宦而至将相，富贵而归故乡'。意义仍和原稿一样，但声调比原来和谐多了。又如欧阳修做《岘山亭记》，成，给尹焞看。尹焞读到'元凯铭功於二石，一置兹山，一投汉水'，以为太生硬，请每句各加二字，改为'一置兹山之上，一投汉水之渊'。其实意义仍和原句一样，声调却柔和了许多。所以他把原句比之使壮士斟酒，改后的句子比之使美人斟酒。可见减省或增加，简或繁，都当看文章的需要而定，不能武断地说一定是简胜於繁，或繁优於简的！"

慧珍道："上学期，我们读过一篇《孟子·齐人章》，上文说齐人的妻偷偷地跟她丈夫到了东郭墦间，见他向祭者乞食的种种丑态，回来告诉他的妾，却不重述所见，只用'今若此'三字括之。这也是修辞学上积极的省略法了？"宗贻道："正是。此处若重复叙述，文章便嫌繁冗了！"他们兄妹俩谈得起劲，把时间都忘记了。间壁月仙睡了醒来，听他们还在谈，便催促道："十一点了，睡吧！"他们方匆匆归寝。

第三十一章　"了"字的用法

宗贻前晚睡得很甜，今天直到九点钟光景才醒。月仙、慧珍和三个孩子早已起来，早饭也吃过了，叔文也到职业中学去了。宗贻揉着睡眼，走下楼来。蕙官先笑道："爸爸是个贪睡。"宗贻也笑道："你呢？"蕙官道："我是白雪公主。"宗贻道："那么，你们妈妈是妖怪了！"月仙、慧珍听了大笑。宗贻吃了一碗蛋炒饭，带着伯臧的信，到小营巷田太先生和东海里彭旭初处去踢谢，匆匆地走了。

他出去不久，来了两个女客，一个是林鸳，一个是彭菱仙。林鸳刚在菱仙家，看见宗贻到来，以为伯臧也回来了，拉了菱仙往涌金门直街就跑。月仙和慧珍招待她们坐下。问了月仙，方知伯臧夫妇在家守制，要等满七出殡后才回杭州。林鸳道："陈慧君春假里有封信给我，附一封信，叫我转交周老师的。周老师既没有来，我也得写信去问候他，就把她的信附了去吧！"慧珍道："慧君姊去年走后，只来了二封信。她现在仍在武昌吗？"林鸰道："她跟着她爸爸，由武昌而安庆，而汉口，搬了三次家了。现在跟她的叔父住在南京。她家搬来搬去，她从离开杭州时就失学，寒假后，方插入南京女子师范的三年级。"月仙道："陈小姐是很用功的，失学许久，倒是可惜的事！"林鸰道："她虽然失学，倒比我们用功。不到半年，已把一部《通鉴纪事本末》看完了。她附来的这封信，是和周老师讨论文法的。"菱仙和慧珍本是同班要好的同学，分别了几天，觉得格外亲热。慧珍絮絮地谈家里的事情给她听。宗诚也夹在中间谈话。林鸰在旁静听，和月仙谈的话也被打断了。

宗贻先到田家，次到东海里，又到杭中。恰巧章微尘也在剑英处，便留住闲谈了。微尘听说伯臧在家守制，笑道："宗贻，你们老人家毕竟还是个'古之人'。假如他是个拉黄包车的穷汉，一天不出门拉车，便得饿肚子的，又怎能守制呢？"宗贻道："爸爸所以留在老家守制，倒并不是要行什么古礼。一则因为二叔、四叔都要出门，老太太的灵柩未葬，责任全在三叔伯玉一人，所以不得不留在家里，分担些责任；二则因为满七就要出殡，丧事得先准备起来；三则因为杭中师范部他所教的两班，功课已在春假前完结了，回杭来也没有什么工作。而且他在家里，仍旧继续他写稿的工作。譬如黄包车夫，并没有借口守制而不拉车呀！"微尘笑道："古者子为父隐，今者子为父辩！"他们三人谈了半个多钟头，已快十二点了。剑英留他们在校午膳，宗贻辞了要回去，微尘却主张到新市场朱恒兴酒店去吃。结果，三个人同去。宗贻叫校役到家里去通知，不回来了。

宗贻在外面吃午饭。月仙、慧珍却留林鸧、菱仙在家里吃午饭。午饭后，宗诚到陆官巷去找宗常了。林鸧、菱仙、慧珍带了锡官、蕙官，叫了一只划船去游西湖。宗贻吃了午饭，到两点多才回来，见家里静悄悄地，只有月仙和张妈在做针线，诧异道："妹妹、诚表弟哪里去了？"月仙道："林鸧、菱仙邀妹妹去游湖了。诚表弟到陆官巷去了。"宗贻道："锡官、蕙官呢？"月仙道："跟妹妹去游湖了。愚官在睡午觉哩。"宗贻道："四叔也没有回来吃午饭吗？"月仙道："他到现在还没有回来。"宗贻坐了一忽儿，走进书室去躺在藤靠椅上看书。他喝了两杯酒，已有些醺醺然了，不久，就打起鼾来。月仙进来一看，到叔文床上去拿一条绒毯盖在他身上，退出书室把门掩上。

宗贻一觉醒来，叔文、宗诚和慧珍姑侄都回来了，电灯也已放光了。揉揉眼睛道："我竟睡了许多时候！你们是什么时候回来的？"慧珍道："今天巧得很。我们的船刚停在岳坟，四叔和宗武、宗基两位哥哥都来了。我们一同逛了许多地方回来时，到圣塘路那里停了船。林鸽姊和宗武、宗基都上岸回去，四叔却和菱仙姊同我们坐船回到涌金门来。我们刚在门口上岸，诚表哥也回来了。"

夜饭后，宗贻向慧珍、宗诚道："明天要上课了，今晚早些儿睡。你们逛了七八天，得把已放了的心重新收回来才好。春假后，不到三月就放暑假，得好好地用功了！"叔文也道："今天逛也逛畅了，明天起，大家得重新工作了。"锡官道："春假只放七天，毕竟太少。暑假放得这么长，何不移一星期到春假来呢？春天正是好玩的日子！"宗赊道："玩玩可以过日子的吗？傻孩子！"宗诚道："俗话说：'春天不是读书天。'这话确是不错。春天，天气这样好，又住在西湖边，却又要读书了，岂不辜负了春，辜负了西湖，辜负了这美景良辰？"叔文道："这俗话还有三句哩！'夏日炎炎正可怜，过得秋来冬又到，书箱收拾过新年。'若照这四句俗话，可以统年不读书了！"说说笑笑，到了九点，便各自安寝。从第二天起，便大家分头去工作、去读书了。

　　久晴必有久雨，何况是暮春天气？春假后开课的第一星期，便下了一星期的雨，到了星期日才放新晴。因为地下还湿，他们也没有出去。慧珍和宗诚在客堂里下军棋，锡官做公证人；叔文和宗赊却在书室里下象棋。张妈拿进一封厚厚的信来，月仙接着一看，是伯咸寄来的，便拿到书室里去交给宗赊。宗赊拆开，见一封信是给叔文、宗赊的，附着讣闻哀启的稿子叫他们付印，还有一封是给慧珍、宗诚的，附一封复陈慧君的信，叫他们看过了再加封付邮。月仙便带了出来，交给慧珍、宗诚。伯臧给他们两人的信，大部分是勉励的话。再看复慧君的信，却有一大段论文法的话。叔文、宗贻也把给他们的信看完了，就蹓到客堂间来，把伯臧复慧君的那封信，摊在桌上，一同阅看。那信上写道：

慧君学棣：

由林鸰棣转来的信，已於今天收到。知棣已到首都，入女师肄业，寓令叔家中。你以前给我的几封信，常诉说失学的悲哀，现在已复学了，心境当然是愉快了！不过，求学不一定须入学校，在校肄业的学生也不一定能得到真实的学问。读书，能有适当的环境固然是最好的，但真能努力读书的，环境无论如何困苦恶劣，也能有所成就。你在时时播迁的环境失学的时候，尚且能读毕一部《通鉴纪事本末》，并有许多心得，则复学以后，身心俱安，又得老师的教导，同学的切磋，令叔的指示，进步必是更快了！

来信提及"了"字的用法，说它是表过去时间的助词。"了"字做助词，固然它前面的动词有许多是表过去的时间的，但助词"了"字绝不是用以表示时间的词儿。助词是我国语言文字中特有的词类，用在句末，表示全句的语气的。因为我国文字向来只有简单的句读符号，没有表疑问、惊叹的符号，如"？""！"等，所以需要这些助词来表示语气，"了"字便是其中的一个。反过来说，也正因为有这些助词来表示语气，所以那些表疑问、惊叹等语气的符号，似乎不急急需要了。

就心理的方面归纳起来，所谓"语气"，大概不外乎五种：一，决定的语气；二，商榷的语气；三，祈使的语气；四，疑问的语气；五，惊叹的语气。用"了"字为语末助词的，便是决定的或祈使的语气。"了"字用在决定句中，可不问句子里所述说的事情完结了没有，甚至实现了没有，它所表现的，总是完结的语气，与时间之是否过去更无关系。例如：

（一）助判定事理的完结语气。

（1）这封信，我本来早该复你了。
　　　　　○　　　△

（2）你真是用功极了。
　　　　　　○○　△
（3）你这样用功，进步自然快了。
　　　　　　　　　○○　△

（二）助过去完成时的完结语气。

（1）我已经接到你三封信了。
　　　　○○　　　　　△
（2）我昨天已经告过一天假了。
　　　　　　○○　　　　△
（3）鸽棣接到你这封信时，我早就奔丧回来了。
　　　　○○　　　　　　　　　　　　　△

（三）助现在完成时的完结语气。

（1）你现在复学了，心境自然很愉快。
　　　○○　　△
（2）老太太，你白疼我了。（《红楼梦》，
　　　　　　　　　△
林黛玉语。）

（3）这几天，春假又完结了。
　　　○○○　　　　　△

（四）助将来完成时的语气。

（1）明天这时候，我的工作一定做好了。
　　　○○　　　　　　　　　　　△
（2）这封信到你那里时，鸽棣她们已经开始
　　　　　　○　　　　　　　　○○
实习了。
△
（3）再过两个月，暑假便到了。
　　　○○○○○　　　　△

（五）助不定或预拟的完结语气。

（1）大哥多喝两杯，小弟要走了。
　　　　○ ○　　　　　　△

（2）我哪里赶得上，只怕不能够了。
　　　○○　　　　　　　　　△

（3）他们都要饿死了，你还这般快活！
　　　○　　　△

（六）助虚拟结果或虚拟原因的完结语气。

（1）如果中学毕业国文仍不能通顺，永远不
　　　　　○○
会通顺了。（虚拟结果）
　　　△

（2）我们若去求他，这就不是品行了。
　　　　　○　　　　　　　　　　　△
（《儒林外史》——虚拟结果）

（3）你不高兴再做妻子了，你就丢了你丈
　　　　　　　　　　△
夫；做母亲做得厌烦了，你就把孩子送到外面去。
　　　　　　　　△
（《群鬼》——虚拟原因）

（七）助请求或劝阻的完结语气（此条用於祈
使句）。

（1）慧君，鸽棣和你的友谊，休忘记了。
　　　　　　　　　　　　　　　　△
（请求）

（2）别说懊丧的话了，快提起精神来吧！
　　　　　　　　△

（劝阻）

（3）好孩子，别尽管牵记我了！（劝阻）
　　　　　　　　　　　△

从上面许多例句里可以看出来，"了"字用作助词，并不是表示过去的时间的。你所说的"了"字，并不是助词，而是助动词，用在动词之后的，但也不全属过去的时候。例如：

（一）助现在的完成时候（恰完成）。

（1）他们来了一个钟头了。（助内动词"来"）
　　　　△

（2）他吓得把衣袖蒙了脸。（助外动词"蒙"）
　　　　　　　　△

（二）助过去的完成时候（已完成）。

（1）我们已经分别了半年了。
　　　　　　　△

（2）我的老祖母已经死了半个月了。
　　　　　　　　△

（三）助将来的完成（将完成）。

（1）无论何时，我总不会忘了你。
　　　　　　　　　　△

（2）再过几天，会考的结果就揭晓了。
　　　　　　　　　　　　　△

（四）助虚拟或祈使的完成。

（1）若是踢伤了，只怪秦二老官。（《儒林
外史》——虚拟）

（2）饶了我吧！（祈使）

助词和助动词，不能混作一谈。慧君，你是
细心的，一定能把它们分别出来的。——做助动
词用的'了'，在口语中都读作"ㄌㄧㄠ"。做助
词用的"了"，在一部分地方也还有读作"ㄌㄧ
ㄠ"的，如湘西一带的西南官话。可是许多地方读
音却都变了，所以或写作"嘞"或"勒"，读作
"ㄌㄜ"；或写作"啦"，读作"ㄌㄚ"；或写作
"咯"或"啰"，读作"ㄌㄛ"；或写作"喽"，
读作"ㄌㄡ"。不过做"啦"，略带感叹的口气；
做"咯""啰""喽"，感叹的口气更强了。
"了"字所以可变作许多写法读法者，因为助词本
只是一种表示语气的音，无论是特制的字，是假借
的字，都只用它的音而已。所以口语中表这种语气
的音变了——因为方音不同，或古今音不同——它

的字形也不妨跟着变的。这不但"了"字如此，别的助词也如此；不但语体文中的助词如此，由文言文变成语体文，助词的变迁也是这个道理。

末了，我还得告诉你一件事。——春假中，最疼爱我的老祖母去世了！以年寿论，她已八十九岁，虽没有享过什么福，寿总算高了。人寿不过百年，百岁的人终是极难得的。所以在旁人看来，她已是得《洪范》五福的"考终命"了，可以死而无憾了。可是以我个人的情感论，总觉还是舍不得她，少不了她！我因为杭中师范部三年级同学的功课已於春假前结束，所以留在老家伴灵，等出殡之后再行来杭。除内人和我留在老家外，儿媳及小女、小孙等仍在杭州。春假后，满拟到新都来观光一次，或径和二年级同学的参观团同来，以为那时可和我分别了半年的慧君一晤。不料骤然遭此大故，不能如愿。可见人们的或聚或散，或散后何时重晤，能否重晤，似乎缘分都已前定，不可以人力勉强。"再相逢何处？""再相逢何日？"，不得不叹"别时容易见时难"了！——话是说不完的！

下次再谈吧。

　　顺祝

　　学行并进，身心交泰！

　　　　　　　　友生周伯臧复

　　慧君和宗诚把这封信看完了,都道:"一个'了'字，用法便有许多，助词不止这一个啊！"叔文笑道："大哥在家闲着没事，你们有什么要讨论的问题，无论是关於文法的，关於修辞的，都可以在给他的回信中提出来去请教他，他一定会有详细的复信的。"宗贻道："今天是星期日，你们可以趁空写一封回信给他。如其今天没有什么要问的话，下次的信也可以写入的。"他们两人也觉得今天空闲些，就把棋子收拾了，到书室里去写回信。他们商量定了，每人各写一封信，封在一个信封里寄去。不多时，宗诚一人从书室出来。月仙道："诚表弟，你的回信写好了？真快！慧妹妹呢？"宗诚道："她还在写哩！"吃中饭了，慧珍的信还没有誊好。宗贻笑问道："妹妹，你莫不是要向爸爸上一封万言书？"慧珍道："我想学习写一封文言文的信，草稿已做好了，正要请哥哥替我改一改。"宗贻道："好，吃了饭再说。"

饭后，盥漱刚毕，慧珍就把他哥哥邀到书室里去，取出信稿，请他改正，重新誊清。叔文和宗贻出去向印刷所接洽印"讣闻哀启"了，宗诚没事，也跟了他们同去。月仙抱着愚官走进书室去时，慧珍已把信誊完了。慧珍的小楷原是端秀的，这封信的形式写得很好。月仙先把宗诚的白话信看了，再看慧珍的文言信。

父亲大人膝下：

　　自别尊颜，未及半月，竟如三秋。虽四叔教导，兄嫂照拂，殷勤备至；每当课毕回寓，夜寐晨兴，辄忆昔日之依依膝下，终忽忽若有所亡也！寓中大小均安，请纾远念。校中已於八日上课，一切如常。旭初老伯、剑英老师，均曾垂询大人近况；同学如孔乐三兄、林鸽、菱仙姊等亦均殷殷致意，谨此转禀。

　　手谕於今午奉到。

两老福躬康吉，足慰孺慕。女到杭后，即与蕙侄宿母亲大人床上，哥哥与锡侄宿父亲大人床上。兄妹一室，得免寂寞。学业言行，饮食冷暖，自知留心。

附致慧君姐复信，细阅后即加封付邮。"了"字用法，助词与助动词不同，女以前亦未能辨别，今阅所示诸例，始克恍然。惟助词尚有"吧""吗""呢""哩""啊"等，行文时虽习用之，剑英老师或仍以为未妥，盖女於诸词用法，尚未能完全明了也。文言文与语体文之不同，亦似全在所用之助词。如文言文用"矣"，语体文用"了"；文言文用"乎""欤"，语体文用"吗""呢"。如能晓然於诸助词之用法，则於文言文与语体文之沟通，当思过半矣。讣闻哀启，已由四叔及哥哥前去接洽付印矣。

余容续禀，敬请双亲大人福安！

女慧珍叩

月仙看完了，向慧珍笑道："妹妹，你的文言信已手諭於今午奉到。

兩老福躬康吉足慰孺慕女 到杭後即與蕙姊宿

母親大人床上哥哥與錫姪宿；

父親大人床上兄妹一室得免寂寞學業青行飲食冷煖自知留心隨到慧君姊復信細閱後即加封付

郵。『了』字用法助詞與助勸詞不同女以前亦未能辨別今閱所示諸例始知惟助詞尚有『吧』

『嗎』『呢』『哩』『啊』等行文時雖習用之，劍英老師或仍以爲未妥蓋女於諸詞用法尚未

能完全明瞭也文言文與語體文之不同亦似全在所用之助詞如文言文用『矣』語體文用『了』

文言文用『乎，』『歟，』語體文用『嗎』『呢』。如能曉然於諸助詞之用法則於文言文與語體文

之溝通當思過半矣訃聞哀啟已由

四叔及哥哥前去接洽付印矣餘容續稟敬請

雙親大人福安

女 慧珍叩。

月仙看完了向慧珍笑道「妹妹你的文言信已寫得很清順了。不過款式上還有一處須得斟酌」慧

珍道：「那一處寫錯了？」月仙道「『兄嫂』不可擅寫。一則因爲是一家人不必客氣二則因爲你這封信

月仙道：「誠表弟你的回信寫好了眞快慧妹妹呢？」宗誠道：「她還在寫哩」吃中飯了慧珍的信還沒有膳好。宗貽笑問道：「妹妹你莫不是要向爸爸上一封萬言書」慧珍道：「我想學習寫一封文言文的信草稿已做好了正要請哥哥替我改一改。」宗貽道：「好吃了飯再說」

飯後慧珍剛畢慧珍就把他哥哥邀到書室裏去取出信稿請他改正重新膳清叔文和宗貽出去向印刷所接洽印訊聞哀啓了宗誠沒事也跟了他們同去月仙抱着愚官走進書室去時慧珍已把信膳完了。慧珍的小楷原是端秀的這封信的形式寫得很好月仙先把宗誠的白話信看了再看慧珍的文言信。

「父親大人膝下自別

尊顏未及半月竟如三秋雖

四叔教導

安請紓

兄嫂照拂殷勤備至每當課畢回寓夜寐晨興輒憶昔日之依依膝下終忽忽若有所亡也寓中大小均

安請紓

遠念。校中已於八日上課一切如常。　旭初老伯劍英老師均曾垂詢

大人近況同學如孔樂三兄林鴿菱仙姊等亦均殷殷致意；謹此轉稟。

写得很清顺了，不过款式上还有一处须得斟酌！"慧珍道："哪一处写错了？"月仙道："'兄嫂'不可抬写①。一则因为是一家人，不必客气；二则因为你这封信是写给爸爸的，我们同是他的小辈。而且你於'旭初老伯'、'剑英老师'以及孔乐三、林鸰等，均不抬写，何以对於自己的兄嫂反特别客气？下文'哥哥'二字并不抬写，一封信又前后不同了。"慧珍仔细一想，果然不错。她是个要好的孩子，於是又把第一张重写了一道。却把'旭初老伯'句抬写了，所以第二张仍接得上去。写好以后，匆匆地把宗诚的信一齐加了封，便连那封给陈慧君的信一同去付邮了。她寄了信，到菱仙家去了一趟回来，叔文、宗贻、宗诚已都回来了。据说，"讣闻哀启"已交给浙江印刷局，共印了五百份——星期日便又匆匆地过去了。

---

① 原书此信之格式见前面两页按先右后左顺序排印的原版影印样式。竖排或竖写的书信何为"抬写"等，读者阅后自明。原书中的其他文言文书信本书不再影印。——编者注。

第三十二章　春季旅行

　　杭中初中部的春季旅行定於四月二十七日出发，一年级分作三队：一队到绍兴，一队到嘉兴，一队到钓台。从四月十五日起，各科的教学便都以旅行为中心。例如英文教旅行时应用的会话，算学教旅行时应用的会计、簿记及旅费的预算、决算，生物教标本的采集和制作，图画教风景写生，史地教旅行目的地的史迹和地理——学生们都异常的兴奋。王剑英索性依他们所选的目的地，把学生分成三组，各选了几篇与目的地有关的文章及游记为教材，如旅行绍兴的一组便教王羲之的《兰亭集序》，旅行钓台的一组便教范仲淹的《严先生祠堂记》、谢翱的《西台恸哭记》。

　　宗诚和慧珍都加入旅行嘉兴的一组，因为仲珊在嘉兴的缘故。他们这一组的国文教材，却是剑英自己做的一篇二万字光景的《南湖烟雨记》。这篇文章是他在嘉兴教书时写的，把嘉兴城区附近的许多胜迹，如范蠡湖、落帆亭、茶禅寺、朱买臣墓等都写了进去，不但记南湖的烟雨楼而已。学生们读了，已觉得兴趣非常之好。他又把从前所摄的许多风景照片给他们看，讲到一处有一处的照片，恍如古人所谓卧游，更使他们悠然神往了。他们从这篇文章里获得了许多知识——原来嘉兴在春秋末属於吴国，叫作檇李；秦时，改作由拳县；三国时，为东吴的禾兴县，后始改名嘉兴，故城却在今县之南；唐朝，方迁治今县；明清两朝，和秀水县并为嘉兴府治；民国初，废府，嘉兴、秀水二县合为一县，便是现在的嘉兴县了。杭州有个西湖，绍兴有个东湖，嘉兴却有个南湖。这南湖还有个很美丽的别名，叫作鸳鸯湖。有的人说，因为湖中多鸳鸯，因以为名，其实是不对的。这湖分东南两湖，互相连接，状如鸳鸯比翼，所以得此佳名。湖中的胜迹是一座烟雨楼，所以那篇记便以‘南湖烟雨’四字为题。这篇记里还夹着许多隽永有味的诗词、对联、故事，剑英又讲得活龙活现，这些孩子们的魂灵儿早飞到鸳鸯湖上去了。

他们的心魂飞到鸳鸯湖上去了，鸳鸯湖上的烟雨却飞到西湖上来了。四月二十日的下午起，竟连绵地下了六天的雨。淅淅沥沥的雨，溟溟濛濛的雾，惨惨淡淡的云，凄凄凉凉的风，笼罩着整个的杭州市、整个的西湖和每个杭中将出发旅行去的学生的心。可是他们已把一切都准备好了：火车来回的团体票；旅行队的川旅费；嘉兴中学——旅行队借住的地方；旅行队的职员，领队的教师是王剑英，文书是孔乐三，庶务是颜乐山，会计是康宗诚，交际是周慧珍和彭菱仙。使他们最高兴的，是他们这一队由王先生带去；使他们最不高兴的，是老天偏不作美，到了二十六日旁晚，竟下起大雨来了。彭校长说：“明天如仍下大雨，只得迟一天出发，照常上课！”

下午四时，课毕回寓。慧珍和宗诚都默默地站在台阶上，望着天，望着天上的层层密布的云，望着由天上洒下的丝丝的雨。他们的眼里似乎都含着急得要夺眶而出的泪，似乎想和雨竞赛一下呢！他们俩有时在埋怨老天，有时在恳求老天，可是老天仍始终哭丧着脸，不怕他们的埋怨，不理他们的恳求，只管尽情痛哭。锡官也回来了，却懂得他们的心理。他说有个极灵验的妙法，提议烧灯笼壳儿。这是他们在老家里玩的老把戏呀！他们姑且试试看，找着了过年时玩过的一盏破旧的小灯笼，套在一根竹竿头上，在院子里烧了。可是这法儿并不灵，雨越发下得大了！他们更加发愁，愁得连夜饭都吃不下。心，却并没有死，仍在准备明天要带去的东西。睡了，还是睡不着，因为檐溜声、风声，偏似和他们故意为难，特地钻进他们的耳朵来。宗贻一觉醒来，还听得慧珍在叹气哩！

"慧妹妹，快醒来！再睡下去，便来不及了！你看，好天气啊！"宗诚天一亮就起身了，见天气忽放新晴，高兴得了不得，竟冲上楼去，闯入房里，两手把慧珍床上的帐子撩起，大声叫她起来。慧珍迷迷糊糊地听得宗诚的声音，霍地坐了起来，揉了揉眼睛，见窗里透进日光，不禁心花怒放，急急忙忙地穿衣下床，下楼梳洗。张妈忙着张罗早饭。宗贻、叔文、月仙等起身时，他们俩已吃好早饭，叫了一部人力车，把两个小铺盖卷儿、一只小网篮、一只小提箱装上，要到校里去。叔文和宗贻又吩咐一番话，他们便匆匆地走了。

他们的旅行队，限定两人合用一铺盖，合用一小网篮。宗诚和孔乐三拼一个铺盖，合一只网篮，因为他是会计，所以多带一只手提小皮箱。慧珍和彭菱仙合伙，说定铺盖由慧珍带，网篮由菱仙带。全队恰好是二十四个男生，十四个女生，连王先生和一个校役，一共四十个人。人和铺盖、网篮等都用一部搬场汽车载到城站去。王先生却带了宗诚先走。大队到站时，他们已和站长接洽好，给他们指定了一节车厢。於是大家鱼贯上车。刚刚坐定，彭校长忽走上车来。同学们暗暗吃了一惊，想道："他也同去吗？"

彭校长今天却是满面笑容，对他们叮嘱了许多话，叫他们沿途火车停时，不可自由下车，以防危险；叫他们自己小心冷暖饮食；叫他们要绝对服从王先生的指挥，言行都须检点，千万不要坏了本校的名誉！"呜呜……呜"，汽笛在叫了，彭校长向王先生说声"拜托——再会"，下车去了，站在月台上，挥着他的呢帽，向慢慢地开动的火车的窗子里的王先生和他们点点头。车轮渐转渐快，火车已开出了月台。一部分同学从窗子里探头回顾，遥见那位彭校长还站在月台上，目送着已开行的火车，渐渐地向后退去，退去。他们见了他这种恋恋不舍的神气，回想到他方才赶上车来叮咛嘱咐的情形，方觉得彭校长对他们的用心真和自己的家长一般，平日一味怕惧他的心理立刻变成敬爱他的心理了。

车过了临平，经过屏风似的山，好似出了杭州的大门。到长安停了一忽儿，到硖石又停了一忽儿。别了硖石的东西两座小山，沿途便不再看见山了。他们这一队里，都是浙东的人。浙东多山，这些小小的丘阜，当然不在他们眼里。剑英告诉他们，嘉兴人往往到硖石来游山，他们倒笑了起来。剑英道："嘉兴最高最大的山便是瓶山。这座山不过是一个大土堆。嘉兴人到了重九，便在这最著名的山上去登高的。据说，这座山是宋朝名将韩世忠的部下的酒瓶和泥土堆积而成的。近年果然曾发掘出许多酒瓶来，大家叫作'韩瓶'，倒是一种古董哩！"从杭州到嘉兴，快车不到三个钟头就到。他们师生谈谈笑笑，火车早已开近嘉兴。他们经剑英的指点，从车中远远地望见南湖。

一转瞬间，已到嘉兴车站，剑英领导他们鱼贯下车。他们从月台走进车站，便见仲珊在那里等候，首先和剑英招呼。宗诚、慧珍也上去行了礼。出站以后，便把行李装上人力车，整队步行从东门进城，径投西门天官牌楼而来。不多时，到嘉兴中学。行李已由校役搬进去了。仲珊把他们引导到柏社里休息。这柏社，是嘉中校友会的会址，三间楼房，前面有一个小小的院落，很是幽静。仲珊命令嘉中的校役把杭中旅行队的行李搬上楼去。剑英也跟了上去。男生占两间，女生占一间，叫他们自己安排起来。扶梯头有一个小房间，剑英叫把他自己的铺盖搬进去，带去的校役也就宿在这间房里。一切布置好，已经是十一点半了。柏社里开出五桌饭来，他们就在这里午餐。剑英却被仲珊邀去，和嘉中的教师同吃午饭。饭后，仲珊又着校役来把宗诚和慧珍叫到他房里去，絮絮地问长问短。一点半了，他们要出发去游玩了，方和仲珊下楼，回到柏社。

　　嘉中原备有五只游艇，剑英向他们借了，去游南湖。仲珊下午无课，也和他们同去。嘉中的后门原是临河的。男生分坐三船，每船八人；女生分坐两船，每船七人。剑英和仲珊分坐在女生的两只船上，替他们把舵。慧珍恰好和仲珊一船。五只船首尾相接地从水西门出去，划入运河，向南而去；绕道南门，径向南湖的烟雨楼划来。毕竟男生的力气大些，先划到了。大家舍舟上岸，拾级而登。先在四周走了一遭，见有些假山花木，中央却矗立着一所大楼，楼下是三大间统厅。从厅后走上楼去，到前面凭栏远瞩，南湖在望。慧珍道："这楼上登高望远，烟雨中的风景，怕要比晴天更好哩！"剑英笑道："你这话怕有些儿望文生训吧！"仲珊道："剑英兄在嘉兴住过几年，难道雨天没有游过烟雨楼吗？"剑英道："确是没有冒雨来过。"仲珊道："这楼上的景致，以濛濛细雨中为最佳。从楼头望去，雨丝似雾雾似烟，几叶扁舟往来其中，真可入画。今日天气晴朗，小小的南湖一览无余，便觉索然兴尽了。"孔乐三道："如此说来，烟雨中的南湖，好似一篇意在言外的小品文，是有含蓄的，所以耐人寻味啊！"剑英道："你拿小品文来比喻南湖风景，确是妙极！太湖是一篇波澜壮阔的议论文，西湖是一篇情文并茂的美术文，南湖便是一篇趣味隽永的小品文了。"菱仙把他爸爸的摄影机带了来，便在烟雨楼前的湖滨，替剑英、仲珊合摄一影，又到楼后的假山旁，把自动机装上，自己和慧珍也合摄了一影。他们逛了一个钟头，又大家下船。离了烟雨楼，向东门划去。过了嘉禾第一桥，绕到北门。北门外的河中，船只很是拥挤。他们五只游艇挤过了北里桥下，径向杉青闸划去。到了那里，舍舟登陆，上落帆亭来。

这小小的亭子近着运河，遥远地望见点点归帆，渐近渐大；到了亭前，一齐卸下扯着的风帆，慢慢地向北里桥那面摇去。这风景又和烟雨楼所见的不同。慧珍道："我们幸而有这许多人同来。如果我是一个单身旅客，孤零零地坐在这亭子上，看这些归帆，无论是在夕阳中，在烟雨中，在银白色的月光中，便不禁乡思油然了。"仲珊听了道："慧儿，你提起了乡思，我想大哥在老家冷冷清清地守着祖母的灵，怎知道我们却在这里游观快乐？这时候，他或者正一个人背叉着手，在小溪旁呆望啊！可是那里却没有一点归帆的影儿！"慧珍经他这一提，突然由乡思勾引起思亲之念来，倚着栏杆儿，低着头在沉思了。同学们都散开在亭外，有的在太白亭旁彳亍，有的在桂圃徘徊，有的在假山石下闲谈。菱仙选好了摄影的地点，跑进来把慧珍拖了就走。

她们俩在落帆亭下又摄了一影。

　　剑英看看表，已是四点光景，取出叫子一吹，便大家集队下船。仲珊道："现在北门外已新开了一条河，到西门外去，有一条捷径了。来，我们这只船来做向导吧！"他把着舵向前划去，其余四只游艇跟踪而进。划到水西门外，却不进去，仍穿过西里桥向西划去，一直到茶禅寺前，看那并立着的三座塔。仲珊道："不必上岸了，这寺很小，没有什么可玩的。——相传这寺有一个绝对，'三塔寺前三座塔，塔、塔、塔'，却从来没有人对出过。"慧珍道："这对子，王先生也曾讲起过。他说：'三塔寺前三座塔'，有人对'五台山下五层台'的。不过下面再加连续的三个'塔'字，便难对了。"他们这五只船掉转船头，背着夕阳缓缓归去，仲珊他们这一只却反排在最后了。前面有几只帆船，带着半帆的斜阳，夷犹自在地淌去，船夫手里拿着篙，嘴里却唱起山歌来。有的却凝视着他们这五只游艇。他们打了几桨，追过这几只帆船去。哪里知道背后赶上一只柴油小火轮来，又抢过了他们。这五只船仍鱼贯地进了水西门，在嘉中后门外的船埠旁停下。仲珊先跳上埠头，伸手在关着的后门上按一下电铃，里面便有校役开门出来。他们先后上岸，那校役把游艇都用铁缆锁住，把桨和舵一一背进去了。仲珊作别自去，他们齐到柏社来休息。一进门，便接着了一个帖儿，是嘉中学生自治会定於明天上午九时，在本校的大礼堂里开会欢迎他们。剑英道："他们开会欢迎，必有演说，我们也得推定一个同学，答谢他们。"三十八个同学匆匆地商量了一场，议决用投票法推定一人致答辞。慧珍得票最多，当选。剑英道："你得好好地预备一下，不要叫杭中同学坍台！"又对孔乐三道："你今晚得写一封报告信去给彭校长。"夜饭后，其余的同学都休息了，只有孔乐三还在那里写信，宗诚还在那里算账，慧珍还在那里预备明天的演说稿。

星期日，上午九时，嘉中的大礼堂坐满了人。演讲台上，正中一张桌子，铺着白毯，上面有一个花瓶，插着一束红黄两色的鲜花，两旁，左边是主席的位子，右边是记录席。台下，左边是替杭中旅行队设的来宾席，右边是本校教职员席，正面是本校学生席。振铃开会，主席是一个二十多岁的男生，瘦长的身材，白白的脸儿，黑制服，白裤，皮鞋擦得亮亮的。他致了欢迎辞，请他们的校长廉心斋演说。廉校长却是个高个儿，大胖子，紫棠色的脸，穿一件古铜色的绸夹衫，站在台上，好似一座宝塔。他的声音是非常宏亮的，口才又好，滔滔不绝地说了一个钟头。教职员却没人演说，接着上台的却是一个穿童子军装的学生，大概是初中部的男生吧。他是一个十八九岁的人，身材也颇高大，态度却很滑稽，两只眼睛好似两条线，乍看去似乎并没有张开，两只脚异乎寻常的大，穿了一双卓别麟①式的皮鞋，一上台便眯着眼，举起右手，伸着三个指头，行童子军礼，把身子从左到右打了一个旋。他放下了手，呆呆地站着，下巴颤抖了许久，才竭力挣扎出一句话来："今……今天，吾吾……吾们欢迎杭中的同同……同学。"脸儿已涨得像个戏台上的关云长了。

　　"原来是个口吃的！"慧珍和她的同学们都觉得奇怪，"为什么推举他来演说？""吾们非……非常的高高……高兴。"他又继续说，"所以，吾吾……吾虽然

----

① 今译卓别林。——编者注。

不会说话，也要上台来说几句，表示吾欢迎的诚……诚意！可是吾想说的话，都被吾们的主席和校长先说了去，没没……没得说了。诸……诸位，你们得领受吾这一点无言的诚……诚……诚意！"他又行了一个童子军礼，红着脸下去了，额上却满挂着汗珠。

等了许久，没人上台演说。剑英就叫慧珍上去致答辞。慧珍从容上台，先向中央挂着的国党旗、总理遗像一鞠躬，然后依次向嘉中的教职员、主席及嘉中的同学行礼。她虽然只是个十三四岁的女孩子，身材又矮小，但那种潇洒的风韵，从容的态度，端秀的相儿，已把全礼堂的人们的目光摄住了。她拿杭州的西湖来陪衬嘉兴的南湖。她说杭中的前身是第一中学、第一师范，嘉中的前身是第二中学、第二师范，这两校本是姊妹。她们到嘉中来，好似姊妹家的子女到姨母家来。今天承表兄姊的盛情，开会欢迎，而且承姨母——廉校长——予以谬奖，加以训迪，非常荣幸，非常感谢！更难得的，是表兄姊们的'无言的诚意'，不可以言语形容的盛情高谊！她又把瓶中那一束红黄两色的花儿来象征两校同学们在一块儿开会的情况。末了，又请嘉中同学到杭州去逛西湖，她愿代表杭中同学们预先表示欢迎。她演说了约有半个钟头，口齿清楚而又伶俐，态度诚恳而又自然，演说完了，在全体鼓掌声中缓步下台。接着，嘉中学生自治会分赠他们每人一包糖果，方才散会。出场的时候，那位廉校长向剑英问刚才致答辞的女生的姓名，方知道她叫周慧珍，是周伯臧的女儿、仲珊的侄女，赞道："毕竟是将门之子！真所谓虎父不生犬女。"

中饭，剑英被廉校长和几个从前的老同事邀去了。嘉中的学生却推出了两个代表，一男一女，领导他们去逛范蠡湖、朱买臣墓、中山公园、谭家祠堂，并参观私立秀州中学、县立女子中学和嘉禾造纸厂，到五点钟方才回校。

星期一上午，他们就分成四组，在嘉中各教室参观上课。下午，又到韭溪、集贤、荐桥三小学，和嘉中附设的小学部参观。嘉中的小学部在北门大街，回来的时候，走过一个私立中学的门口，因为时光还早，就顺便进去，请求参观。那位校长把他们让进一间小小的会客室里，许多人站都站不下。他们急於想进去参观，那位校长却一味和剑英敷衍。只听得里面扫帚倒在地下的声音，洋铁畚箕的声音，似乎非常忙乱。约过了廿分钟光景，那校长方陪了他们进去。并排的五间教室，只有三间有学生坐着。一间里在上国文。他们见那间教室并不大，只得站在窗外看。一位留着长须的老先生一声不响地坐在讲台上，学生有看书的，有演算的，有写字的，也有桌上摊着一张白纸，头却向窗外张望的。据那校长说，是在作文，已缴卷的在温习其他的功课，可是讲台桌上并没有叠着的文卷。黑板上写着一个题目"王世民论"。还有一间，一位穿西装的年轻的教师在讲《桃花源记》。那校长引导着他们毫不停留地走了过去。慧珍在窗外略停了停，只听得那位教师说"'晋'，就是山西省；'太元'就是山西的省会"，又似乎在讲地理。还有一间，只坐着十多个学生，却没有教师。那校长自言自语道："陆先生怕又请假了！"

他们绕了个圈子，走了出来。剑英向那校长道了谢，径带队走出校门。走远了，埋怨他们道："我说不要进去，你们定要去，这是何苦来呢！"孔乐三道：

"王世民是怎么一个人？我倒不晓得！"剑英道："怕就是唐太宗吧！"宗诚笑道："唐太宗怎会和老师同宗呢？"剑英也笑道："李世民不是初封秦王吗？他或许以为是秦朝的王世民啊！"慧珍方想到那位先生把"晋太元中"解作"山西太原"，告诉了他们，大家都笑得弯了腰，回到柏社里，还停不住笑声哩！

第三十三章　丧事中常用的字与词

　　星期二的上午，剑英率领杭中的旅行队，从嘉兴趁九点三十分钟的火车，带着愉快的心情回杭州来。十二点一刻到达城站，彭校长已派一个事务员，带了一个校役，在站迎候。他们下车后，把行李交给事务员，排队步行回校。彭校长、袁主任都站在办公室廊下等待，大有倚门而望的神情。他们向剑英道了辛苦，叫学生们散队休息，一面命厨房开饭。彭校长又叫菱仙、慧珍、宗诚先回家去，等忽儿行李到了，叫校役送来。三个孩子别了彭校长、袁主任、王老师，同出校门，走到东海里口，菱仙进去了，宗诚和慧珍径自回寓。

　　宗贻在图书馆没有回来，叔文下午要带了小学生去湖上远足，早和锡官兄妹到小学部去了。寓里只有月仙、张妈和愚官，怪冷清的。月仙见他们回来了，忙叫张妈舀脸水，泡茶，端出饭菜来。正在吃饭，行李送来了。吃完了饭，慧珍放在菱仙网篮里的东西，也由彭宅的老妈子送来了。他们各从小网篮里拿出许多嘉兴买的吃食来，叔文、宗贻、月仙、锡官兄妹和愚官，各得了一份，张妈也有一份。下午不上课了，他们便在家休息。月仙叫他们各写一封信去报告家中。信写完了，宗诚还得结算旅行团的账目。

　　慧珍见书室里堆着许多包捆好的书，问月仙道："这许多是什么书？"月仙道："是老太太的讣闻，本市已分发了四分之一。今天晚上，还要写分发邮寄的三分之一哩！你们回来了，正好帮忙。"慧珍想打开来拿一本看看。月仙道："你的书架上不有一叠散的吗？"慧珍拿了一本，见是线装的，磁青面儿，封面上有一条笺儿，写着"周母姜太夫人讣启"几个篆字，是王剑英题的。翻开来，第一页是老太太的照相，也是剑英题的。再翻过去，有一幅像赞，是伯臧的业师龙先生题的，因为写的是石鼓文，有许多字不认识。再翻过一页，中间印一个讣字，右上角印"鼎惠恳辞"四个红字，左下角印"丧居浙江富阳县周村本宅"一行黑字。

再翻过来时，方是讣告本文，讣告之后，是一篇伯臧做的哀启，约有二千字左右。

慧珍坐下来细看这篇哀启，却是一篇文言文，是记她曾祖母的事实的。因为这篇文章是不加标点的，读起来颇觉吃力。她从头至尾看了一遍，大意是懂得的。从这里，她才知道她的爸爸幼年丧母、青年丧父的苦痛，求学的困难，和曾祖母治家的勤俭，历尽了丧姑、丧夫、哭女、哭婿、哭儿的悲哀，遭受了洪杨之变、回禄之灾、贫穷之苦，以及爱护她爸爸的无微不至。并且知道，她的曾祖父是性情孤傲、安贫守志的读书人，而且是个书法家；她的祖父是个天性孝友、一生谨慎的人，而且对於宋代的理学极有研究，对於家庭教育独具见解；她的叔祖父是个农夫，是个豪侠而性急的却又善於治家的人。并且知道她的爸爸的生母不但知书能诗，而且兼长武技；还有一个瘫痪的姑母，於祖父死后，仰药殉父。——她对於老家的历史，今天才得明白。她看了一遍，又看一遍，可是还有几处不很了解。宗诚把账算好了，慧珍招他来同读。

他们正在阅读，宗贻回来了。他走进书室，问道：“旅行嘉兴的趣味如何？什么时候到家的？二叔叔陪你们游览吗？"宗诚和慧珍忙把那本讣启放在书架上，你一句我一句地把旅行的情形告诉他。月仙也抱了愚官进来坐着听。谈到那私立中学的两位国文教师，竟哈哈大笑起来。宗贻道："你们一回家，怎么就在这里读讣闻？"

慧珍道："哥哥，这篇哀启，我们还不能完全了解哩！"

宗贻道："这是一篇文言文，又没有加标点，难怪你们看不懂了。妹妹，你且试读一遍，看读不读得断。"宗贻又顺手在书架上取了两本，分一本给宗诚，自己也捧着一本，听慧珍一句一句地读下去。有读错的，随时替她校正。读完了，率性从头至尾细讲了一遍。讲完了，又朗朗地读了一遍；又向慧珍道："我们老家的情形，你已完全知道了吧？"慧珍道："从来没有听爸妈说起过，现在方完全明白。"宗贻道："这是爸爸惨淡经营的作品，是一篇很好的叙事文，你们大可一读。"慧珍捧着哀启，竟低声诵读起来。宗贻又将抑扬缓急顿挫的地方，一一指示。慧珍读了一遍，又读一遍，读出情趣来了，读到悲痛的地方，竟掉下两行泪来。

她读得出了神，锡官、蕙官张着小嘴等着吃什么似的，双双站在她面前，她也没有觉得。直到叔文赞她国文进步，懂得文言文的声调气韵，方才回头一看，见叔文站在她背后，忙放下这本讣启，叫了声四叔，要站起来时，才发现站在她前面的两个侄儿。她伸手搂住了两个孩子，问他们到什么地方去了一趟，趣味好不好。锡官道："我们今天到过两个地方，一个叫作于忠肃墓，一个叫作张苍水墓。先生讲给我们听，于忠肃就是于谦，张苍水就是张煌言，是明朝的两个忠臣，两个民族英雄。张煌言抵抗清兵，兵败被擒而死，为国家民族而牺牲，倒还值得。于谦抵抗也先，保全了明朝，迎还了被掳的皇帝，功劳是大极了，反而被奸臣陷害，昏君杀死，真是冤枉极了！"蕙官道："我们的先生带了我们逛钱王祠。钱王祠里有泥塑的神像，有很大的刻着字的石碑，房子也是簇新的。姑姑，这地方是很近的，星期日我领你去逛逛，好不好？"慧珍又把那本讣启翻开来，指着老太太的照相问他们道："这是谁？"蕙官道："老阿太，妈妈已告诉我过了。"锡官道："老阿太春假里我看见过的，她已经死了。"

夜饭后，宗贻拿出一张单子，应当邮寄讣启的，姓名、地址，都详细地开列在单子上，又在书橱里取出一大包封袋来，和叔文分写。叫宗诚把讣启一册册地装进去，慧珍在封袋上贴邮票。四个人分工合作，不到一个钟头，都完工了。又把空白的封袋讣启一百份，谢帖一百个，总打一包，写上"嘉兴省立嘉兴中学周仲珊先生收"的字样，预备寄去分发。余下的还有二百光景，分一半寄回老家去，其余的留备送礼来时补发。还有一大包是谢帖，也寄了二百个回去。收拾好了，便大家各自归寝。

慧珍把讣启带了一册上楼。到了房里，拿出来问宗贻道："现在还只有八点光景。哥哥，我还有几个地方要问。你不觉得疲倦吗？"宗贻道："我倒怕你疲倦咧！"慧珍道："哥哥，我从前看到别家发来的讣闻，记得前面有什么'不孝某某罪孽深重，不自殒灭，祸延某某'等语，也有作'侍奉无状，祸延某某'的，我们这讣闻上为什么没有这几句？"宗贻道："前者是旧式讣闻的套语，后者算是改良的。其实，'罪孽深重，不自殒灭'，固然不是真情实话，'侍奉无状'之下继以'祸延某某'，也是不接气的。不如开头就说'先祖妣某某痛於某年月日逝世'来得直截痛快了。"慧珍又道："别家的讣闻有用'中华民国显妣'的，我们的讣闻却把'中华民国'四字删去，'显'字改作'先'字，是什么缘故？"宗贻道："父死称'先考'，母死称'先妣'，祖父死称'先祖考'，祖母死称'先祖妣'，这是你已经知道的。死的人若不是一个显名的有功德於国家的人，则於中华民国何干？并且不如径改'显'为'先'来得妥当。"慧珍道："这'内寝'二字，有的用'正寝'，有什么分别？"宗贻道："男的用'正寝'，女的用'内寝'。而且上面也不一定用'寿终'。大概六十岁以下的用'疾终'，六十岁以上的用'寿终'。下文'享寿'二字，也是因人而异的。年寿不高的用'得年'，较高的用'享年'，最高的用'享寿'。"

慧珍又问道："'遵礼'二字也可以用'遵制'的吗？"宗贻道："前清时候的丧服是国家规定的，所以说'遵制'。民国以来却没有正式规定服制，所以只可说'遵礼'了。"慧珍道："下文'叨在乡友世学戚谊'这几字怎么讲？为什么印了一排红字？"宗贻道："这五个红字的次序从中间的'世'字排起，是世、友、学、乡、戚。和我们庆吊往来的，或是先辈的世交，或是爸爸、叔叔和我的朋友、师生、同学，或和我们是同乡，或和我们是亲戚，这些都是指接受讣闻的人而言的，所以用红字印。下面那个印得大些的'闻'字也是指他们说的，所以也印红色；前页'鼎惠恳辞'，'鼎惠'指送现款而言，也是指他们说的，所以也印红的。"

慧珍道："原来有这许多讲究！那么,具名的地方,什么叫作'承重孙''降服子'?为什么爸爸的名字印在前面，三叔祖反而排在第二呢？"宗贻道："这还是宗法的遗制呀！周代的宗法制度重在嫡长，世袭的君位都须由嫡长子承受。嫡，指嫡妻所生的儿子，姨太太生的叫作庶出。庶子即使年龄长於嫡子，也得让嫡子继承君位。如嫡妻生了两个以上的儿子，大儿子便是嫡长子。如果嫡长子死得早，则继承君位的是嫡长孙，而非次子或庶出的儿子。明太祖死了，由嫡长孙建文帝嗣立的故事，你是知道的，这便是一个实例。民间虽没有君位继承的关系，也沿用这种制度。我们的祖父是长子，可是死在曾祖母之前；爸爸是长孙，便须由他主曾祖母之丧，这叫作'承重孙'。三叔祖是出继三房的叔曾祖的，所以对於他的生母——我们的曾祖母——丧服应当降一等，这叫作'降服子'。降服的不但出继的儿子，女儿出嫁以后，也须降服。丧服共有五等。最重的一等是儿子，没有出嫁的女儿对於父母，媳妇对於公婆，承重孙对於祖父母，妻对於夫等，须服斩衰三年——衰音次哀切，是极粗的麻布；用这种麻布做孝服，下摆并不缝好的，就叫作'斩衰'。第二等是孙子对於祖父母，降服的儿女对於父母、夫对於妻，以及兄与弟等都须服齐衰期年——期音基，期年就是一周年；齐音资，麻布做的孝服，下摆缝光的，叫作'齐衰'。第三等是大功服九月，是侄儿对於胞伯叔父母，曾孙对於曾祖父母之服。所谓'大功'，指较细的麻布而言。第四等是小功六月，麻布更细了，服丧的期限也更短了，是玄孙、侄孙和嫡堂侄儿丧服。第五等是缌麻三月，缌麻是最细的麻布，服丧的期限也是最短的了，是侄曾孙、堂房侄儿的丧服。这五等丧服便叫作'五服'。

　　"总之，丧服是以对於死者血统关系的亲疏排的。所以远房的同族，在'五服之外'的，便没有丧服了。

只於送丧时候，免冠肉袒而已，这就叫作‘袒免’。可是这‘免’字须读作‘问’。我想，这或者是古今音的关系。古无轻唇音，问和免同属於‘ㄇ’母，所以读‘免’如‘问’。现在‘免’字尚属‘ㄇ’母，‘问’字已转入‘万’母，只有‘袒免’之‘免’仍读‘问’音，却又读如今音之‘问’，实在不很合理。因为丧服有五等的分别，所以下面的款式也各不同。最重的斩衰三年服则用‘泣血稽颡’，齐衰期服则用‘泣稽颡’，大功九月服则用‘泣稽首’，小功六月服则用‘抆泪稽首’，缌麻三月服则用‘拭泪稽首’；至於五服以外的袒免则用‘拭泪顿首’，或‘拭泪再拜’，或径用‘拭泪代告’了。”

慧珍又道：“我看见别家的讣闻里，儿子具名的，或称‘孤子’，或称‘哀子’，或称‘孤哀子’，还有在‘孤哀子’三字之上加印‘继慈命称哀’五字的，是什么缘故呢？”宗贻道：“父死称‘孤子’，母死称‘哀子’，父母都死了称‘孤哀子’。例如我们祖父死的时候，爸爸的生母早死了，爸爸当然得称‘孤哀子’了，可是爸爸还有个后母在堂，径称‘孤哀子’，似乎不把后母看在眼里，所以加'继慈命称哀'五字，托之於后母之命，这样一来，做继母的，做儿子的，便都顾全到了。"慧珍道："我从来没有想到，区区一个讣闻，有这许多花样！那么，'闻'字底下那一行小字'某月某日领帖'，这'领帖'两字是什么意思？"宗贻道："这就是开吊的日期。领帖者，领受来吊丧的人的名帖。把开吊的日子印上，要来吊丧的，要送联幛的，便不致过了期再来了。"他们兄妹俩直谈到十点多还没有睡，间壁的月仙已经睡了一觉醒来，催他们道："还没有睡吗？明天要上课的呀！妹妹旅行刚回来，得早些睡，休息休息。吃力了，不是玩的！"宗贻道："好，我们快睡吧！——妹妹，她在代行母亲的职权哩！"慧珍听了，不禁一笑。她的确有些辛苦了，一放倒便呼呼地打起鼾来，直到第二天八点多才醒。

杭中初中一年级生旅行建德的一队昨天傍晚也到了，旅行绍兴的一队要今天午刻才到，所以初中一年级仍停课一天。慧珍起来时，宗诚已到校里去过了，把这消息告诉了她，并且说："王老师叫我们同学自己分成小组，试做集体作文，题目是'春季旅行记'，每组人数，至少三人，至多五人。我已和孔乐三约好了，我们两个，加入你和彭菱仙，四人一组。我们三个分段记述，请他做个主编。菱仙不是照了许多相吗？我们这篇文章，得好好地做，把它誊写成一本小册子，把菱仙的照片当作插图。今天下午，乐三和菱仙到这里来商量分头起草的办法。我想，你一定赞成的！"慧珍道："这是很有趣味的一件事呀！诚表哥，我们趁上午的空，先把旅行日记整理起来吧！"他们两人就在书室里把小册子上所记的整理出一个头绪来，抄在日记簿上。这件事，把整个上午的工夫都消磨过去了。

中饭后，孔乐三先来，坐谈了许久，菱仙才到。原来她昨天一到，就把所摄的软片送到照相馆去洗印，饭后，她赶到照相馆去拿了来。大家看她照的相，一共有二十四张，有十八张是与这次旅行有关的，如城站上车的情形、嘉中的大门、柏社、欢迎会会场、烟雨楼、落帆亭、三塔寺、在游艇中、范蠡湖的西施妆楼、朱买臣墓、县立女中的团体操、秀州中学的篮球比赛、谭家祠堂的石舟、造纸的机器、归途等，都照得很好。她都印了半打，除自己留一份，集体作文上贴一份，还有四份，就分送了三份给乐三、慧珍、宗诚。他们把照相收拾好，商量集体作文的办法。议决：宗诚记参观学校，菱仙记游览风景，慧珍记来往途中及寄住嘉中的情形，分头记好了，交给乐三，由他剪裁结构，以总其成。又推定慧珍誊写全篇，因为她的小楷好；由菱仙贴照片，因为是她照的；由宗诚去装订成册，并题写封面，因为他的隶书已写得很好。他们预算起来，要两星期方可完成。

　　他们四人的会议刚完，林鸰忽然来了。月仙道："林小姐，你好久没有来过了，请坐，请坐！"林鸰道："我们春假后三天，便到上海、南京一带去参观了，前天方回来。"她手里拿着一只小箱子，放在客堂里的桌上。打将开来，取出三个无锡泥菩萨，说是送锡官他们三个小孩子的；又取出一包雨花台的石子来，说是送给慧珍的；又取出一小袋南京风景照片来，说是送给月仙的；最后，取出一封信，又从信里抽出一张她和陈慧君在清凉山合摄的照片，说是带来给伯臧的。月仙道："林小姐送我们这许多东西，感谢得很！"张妈把茶奉上。林鸰刚坐下，听得书房里有人谈天，问道："老师有客吗？"月仙道："爸爸在老家守丧，没有来。书房里是妹妹、诚表弟和彭小姐、孔乐三君。"林鸽道："老师还没有回杭吗？要几时才来？"月仙道："下月十几里，老太太出殡了，再回杭州。"林鸽道："那么，慧君的信，我去转寄吧！"月仙道："这倒不必。明天有人回富阳去，我们本要带印好的讣闻去的，可以一同带去，当天就可以到，邮寄去反而慢了。"慧珍从书室里跑了出来，叫道："鸽姊，什么风把你刮来的？——嫂嫂，鸽姊来了，为什么不叫我一声？"她拖林鸽到书室里去看照片。林鸽道："你们有照片，我也有呢！"月仙把林鸽送她的十二张照片交给慧珍。於是她们走进书室，两下交换着看。宗诚道："南京的名胜多得很，为什么只有十二张？"林鸽笑道："这叫作金陵十二钗！"月仙留他们吃了点心去，命张妈去叫一大盆虾仁炒面来。吃完面，又坐了一忽儿，大家散了。

慧珍见慧君给她爸爸的信没有封，便抽出来看，原来是一封文言信。开头称呼下不用'函丈'，改了'苦次'；末了不用'诲安''道安'，改了'礼安'。恰好这时叔文带了锡官兄妹回来了。锡官、蕙官各得了一个泥人儿，非常高兴。慧珍就拿着信请教叔文。叔文道："依古礼，孝子居丧，是要寝苫枕块的，所以用'苫次'。苫，草也。居丧须读丧礼，所以也可以用'礼鉴'；末了用'礼安'，也是这个道理。如其是并辈的朋友，末句用'奉唁孝履'的也很多。居丧的人，写信给人，具名之上也不用普通的称呼，往往径称'不孝'或'棘人'。'棘人'这名词出於《诗经》。棘通急，谓急於哀戚之人。丧事的文件中有许多特别的词儿，如讣闻里所用的。至於挽联上款之下多用'千古'。但也不宜乱用，有时候不如用'冥鉴''灵石''灵帏'等词妥当。因为死的人，不见得个个都可以千古不朽呀！"慧珍道："讣闻上用的各种词，昨晚哥哥已大略讲给我听了，今天又获得了许多知识。我要在日记上做一篇'记丧事中常用的字和词'。"叔文道："你能随时问，随时记，是一个很好的法儿。"

　　杭中初中一年级的旅行队都回来了。各学科都有相当的成绩，如地图，古迹的照片，动植物的标本，旅费的簿记、预算、决算，风景画，游记等。可是每队各有特长，旅行钓台的一队是生物教员方先生带去的，所以标本特别采集得多;旅行绍兴的一队是史地教员李先生带去的，所以地图和古迹的记载、照片特别多；旅行嘉兴的一队是国文教员王先生带去的，所以游记特别多。师范部三年级参观京、沪一带归来，参观报告每人一册，还有照片、游记、调查录等，成绩也不少。他们两级的级会开了一次联席会议商量了一下，向彭校长请求，定下一个星期日，开一个小规模的参观旅行成绩展览会。沈眉士、田道阶、华问陶、林鸽、孔乐三等都是筹备员。王、方、李三先生和带了师范部三年级去参观的商先生都被聘作顾问。——这是星期五下午的事。

宗诚和慧珍自然兴高采烈，回到寓里，便把这消息告诉了叔文和宗贻。他们对於那篇集体作文，更加努力了。月仙拿进一封信来，是伯臧从老家托人带来的。除给宗贻、叔文的回信以外，还有复宗诚、慧珍的一封长信。

诚甥、慧儿同览：

你们俩给我的信，一封是语体的，一封是文言的，都於五日前收到。寓中大小平安，甚慰。本当早日作复，因为正值沙眼复发，一星期不能写字，所以迟至今日才复。眼病已全愈，勿念！我夫妇在家，有伯叔、兄弟、妯娌们来住，并不寂寞。早晚散步田间，徘徊溪侧，与野老农夫闲话桑麻，似乎比寄迹都市中，斗室虱处，反多兴趣。我自十五岁入中学后，家居日少，长为东西南北之人，现在方得享受林泉生活的清闲。可是每到晚间，在先祖姒灵前点烛焚香，追忆她老人家对我的伟大的爱，遗像尚存，音容已渺，便不禁怅然神往了。

从诚甥的信中，知道你们有嘉兴的旅行。那里是我的旧游之地，老友不少，慧儿当以世侄自居，恭候父执。好在有仲珊在，你们又由王先生带去，必能指示你们。嘉兴地方，除烟雨楼、落帆亭外，几无可游者。以日期计之，这时候你们已旅行归来了。这次旅行，有无所得？曾做游记否？下次来信，望即告我！旅行途中，身体好吗？觉得疲乏否？

慧儿能写文言信，词句通顺，款式亦无错误，足见国文已有进步。你看了我复慧君的信，问及"了"字以外语体文中各助词的用法，我现在提出几个助词来和你谈谈吧！

"吗"（同么）和"呢"，都是问话末用的助词，但它们的用法不同。"吗"字是用以助有疑而询问的语气的。例如"你们已从嘉兴回来了吗？"这类问话，只要求答者对於所问的话，决定然否而已。又可用以助无疑而故意反诘的语气。例如"旅行不是一件可乐的事吗？""旅行是一件有害无益的事吗？"问的人的心里必以为旅行一定是乐事，一定不是有害无益的事，然否已定，毫无疑虑，却故意反诘而已。这类问句，如改用"呢"字，便不妥了。因为"呢"字是助抉择或寻求的疑问语气的。例如"旅行的目的地，究竟是绍兴好呢，还是嘉兴好呢？"这句问话，便要求答者选择其一，不但决定然否了。又如"你们到嘉兴去旅行，是哪一位老师同去的呢？"这句问话，和上句不同。上句是"问所不定"，这句是"问所不知"。问所不知，便要答者寻求答案了。这类问句，如改用"吗"字，也不妥了。

"呢"字也可用於反诘语。例如"慧儿的文言信写得很好，谁说初中生不能学做文言文呢？"这句话的意思是初中生也能学做文言文，故意做此反诘，却又和上文用"吗"字的反诘语不同。最特别的，"吗"字又可用以助警脆的语气。例如北平人喝彩，往往叫"好——吗！"这"吗"字的声音是急降的，成为去声，和做疑问助词用的"吗"字声平而扬的不同；在旧剧昆曲里常写作"嘜"，例如"我是烂熟的了嘜！"（见《闹学》一剧。）又因古无轻唇音，所以"无"字的古音读作"ㄇㄨ"，"不""否"古音都读作"ㄆㄧ"，"未"古音读作"ㄇㄧ"，以及"没""没有"：这些否定词本和"吗""么"同是双唇阻的发声，不过收音有平唇、圆唇的不同而已，因此，都可以和"吗"字同样地用作助词。例如白居易诗："晚来天欲雪，能饮一杯无？""你看这本书不？"（等於"你看不看这本书？"）"你到过嘉兴否？""林鸽他们参观回来了没有？"唐诗："来日绮窗前，寒梅著花未？"

还有一个"吧"字，是表商度的语气的助词。去年不已和你们谈过吗？文言文表商度的助词是用於句末的"夫"字（音扶），语体文作"吧"（罢）或"啵"（波）。这些字的发音是"ㄅ"，是由否定词"不"转来的，所以是起於猜疑不定的意思。因猜疑不定，而延长其音，故收韵於"ㄚ"（如吧）或"ㄛ"（如啵），所以又兼带些感叹助词的声气。这类词，或用以助揣度事理的语气，句中常带有表估量的副词，例如："他们大约已经回校了吧！"或用以助自己裁量的语气，例如"死者以入土为安，不如早些出殡吧！"或者用以助向人商恳的语气，例如"讣启印好了，快些寄几十份回家吧。"

至於惊叹语的助词，都是由一个"啊"字变出来的。这"啊"字，语气舒张则读"ㄚ"，稍稍敛抑则读"ㄛ"，本是个纯粹的元音（韵）；但它前面的词收什么韵，它就跟着发什么音，因此可以变出许多声音来。例如"你呀！我可不相信。""你"字的音是"ㄋ丨"，收音为"丨"，故变作"呀"（"丨ㄚ"）；"怎么现在还没有去（ㄑㄩ）呀！"总之，前面的词如收音於"丨""ㄩ""ㄞ""ㄟ"诸韵的，它便变成"呀"（丨ㄚ）或"哟"（丨ㄛ）了。这是一类。前面的词如收音於"ㄨ"，或"ㄠ""ㄡ"的，它便变成"哇"（ㄨㄚ）或"噁"（ㄨㄛ）了，例如"祖母哇！怎么舍得你无母的孤儿啊！"（"母"字收音於ㄨ。其实ㄠ又是复韵，也都收音於ㄨ。）这又是一类。前面的词收音於"ㄢ""ㄣ"，它就变成"哪"（ㄋㄚ）或"喏"（ㄋㄛ）了，例如"快些来看喏！"（"看"字收音於ㄢ。）"他也是一个人哪！"（"人"字收音於ㄣ。）这又是一类。前面的词收音於"ㄤ"或"ㄥ"，它就变成"哦"（ㄦㄛ）了，例如平剧里的唱句："内侍臣摆驾——上九重——哦——。""重"字收音於"ㄥ"。这又是一类。至於前面的词收音於"ㄚ"、"ㄛ"、"ㄜ"、"ㄝ"或"ㄓ"、"ㄗ"等母的，则仍用"啊"字不变，例如"是啊！不错啊！""是"字的音是"ㄕ"，"错"字收音於"ㄛ"。——总之，助惊叹语气的词都是从"啊"字转变出来的。

我复慧君的信上，不是说语气可以总括为"决定""祈使""疑问""商度""惊叹"五种吗？决定与祈使，那封信里已说及过了。现在所谈的"吗"与"呢"，是助疑问语气的；"吧"，是助商度语气的；"啊"，是助惊叹语气的。助词的用法，如能熟悉，於文句所表的神情，必能逼肖。

不过你说文言文与语体文的分别全在助词，这话是不对的。文言文与语体文，介词、叹词、代词也截然不同；就是连词、副词甚至动词、形容词、名词，也有许多不同。若单把助词改了，也不能使语体文变成文言，文言文变成语体。这本是很容易辨认的，你大概是没有仔细考究吧！不仔细考究，而含胡笼统地加以断定，便是"武断"。无论研究什么学问，武断是最坏的脾气！好孩子，切不可养成这"武断"的脾气！——妈妈是康健的，可是她很记念你和锡官兄妹。你写回信时，叫锡官也附一封信来，蕙官如也能写信，那是更好了！

　　祝

你们努力进步！

　　　　　　伯臧字

　　他们一口气把这封长信看完，觉得新添了许多知识。慧珍又把日记上抄录的伯臧复慧君那封信中论"了"字的话找了出来，和今天这封信上论"吗""呢""吧""啊"诸助词的话合起来看，对宗诚道："把这两封信拼合在一起，助词的用法已完全了。这星期日，不又要开读书会，轮值你报告吗？前星期忙於旅行，这星期又忙於集体作文，我知道你没有看什么书呀！"宗诚道："不错，你倒教了我一个偷懒的办法。可是天机不可泄漏，你千万不要把我这纸老虎戳穿了！"慧珍道："你放心！"这时候，叔文闯了进来，他们私下商量的话都被他听到了，正色道："诚儿，不可太贪现成！大哥这两封信里，也并没有把所有的助词都说完呀！"

慧珍道："四叔，你指示我们些补充材料吧！"叔文道："我且举几个例给你们看看。'的'字，普通都做连接代词用，好像文言文的'者'字。例如'王先生最喜欢孔乐三的'这一句，主词'王先生'之下应加一个同动词'是'字。这'的'字等於文言文的'者'字，是一个连接代词，这是你们所知道的。又如'这可以在读书会报告吗？可以报告的'这一句，在'可以'之上加一'是'字，便不很妥当。'谁教你这样贪懒的？'如於'谁'字之下加一'是'字，更觉勉强了。这一类句末的'的'字，便和文言文的'者'字不一样了，不是连接代词了。它於语意无所增加，於语气也少帮助，不过使说这句话的人，对於这句话所指示、所决断的内容，态度更确定，意思更精警而已。这'的'字不也是一个助词？又如'呢'字是助疑问句、反诘句的，大哥信里已说过了。但如'连我们所知所能的，你还不知不能呢！''欢喜呢，和他说说笑；不欢喜呢，可以不理他。'（均《红楼梦》语）这两句既不是疑问句，也不是反诘句，'呢'也不过是表情精警的语态的。'哩'（同唎）、'啦'二字也是一样用法。例如'做梦倒也有些准哩！''学生啦，工人啦，商人啦，个个都晓得热心爱国。'大哥的信上并没有提及这几个字。"宗诚道："大母舅说语气不外乎五种。这一类助词，是用在哪一类句子里的？"叔文道："这些增进语态精警确定的助词，当然是用於决定句的。"

"还有把语末的助词省去，而於句首或句中另用一种助词的。"叔文继续说："例如，'不是吗？'是反诘语，也可以把'吗'字省去，在句首加一'可'字，作'可不是？''可不？'在北方话里也常听到的。又如江苏江南常有'阿是真《ㄜ？''阿要去白相白相？'这'阿'字也是个表疑问的助词。——这类助词，大哥的信上也没有提及。而且他的两封信，都只就语体文说的。慧儿说，语体文和文言文的区别全在助词，固然不对，但若反过来说，语体文和文言文所用的助词有很显明的区别，却是对的。文言文的助词，如'也、矣、焉、乎、哉、欤、夫……'，如何用法，和语体文比照起来，可否相通？也是很可研究的问题。——我希望你们能举一反三，能融会贯通，就助词全体研究出一个系统、几种原则来，千万不可贪现成，只把这两封信上的抄在一起，便当作一种读书报告，去衍敷塞责！"宗诚还要强辩，道："四舅舅！我实在是太忙了，这次虽然凑了现成，下次决不再犯了！"

叔文道："你真是孟子所说日攘其邻之鸡的，人家告以这不是君子之道，他就改作月攘一鸡，以待来年然后已了！知道凑现成是偷懒，是不对，便当下决心痛改，如何要待下次？"慧珍道："诚表哥，四叔的话很不错。你忙，我可以帮助你。——四叔，研究文言文助词，有什么适当的参考书？"叔文道："书橱里有一部《马氏文通》，有一部《中等国文典》，还有一部《词诠》，都可以参考。别的书也很多。你们既是很忙，也不必多参考了。这篇报告，可以语体文的助词为主。末了，再讲到文言文的助词。"经他这一番教训，夜饭后，他们两人便着手翻阅《马氏文通》《中等国文典》

《词诠》三部参考书了。星期六下午和晚上，继续翻阅札录。星期日上午，便草成一篇报告，题目叫作"助词的研究"。下午，棣华读书会开会，宗诚便报告这篇文章，倒也说得头头是道。

他们那篇集体作文，星期二才由孔乐三完全做好。星期三的下午和晚上，慧珍费了五六小时工夫，方全部誊清，夜里写到十一点钟。星期四下午交给菱仙，把照片贴好。这天晚上，宗诚忙托叔文去交给订讣启的那家装订做。星期五下午就订好了。宗诚拿去给剑英看。剑英叫他题上"檇李游览志"五字。又费了一个晚上的工夫，替他们详加批改。——厚厚的一册，共有二万多字。

星期日到了，他们这小规模的展览会开幕了，却也有招待员招待来宾。来参观的，除本校分校的教师、同学外，还有许多学生家属。叔文、宗贻、月仙也先后去参观。虽然规模不及元旦日的全校成绩展览会，却也琳琅满目。最出色的，为来宾所注意的，是孔乐三等四人合作的《檇李游览志》，夏志和、华问陶、罗西泠合作的《金陵古迹图咏》十幅，林鸰的《金陵十二钗照相集》，沈眉士、田道阶合作的《新都小学教育调查统计》，以及绍兴旅行队的《兰亭图记》，钓台旅行队的《古睦州草木标本图说》。此外，还有一种特别成绩，是王剑英的《携李访古记》。这可以说是一部考古的著作，不但种种古迹都有极详细的历史考证，还有各种碑刻的拓本，各处古迹的照片。一个老头儿翻开这两巨册的成绩品，看了又读，读了又看，整个上午没有离开一步。叔文九点钟去，他在站着看。月仙和锡官十点多去，他在坐着看。宗贻十一点多去，他仍在那里坐着看。宗贻觉得有些面善，却记不起是什么人。林鸰忽然跑了进来，嚷道："爸爸，你看痴了？"宗贻忙上去招呼道："原来是林老先生。我的眼睛真钝，记性真坏！"

林老先生见有人向他招呼，也是茫然。林鸰忙向她爸爸介绍。林老先生道："周先生，这位王剑英先生是贵校的教师吗？真是写作俱佳！而且考古的眼光见识真不错！这是有关掌故的作品，值得保存的！"林鸰道："王先生也是我们周老师的高足哩！"林老先生笑道："王先生年纪还轻吗？难得，难得！——鸰，王先生倒是你的同门了。像你这样的学生，不但辱没了周老师，也辱没了同门的王先生，还不替我好好用功！"宗贻道："令嫒天分很高，而且烂漫天真，家严是很器重她的！"林老先生笑道："这不是周老先生的谬奖，定是他的偏爱！"他含笑点点头，和林鸰出去了。

这天晚上，彭旭初在天香楼请客。一方面请带学生去参观旅行的几位教师，谢谢他们；一方面请几位教育教员和小学部全体教员，请他们指导师范部三年级学生实习。叔文也是被请的一个。席间，谈起一年级以旅行为中心的、各科联合的设计教学，彭校长觉得颇为满意。据这小小的展览会的批评簿上来宾和本校教师的批评，除了王剑英的《檇李访古记》之外，最博得赞誉的，是孔乐三他们四人集体合作的那一册《檇李游览志》。彭校长道："这都是王先生教导之功。"剑英道："这是他们四个人努力合作的结果，我倒不能掩他人之美，以为己功的！"

旭初又问叔文道："你们祖老太太的出殡日期快到了，定於何日回老家去？丧事完了，请伯臧兄早些出来。他的功课虽然早已结束，校务上要和他商量的事情很多。而且，中华教育改进社六月底在北平开会，我想趁此机会和他到北平去游览一趟。他从毕业离校后，没有到北平去过哩！叔文兄回去，请你把鄙意转达！"
叔文道："先祖妣定於十七日出殡，十六日开吊。我和
舍侄宗贻拟於后天带全家回去。彭先生不问起，我们明
天也要向你来请一星期丧假了。丧事一了，立刻和家
兄同回杭州。只是寓里没人照料，倒是一件不好办的
事。"旭初道："尊寓离校很近，我派一个校役去看守
便了。"叔文向他道谢。散席后，便告辞回寓，把旭初
的话告诉了宗贻。

第三十五章　对偶和声调

十三日这一天，周宅预备第二天全家回去，连张妈也带了去，因为旭初已从女校役中选派了一个最老成的王三妈来替他们看家，并且孔乐三也愿到他们寓里来暂住一星期，和宗诚做伴。乐三和宗诚住在书室的后间里，王三妈住在厨房间壁张妈住的下房里。楼上全部锁了，不住人。仲珊十一日下午就回杭州，向校里请了一星期丧假，十三日先全家动身了。这次连崔老太也同去。他们本和漆之瑜同住，全家回去，寓中自有漆家替他照料。十四日早晨，叔文、宗武、宗基三人，宗贻、月仙、慧珍、张妈四人和三个孩子，一共大小十个人，同到江干趁轮船。宗武、宗基十三日晚上是宿在涌金门直街的。轮船上比春假回去时宽舒得多了。船到中埠，上岸，伯臧已着轿子工人在迎候。只有月仙和愚官、锡官和蕙官是坐轿的，其余的人都步行。抬到半路，锡官定要跟着走，反把轿子让张妈坐。当他们两乘轿子抬进村子时，又碰见了桥三爹。他在前面缓缓地走，听得轿夫呼喝之声，连忙让在一旁，站着一瞧，见是张妈，呸了一声，道："我道是谁？原来是张阿毛的女人，威风得来！"张妈红着脸也不回答他。两乘轿子过去了，却见叔文他们一行人步行而来。他摇摇头道："唉！真是天翻地覆了！小姐自己走，倒让老妈子坐轿！咦！怎么孙少爷也是走的！"叹着气，踱着方步，自己去了。

　　他们到了自己家门口，向里面一瞧，两进房子都挂满了挽联，一切布置已大致就绪了。账房设在叔文家的外厢房里。慎之、承之、乾三都坐在账房里，春标和仲珊在指挥布置。里厢房却设了个文书处，主持的是伯巽。叔文道："伯巽二哥，你怎么也在家？"伯巽含笑招呼道："我刚从建德交卸回来，伯臧哥便派我这个差使。你和宗贻回来了，我就有伙计了！"叔文和宗贻一路进来，一路招呼。慧珍、张妈提着东西，月仙抱着愚官，先向里进走去。宗武、宗基各自回家了。锡官、蕙官早已飞也似的跑到家里，钻进孝帏，投入祖母的怀里。康氏见他们来了，忙着让阿九嫂叫厨房里弄点心。月仙、慧珍等进来，和康氏相见。叔文、宗贻也进来了，向灵前行了礼。月仙、慧珍和三个孩子也依次行礼。这时，亲族送来的祭品已是不少，天井也用明瓦棚遮满了，板填平了，灵前点着两对三斤光景重的大蜡烛。锡官兄妹在看那些形形色色的祭品。叔文叹口气道："祭而丰，不如养之薄也！"

周氏——仲良的夫人，从孝帏里走了出来，宗贻忙上前招呼。她问道："诚儿没有同来吗？他一个人住在你们寓里，怕有些儿胆小吧！"叔文道："有他要好的同学孔乐三做伴，又有一个很老成的女校役陪他们，四姊尽可放心。姊夫也来了吗？"周氏道："他和大哥在厢房里吧！"叔文、宗贻走到厢房里间，见伯臧和仲良正在看一篇文章。他们走上去招呼，看那篇文章时，原来是伯臧自己做的一篇散文的祭文。

厨房送点心来了，却是两大盘炒面。康氏已着人把宗武、宗基也找了来，月仙、慧珍也都来了，只有锡官兄妹三人贪看祭品，不肯来吃。他们便在外厢房坐下吃面。伯臧道："我们的至亲不少，明天后天晚上都要致祭的。祭文，怕是不备来的居多，得替他们代撰。文书处，我已托伯巽弟主持，一个人怕忙不过来，叔文弟和贻儿可以帮帮他。抄写的工作，宗常、宗武、宗基、慧珍都可以叫他们分任。"叔文道："我是不会做祭文的，宗贻去帮帮他吧！宗武，宗基，我去对他们说。不过宗武的小楷不很好，还是不要派他这个差使，叫他去抄录挽联吧！"仲良道："我是孙婿，也得祭一祭。这篇祭文，就请宗贻代笔，做好了，叫慧儿抄一抄。"宗贻道："应得代劳，不过不能出色而已。"仲良道："题主，请的是哪一位？"伯臧道："我请的是龙老师。他回信说，十六日上午来，下午题主，宿一夜，十七日回杭。大宾馆就设在伯巽弟家里。"他说完了，又走到厢房门口去叫慧珍。慧珍走了过来。叫她把那篇祭文稿子拿去请伯巽叔一阅，向他要一张宣纸，就在那里用小楷誊清。

慧珍接了稿子，到叔文家的厢房去找伯巽，伯巽却在账房里谈闲天。慧珍找着了他，说明来意。伯巽道："老大哥的大笔，自是情文并茂的了。"匆匆地看了一遍道："好极了，一字也增损不得。慧珍，你抄好之后，不要把底稿失去。"随即把一个书桌抽屉的钥匙交给了她。慧珍一个人在厢房里低头细抄，不消一个钟头，已抄好了。伯巽刚走了进来，拿起一看道："你今年几岁了？"慧珍道："十四。"伯巽道："好一笔赵字！几时学的？——拿去交给你爸爸吧！你们的亲戚，要代撰祭文的有几家？叫宗贻开一张清单来，我好预先支配工作。"慧珍答应去了。

夜饭后，宗贻拿出一张单子来，要预备的祭文一共十篇，老太太的侄孙姜渭生，仲珊的母舅崔学海，妻舅漆之瑜，伯玉的表哥王逊先，妻舅牛成章，叔文的妻舅田林，老太太的外甥墨兼之，孙婿吕芹、康仲良，外甥女余杏园。伯臧外婆家的袁斯兰，一定是自己备来的。伯巽道："叔文弟和你，每人做三篇，我做四篇，恰好。慧珍倒可担任抄写的工作，可是全要她一个人抄，怕太忙吧！"宗贻道："四叔不肯做祭文哩！仲良姑夫的一篇，他已托我了。兼之表叔的一篇，杏园表妹的一篇，也由我来做。如其斯兰表叔公明天上午就来，倒可以请他帮忙。否则，只得请老叔包办了！至于抄写，除妹妹外，宗常、宗基两弟，已由四叔去接洽了。"伯巽道："有办法了！崔家、漆家的两篇，由仲珊弟去做。田家的一篇，斯兰先生来，请他代做。如其他不来，或叫叔文做，或叫你爸爸代做。抄写由他们三个孩子平均分担，每人三篇。——姜家、王家、牛家、吕家四篇，我今晚就去拟好。时候不早，我要回去了。"说罢，径自去了。

账房里，慎之也在派定执事人员。慎之自任总干事，以下分作三处：一、总务处由慎之兼主任，乾三任会计，承之任庶务，春标督厨，伯玉父子司祭；二、文书处，派伯巽为主任，宗贻任文书，宗常、宗基、慧珍任书记；三、招待处，派仲珊为主任，叔文为男招待，漆氏、田氏、月仙为女招待。题主和致祭时的礼生，临时派定。慎之道："明天下午，怕就有吊客来；灵前当有两个值香烛的人；男的，由宗常、宗武、宗基和伯巽的大儿子严生轮流值班；女的，由何氏、季氏、德珍、慧珍轮流值班吧！灵前，女客由崔老太、王老太、康氏、牛氏答拜。男客，只有伯臧一人，太吃力，宗贻可以替他爸爸代代劳。"分派已定，大家也就散了。仲珊把厢房腾出，做女宾招待处。男宾招待处设在伯玉家的两间厢房里。

第二天上午，却还清闲。慧珍闲着没事，在看挽联。孝帏上挂着的一副道："未报乌私，《陈情疏》不堪卒读；将封马鬣，《表阡文》所待难期。"是他爸爸自己的。旁边有承之的一副："罹劫於洪杨，毁室於回禄，哭夫、哭儿、哭媳妇、哭长女幼婿，七十年艰苦备尝，手泽犹沾降服子；治家以勤俭，保世以仁慈，曰富、曰寿、曰康宁、曰好德考终，九五福祯祥咸集，心田长荫肯堂孙。"她看了，有懂的，也有不懂的。再一副一副地看过去，墨兼之的一副是："堂前时仰慈容，方期萱草春长，诸舅怜甥均如子；泉下若逢先母，为道芦花冬暖，孤儿有妇已生孙。"还有一副，是龙老师送的："蓬岛归真，九秩大年福禄寿；萱庭留荫，一门好学子孙曾。"她一面看，一面在那儿抄。

伯臧走了过来，问道："你看得懂吗？"慧珍道："爸爸这一副就看不懂。"伯臧道："《陈情表》是晋朝李密做的。和我一样，是祖母养大的。晋武帝要他出去做官，他因为祖母年将九十，无人奉养，所以上这篇《陈情表》去辞谢，里面有两句道：'乌鸟私情，愿乞终养。'因为小乌幼时受了母乌的哺，后来母乌老了，不能觅食，便须小乌反哺。上联便用的这个故事。下联用欧阳修的《泷岗阡表》。这篇文章是他父母合墓的一篇墓表。里面说所以这时才做墓表，是有所期待。他母亲守节抚孤，当期待他自己有飞黄腾达之日。"慧珍道："'马鬣'二字是什么意思呢？"伯臧道："马鬣是指坟而言。和上联'乌私'二字相对。"慧珍道："承之叔祖那一副，上联'回禄'二字，'手泽'二字，下联'九五福'三字，'肯堂'二字不懂，而且老太太明明已八十九岁，为什么说七十年？"伯臧道："回禄是火神，二十年前，我家曾火烧一次，所以和伯巽家分地造屋。从前我们这房子是四进连着的。手泽，指父母之遗泽。降服子，你已懂得吗？"慧珍道："在杭州时，哥哥已讲过了，承之叔祖是出继的，所以称降服子。"伯臧又接着讲道："《书经·洪范》篇，九曰五福，那五福就是一富、二寿、三康宁、四攸好德、五考终命。子孙能成家立业的，叫作'肯构肯堂'，也见於《书经》。老太太十九岁嫁给祖父，到今年恰好七十年。这副挽联，和兼之表弟那一副，都是我代做的。芦花的故事你知道吗？"慧珍道："这是闵子骞的故事吧？"伯葳道："是的。我的姑母、兼之表弟的母亲死了以后，姑夫娶了个后妻，把兼之表弟赶出了，所以我用这故事。——做挽联，意思须求其贴切，声调须求其和谐，对仗须求其工巧，语句须求其自然。龙先生的那一副，不用什么典故，却很合这四个条件。我做的那三副，第一副因为下联用了'表阡文'，所以上联只好用'疏'字，终嫌不自然。倒不如代撰的两副好些。"慧珍点点头，似有所悟。

父女俩正在谈论，承之跑了进来道："伯葳，你空在这里，快做一副大门口用的对联，字数至多八个，立刻候用。"伯葳见他三叔亲自跑来，料到伯巽在做祭文，没工夫，搔搔头，想了一下，就叫慧珍把抄的簿子扯了一张纸，写道："白马素车，来徐吊郭；陈情表德，愧李与欧。"交给承之道："将就着用吧！"承之匆匆地去了。慧珍问道："徐、郭是两个什么人？"伯葳道："徐是徐稚，徐孺子；郭是郭林宗的母亲。"慧珍道："'白马素车'怎么可对'陈情表德'？"伯葳道："对联可以上下联各自相对的：'白马'对'素车'，白和素都是表颜色的形容词，车和马都是名词；
'陈情'对'表德'，陈和表都是动词，情和德都是抽象名词。所谓对偶，就是名词对名词，动词对动词，形容词对形容词；动物对动物，植物对植物，数目对数目，颜色对颜色，专名对专名，姓对姓。所谓声调，就是上联用平声，下联对仄声；上联用仄声，下联对平声；不过末了一句，上联必用仄，下联必用平。至於每联之长短，每句字数之多寡，可以不拘；不过上联是几字句，下联对的必须是几字句。对句是汉文特有的，别国文字因为不是单音字，便不能做成对句了。声调则各国文字也都有的。如叶韵的诗，英文中也有，不过不像汉文那样讲究每字的平仄而已。文章中的骈文，诗中的律诗，也得讲究对偶和声调，可惜你还没有读过！"

慧珍道："律诗倒读过几首了，是王老师讲国文时举的例。律诗之外，还有绝句，爸爸不是教过我许多了吗？那是不对的。"伯臧道："绝句也有全首对的，如你读过的'白日依山尽，黄河入海流。欲穷千里目，更上一层楼。''白日'对'黄河'，'依山尽'对'入海流'，'欲穷'对'更上'，'千里目'对'一层楼'，不是很工吗？前年，我不是也做过一首对偶的绝句吗？'豪气衰同霜后草，闲情淡似雨前茶。镜中且喜须无雪，灯下已惊眼渐花。'不过普通的绝诗，全首不对的，却是很多。"慧珍道："霜后草对雨前茶，工极了！——爸爸，我记得两句诗，说它们不对，似乎是对的；说它们对，又似乎不对；这是什么缘故？'裙拖六幅湘江水，鬓掩巫山一段云'。"伯臧道："这确是对句，'六幅'对'一段'，'湘江'对'巫山'，不过是一上一下，交错差的，叫作'蹉对'。还有'借对'，如'佳人具鸡黍，稚子摘杨梅'。'杨'音同'羊'，故借'杨梅'以对'鸡黍'。"慧珍道："去年爸爸讲小时候以'六书'对'三史'，也是借对呀！"伯臧微笑道："你的记性倒好！"

　　宗基跑进来，拖了慧珍就跑，一面道："去抄祭文去！"慧珍跟他到文书处，只见宗常已在那里，伯巽也来了，拿出四篇祭文的稿子，分给他们抄。正在分配，宗贻也拿进三篇稿子来，请伯巽过目，一面却把伯巽那几篇稿子要过来细看。七篇祭文，慧珍分到了三篇，拿回来抄。伯臧看时，宗贻替仲良做的那篇是四字句叶韵的，替兼之做的那篇是长短句叶韵的，伯巽替姜渭生做的那篇是骚体兮字调，替王逊先做的那篇却是叶韵的骈文。

外面吹打起来，吊客来了。灵前是宗武和严生值班。伯臧忙去预备回拜。来的却是袁斯兰和田林，一胖一长，两个吊客。行礼既毕，仲珊陪了出来。伯巽过来招呼后，问起祭文，原来不但斯兰的祭文已抄好带来，田林的也早备好了。这时已快十一点了，牛成章、姜渭生、王逊先、崔学海也先后到了。吊客中，又先后到了两个自己人——莘耕和渭渔两兄弟，承之的两个儿子。他们都在上海教书，所以今天才到。仲珊见到莘耕——他也是教国文的——道："五弟来得正好。我事忙，有三篇祭文没有做好，请五弟代做吧！我晓得你的笔路是很快的！"伯巽笑道："仲珊老是那么偷懒！"——这天晚上，姜渭生、袁斯兰、王逊先、牛成章、田林、康仲良先行祭奠，到十一点才完毕。

十六日这一天，先打发叔文到县城去接龙先生，他是坐小包车来的。上午，是本村和邻村的吊客居多，男的、女的，来了不少。下午，吕芹、俞杏园、墨兼之，康氏的侄儿国栋，月仙的弟弟士明，也先后到了。国栋的祭文，是他祖父做的，叫他来代表致祭的，是一篇四六文。士明的，是他自己做的，却是一篇语体文，倒别致得很。下午一时，到了一批杭州来的吊客，彭旭初、王剑英、章微尘和龙老师，他们是同来的。彭、王、章三人吊后吃了一顿饭，原轿走了。龙老师住在伯巽家的宾馆里。题主的礼，在周氏宗祠里举行，乡下是难得遇到的，看的人竟是拥挤不堪。化了两个多钟头，方才礼毕。这天晚上，所有的亲戚都祭过了。俞杏园也只有十六岁。她祭时，用了五个年轻的礼生：宗常、宗武、宗基、严生、慧珍。他们虽都是孩子，却看得惯熟了。宗常司仪，慧珍读祭文，倒也从容不迫。末了，是伯臧和合宅老小人等祭柩。袁斯兰司仪，嗓子宏亮，态度从容。礼生是慎之、伯巽、王逊先、姜渭生、康仲良、墨兼之、田林。祭文是由伯臧自己读的。读到一半时，便哽咽起来了，读完祭文，竟号啕大哭起来。做礼生的和参观的人，都为他下泪。祭完了，由叔文、宗贻搀扶进去。

　　他们这一夜，几乎没有睡。第二天清晨，在晨光熹微中发靷了。运葬的亲戚、族人有二三百。幸而坟地很近，又是合葬的，所以十点光景就下坑了。龙先生也送到坟茔，然后动身回杭。亲戚们也都先后回去了，祭品也都送回去了。夜饭备了许多酒席，谢许多帮忙的人，自然是慎之首席了。伯臧出去一一把盏道谢。慎之、承之把一切账目都结清了，交给伯臧，却只用了一千多块钱。——丧事完结后，十八日又休息了一天。十九日早晨，伯臧、仲珊两家和叔文等都回杭州。宗贻因阿九嫂伏侍老太太，辛苦了许多日子，也邀她到杭州去逛几天。宗诚、乐三接着，因为和伯臧长久不见了，觉得他消瘦了许多。伯臧谢了乐三，赏了王三妈，他们俩就告辞回校去了。

第三十六章　所谓训诂

　　伯臧到杭州的第二天，亲往龙老师、田老师、梅先生、彭校长、微尘、剑英、载之和其他亲友家去踵谢。包了一部人力车，跑了一天；也有接见的，也有挡驾的。第三天，在寓里休息。这天下午，梅占先因为昨天没有碰到伯臧，一个多月不见了，有些儿挂念，特地前来探望。伯臧接进书室里坐下。梅先生道："啊！伯臧，一个多月不见，竟消瘦了许多，足见你的哀毁，足见你的孝思！但是，你的身体本来单弱，得好好地保养才行！"伯臧点头称是。他们两个人好久不见了，谈得非常亲密。四点钟，宗诚、慧珍都放学回家了，梅先生还没有走，他在看伯臧的祭文，赞道："散文的祭文本不容易做，非有至性流露者，不能动人。昌黎的《祭十二郎文》，自是千古绝唱。袁子才其他的文章都不足传，可传者只有一篇《祭妹文》而已。你这篇祭祖母文，的确是可以传诵一时的！从前我以为你是喜欢研究小学的，是以训诂见长的，却不料你古文之工，竟可以入方、姚之室！"伯臧连道："过奖，过奖！"梅先生见时候不早，告辞去了。

伯臧送了客回来，听得慧珍和宗诚在书室里窃窃私议，问他们谈些什么。宗诚道："梅老先生怕有些老昏颠倒！大母舅明明在中学教书，他偏说你喜欢研究小学。"伯臧笑道："他倒并没有老昏！你不懂得他说的'小学'二字的意义，便武断地下这批评，倒是不应该的。——文字学，从前叫作'小学'。他是以做桐城派古文著名的，见我在师范部讲文字学概论，便以为我是在研究小学了。其实，我哪里配说是研究文字学？"慧珍道："文字学如何又叫小学？"伯臧在写字台旁坐了下来道："你们且坐下了，讲给你们听。古代讲文字的书如《史籀》篇、《仓颉》篇、《凡将》篇、《训纂》篇等，都是些教学童识字的书。所以《汉书·艺文志》把这些书附在《六艺略》后面，特立一类，叫作'小学'。因此，把研究文字的学问称为'小学'了。"慧珍道：

"'六艺'，不是礼、乐、射、御、书、数吗？其中的'书'，大概是指文字而言了。"伯臧道："你这话，说对了一半。礼、乐、射、御、书、数之'书'确是指'六书'而言的，《周礼》保氏便这般说。可是《汉书·艺文志》的'六艺'，却并不是礼、乐、射、御、书、数。汉朝人往往把六经称为六艺，《六艺略》是六经这一类的书。六经是什么，你们知道吗？"宗诚屈指数着道："《诗经》《书经》《易经》《春秋经》……怎么只有四经？"伯臧道："六经就是《易》《书》《诗》《礼》《乐》《春秋》。"宗诚道："《礼经》是什么呢？"慧珍道："《礼经》就是《周礼》。《乐经》倒没有听说过。"伯臧道："《礼经》有两部，一部叫《仪礼》，是记周代的礼仪的；一部叫《周礼》，是记周代的官制的，所以又名《周官》。至於十三经里那部《礼记》，只能说是'记'，不是'经'。《仪礼》《周礼》《礼记》，叫作'三礼'。《乐经》，是没有这部书的。六经除了《乐经》，所以又叫作五经。"慧珍道："为什么少了一部《乐经》呢？"宗诚道："我晓得，一定是被秦始皇烧掉了！"慧珍道："你这话，大概是苏东坡所谓'想当然尔'吧！"

伯臧道："《乐经》亡於秦火，的确有这一说。不过还有一说，认为根本没有这部《乐经》。因为《诗经》本是可以合乐的一部诗歌；所谓《乐经》，就是这部《诗经》的曲谱。所以孔子说：'吾自卫反鲁，然后正乐，雅颂各得其所。'正乐，即是把紊乱了的配《诗经》的诗歌的乐谱订正，所以说'雅颂各得其所。'《乐》与《诗》配合，所以并不是一部独立的书。"慧珍道："原来孔子又是一个音乐家？"伯臧道："孔子对於音乐，的确是有特殊嗜好的。韩愈的《师说》你们是读过的。孔子不是曾学琴於师襄，访乐於苌弘吗？《论语》上又有'语鲁太师乐'一章，对於音乐的原理也说得很好。又有一章，说孔子在齐，听到舜的《韶乐》，竟至三月不知肉味，更可见他老人家的专心致志於听音乐了。"宗诚道："表哥也曾谈起过了。"

慧珍道："爸爸，梅先生说你是以训诂见长的。所谓'训诂'，就是'小学'吗？"伯臧道："'小学'就是文字学，你们已经懂了。文字有三种要素：一是字形，二是字义，三是字音。一般人的所谓文字学，都注重于字形的研究。研究字音的，别为声韵之学。研究字义的，便是训诂之学。实在说起来，所谓'声韵''训诂'，都是文字学的一部分。'训诂'，也作'训故'。《汉书·艺文志》说鲁国的申公作《诗训故》；又《刘歆传》说《左氏》（即《左传》）多古字古言，学者传训故而已。所谓'训故'，就是'训诂'，就是解释古字古言。故者，诂也；诂者，古也。古今之语言不同，释而通之，使人知之，叫作'训故'。十三经中有《尔雅》一书，开头一篇便是《释诂》，第三篇便是《释训》，所以这类书便叫作'训诂书'。"

慧珍道："那么，训诂就是以今语释古语了。"伯臧道："训诂确以此类为主，但也不仅这一类。例如《尔雅·释诂》第一句：'初、哉、首、基、肇、祖、元、胎、俶落、权舆，始也。'就是以今语'始'释古语'初、哉……'。不过所谓'今语'，是作《尔雅》那时候的现代的说话。《尔雅》全书都是如此。又如孟子引了一句《书经》，'洚水警予'，接着又说：'洚水者，洪水也。'引了一句《诗经》，'无然泄泄'，接着又说：'泄泄，犹沓沓也。''洚水'，是尧舜时的古语；‘泄泄’，是作《诗经》那时代的古语；‘洪水’和‘沓沓’是孟子那时候的今语。所以这两句也是以今语释古语，也是训诂的实例。”宗诚道：“洪水就是大水，以洪水解释洚水，我们是懂得的。可是以‘沓沓’解释‘泄泄’，我看了仍旧不懂。”伯臧道：“你说‘洪水就是大水’，也是以今语释古语。‘洪水’是孟子那时的今语，到了现在，又成为古语了。‘大水’却是现代的言语，正是所谓‘今语’。‘沓沓’是孟子那时的今语，必是一句口头常说的话，可是到了现代，又成一个不通用的古语的词了，所以仍不易懂。因此，生出歧解来了。我们惯用的‘泄泄沓沓’，指苟且因循、得过且过而言，这是一种解说。又有人说，‘泄’当作‘呭’，‘沓’当作‘詍’，都是‘多言’的意思。下文说‘言则非先王之道者’，正指徒然唱高调、发空论，而不合於先王之道的人。《诗经》说：‘天之方蹶，无然泄泄。’就是说：‘天意正要颠覆你这国家，不要再这样唱高调、发空论了！’现在我国的朝野，当此存亡危急之秋，还只是大言不惭地好为高论，徒尚空谈，把‘打倒帝国主义，废除不平等条约，以党建国，以党治国'等话叫得震天价响，真是那诗人所叹惜的了！'"

慧珍道："爸爸，你说训诂不仅以今语释古语，除了这一类之外，还有什么呢？"伯臧道："古与今，时间相隔得太久了，言语文字，不但声音、形体、语调有了变化，语词也不同了。古语所用的语词，和今语不同，为现代一般人所不懂，所以要以今语释古语。我国地方极大，方言也各不相同。例如国语的'什么'，就是文言文中的'何'，你们是知道的。北平、天津一带就把'什么'读成'什吗'。'什么'的合音是ㄙㄜ，就是绍兴话的'啥'；'什吗'的合音是'ㄙㄚ'，就是杭州话的'啥'。至於萧山话的'ㄏㄜ'，嘉善话的'ㄏㄚ'，都是'何'字的转音。就是我们富阳话最特别的'gool'，台州话的'kam'，也是由'何'字变成'《'声而来的。可见因空间相隔远了，语音语词也有许多不同。所以训诂又有'以雅言释方言'的一类。'雅言'可以说是中原的正音，标准的语音，和我们现在以'国语'为全国的标准一样。'方言'便是各地方的土话。春秋时代，楚国有个做令尹的子文，姓斗，名叫縠於菟。'縠'，读如'够'。《左传》说，楚人谓乳，縠；谓虎，於菟'。'縠於菟'是楚国的方言，'乳虎'是那时的雅言。因为子文是个私生子，初生下的时候，他妈妈把他丢在荒野里。他的外公出去打田猎，看见一个孩子在吃一只虎的乳，觉得奇怪，拾了回来，却是自己家里没有结婚的女儿的私生子。所以替他起了个名字叫作縠於菟，意思就是乳虎。这孩子大起来，却做了楚国的令尹，成为春秋时代一个有名的人物。——《左传》那两句话，即是以雅言释方言的实例。西汉末年的扬雄，做了一部《方言》，现代的章炳麟又做了一部《新方言》。这两部书完全是以雅言释方言的。这又是训诂的一种。"

宗诚道："训诂之例，这两种可以包括了？"伯臧道："还有，还有。语言和文字，你们看先有哪一种？"宗诚道："当然先有语言。"慧珍道："我们见了眼前的许多事物，心中先有这种种事物的印象，构成了种种的观念。语言，就是代表这种种印象、观念的，发于口中的声音。文字，又是记载这种种代表心中印象、观念的发于口中的声音的符号。心中的印象、观

念，便成了这些符号的意义；口中所发的声音，便成了
这些符号的声音；写在纸上的文字，却是这些符号的形
象。爸爸，我说得对吗？"伯臧道："对的。这样说
来，字义、字音、字形，关系之密切可知。更进一步
说，是先有'义'和'音'而后有'形'了。所以汉
字虽然是衍形的，字音与字义仍有密切的关系的，因
此，训诂里又有一类，就字音以寻求字义的，叫作'音
训'。从前刘熙载做了一部书，叫作《释名》，完全
是以音近之字解释字义的，可以说是一部以音训为主
的书。此外散见於古书中的，也很多。如《易经》上
的'乾，健也;坤，顺也'，《中庸》上的'仁者，人
也；义者，宜也'，也可以说是音训。这也是训诂的一
种。——更奇怪的是所谓'反训'。反训者，以意义相
反之字为训也。"说到这里，他停了一停，喝了一杯
茶，取一支香烟，点着吸了。

宗诚道："反训？以意义相反之字为训？这，我倒
想不懂了！大母舅，快讲！"伯臧又吸了一口烟，慢
吞吞地道："《论语》里引一句武王的话道：'予有
乱臣十人。'"宗诚又插嘴道："武王时有十个臣子造

反吗？——啊！管叔、蔡叔以殷叛，这是两个乱臣。"慧珍笑道："管叔、蔡叔以殷叛，在武王已死，成王尚幼，周公摄政的时候，不能算武王的乱臣。——诚表哥老是这般性急！听爸爸讲下去吧！"伯臧道："这里'乱臣'二字并不指叛乱之臣。《论语》注说：'乱，治也。'乱臣，即是治臣，就是助武王治天下之臣。乱和治的意义，不正是相反的吗？以'治'训'乱'便叫作'反训'。又如'臭'本是'香'之反。《易经》：'同心之言，其臭如兰。'这'臭'字当作'香'字解。《史记·项羽本纪》记项羽失败时，看见追他的是吕马童，道：'若非吾故人乎？'这时吕马童天良忽现，也觉得有些难为情，故下文云：'吕马童面之。'面之者，背之也。'面'字作'背'字解，也是相反为训。这又是训诂的一种。"

　　慧珍道："以今语释古语、以雅言释方言、音训、反训，训诂之例，尽於此矣。"伯臧道："这四种怎能把训诂之例包括尽呢？训诂之例，还有'以共名释别名，以别名释共名'，也是常见的。"宗诚道："什么叫作'共名'，什么叫作'别名'呢？"伯臧道："别名是个别之名，共名是共通之名。例如我叫伯臧，你叫宗诚，她叫慧珍，这三个都是别名。你和她都是学生，学生就是你们二人的共名；我和你都是男子，男子便是我和你的共名；我们三个都是人，人就是我们的共名；人是哺乳动物，猫也是哺乳动物，狗也是哺乳动物，牛、羊、猪也是哺乳动物，哺乳动物便是共名；人、猫、狗、牛、羊、猪……又是别名了。更推而上之，则脊椎动物、动物、物，都可以作为共名。共名和别名的意思懂了吗？"慧珍道："懂了，生物学上也曾说过。"伯臧道："例如我们说：'哺乳动物，就是人、狗、猫、牛、羊、猪等以乳哺幼儿的动物'，这就是以别名释共名。又如说：'人是一种哺乳动物。'就是以共名释别名。这又是训诂之两例。"

慧珍手边刚好有一本字典，随手一翻，翻出了一个"昆"字。因问道："爸爸，像'昆，后嗣也；昆，兄也'，这是属於哪一类的训诂？"伯臧道："这又是训诂的一种，叫作'义训'。如前面的'昂'字下说：'昂，高举也；昂，高也；物值增涨曰昂。''旱'字下说：'旱，天久不雨也；俗谓陆路曰旱道。'皆是。

普通的训诂，以义训为最多。还有就字形解释的，例如说，'月本作☽，象月形，月缺时多，圆时少。益，溢古字，篆作益，上从水，下从皿，水溢则见於皿上'。以及'止戈为武''人言为信''倒人为匕''倒子为𠫓'等，这都叫作'形训'，也是训诂的一种。形、音、义，为文字的三要素，所以训诂也有'形训''音训''义训'三类。所谓'以今语释古语''以雅言释方言''以共名释别名''以别名释别名''相反为训'等，也无非就字形、字音、字义加以训释而已。——我今天所谈，不过是训诂的大概。如其要详加深究，非对於文字学和经学下过一番功夫，不但无从研究起，也无从领会起。你们现在所能懂的，所需要懂的，今天所讲，已很足够了！"

　　他们三个人谈得太起劲了，宗贻、叔文先后回来，锡官、蕙官跑进跑出，都没有注意到。他们从四点半一直谈到六点多，电灯也放光了，夜饭也好吃了，才把谈话做了一个结束。康氏搀着锡官走了进来道："伯臧，你真是书呆子！梅先生不是叫你好好休息几天吗？慧儿、诚儿也刚从校里回来，便拖住他们，这样滔滔不绝地讲了两个钟头光景，我看你们比在校里上课还要吃力哩！——歇歇吧！好吃夜饭了！"慧珍笑道："妈妈老是错怪了爸爸！是我们缠牢了他老人家要问，并不是他拉住了我们要讲呀！我们也听得出了神，时候已这般迟了，四叔和哥哥都已回来了，却没有觉得。爸爸，你老人家也得歇歇了！"宗诚已泡了一碗好茶，捧给伯臧。伯臧道："这算是我的酬劳吧！"

夜饭后，康氏拿出两大盘玛瑙珠般的樱桃来，大家坐在客堂里吃樱桃。锡官道："我最欢喜樱桃，又好看，又好吃。"宗贻叫孩子们不得把樱桃核儿乱丢，怕粘在鞋底上，容易滑跌。大家正吃得高兴，忽然一阵雨洒在院子角儿上那两株新绿的芭蕉上，缫缫作声。慧珍道："一年容易，又到'红了樱桃，绿了芭蕉'的时候了！"叔文道："樱桃这时候才好吃。内人对我说：'老太太病中忽然想吃樱桃。那时樱桃还没有上市。好容易，托了人到县城里买了一瓶蜜饯樱桃来。蜜饯的味儿又太甜，失了樱桃的原味。老太太只吃了十多颗，又不要吃了。'如其他老人家再活上两个月，便可以尝新了。"

叔文一提到老太太，伯臧觉得心里一阵酸，陡的冲上两只眼睛里来，泪珠儿便像倒翻了一盘樱桃，一颗颗滚了下来。恐怕勾引起他们的不快，忙掏出一块帕儿来掩住眼睛，却说："我的沙眼怕要复发呢！"康氏道："早些睡吧！这几天你没有课了，好好地歇歇吧！"锡官眼快，道："祖母，不要信他的谎话，他在哭哪！"愚官一摇一摆地走到伯臧身边，小手里抓着三颗樱桃，给他吃，叫他不要哭。康氏、叔文见了，都笑起来。伯臧给他们一笑，也不禁破涕为笑了。

"噿噿……噿噿……噿噿！"远远地听到钟声。叔文道："这是火钟呀！"跑到院子一看，只见半天通红。伯臧、宗贻也跟着走了出去。叔文道："火势不小哩！而且离这里不远。我们到晒台上去看看。"说罢，就和宗贻赶了上去。哪晓得宗诚和慧珍已在晒台上，遥指那火光道："似乎是旗下呢！"康氏等都上楼了。他们站在晒台上的几个人，直到火势低下去，方各自就寝。

第三十七章　"辞，达而已矣"

伯臧这几天夜里常患失眠，所以早晨起来较迟。这一天，直到八点多方下楼来。叔文、宗贻、宗诚、慧珍和锡官兄妹都到校里去了。他吃了稀饭，照例地躺在藤靠椅上看报。康氏亲自泡了一碗茶送去。伯臧道："昨晚火烧的地方，原来就在段家桥塊葛岭医院旁边。前天我到各亲友处踵谢，郁乐天出诊去了，没有碰到。今天倒要去看看他。"康氏道："上午没有课，不如就去看郁伯伯，下午，他又出诊了。你自从遭祖太之丧，常常中夜失眠，也可以乘便请他诊察，弄些药吃吃。"伯臧道："也说得是。"拿了几个钱，戴上呢帽，径自去了。

到了午饭的时候，叔文已带着两个侄孙回来，宗诚和慧珍也来了。康氏道："伯臧到葛岭医院去，还没回来，你们先吃吧！"慧珍道："郁老伯留爸爸吃中饭，爸爸已打电话到校里来过了。"吃饭的时候，康氏又谈起昨晚的火烧，原来就在段家桥塄，所以伯臧特地跑去看郁医生。宗诚道："是郁先生打电话来告诉的吧！"康氏道："我们寓里并没有电话呀！这消息是伯臧在报上看到的。"宗诚道："今天有一小时没有课，我把《虎林日报》都看过了，怎么没有这条新闻？"叔文先吃完了饭，到书室里去找着那份《虎林日报》，坐在写字台旁看。慧珍绞了一把手巾送去给他。宗诚也跑了进去。叔文指着一条本市新闻道："诚儿看报，这样粗心！这不是昨晚火烧的新闻吗？"慧珍接了那张报，和宗诚同看时，只见上面这般记载：

　　昨晚昏黄，祝融氏税驾於金牛湖滨，段家桥塄。闻因冶者不慎，致兆焚如。迫义龙麕集，已燎原矣。池鱼之殃，竟及十余家，损失不赀。最可怜者，有一艺术学院学生，系出陇西，产於白下。逾王子洛滨之岁，仅历三秋，至陆机作赋之年，尚差二稔。因病相如之渴，竟遭回禄之灾。不幸短命，可为长叹云。

宗诚看了，仍是莫名其妙，问道："这是记火烧的新闻吗？"慧珍道："细看起来，似乎是的，因为有'焚如''回禄'两句话。似乎又说一个艺术学院的学生生病死了。"叔文笑道："这位记者，真是吃了饭没事做，记新闻，也大做其文章，用了许多典，难怪诚儿看不懂了！"宗诚道："四舅舅，你讲给我们听听吧！"叔文道："时候不早了，去上课吧！"他们三人又带着两个孩子走了。

两点多，伯臧方才回来。康氏埋怨道："郁伯伯下午要出诊的，你又耽误了他许多正事！"伯臧道："上午，我去得太早了。那时他的门诊正忙，我在白堤走了一回，等他把病人都打发了，再去看他。他替我仔细诊察了一会，说是神经受了过度刺激所致，应该静养，应该使紧张着的神经弛松起来，最好到什么地方去逛几天，使脑子中的印象渐渐地淡下去。吃药，也不能有什么速效。他介绍我一种三溴丸，说是最稳妥的安静神经剂。他一定要留我吃饭，说本月底想到日本去一趟，大约要两个月才能回国呢！我想，我们得替他饯饯行。"康氏道："替郁伯伯饯行，最好是请他们全家，郁伯母、郁大小姐和小弟弟。我们也多去几人作陪，不必另邀陪客。郁小姐在求是大学里读书，星期六晚上最妥当。地点，却得想个清静些的。"伯臧点点头，踱到书室里去了。

慧珍和宗诚先回来了。宗诚一走进书室，就找到那张报给伯臧看，并且说："大母舅，这条新闻，我看了，竟不知道记的是昨晚火烧的事！"伯臧道："这是那位新闻记者自以为国文好，喜欢卖弄，拼命用典的缘故。这种人真是个彭书袋！"慧珍也进来了，他们俩竟各掇一张凳儿在写字台旁坐好了，似乎在等伯臧讲报给他们听。伯臧道："这也值得讲吗？"慧珍道："爸爸空在这里，随便和我们谈谈吧！"伯臧道："也好，你们把《辞源》拿来吧！"他们把《辞源》全部拿来了。伯臧叫宗诚查上册，慧珍查下册，先把所用的各种词儿查出来。

他们查了许多时候，才知道"祝融氏"是火神；"金牛湖"就是西湖；"段家桥"就是断桥；"冶者"指铁匠；"焚如"指火灾；"燎原"言火势之盛；"池鱼之殃"言被延烧；"陇西""白下"都是地名，一即今甘肃一带，一即今南京；"三秋"即三年；"二稔"即两年；"陆机"是西晋时的文学家；"回禄"也是火神，指火灾而言，慧珍虽已知道，宗诚也把它查了出来。查好之后，他们又把那节新闻看了一遍，还不能完全明了，问伯臧道："还有许多地方不懂呢！"伯臧道："你们且逐句看下去，不懂的，提出来问。"

宗诚道："《辞源》上说：'昏黄，月色朦胧也。'第一句似乎说昨晚月色朦胧。但昨晚刚下过雨，并没有月呀！"伯臧道："'黄昏'二字，本是双声语，所以倒过来说'昏黄'，仍可作黄昏解。"慧珍道："'税驾'，《辞源》上解作'解驾休息'，用在这里，似乎不好讲。"伯臧道："这里是当作'降临'解的，到了他要降临的地方，所以解驾休息了。"宗诚道："焚如就是火灾，为什么上面加一'兆'字。"伯臧道："这二字是用《易经》'突如其来如焚如'这一句的。《易经》本是占卜之书，所以用个'兆'字。"慧珍道"'麇集'二字，《辞源》上是没有的。"伯臧道："'麇'同'麇'。《左传》：'求诸侯而麇至'。麇，群也。麇集就是群集。'义龙'是民众团体的救火水龙，因为是义务性质的，所以叫作'义龙'。"慧珍道："'产於白下'，大概说他是生长在南京了。'系出陇西'，是否原籍甘肃？"伯臧道："晋代五胡乱华以后，许多异族羼入中国，冒称汉姓的很多，如刘渊、石勒等。汉族人要表明自己是真正的汉人，便把他们这一姓原来在什么郡是著名的大族的招牌掮出来，例如姓王的，有太原王、琅玡王之类，这叫作'郡望'。这风气，经六朝而至唐，还是盛行。姓李的是陇西大族，陇西是李氏的郡望。昨天烧死的那个人是姓李的，所以说'系出陇西'。"慧珍又道："'王子洛滨之岁'查不出来。陆机虽然查出来了，'作赋之年'依旧不懂。"

伯臧道："王子是东周的王子，名晋，当他十五岁时，晋平公使大夫叔誉往周聘问，和王子晋谈话，觉得他才学很好。这事见於《竹书纪年》。东周之都，近着洛水，所以说洛滨。陆机年二十时，即能作赋，见《晋书》本传。十五过了三年，二十少了两岁，不是十八岁吗？"宗诚道："怎么叫作'相如之渴'呢？"伯臧道："相如，即汉朝的司马相如，也是一个古代有名的文学家。'渴'，是消渴病，便是痨病损症一类的病。

这句说那个姓李的学生因为正害肺病，逃不出来，所以被烧死了。'不幸短命'也用了一句《论语》，孔子的弟子颜回死了，孔子叹道：'有颜回者好学，不幸短命死矣。''短命'恰好和下句的'长叹'相对。"

宗诚又把那条新闻看了一遍，道："全懂了！若把这条新闻译成语体文，便是：'昨天黄昏时候，西湖边断桥头火烧。听说是一家铁匠店不小心起火的。救火会的许多水龙赶到时，火势已很大了。延烧了十多家，损失很大。最可怜的，是一个艺术学院的学生，他姓李，南京人，年纪只有十八岁。因为他是生肺病的，所以不及逃出，竟被烧死了。'大母舅，他这样记载，不很明白吗？"伯臧道："是呀。报纸是给一般人看的，他偏要卖弄自己的本领，用这许多典，反而叫人看不懂，这是何苦来呢？怪不得胡适做《文学改良刍议》，要把'不用典'列入'八不'之一了！——你们想，看报也得查辞书，谁有这么多的工夫？谁有这么忍耐的性子？"

张妈泡了一碗茶进来，伯臧一面喝茶，一面吸香烟，休息一忽儿。他们也把《辞源》收拾了。叔文、宗贻已先后回来。大家闲坐谈天。叔文笑着对宗诚道："我讲报给你听，好不好？"宗诚道："大母舅已讲过了。这位记者，大母舅还认得他哩！——他姓彭。"叔文问伯臧道："大哥，这位彭先生叫什么名字？我却从没有听你说起过。"伯臧正在和宗贻谈郁先生要到日本去，想替他饯行的事，经叔文这一问，弄得丈二的和尚摸不着头脑，问道："你怎么知道他姓彭？"叔文道："是诚儿说的。"伯臧又问宗诚道："你又从何知道？"

宗诚道："不是你自己说的？"伯臧道："我并不曾说他姓彭呀！"宗诚搔搔头皮道："我还有些记得，你说他是彭书袋。"伯臧这才恍然大悟地哈哈大笑起来说："这是我不好，随口用了一个古人，使你误会。也可说是用典之弊啊！——南唐时候，有一个彭利用，自号为彭书袋，说话也喜欢用典掉文。有人问他尊姓，他说'陇西之苗裔'；问他里居，他说'生自广陵，长侨螺渚'；他的父亲死了，说'家君不幸短命'。这些笑话，见於马令《南唐书·彭利用传》，清人周寿昌的《思益堂日札》里也曾摘录。喜欢掉文，俗话叫作'掉书袋'，所以他自号彭书袋。我见了那条新闻，觉得那位新闻记者和这个彭书袋同样可笑，所以说他也是个彭书袋啊！"叔文、慧珍等都不禁大笑起来。

过了一忽儿，慧珍又问道："陇西是李氏的郡望，为什么彭书袋也说'陇西之苗裔'呢？"宗贻道："一郡的望族，不只一姓，一姓也许是好几郡的望族。所以有几姓同一郡望的，如李氏、彭氏都以陇西为郡望；同一姓氏也有两个以上的郡望的，如王氏便有太原王和琅玡王的分别。所以别人问你尊姓，不如老老实实地说姓什么，不必用'陇西苗裔'等类的话。唐末五代时，说姓氏不但用郡望，还用隐语哩！例如说姓牛的是'太牢公'之类，不更可笑吗？"叔文道："这就叫作绕弯儿。不肯直说姓什么，偏要搁出郡望来；不肯直说是十八岁，偏要用王子洛滨之岁，陆机作赋之年，加上三，减去二；不肯直说生了肺病，偏要说病相如之渴；不肯直说西湖、南京，偏要说金牛湖、白下，用别名、古地名来替代；甚至一个'年'字也不肯直说出来，偏要用'秋'字、'稔'字来替代：总而言之，要绕个弯儿才算是好。这便是用典之弊！"宗贻也笑道："这真和字谜的'无边落木萧萧下'一样！"宗诚道："怎么叫作'无边落木萧萧下'呢？"慧珍道："这似乎是一句诗，我好像看见过的。"宗贻道："是的，这是杜甫的一句诗呀！有人把这句诗做一字谜，打一个'日'字。"慧珍道："怎么会是一个'日'字呢？"宗贻道："你们中国史读到哪一朝了？"宗诚道："唐朝末年。"宗贻道："南朝的齐、梁二代，皇帝都是姓萧的。'萧萧下'就是两代姓萧的之下，便是'陈'了。'陈'字无边，便成'东'字。东字把'木'字脱落了，不是个'日'字吗？"[①]叔文道："这个字谜的弯儿，未免绕得太多了！"伯臧正和锡官兄妹三个人玩，听他们谈得有趣，也道："因为文人喜欢绕弯儿，不喜欢直说，所以天上只有个'文曲星'，从来没听到过有'文直星'了。"

　　他们正在谈笑，邮差送进一封信来，是慧君从南京寄来的，附有几首近作的诗词，请伯臧批改，角儿上有四个小字："敬求郢政"。伯臧笑道："慧君这孩子怎么也入了这绕弯儿的魔道？"慧珍道："慧君的诗词上用典太多吗？"伯臧道："这几首诗词倒还干净，角儿

---

① 　"陈"字的繁体字为"陳"，故谜底为"日"。——编者注。

上那四个字，却要不得！以诗文求人批改，是要叫他纠正错误，所以叫作'正之'。《论语》上说：'政者，正也。'所以又把'正'字改作'政'。这已经绕了一个弯了。改正必须删削，所以有人称作'削政'；要削必用斧斤，所以有人称作'斧政'；《庄子·徐无鬼》篇说郢人善用斧斤，所以又改用'郢政'：这不是又绕了三个弯吗？"

夜饭后，伯臧在批改慧君的诗词、写回信，宗贻在改作文。叔文因为这几星期有师范生实习，空闲得多，抱着愚官玩了一忽儿，又走进书室来，看宗诚、慧珍温课。八点多钟，慧珍已把预习温习的功课做完了，在写日记，因问叔文道："今天因为看报，谈到用典之弊，应当记入日记里，可是我理不出一个头绪来，怎么是好？"叔文道："用典，第一就是在求曲，什么话都不直说，须绕一个弯儿。第二是在求古。例如南京，偏不用现在的地名，而用'白下''秣陵''金陵'等古地名；杭州，偏用'武林''虎林''钱塘''临安'等古地名。官名也是如此，明明是行政院长，偏要说'总揆'；明明是县长，偏偏用'邑宰''大令'。就是其他的一词一字，也竭力求古，例如章炳麟《喻培伦传》，说武昌起义时，清吏'奉头骄骀'，其实，就是'捧头奔窜'；闻宥《江楼秋病图记》说'豔嬉年余，不能自已。'豔嬉就是'忐忑'。甚至有谓洋火当称'焠儿'，女教师当称'娿'者。在他们以为古的便是雅的，所以竭力求古了。就是极平常的字，如没有古字可以代用，也必写它的古体；如'文章'写作'彣彰'，'俯仰'写作'頫卬'，'天地'写作'堇坠'之类。可一言以蔽之曰求古而已。顾炎武《日知录》里就有《文人求古之病》的一条，也可以翻出来看看。"

这时，伯臧正在写给慧君的复信，她的原信从写字台上跌在地下。宗诚也把功课做完了，走过去倒茶喝，拾了起来，顺便看了看，见开头一句就说"一八八半年"，觉得奇怪极了，问伯臧道："这句怎么讲？——今年是公历一千九百三十七年呀！"伯臧笑道："这不是两个八字，是'别'字的古写法；这句就是'一别半年'。"宗诚跑过去告诉叔文道："你说写古体字，陈慧君的信上就把'别'字写作'㕚'字，不是一个很好的实例吗？求曲、求古，结果是叫人看不懂而已！"叔文道："孔老夫子的话说得很有道理："辞，达而已矣。'文字和语言都是传达情意的工具。求曲、求古，以致叫人看不懂，便不能'达'了，便失去文字的功用了！"

宗贻已把作文改好了，站起来吸烟，也道："文章要求其达，不但不能一味求古、求曲，滥於用典，还有几点也须注意。第一，当避歧义。歧义，就是一字含有两个以上的异义。例如《论语》的'子路无宿诺'。何晏的《论语集解》把'宿'字解作'豫'，宿诺就是豫先答应他人。朱熹的《论语集注》又把'宿'字解作'留'，以为就是'宿怨'之宿。无宿诺者，就是既诺即践，不留其诺言。第二，当避不通用之新名词。例如，与其用'名学''逻辑'，不如用'论理学'；与其说'形学'，不如用'几何学'。第三，当少用专门术语。例如说'鼻黏膜炎'，便不如说'伤风'；与其说'肠窒扶斯'，不如说'伤寒'。第四，当少用译音而又不通用的外国名词。例如'招提'改用'寺院'，便易懂了；'檀越'改用'施主'，便易懂了。第五，当少用方言。例如五代蜀花蕊夫人宫词：'红锦泥窗绕四廊。'泥窗就是糊窗，是那时候四川的方言。李后主词：'酒恶时拈花蕊嗅。'酒恶就是中酒，就是酒醉了，是那时候金陵的方言。现在人的文章里往往用'带住'，这是北平方言，非懂得北平话的便难懂了。——这五点，如不加注意，也不能做到这'达'字，其弊和用典、求曲、求古一样！最要紧的一句话，是'辞，达而已矣'。要求辞之能达，造句固然当下一番功夫，用词的方面也不得不加选择的！"慧珍道："这才得到今天谈话的结论。"伯臧道："既得结论，可以休息了！"

伯臧想替郁乐天饯行，苦於找不出一个适当的地点。太热闹了不好，太偏僻了也不好。结果，倒於无意中找到了一个地方：里西湖的杨庄。因为替乐天饯行的人多，便排在下一个星期日中午。请的客，是乐天夫妇和郁大小姐、郁少爷四人；主人是伯臧夫妇、宗贻，并且带了慧珍同去。上午十一时，他们四个人乘一只划子向葛岭医院而来。

刚上岸，就碰见林鸰在叫人力车回去。锡官见了，跑去一把拉住。伯臧问道："鸰，一个人从哪儿来？"林鸰道："自从去年慧君住医院之后，我和郁先生渐渐地熟悉了，家里的人有些小病也常来请教他。今天，来替侄儿转了一个方，买了两种药。"慧珍道："鸰姊，令侄的病要紧不要紧？"林鸰道："本没有什么大病，现在早已好了。"伯臧道："鹤，你懂得慧儿的用意吗？她想叫你不要回去，和我们到杨庄去呢？"林鹤道："老师和师母去游玩，当得奉陪，不过吃中饭的时间到了，我得回家去吃饭呀！"慧珍道："正是请你同去吃中饭呀！我说明了吧！因为郁伯伯月底要到日本去，今天我们借杨庄替他饯行。郁伯母、郁家大姊姊都来的。你在初中部读书时，她不是在高中部吗？想来是认识的了。"林鹤道："郁文娟吗？不但熟，而且烂了！"慧珍道："那么，不成问题了。郁伯伯、郁伯母，你都熟识的。我们今天没有邀陪客，就请你作陪吧！"锡官拉住林鹤的手道："好姑姑，同去吧！不算你是客人好了！"伯臧、康氏也都力邀，林鹤只得答应了。

五个人一同到葛岭医院间壁郁宅，邀了郁乐天夫妇、文娟、云官，仍在前面下船，划到杨庄，在前面上岸。原来宗赉早已坐人力车先来了，接进厅上，分别坐下。慧珍带着云官、锡官在前面草地上玩。林鹤去打电话回家，说明在杨庄和周老师、周师母吃中饭。文娟站在湖边闲眺。厅上剩下五个人，吃茶谈天。

今天是包的功德林的素菜，因为乐天连日吃饯行的酒，吃得腻了。他们喝的是桑葚酒，味儿也甜甜的，颜色紫紫的，恰好配他们不会喝酒的人们的胃口。上菜了，外面的五个人也都进来了。自然是乐天的首席。郁师母、文娟、云官、林鸽都依次坐了。伯臧亲自斟了一巡酒，便把酒壶交给宗贻，叫他执壶。席间，乐天谈起后天就要动身。此番是到日本去考察医药的。伯臧说："乐天，你到日本去，固然以考察医药为主，但日本对我国的情形如何，无论是政府方面、社会方面，也得留神一下。不晓得什么缘故，我总觉得，中日两国之间有发生极大冲突的可能。或者他们已在那里备战，也未可知。"

林鸽插嘴道："这怕是你老人家的神经过敏吧！'九一八'的时候不抵抗；'一·二八'的时候，许多团体去请愿，仍不抵抗。我国政府根本就没有抵抗的决心，日本又何必亟亟备战呢？"伯臧道："不然。去年，政府下了极大的决心，采行法币制，收回硬币，这是准备抗战的先声。西安事变以后，国共两党又合作了。日本不於此时速战速决，难道等我们十年生聚、十年教训之后，再放马后炮吗？"他这样说了，大家又觉得他的猜度有些道理，并非杞人之忧。於是他们的话题转到国际大局去了。乐天认为德、意、日既以反共为共同目标，怕免不了和苏联发生冲突。伯臧却认为，这不过是一个烟幕弹。日本的目标在中国，德国的目标在英、法，意国的目标在地中海、东南欧与北非。中日之间，德、意与英、法之间，必各有一场大战，但不知东西两个炸药库，哪一个先爆发而已。他们又推测将来的战事，都认为沿海几省必先被糜烂，结果，或者是中日二国两败俱伤，而且战后，或者有都变成共产国家的可能。

乐天、伯臧、宗贻滔滔地在谈时局，康氏和郁太太却絮絮地在讲家常，林鸰和文娟在谈她毕业以后的问题。云官和锡官早吃完了饭，又到草地上去玩跳绳了。慧珍一个人在厅上踱来踱去，看看挂着的对子，听听他们的议论，有时候到门口去照顾照顾两个孩子。直到两点光景，乐天夫妇方起身道谢告辞，带了云官由博览会桥那边回去。伯臧等六人仍坐了划子回去。宗贻坐在船头上，慧珍和林鸰同坐，中间夹了一个锡官。伯臧老夫妻俩同坐一边。

慧珍问道："爸爸，杨庄大厅上那副篆字的对联，署名铸泪词人的，和王老师的笔迹很相像呢！"林鸰道："慧妹妹，你的眼力真不错！我看过它的图章，上联的一个是'曾经沧海'四字；下联的两个，一个是'铸泪词人'，一个是'剑胆琴心'，不是剑英先生是哪个？"伯臧道："铸泪词人便是剑英的别号。他的名原只一个'英'字，剑英是他的字，琴斋是他的号。"慧珍道："英、剑英、琴斋、铸泪词人，王老师一个人有四个名字吗？"伯臧道："他还有个别号，叫作幽幽居士哩！文人有四五个异名，原不算一件希奇的事呀！"慧珍道："那么，哥哥为什么只有一个名字呢？"宗贻道："古来文人学者，有许多异名，确是使我们记忆不清的一件事。甲书记他的名，乙书又说他的字，丙书提他的号，丁戊诸书却又各用他不同的别号，很容易使我们把他弄成好几个人。何况还有谥法，还有用他的郡望、地名、官名的？倒不如我们兄妹，爽爽快快地只有一个名字好！"

慧珍道："那么，古代的人简直有六七个异名了？"伯臧道："古人也不见得个个如此。周代方有名、有字，所谓'幼名，壮字，五十以伯仲'。异名之起，殆自周始。例如孔老夫子，因为他的父母祷於尼丘之山而生，他的头又是圩顶的，很像尼丘山顶，所以名丘，字就叫作尼。后来照兄弟排行加上伯仲——因为他有一个哥哥，孟皮——所以叫作仲尼。古代的人，取单名的居多，直到三国时还是如此。《三国演义》慧儿也看过了，你试想想，不都是单名吗？"林鹄和慧珍数着道："曹操、刘备、孙权、关羽、张飞、周瑜、鲁肃、典韦、曹洪、马超、黄忠……"锡官忽然道："赵子龙、诸葛亮不是双名吗？"康氏笑道："赵子龙单名云，子龙是他的字；诸葛复姓，亮是单名。——我倒记起一个人来了，黄承彦，诸葛亮的丈人，倒是个双名。"

伯臧继续说道："中唐以后，方有别号，如白居易别号香山居士之类。"慧珍道："韩愈自号昌黎先生，也是一个例。"宗贻道："这却错了！"林鹄也道："昌黎不是韩愈的别号，他所以常常自称昌黎韩愈者，因为韩家是昌黎的望族，所以他虽住在河阳，还自称昌黎韩愈，因此，他的后学就称他为昌黎先生，宋代就追封他为昌黎伯了。——这是我听周老师讲过的。"慧珍道："那么，杜少陵、杜工部呢？"伯臧道："鹄，你再讲给她听吧！"林鹄道："杜甫，字子美，曾做过工部检校员外郎，所以称他为杜工部，这是以官名称之。杜陵是汉宣帝的陵墓，在今陕西长安县。附近有许后的陵墓，叫作少陵。杜甫曾住在陵西，所以诗中尝自称杜陵布衣、少陵野老。世因称之为杜少陵。这两个异名是以官名、地名称他，不是他自取的号或别号。"

伯臧又道："五代以后，号和别号更多了。如那身仕五朝的冯道，便自号为长乐老。到了宋代，差不多人人有别号了。不过他们取别号，也各有意义。如苏东坡筑室於黄州之东坡，便自号东坡居士。愈到后来，一个人的异名便愈多。如朱子，便有许多异名。"慧珍道："朱子就是理学大家朱熹啊！"宗贻道："就是他老先生呀！熹是他的名；元晦、仲晦是他的字；居崇安时，号其居曰紫阳书堂，故人称之曰朱紫阳。紫阳原来是朱子故乡安徽歙县南的一座山名，他爸爸朱松曾读书於此的。后来，他又建草堂於建阳之云谷，自号晦庵，别号云谷老人。后来又移居建阳之考亭，造了一所竹林精舍；不久，改名沧洲精舍，自号遁翁，别号沧洲病叟。后世因又称他为朱考亭。所以他名熹，字元晦，一字仲晦，号晦庵，又号遁翁，别号云谷老人、沧洲病叟，一个人已有七个异名了。加上他死后的谥曰文，所以称他为朱文公，便有八个了，再加上人家称他的朱紫阳、朱考亭，不是有十个异名了吗？"

慧珍道："多得来，一个人有十个异名！"伯臧道："还有绰号儿哩！如以填词著名的温庭筠，因为他容貌丑陋，有温钟馗的绰号；因为他八叉手而成八韵之赋，又有温八叉的绰号。宋词人贺铸的相貌也很丑陋，人家便叫他贺鬼头；因为他的词有'试问闲愁都几许，一川衰草，满城飞絮，梅子黄时雨'几句名句，又叫他贺梅子。这些是古今传诵的绰号儿。"林鸧忽然嗤地笑了一声，随即用手帕掩住了嘴，两只光溜溜的眼钉着伯臧看。慧珍问她有什么好笑，她附着慧珍的耳叽咕了几句，却被锡官听清楚了，叫道："林姑姑说，祖父也有两个绰号儿，一个叫'蝌蚪文'，一个叫'孔夫子'。"全船的人都大笑起来。

宗贻道："古人不但有绰号，还有小名。例如曹操的小名叫阿瞒，叫吉利；刘裕的小名叫寄奴；这是大家知道的。其他的小名很多。春秋时楚国的令尹叫斗榖於菟。我想榖於菟怕是他的小名。据《左传》说，'榖於菟’就是‘乳虎’。乳虎不就等於现在人的小名叫‘小老虎’吗？司马相如的小名叫‘犬子’，不等於现在人的小名叫‘小狗’吗？”说得连康氏都笑了起来。

伯臧又道：“不但人有异名，地也有异名。如杭州又称钱塘，又称武林，又称虎林；上海又称沪、申江、歇浦；浙江又称浙江、渐江、之江、钱塘江。”林鸰道：“钱塘和钱塘江是否因五代时吴越王钱镠射潮筑塘而得名？”伯臧道：“也有这一说。但秦已有钱唐县了。唐因唐字是国号，所以加土旁为塘。不远在五代以前吗？”慧珍道：“为什么又叫作武林、虎林呢？”宗贻道：“灵隐、天竺一带的山，总称武林山，因此得名。武林门内，西大街，本有座虎林山，虎林之名因此。现在那山已夷为平地了。也有人说虎林即武林之转音。”林鸰道：“上海称申江，称歇浦，因黄浦而得名，这条浦，相传是战国时楚国的春申君黄歇开的。”伯臧道：“你说得不错。沪，也是水名，是松江的下游。渐水、渐江是浙江的古名。江流曲折如‘之’字，所以又名之江。从建德以下，这条江又随地而异其名，如在桐庐境名桐江，在富阳境名富春江，萧山以下入杭县境，方称钱塘江。"

宗贻又道："不但人名、地名有异称，物名也有的。如鸡曰翰音，牛曰太牢，猪曰刚鬣，羊曰柔毛。"锡官道："我也晓得。老太太出丧前一夜致祭时，那位大胖子司仪高声在叫'献翰音，献刚鬣，献柔毛'。我看见他把一只鸡、一个猪头、一碗羊肉，在灵前捧着献的。"林鸰道："倒看你不出！小小的年纪，也这样留心。"宗贻又继续道："枇杷花又称款冬花，金银花又名忍冬花，芋艿又名蹲鸱。"锡官又接着道："花生又名长生果，荸荠又名地力。"慧珍回头一看，也说道："塔又名浮屠，僧寺又名兰若。"锡官笑着说道："尿壶又名虎子。"说罢，哈哈大笑起来。

船，已到了涌金门。他们上了岸，付了船钱。林鸰也跟他们进去坐坐。伯臧把慧君的信和写好而未寄出的复信，和批改过的诗词都给她看。谈话又转到用典的问题上去。慧珍便根据昨天所听到的，发表了许多意见。林鸰道："士别三日，即当刮目相看，慧妹妹已不是吴下阿蒙了！"伯臧笑道："你这话，已用了两句成语了。这虽不是用典，也可看作准用典。用成语，用故事，用典，用得好，都可以增加文字、语言的生趣。若有意堆砌着用，便索然无味了。"慧珍又把那节记火烧的新闻找出来给她看，道："鹝姐，这个记者，书倒是看得多的。你看，他把《竹书纪年》都用进去了。"说时，指着那"王子洛滨之岁"句。林鹝道："他用的不见得是《竹书纪年》。庾信《哀江南赋》不也有这两句吗："王子洛滨之岁，兰成射策之年。'喜欢做骈文的人，《庾子山集》倒是大半读熟的。"伯臧道："你的话很不错。——你现在用功起来了。《哀江南赋》也读熟了。"

林鹝道："老师，我又记起一件事来了。这位姓李的，是个女学生，不是男学生，就是去年双十节夜里我们在慧君病房前听得她弹琵琶的呀！"康氏、宗贻、慧珍都道："可惜，可惜！"伯臧道："你们不必为她叹惜，她并没有烧死啊！"林鹝本已打算要走，又坐下了，道："到底是怎么一回事呀？"伯臧道："火烧的地点，就在葛岭医院东郁家住宅的后面。那里有三家小店，两旁是杂货店、香烛店，中间便是起火的铁匠铺。杂货店和铁匠铺都只租楼下一间店面，楼上三间全是那香烛店租去的。这位李女士便租住杂货店楼上的一间，却要从香烛店的扶梯上下的。铁匠店起火，她当然走不下来了。情急智生，她就拿一块铺板，从后窗搭到郁宅汽车间的屋上，爬了过去。可是她的一切，连那具心爱的琵琶也葬在火窟里了。第二天上午，我去看乐天，她还借住在葛岭医院里呢！"林鸰道："别人是琴在人亡，她却琴亡人在，真是不幸中之大幸。那么，烧死的是什么人呢？"伯臧道："是铁匠店里的一个疯瘫的女人。那位李女士从后窗爬出，她的居停主人，香烛店里是不知道的。所以当时听说烧死一个女子，便纷纷传说，以为就是她了。那位记者，道听途说，得了这个新闻，便大做其文章了。大概他那时候只听到烧死了一个姓李的学生，还没有知道是一个女子，是一个善弹琵琶的。不然，他的文章便要就弹琵琶的女子身上大做而特做了。"康氏道："我说报纸上的消息十有九是靠不住的，果然！——那具琵琶，倒可惜得很。"

他们正在纵谈，忽然院子里传进一阵女子的笑语声。慧珍正待出去看，苏岑、华问陶、罗西泠、夏志和已拥了进来。她们带来了一大篮枇杷，是道地塘栖货，因为她们正从那里的乡村小学里实习了回来。林鸰笑道："师母不必惋惜了！失了琵琶，得了枇杷，不能饱耳福，且饱口福吧！"宗贻道："我倒想起了一个故事。从前有人送枇杷於沈石田，把'枇杷'二字误写成'琵琶'。石田作书复之曰：'承惠琵琶，开奁视之。听之无声，食之有味。乃知司马挥泪於江干，明妃写怨於塞上，皆为一啖之需耳。嗣后觅之，当於杨柳晓风，梧桐夜雨之时也。'今天我们刚谈到琵琶，枇杷恰好来了。"慧珍问伯臧道："爸爸，明妃塞上，是用的昭君出塞的故事；司马江干，是不是指江州司马白居易在浔阳江上听弹琵琶而泪湿青衫的故事？"伯臧道："正是。杨柳晓风，用柳永《雨霖铃》词中'杨柳岸晓风残月'句；梧桐夜雨，用白居易《长恨歌》'秋雨梧桐叶落时'句。人当生离死别之际，於杨柳晓风、梧桐夜雨中，听到弹琵琶，更会生一种苍凉之感。"林鸰道："是的，去年双十节夜里，在葛岭医院慧君的病房前听得那位李女士弹琵琶，我的心弦也起了凄怆的共鸣。"苏岑已把枇杷倒在桌上，先抓了两把给锡官兄妹，并说道："且休谈弹琵琶，请来啖啖枇杷吧！"

他们一面吃枇杷，一面闲谈。伯臧问起她们实习的经过。问陶道："再过两星期，就结束了。同学们拟在六月廿五日举行毕业式的那天夜里，开一个留别会，那时还想加入些游艺节目。得请老师府上，阖第光临才好！"康氏、月仙道："我们一定都来观光。"伯臧道："会考的结果，你们得知了没有？"罗西泠道："听说是一榜尽赐及第。"这时叔文回来了，插嘴道："岂但及第而已。田道阶考了个全省第一，中了状元了。尤其叫我们大哥得意的，国文是沈眉士第一，你们三组同学的国文成绩，没有一个在七十分以下。"伯臧微微一笑，露出欣慰的神情来。

第三十九章　文字游戏

　　东升西落，太阳好似一个大的足球，踢起了又跌下去。时光老人，昼夜不息地，滴答滴答，向前飞跑。三四星期一瞬眼就过去了。实习结束之后，伯臧寓里顿时热闹起来。师范部三年级的男生女生川流不息地去访问这位周老师。女生几乎每人有一本纪念册，要请他题字。伯臧或题几句勉励的格言，或题一首惜别的绝句或小令，颇有应接不暇之势。

　　这天，刚在写几本纪念册，旭初忽然来了。见了十多本小册子，每本一首诗、一首词，笑道："伯臧兄，你真是个不惮烦的！"他坐定之后，方向伯臧道："明天上午九时行毕业式。这三组师范生，你教得他们最久，他们最信仰的也就是你，你得出席讲几句话。"伯臧笑道："你要我说几句话，我总遵命的。信仰不信仰却是难说。譬如唱戏，戏目派定了，总得出台演唱，大概喝倒彩是不至於的。即使博得全场的彩声，也不过是一时的兴趣而已，哪里就谈得到信仰呢？"

旭初道："你既答应，就是了。至於他们真正信仰不信仰你，我不是他们肚里的蛔虫，也无从知道啊！这是第一件事。还有一件事：月底月初，中华教育改进会在北平开会，会期是一星期。我从前约你同去参加，可乘便去看看你分别了二十年的母校。现在出席证和车票已寄到了。廿六七日就得动身，特来通知你一声。我看你自遭大故，总有些闷闷不乐的样子，借此去散散闷也好的。"伯臧道："重游北平，我是很乐意的。动身的日期，最好是廿七。"旭初匆匆走了，伯臧便把要和旭初到北平去走一趟的事告诉了康氏和月仙。康氏因为郁乐天也曾劝伯臧去游散游散，所以也很赞成。叔文、宗贻回来了，也都向他怂恿，伯臧的行意更坚定了。

第二天上午，杭中师范部举行毕业典礼。彭校长和几位主任都演说过了，依次轮到了伯臧。学生们都在这样想：毕业式年年举行，所说的都是千篇一律的话，而且好说的都被前面的几位先生说完了。伯臧一上台，也不讲什么套话,一开口便说:"刚才袁先生拿女儿出嫁、母女分别来做比喻的话是错的!"林鸽向同学们扮了个鬼脸,低低道:"素来和平的周老师,怎么向袁先生开火了?"伯臧说了这一句,故意停了停,接着说道:"毕业生固然称杭中为母校。但我们得明白,许多少爷小姐的母亲是杭中,不是我们这几位穷教师。我们这些同事,连方才演讲的袁先生在内,不过是这位杭中太太所雇的许多乳母,彭校长不过是一位乳母的领班,管家的老妈子而已!乳母的地位,虽然和烧饭的、梳头的娘姨不同,可是,少爷还是少爷,小姐还是小姐,并不是我们做乳母的亲生儿女呀!诸位同学现在算是断了乳,乳母对於刚断乳的乳儿,少爷小姐们对於刚断乳的乳母,自然略,也有一番依恋不舍之情。这就是今天师生们所怀着的情绪。可怜的乳母们,出身贫贱,营养不良,乳水不足,虽然勉强把少爷小姐们抚养到好断乳了,总觉得有些儿抱歉似的。少爷小姐们将来长大成人了,偶然逢到从前的乳母,衣衫褴褛,面目黧黑、皱纸似的脸、枯柴似的手的老太婆,或许掉头不识了,或许怒叱着'可恶的老叫化婆,快滚开',可是在初断乳的时候，他们那些无邪的、无瑕的、纯洁的小心儿里，总觉得有些恋恋吧！啊哟，老身们何尝舍得你们啊！——你们虽然断了乳，得时时顾到身体的滋养呀！代乳粉还得吃些。风霜雨雪，不要受了寒哪！崎岖险巇，不要跌了跤呀！糖果，不要贪嘴，坏了牙齿呀！一切的一切，从今以后，得自己当心了！"他这样絮絮地讲了许多，话都是双关的，态度神情又恰似一个慈祥而忠诚的乳母。不但那三班毕业生，在座的学生都被他感动了。庄严的毕业式，随着他的演说，在掌声如雷中收了场。出场时，林鹁跟在他后面，竟涎着脸叫他"奶妈"，引得同学们大笑起来。

　　这天晚上，伯臧全家到杭中里来参加他们的留别会，阿九嫂也带了去，只留张妈一人看家。宗诚搀着锡官，慧珍搀着蕙官，叔文抱着愚官，月仙扶着康氏，宗贻扶着阿九嫂，跟了伯臧走入会场。彭师母、袁师母已先到了，招呼坐下。菱仙见阿九嫂土头土脑的样子，低声问慧珍道："她是谁？"慧珍道："是阿九嫂，哥哥的乳母。"菱仙听了，觉得周家的忠厚，远非他家所能及。又从阿九嫂对宗贻的神情态度上看，觉得她已忘记了自己是个退职已久的乳母，竟把宗赇看作还在吃她的乳的孩子。因此，又联想到白天伯臧的演说，觉得她们王老师虽已做了中学教师，对於周伯臧那种久而敬之的情态，并非出於做作了。

场上在合奏国乐了。奏乐既毕，接着是毕业生代表致留别词，同学代表致送别辞。闭幕后，分发一篇油印的《赠毕业同学序》，是孔乐三做的。学生会又分赠糖果，每人一袋。以后便是游艺了。伯臧看游艺节目单时，上面写道：

（一）国乐合奏——杭中音乐研究会。

（二）致留别词——毕业同学代表。

（三）致送别词——学生会代表。

（四）话剧（《岳飞》）——毕业同学甲组。

（五）歌舞——初中部同学。

（六）话剧（《卖花女》）——毕业同学乙组。

（七）国术——杭中国术研究社。

（八）话剧（《父归》）——师范部同学。

（九）平剧清唱（《汾河湾》）——毕业同学

丙组。

（十）化装平剧（《教子》）——教职员。

　　大礼堂东北角有一个文虎社。话剧《岳飞》上场时，慧珍、菱仙手携手地去看打灯谜。剑英在柜台里面坐着，孔乐三在做他的伙计。林鸰、罗西泠、华问陶、苏岑等都在那里。灯上贴着许多纸条儿。他们便一条条地看去。

　　（一）四。打《长恨歌》一句。

　　（二）伴。打《孟子》两句。

　　（三）翰林亲笔。打古书名一。

　　（四）印度人。打战国时人姓名一。

　　（五）《哑妻》。打《论语》一句。（解铃）

　　（六）99。打一字。

　　（七）腐草为萤。打一字。

　　（八）笼中之鸟。打三国时人姓名一。

　　（九）白相。打春秋时人姓名一。

　　（十）裙带儿的关系。打字一。

西泠先下手为强，打中了三个人名：（四）是"墨翟"，（八）是"关羽"，（九）是"管仲"。林鸨也打中了一个，（六）是"白"字。苏岑也打中了一个，（十）是"姻"字。还有五个，没人猜得着。慧珍偷偷儿告诉菱仙道："第二条是个老灯谜，谜底是'何可废也，以羊易之'。"菱仙向剑英一问，果然猜着。问陶低头想了多时，忽然道："第七条一定是个'花'字。"

沈眉士和田道阶也来了。田道阶先把第三条打中，是《史记》。原来《史记》的原名是《太史公书》，前清的翰林，一般人也称他们为太史公。眉士道："只剩两条了，剩一条给我打吧！"走过去问道："王先生，第五条是'夫人不言'吧！"剑英点点头。慧珍问林鸨道："鸨姊，怎么叫作解铃？"西泠道："夫人不言的夫，不是圈读作'扶'吗？把那个圈儿去了，便是'夫人'了，夫人不言，不是哑妻吗！"灯上的谜面已只剩第一条了。眉士、问陶等大家把《长恨歌》一句句地背诵下去，从头至尾都背完了，仍是悟不出来。

这时候，剑英又叫乐三换上了九条新的，次序从第二条排起。

（二）李清照挥泪作《金石录后序》。打文言文常用字二。（解铃）

（三）凿壁偷光。打三国时人的字一。

（四）这是偏心，并非懒惰。打字一。

（五）三十六兄弟。打本校同学姓名一。

（六）重男轻女。打现在地名一。

（七）晚上十一点整。打字一。

（八）割稻的镰刀。打字一。

（九）江、淮、河、汉。打现在地名一。

（十）宠妾压妻。打字一。

林鸰道："又是一批来了，大家努力呀！"刚贴好，问陶一口气打中了三条：（二）是"悲夫"，（三）是"孔明"，（四）是"怡"字。慧珍和菱仙各自打中了一个：（八）是"利"字，（九）是"四川"。眉士想了想道："第（六）条是'贵阳'。"道阶道："第十条是'尖'字。"剩下（五）（七）两条，一时还猜不着。孔乐三又来补贴谜面了，（一）（五）（七）三条仍旧。

（二）乌云满天，狂风大作。打一字。

（三）剑英答应了。打三国时人姓名一。

（四）岳飞。打《孟子》一句。

（六）六十天。打字一。

（八）22。打字一。

（九）十八日卯时。打字一。

（十）三星期。打字一。

宗诚搀了锡官来寻慧珍，说愚官要睡了，大家要走了。锡官问慧珍在干什么，慧珍把打灯谜讲给他听。锡官道："这就是字谜呀！我也会猜。"他们大家就叫他猜猜看。锡官道："六十天，就是两个月，两个'月'字，是小朋友的'朋'字。"大家都夸奖他聪明。他高兴起来了，又道："三星期是廿一日，廿一日拼起来是个'昔'字。"他们夸奖了他一番。宗诚道："我也来猜一个：乌云满天，狂风大作，是下雨的样子，'雨'字下一个'相'字，不是'霜'字吗？十八是'木'字，加一'卯'字，是'柳'字。"慧珍道："我也猜着一条了。（三）是'王允'。"问陶道："22

是个'圭'字。"眉士道："岳飞是'挟太山以超北海'。"七条灯谜儿又被打着了。

宗贻也找来了，见慧珍、宗诚、锡官都已得了奖品，笑道："原来有这样好的玩意儿，怪不得大家不肯回去了！台上的戏已快完了，愚官、蕙官都快要睡着了。回去吧！"剑英向他招呼道："宗贻兄，我这摊儿也要收场了，还有两条请你帮帮他们，打了它们吧！"宗贻想了想道："这句《长恨歌》做得很好，确不容易打着。我猜是'山在虚无缥缈间'，王先生，对不对？"他们仍不很懂。毕竟是问陶先想懂，同声赞道："妙极，妙极！"剑英道："还有一条呢？"宗贻看了看，向林鸰一指笑道："这条只好让她打的。"剑英笑道："也打中了。"宗贻带了慧珍他们就走，到会场里招呼伯臧他们一同回去。出了校门，宗诚和慧珍问宗贻道："那条三十六兄弟，你说只好让林鸰打，她并没有开口，王老师为什么就说打中了呢？"宗贻道："谜底就是'林鸰'二字。'林'字两个'木'字，不是两个十八吗？《诗经》上说，'鹡鸰在原，兄弟急难'，所以'鸰'字有兄弟的意思。"叔文道："你和王先生，可说是相喻无言了。"他们回到家中，已是十二点了，连忙收拾就寝。第二天，阿九嫂还噜噜苏苏地把昨晚的情形讲给张妈听哩。

第二天是星期日，大家在寓休息。康氏因为伯臧明天就要动身，和旭初到北平去，替他收拾行装。伯臧去看几个要好的师友，龙、田两老师及梅占先、章微尘、剑英、载之等。慧珍、宗诚和宗贻谈昨晚的灯谜。慧珍细问，什么叫作"解铃"。宗贻道："解铃是谜儿的一格。谜底的字本须圈读破音的，改读本音，把圈儿去了，叫作'解铃格'。反之，谜底的字原读本音的，把它读成破音，加上一个圈儿，叫作'系铃格'。还有须把谜底首一字除去的，叫作'免冠格'或'脱帽格'。须把谜底末一字除去的，叫作'脱靴格'。谜底的几个字须倒过来读才合谜面的，叫作'卷帘格'。南宋末周密的《武林旧事》说：'有以绢灯剪写诗词，时寓讥笑，及画人物，藏头隐语及旧京诨语，戏弄行人。'明万历的《钱塘县志》也说：'元宵，张灯五夜，黏藏头诗於灯上，揣知者揭去。'可见宋、明两代已盛行这种文字游戏了。灯谜又有'文虎'或'灯虎'之称，打灯谜叫作'射虎'。明末阮大铖作的传奇剧曲《十错认》，一名《春灯谜》，也以元宵打灯谜为全剧的大关目。专门记载灯谜的，有一种《灯谜大观》，据说是曲园居士俞樾作的。——中国几部重要的经史子书，你们都没有读过。诗，慧妹虽然读过几首，也少得很，至於词、曲、剧本，更未曾寓目了。不但你们还不能打灯谜，就是王先生做灯谜，要顾到你们的能力兴味，也是很难的。"慧珍道："原来这种文字游戏，也要有相当的学力，方玩得畅快！"宗诚道："大表哥，我们去买一册《灯谜大观》来看看，也可算是射虎速成科，岂不很好？"宗贻道："暑假考试就在目前了，怎有工夫化到游戏上去？——我和你订个口头契约吧！你们本学期的平均分数如能考到七十五分以上，而且没有一门不及格，我便每人送你们一册《灯谜大观》。"

下午，棣华读书会开第一年的结束大会。慧珍提出报告，一年以来，共计开会十六次，读书报告十六次，座谈会七次，演讲会六次。会员每人阅读书籍十种；杂志三种，各十期。会中的书籍杂志已有十三种，共计五十六册。捐款、会费，除已用去外，尚存五元六角五分。他们主张暑假后继续办理，书籍余款统交周慧珍暂时保存。暑假中，用通信方法，互相报告阅读的书籍和心得。报告毕，请叔文与宗贻两位顾问批评指导。他们觉得这个会，虽然规模还小，而收效颇大，都认为满意，但希望暑假后更能改进。这是本学年末一次的大会，还备了些儿糖果茶点哩！

星期一上午，伯臧动身北上，旭初同行。康氏、月仙等送出大门，看伯臧和宗贻坐了两部黄包车向城站而去。原来廿六、廿七，杭中停课两天温习功课，宗贻八至九点钟没有课，所以到车站去送他爸爸上车。旭初性急，早已在城站待车室里等候了。伯臧父子进了待车室，一同坐下。宗贻道："彭老伯和爸爸大约哪一天可以回来？"旭初道："今天到南京，耽搁一夜，明天就渡江，上津浦车，路上并无耽搁，后天晚上可到北平。开会的地点在清华大学，我想在城里住两夜，便移到清华去住，开会时较为便利。会期只有四五天，再逛他两三天，连回来路上的日子算，至多下月十一二，可以回到杭州了。校务，我已托几位主任。寓里，宗贻兄有空，请代为照应！我们到了北平，就有信来。"

　　八点二十分了，他们三人就走到月台上来。候了五分钟，火车到了。他们是坐的二等车，带买了两张铺票。上车坐定，旭初道："宗贻兄，请便吧！"宗贻见车快开了，走下车来。在现代交通便利的时候，长途旅行本也是极平常的事。北平是伯臧旧游之地，又有旭初同行，更没有什么要顾虑了。可是宗贻听了呜呜的汽笛声，见火车缓缓开动，旭初和他爸爸还从窗口探出头来回顾他，一种别离的滋味突然兜上心头。他，一个人懒洋洋的，怀着这一种说不出的情绪，坐了一部人力车，到大学路图书馆去了。

第四十章　别矣杭州

伯臧出门以后，寓里似乎冷静得多了，尤其是白天，叔文、宗贻、宗诚、慧珍、锡官、蕙官都不在家的时候。幸而多了个阿九嫂，帮张妈，领愚官，和康氏、月仙做伴。宗诚、慧珍忙着考试，叔文、宗贻忙着出题阅卷，注意力也转移了。只有康氏时时刻刻记挂着她的老伴。廿九日的上午，邮差送来了一封信，是伯臧从南京发的。先说路上平安，次说在南京遇到了许多老友。陈慧君因为先得了林鸰的快信，竟到下关车站上来迎候。她已不似先前那么多愁多病了。她已在南京女子师范毕业，实习也结束了。后面又叙述了许多新都的新气象。并说，明天就要过江北上，到北平再写信回来。康氏得了这封信，好似吃了一颗定心丸，方才放心。下午，林鸰来了，拿一封慧君寄她的快信来给康氏看，说周老师已到首都，已和她会见过。康氏也把伯臧的来信给她看了。林鸰这时已闲着，坐到旁晚才去。叔文、宗贻等都回来了，大家看伯臧的来信。叔文道："大哥这次旅行，既省钱，又快乐，我倒恨不能随他同去哩！"

杭中的学期考试完毕了，宗诚、慧珍都还觉得满意。接着是孔乐三、章载之、王剑英、梅占先等来辞行。图书馆没有放暑假，宗贻仍须天天去工作，幸而叔文也考毕了，在寓里看考卷，一一应酬他们。可是过了一天，宗武、宗基也放假了，叔文带着他们和宗诚回富阳去，阿九嫂也一同回家，寓里更冷静了。林鸰、菱仙却仍时和慧珍来往。

伯臧离家已八天了，才接到他从北平发的一封长信。他说，第一天到北平，住西河沿的金台旅馆。第二天到母校去，遇到儿位老师，真和出嫁的老女儿，隔了许多年，归宁娘家，遇到了慈母一般。母校和以前不同了，幸而校长是他那时同年级的同学，号房也没有换。他和那号房便谈了一个钟头，那号房能把母校二十年来的变故，一一告诉他，而且时时提到已故的老校长，大有"白头宫女在，闲坐说玄宗"的味儿。北平和以前不同了。以前有几句说北平道路不好的打油诗："无风三尺土，有雨一街泥"，"天晴一香炉，天雨一酱缸。"现在，稍稍热闹些的街道都已筑了柏油马路，通了汽车、电车了。他又提到他几位老师。最妙的，是描写那位疑古老师，年龄越大，性越急，气越爽，精神上也越年轻了。他们已移住在清华大学了。如有信，可径寄到那里去，只要注明中华教育改进社好了。但不久就回来的，也没有写回信的必要。

　　下午，宗贻刚回家，在看他爸爸的那封信，忽然来了一个客人——郁乐天。宗贻忙起来，请他到书室里去，问道："郁老伯，哪天回来的？怎么我一点消息也没得着，不曾先来拜访！"乐天道："我是前天到杭州的。有亲友处都没有去过。尊大人呢？出去了吗？"宗贻道："和彭旭初老伯到北平去出席教育改进社的年会了。大约再过五六天，就可回来。——郁老伯，日本的情形究竟如何呢？"乐天道："他们，真所谓积极准备，埋头苦干！我国朝野'硬干，苦干，干，干，干'地叫了好几年了，毕竟干出些什么来？尤其是那批党老爷和学生少爷们；我常说，他们是只有嘴，没有脑、没有手的！"康氏也走了进来，和乐天招呼坐下。

宗贻又问道："郁老伯在那儿，觉得情形和以前有没有异样呢？"乐天道："我所谓积极准备，就是指他们在积极备战！日本的妇女，虽然不像我国的妇女那样喜欢戴金首饰，可是以前总有些的，现在却看不见一点儿黄金的装饰品了。以前，考究的人家，宴会总有许多银制的器具，现在也没得看见了。听说，金银已收归国有了。从前，火车、电车、公共汽车，查票的、卖票的，都是青年男子，现在都换了妇女了。听说，男子已在受紧急的军事训练了，入军火军械厂工作了。我曾经亲眼看见他们准备好的大批干粮，看见他们在神社预作战胜的祝祷。人民家里真撙节到极顶了，吃饭的菜蔬，只有一碗蔬菜，一碟盐齑。有识之士，都在忧虑着战事的爆发和拖延。看那边的情形，似乎战事已如箭在弦上，不得不发，而且迫在眉睫了！——宗贻兄，我并不是故作骇人之谈，也不是过抱杞人之忧，这种种，的确是事实。好在你府上，没有生人，我所以敢老实说了。令尊远在北平，会开完了，还是催他早些回来为是，我以为！"康氏听了乐天这一席话，心头又似乎有一只小鹿儿七上八落地跳动起来。乐天一走，她就催着宗贻写一封快信去给他爸爸。慧珍听了，却认为中年以上的人都有些神经过敏。日本未必急急备战，即使真在备战，安知不向苏联进攻？他们不是以反共急先锋自居的吗？宗贻也觉得中日邦交亲睦如常，中国着着退让，绝没有引起战争的可能。

仲珊早从嘉兴回来了。假中闲着没事，於七日上午，带了漆氏和宗常兄弟去逛西湖，顺便把船划到涌金门来。恰好有一个回乡人趁了汽车来，叔文带了许多土产的阳平山杨梅来，颗颗红得发黑的。康氏分了四分之一，用一只篓子盛了，托仲珊带去给崔老太，又分了四分之一，叫张妈送到彭宅去。其余的，大家在客堂里围着吃。仲珊道："毕竟货色道地，滋味鲜甜，远非市上买的可比。可惜天气太热，不吃便要坏了。"锡官道："我们大家努力呀！"月仙道："你不要生吞活剥地抢着吃，一不小心把核儿也吞下肚去！"康氏道："核儿虽然不吞下去，吃多了也要肚子疼的！"宗贻也回来了，原来图书馆因为天热，上午提早从七点起上工，下午不办公了。仲珊夫妇、父子四人走了。中饭后，宗贻他们大小都歇午觉，全寓静悄悄的。

　　那天夜里，得到该管警署的通知，有防空演习，灯火管制。他们凑天未全黑时，把夜饭先吃了。电灯都蒙上了黑纱的罩儿，并且预备了几支电烛。他们预先在晒台上放了几张藤椅子、皮凳儿，预备晚上看飞机表演。张妈收拾未完，锡官兄妹早吵着要上晒台去。慧珍、宗贻带着三个孩子上去了。康氏、月仙催着张妈匆匆收拾清楚，关好门窗，都到晒台上来。泡了一壶茶，摆了一张小桌儿，大家围坐，等着看飞机。锡官兄妹等得厌烦起来了，要慧珍讲故事。蓝蓝的天，由灰色而变成黑色。天上缀着一颗颗的星，在那里瞬着小眼睛，似乎也在等着看今晚演习的飞机。宗贻吸着一支烟，站在晒台西北角遥望西湖。新市场湖滨公园一带密得似繁星的电灯，倒影在湖水中，跟着湖水的波纹荡漾，幻成一条条的金蛇。里西湖那边却是黑黑的，只有山腰里的一抹红灯，是有名的旅馆——蝶来饭店。

　　慧珍讲《封神榜》，正讲到哪吒足登风火二轮，腾云驾雾而来，忽然湖滨水中的金蛇不见了，山腰里的红灯也不见了，只听得汽笛发出空袭警报来。慧珍停止了说话，锡官兄妹都叫道："来了！来了！"争着扒上椅子去。宗贻喝道："当心跌跤！——真的敌机来了，也这般大惊小怪地叫？"约过了十分钟，紧急警报又响了，不但电厂、工厂的汽笛齐鸣，救火钟也敲了十多下，大家的精神都紧张起来。远远听得飞机声，孩子们都伸长了脖子，仍看不见什么。

忽然一道很亮的亮光从空中飞了下来。慧珍道："这是照明伞哪！"话犹未毕，漆黑的西湖顿时大放光明，和白天一样。锡官道："管制灯火有什么用？"他刚闭口，突听得"轰隆"一声，一个炸弹投了下来，在湖里爆发，湖水都沸腾起来，他们的晒台也震动了。月仙忙捧住了愚官的耳朵，蕙官一阵乱钻，竟钻到张妈的怀里去了。锡官挺着胸脯道："我不怕！"接着又是两个炸弹，跟了照明伞下来。听得东面又有几只飞机来了，竟和先前的飞机在空中战斗起来。"啪啪"的机关枪声，闪闪的火光，真有些令人可怕。在照明伞的亮光中，看得见六七只飞机在空中翻腾上下，好看极了。锡官道："爸爸，我大了，一定去学航空，有趣得来！"

大约有二十分钟吧，飞机去了，解除警报响过了，全城的电灯又放光了，许多救火车、救护队都纷纷赶到湖滨来，演习救护。——一场防空练习过去了，他们才回进房来。张妈一面收拾晒台上的桌椅，一面道："阿九嫂为什么急急地要回去？这样好的玩意儿没得看！"康氏道："演习，固然好看；万一是真的，魂灵儿都吓落了！"

八日早晨，六点半，宗贻就上工去了。七点光景康氏等方全家吃早饭。早饭后，康氏母子和月仙帮同张妈拖好了地板，慧珍方去看报。忽然大声叫道："妈妈，不好了！"康氏还在揩台子，道："孩子！大惊小怪的干什么？"慧珍道："中日军队昨天在卢沟桥开火了！卢沟桥在平汉铁路上，爸爸还在北平，怎样回来呢？"她把报递到康氏，道："妈妈，你看！"康氏丢下抹布，把这条新闻从头至尾细看了一遍，道："偏挨到这时候上北平去！归路断了，怎么办？"这一天，康氏急得连午饭都吃不下。宗贻回家吃了午饭，出去打听消息了。下午，康氏同慧珍到东海里彭家去，菱仙母子也在着急，可是大家想不出办法来。母子们回到家里，宗贻也回来了。据说，开火是真的，可是和平还未绝望。

晚上，听得叫卖号外，宗贻出去买了一张。仍是一面开战，一面讲和。

从九日起，他们一家都在注意战事的消息。郁乐天、田老师、龙老师接二连三地来问伯臧回来了没有。仲珊也来过两次，埋怨他老哥遥远地跑到北平去，说要等他到了家才好放心。宗贻买了本详细的地图，研究华北的形势，并安慰他妈妈道："爸爸和彭老伯一定走平绥路绕道山西，从平汉路南下，绕道汉口回来。不过路上多辛苦些，绝不妨事。"慧珍问道："哥哥，卢沟桥究竟在什么地方？"宗贻道："卢沟河就是桑干河，亦名黑水河，水最浊，势最急。卢沟桥原名广利桥，就在卢沟河上，是金大定时建造的一条大石桥，有六百六十尺长，二十六尺阔，是一个伟大的工程。北宁、平汉两路交叉於此，铁桥和石桥平行。从南方到北平去，是必由之路。民国十七年，宛平县治从北平迁到此地，此地离北平很近，'卢沟晓月'为北平八景之一。万一卢沟桥失陷，则北平也危在旦夕了！"

兄妹们正在谈论，菱仙忽然来了，手里拿着一纸电报，说是旭初从保定拍发的。宗贻接来一看，只有十几个字："杭州杭州中学。已绕道到保，即归。旭臧青。"康氏看了这个电报，才把心里压着的那块大石头放下。可是消息仍一天紧似一天。晚上天天有号外，而且不止一次。慧珍有几夜已睡下了，听到叫卖号外的声音，便赤着脚，趿了拖鞋，赶下楼去，开大门买了回来。叔文也有信来，问大哥回来了没有，如其来了，不如全家搬回老家去。

　　十二日的正午，宗贻刚回来，到新民路，忽然看见几辆汽车，插着省党部的旗儿，驶来驶去地放鞭炮，说是吉星文的部队打了一个大胜仗。接着便是卖号外的，民众欢呼的，挤满了马路。他坐的人力车被挤住了，顺便买了一张号外，赶回家来。慧珍听说打了胜仗，异常兴奋。宗贻道："如其真要抗战，这些不过是小接触。日方利在速战速决，我方却利在长期抗战。我们当败勿馁，胜勿骄，咬紧牙关，团结一致，准备牺牲，准备吃苦。偶然小胜，便这样放炮欢呼，难道败了便痛哭不成！中日之间，战事不爆发则已，一旦爆发了，绝不限于河北一隅、华北几省，我们浙江岂能幸免？"慧珍道："那么，不如照四叔的信，搬回老家去吧！"宗贻道："且等爸爸到了再商量。——其实，我能往，寇亦能往。杭州如也危险了，老家怎得平安？"他叹了一口气道："唉！哪里来的桃源？"

这天晚上，天气非常的热，慧珍翻来覆去地睡不着。她，自从伯臧去后，便睡在妈妈房里。偷偷儿地起来，开了通洋台的门，走了出去。宗贻独自一人站在洋台上吸香烟。慧珍道："哥哥也没有睡吗？天气真热！"宗贻道："我们闲居在家，挥着扇，乘着凉，还要嫌热。前线的将士，正在拼命哩！"兄妹们谈谈说说，已是十二点半了。刚要各进房去，忽听得门铃大响。兄妹俩也顾不得已睡着的人了，三脚两步地抢下楼去，从客堂里一直出去。到大门口一听，原来是伯臧回来了。慧珍忙开了门。两人齐叫道："爸爸回来了！"伯臧付了一角车钱，那车夫道谢而去。因为这部人力车是从东海里坐来的。宗贻和慧珍，一个提小箱子，一个拿小铺盖卷儿，关上大门，和伯臧一同进来，到客堂里坐下。慧珍又赶到楼上，叫醒康氏，刚待下楼，伯臧已和宗贻上来了。康氏这时候真有说不出的愉快，向伯臧道："你且坐一忽儿，我去弄碗筒儿面给你吃吃。"伯臧道："不必了，我已和旭初在城站吃过点心，叫了一部汽车，先到东海里的，时候已不早了，一切明天再谈。"

第二天，伯臧方把经过的情形讲给家里的人听。原来教育改进社的年会六日就闭幕了，七日他和旭初约了几个朋友去逛居庸关。旁晚回来，才晓得卢沟桥发生事变的消息。伯臧、旭初两人一商量，不如趁早走，立刻决定，八日就趁平绥路车，绕道绥远、大同、太原，再走正太路，到了正定、保定。深恐家里悬望，一到保定，就打电报。十日，便从平汉路南下；到了郑州，又转陇海路；到徐州，仍由津浦路经南京回来。这一来，不但日子多了几天，川费也多化了许多，辛苦更不必说了。幸而一路平安，到了杭州。郁乐天、林鸰和龙、田二老师听说伯臧到了，先后来探望。伯臧又抽空到陆官巷去了一趟。

消息愈来愈紧了。连日报载丰台长辛店的失守、卢沟桥的失守、北平的危急、庐山会议的论调，都可证明和平之业已绝望，战祸之不能终止。伯臧和康氏、宗贻等商量，想搬回老家去。因为他的看法，这偌大的火山既已爆发，绝非短时期所能了结，而且绝不限于华北一隅。他们原不是世居杭州市的，在富阳本地又还有老家，而且周村是在富春江以南的，不如先把家眷搬回去，省得将来有措手不及之虞。这个意思，前几天也曾向仲珊谈起过的。康氏、宗贻、月仙也都赞成。伯臧便写了一封挂号信去给叔文，托他讨一只大帆船，到江干来搬运家具、书籍、行李，连人也装了回去，并且托他代雇许多挑抬的人，到船埠相接。家里仍烦阿九嫂先行打扫收拾起来。这信寄发以后，宗贻忙着买木箱装书，向房东退租；康氏、月仙忙着整理收拾，叫慧珍把书箱、衣箱、家具等都编列号码，以免遗失；伯臧天天出门，向师友亲戚家告别辞行。恰好图书馆一个月的暑假也到了，宗贻可以专心料理搬场，回老家去休息几天。

仲珊见他老哥已打定主意搬家回去，便决计一同回老家去，虽然崔老太和漆氏过惯了都市生活，不很愿意回到乡下去。漆之瑜不主张搬回去，想在杭州看看形势再说。其实，他们住的房子是自己造的，他的商业一时也无从收束，而且也不愿意收束。他替仲珊帮忙，托转运公司代运家具什物。在商界声气很通的漆之瑜，这些小事，当然便当得很。仲珊比伯臧决定得迟，倒先一天全家人趁轮船走了，又快，又便，又舒服。

　　林鸽、苏岑、菱仙几个家住在杭州市的女生，听说周家要搬回去了，都有些感到黯然，几乎天天到周宅来，见了面又呆呆的，没有什么话可说。慧珍和菱仙更有些依依不舍，常常背着人洒泪。不意被康氏偶然看见了，笑道："痴孩子，暑假后开学了，即使不全家出来，你总得来上学的！"伯臧听了，把头点了点，又摇了摇，道："战端既开，将来如何，谁能料得定呢？"

　　一天下午，叔文忽然来了。伯臧道："老弟，大热的天气，何必亲自来呢？"叔文道："'七七'事变的消息传到周村，我想大哥还在北平，北宁路发生了障碍，真急得寝食俱废，又不能插翅飞到北平来！前天接到你的信，已平安回杭，虽然知道你们全家都要回去，不久便得见面，可是早一天，好一天，早一刻，好一刻，所以今天急急地赶来了。船，今天旁晚准到江干。明天上午便可走了。搬家是麻烦的，我也得来帮帮宗贻的忙。——二哥昨天已到家了，东西已于前天运到了。"

　　第二天上午，叫了一部搬场汽车，把一切物件都运到船上去了。叔文、宗贻押了汽车先去。伯臧等也叫了一部小包车，全家动身。旭初、菱仙父女前来送行。旭初道："我也决定把家眷送回金华去，不出一星期就要动身了。——伯臧兄，如其杭中照常开学，仍请贤乔梓和令弟帮忙。家眷不来，校里也可住的。"慧珍虽然和菱仙依依难舍，终於跟她父母跨上了汽车。喇叭一响，开出了涌金门直街，转入马路，便扬长地去了。

　　这天下午，陈慧君跟着她妈妈从南京回她老家，到了杭州。她一到杭州，第一件事，便去找林鸰。林鸰以为伯臧他们要第二天才动身，急急地陪了慧君，坐了人力车赶来看周老师，哪知竟扑了个空。那条老式的铺着石板的涌金门直街依旧懒洋洋地躺在那儿；低低的石墙，墙上关着一扇小小的黑板门，板门上钉着一块蓝底白字"涌金门直街一号"的门牌，旁边贴着一张经过雨打风吹日晒已变成白色的红纸条儿，写着"周宅"二字；墙里猗猗的绿竹，*丝丝*的老柳，依然探出头来；墙外池塘中，不但有青青的、田田的荷叶，许多粉红的菡萏又已含苞待放了。